奥山利幸 ［著］

ミクロ経済学
新装改訂版

MICROECONOMICS
Toshiyuki Okuyama

学術図書出版社

新装改訂版 まえがき

　本書は，初版本のすべてを抜本的に見直した改訂版になる。

　初版本の出版以降 10 年以上が過ぎ，その間，教育現場にて本書を利用していく中で，練習問題も含め，多くの箇所に加筆，修正の必要性を感じるようになった。しかし，加筆，修正には，紙数の関係上，削除を伴う。「理解のための加筆」を原則にしているものの，「ここまでの知識・理解は不要であろう」の判断は難しい。その判断基準をどのようにすべきか，多少，臆するところもあったが，最終的には，次のようにすることとした。練習問題や脚注も含めて全体を見渡せば，大学院 2 年次に上がるまでに学ぶべき「ミクロ経済学」を網羅しているという基準である。したがって，経済学の研究者であれば，最低限，理解しているはずの「ミクロ経済学」を包含している。端的に述べれば，本書の内容を理解していないのに，「経済学者」であるとか，「経済学の研究者」などと，標榜すべきではないともいえる。

　このような判断基準に従い，6 章では，丸ごと一つの項を削除している。なぜ，このような試行に取り組もうと考えるに至ったのか。これまで，経済学の大学院教育においては，本書初版の「まえがき」でもミクロ経済学の大学院用教科書として紹介しているように，Varian (1992) や Mas-Colell *et al.* (1995) などの理解が求められてきた。しかしながら，そこまでの，とりわけ，後者の教科書の，すべての知識・理解が経済学のすべての研究分野に必要ではない。筆者は，「ミクロ経済学」に限って言えば，本書の内容で必要，かつ，十分ではないかと考えているのである。第一線で活躍する研究者を育成するノウハウは，その上で，別にあるのであって，日本における経済学の大学院教育は，それを実践して来なかったように感じているのである。

　初版の「まえがき」と比較すると，以上のような相違があるものの，他に

ついては変わってはいない。詳しくは，初版の「まえがき」に譲るが，いくつか，ここで簡単に紹介しておこう。♣ マークは学部 3・4 年次向け，♣♣ マークは大学院 1 年次向け，よって，それらの節，項，練習問題等を抜かせば，本書は学部 1・2 年次向けの教科書になる (学部 1・2 年次向けとはいえ，高校の数学を前提にしている)。このことは，本改訂版でも同じである。また，図におけるグラフは，図注，あるいは，本文中や練習問題における具体的な関数を用いて，コンピュータに描写させた実際の関数のグラフである。図における具体的な数値も，手計算で確認できる。こうしたことも，初版本と同じである。用語は，漏れなく索引に掲載することも初版同様である。

　付言すると，今回の改訂において，学術論文等とは異なる作法ではあるが，すべての式に式番号を付すこととした。それは，ゼミ等の教育現場において，いずれの式について言及しているのか，参照しやすくするためである。論文を書く際には，絶対に真似をしないで欲しい。

　最後に，今回の新装改訂版の出版は，学術図書出版社の皆様，とりわけ，貝沼稔夫氏のお力添えなくして果たし得ないプロジェクトであった。改めて，深い感謝の念をお伝えし，本まえがきの締め括りとしたい。

2022 年 2 月 2 日

奥山 利幸

初版 まえがき

　量的にも質的にも，物理的にも内面的にも，豊かで健康な社会の構築は，人にとって永遠のテーマといえよう。それは又，社会科学の一分野である経済学が追求し続けているテーマでもあり，200 年以上もの長い歴史の中で知的財産が蓄積されている。未だ道半ばではあるけれども，一部は高校の政治・経済でも紹介されるようになり，「標準的」と呼ばれる内容を備えるに至っていることも確かである。

　本書は，その知的財産の中でも基礎理論群である「ミクロ経済学」を，ここ 20 年から 30 年の間に定着してきた内容も併せ，標準的内容をただ単に網羅するのではなく，改めて問題意識の底流となる現象の性質ごとに内容を細分化し，体系性を維持するよう整理した上で，一冊で入門から学部上級，大学院 1 年程度までの内容を学習できるよう書き下ろした教科書である。

　本書の執筆にあたり，いくつか心掛けた点がある。第 1 に，理論が明らかにしようとしている問題意識の明示である。経済学の理論は，突然，何かしらの拍子に生まれたものではない。例えば，需要曲線と供給曲線の交点で取引価格が決まると高校の政治・経済で習うが，需要曲線や供給曲線自体も最初から経済学にあったわけではない。問題意識が先ずあり，その上で構築されてきたものである。問題意識は，当然，現実の経済問題に端を発している。したがって，それは，現実との接点を示す理論のテーマであり，理論の現実例，応用例のベンチマークである。

　第 2 に，理論の理解の手助けのために，極めて単純で仮想的ともいえる平易な例を可能な範囲で挿入するよう心掛けた。例は，問題意識の範囲や応用性，現実の経済問題への応用，経済学の様々な分野への応用へのヒントにもなるであろう。各章末の練習問題には，理論の応用問題も入れるよう心掛け

た。併せて利用して欲しい。

　第3に，他の教科書 (英文書を含む) については，標準的内容や欧米で既に教科書で扱われている内容を確認するために参考にはしたが，執筆にあたっては原著論文を中心とした原典に可能な限り立ち戻り，それを平易な内容に落とすよう心掛けた。これは，筆者の誤解を可能な限り正す効果だけでなく，読者が興味を抱いた理論を研究する上で参照できるよう文献紹介の意味もある。本書で参照した文献は，本書末に「文献一覧」としてまとめておいた。本文中では，文献一覧内の文献を「執筆者名 (公表年)」形式で参照している。

　経済学に限らず，いかなる学問も簡単ではない。しかし，筆者は，経済学をとても面白い学問であると思っている。読者に少しでもその醍醐味を賞味してもらい，理論と現実の経済問題の双方に対し理解を深めてもらえれば，本書の目的は十分果たせたといえる。そして，経済学に残された研究課題を発掘してもらい，社会に貢献する人材が生まれれば，何より嬉しい。

本書の構成

　本書は，「第1章 経済活動」の後，4部構成になっている。

1 経済活動			
I 競争市場	II 市場の失敗	III 戦略的行動	IV 制度設計
2 競争市場	8 外部性	12 ゲーム理論	15 メカニズム・
3 消費者	9 公共財	13 寡占	デザイン入門
4 生産者	10 情報	14 差別化	16 社会的選択
5 均衡	11 非凸性		17 遂行
6 厚生			
7 不確実性			

　各章は，各々にテーマ，問題意識をもち，それに対し答えを与えるよう構成されている。但し，難易度に応じた章立てはしていない。このため，節または項，練習問題に ♣ マークを付して難易度レベルを示している。

入門	「経済学入門」相当 (♣, ♣♣ マーク部を除く)
	1章 経済活動, 2章 競争市場, 8章 外部性, 9章 公共財
初級	「ミクロ経済学入門」相当 (♣, ♣♣ マーク部を除く)
	上記「入門」すべて, 3章 消費者, 4章 生産者,
	5章 均衡 (5.1, 5.2.1), 6章 厚生 (6.1)
中級	♣ マーク部も必須
上級	♣♣ マーク部も必須

はじめてミクロ経済学を学ぶのであれば, ♣, ♣♣ マークのついた節, 項, 練習問題を最初読み飛ばし, 慣れた後に再度, ♣, ♣♣ マークのついた箇所も含めて読み直すと良いであろう。

「第1章 経済活動」は, 高校の政治・経済から経済学への橋渡しの役割をもつ章であり, ミクロ経済学のみならず経済学全般への導入になる。基本用語や経済問題の理解から始まり, 最終的には, 本書のタイトルである「ミクロ経済学」がどのような学問なのかの道標を与える。

「第I部 競争市場」では, 標準的なミクロ経済学の内容を中心に, 市場の機能, 効能を明らかにする。学部1年生でも学べるよう (部分均衡分析による) 平易な内容から始め (2章), 3章から6章前半までに標準的なミクロ経済学の内容を理解していき, 7章で不確実性への応用 (アロー・ドブリュー分析) を見て締めくくる内容になっている。但し, 6章後半では, 生産経済においてアダム・スミスの定理が市場の効能が発揮されるための必要条件になることなど, 他の教科書が触れていない内容も含む。

「第II部 市場の失敗」は, 第I部で明らかとなる市場の機能, 効能が発揮されないと考えられている経済現象を扱う。ゲーム理論を使った現代的アプローチが可能な内容 (8章の一部と10章) も含むが, ゲーム理論の知識を想定せずに, 平易な内容 (部分均衡分析の枠組み) で学習できるよう配慮した。このため, 1章, 2章の後に直ぐさま第II部8章, 9章に進むような「経済学入門」の講義も可能である。独学の場合でも, 初学者であればそのように読んでも良いかもしれない。これに対し, 3章以降も読み進め, 5章, 6章の内容を理解した上で公共財 (9章) の内容を一般均衡分析で見る場合には, 9章

末練習問題，あるいは 17 章 (17.4.1) で学習して欲しい。8 章末練習問題には，外部性の一般均衡分析もあるので，中級者向け講義では，それらの練習問題を活用して欲しい。また，第 II 部の内容をゲーム理論で表現した場合を見るために，「第 12 章 ゲーム理論」の練習問題に該当の問題をおいた。ゲーム理論の応用の仕方を学ぶ上でも，それらの練習問題は有意義であろう。

　「第 III 部 戦略的行動」は，競争市場ではない場合の分析 (寡占や差別化などの理論) をゲーム理論を応用して解いていく現代的アプローチを紹介している。そのために最初にゲーム理論 (12 章) を学び，その後，ゲーム理論を応用しながら競争市場ではない場合の分析を見ていく。市場の機能，効能を理解する上で「参入阻止」の議論は必要不可欠であるが，紙数上，割愛した。

　「第 IV 部 制度設計」では，「メカニズム・デザイン」を中心とした制度設計を見る。メカニズム・デザインは，社会的選択 (16 章)，公共財 (9 章) の最適供給，オークション (15 章で導入編を紹介) の分野と呼応しながら急速に発展している分野である。2007 年にはノーベル経済学賞の受賞対象になり，欧米の学術雑誌で公表される論文でも今も尚，相当数を占めている分野である。公共財やオークションなどへの応用だけでなく，従来のミクロ経済学では示されていない市場の機能，効能を解明しており，欧米の大学院の教科書では既に標準的に扱うようになってきている。本書では，学部生でも理解できるよう，例を用いながら可能な限り平易な内容で紹介するよう努めた。また，オークションの理論に興味のある，あるいは抱いた読者のために，公共財のクラーク (ピボタル) メカニズムをオークションに応用するとヴィクリ・オークション (第 2 価格封印入札) になる練習問題を付しておいた (17 章)。'VCG' の所以を示す練習問題といえよう。

　各章末の練習問題は，上記のように，学習にとって重要な位置を占めている。練習問題は，内容の理解とその定着，そして応用と発展という重要な役割をもつ。筆者は講義を行うとき，毎回必ずテーマ，問題意識を示すよう心掛けている。テーマに対し，どのような答えが得られるのか，そして，講義内容の理解とその定着を目的に次回最初に練習問題を解くようにしている。同じように，読者には各章末の練習問題を必ず解くよう勧めたい。

用語，数学，学史，発展のための注

各用語については，初出時に必ず本文中で太字で示して定義を与えているが，類似の概念や応用性を示唆するために用語注を設けた。♣ マークがついている場合には，より進んだ内容 (中級以上) を理解するための注になる。学習程度に合わせて読んで欲しい。

数学については，高校数学を前提にしている。高校数学を超える数学については，その都度，本文中ないしは数学注を設けて説明を付した。それらの数学については，索引の最初にまとめておいた。索引内では，本文中で扱った概念には [*] を，用語注で扱ったものには [用] と付し，無印のものはすべて数学注に説明があることを示す。また，数学注については，中級程度のミクロ経済学の理解に必要となる数学には ♣ マークを，大学院レベルの理解に必要と思われる場合には ♣♣ マークを付した。

ミクロ経済学は経済学の基礎理論群であるため，学史について触れる教科書は少ない。しかしながら，理論形成の元となる問題意識は各々の視点から様々な学派を形成してきた。学んでいる理論が，どのような思想を背景にしているかを知ることは，現実への応用にも通じる。本書では，適宜，学史注を挿入したので参考にして欲しい。

はじめて学ぶ人は，理解で精一杯になるかもしれない。しかし，何事も慣れてくれば，次第にその先を知りたくなる。そのような好奇心に応じるために，様々な側面での発展注を付した。参考になれば幸いである。

更にミクロ経済学を学びたい人へ

本書を読み，更にミクロ経済学の上級レベルを網羅的に学びたい読者は，Mas-Colell *et al.* (1995) や Varian (1992) の大学院用の教科書を読むと良いであろう。また，ゲーム理論の上級書として，Osborne and Rubinstein (1994) と Myerson (1997) を挙げておく。

謝辞

　本書の執筆にあたり，多くの方々より様々なご指摘，ご助力を頂戴した。特に，貴重なコメントを頂いた追手門学院大学奥井克美氏，立命館大学青野幸平氏，同僚の廣川みどり氏，平瀬友樹氏に感謝を表したい。

　執筆当初から原稿に目を通してもらった院生諸君，特に，奥山研究室の宇都宮仁，新田耕平，田中英明，我妻靖の各氏には，単なる誤字脱字に留まらず，様々な改善点を指摘してもらい，とても助かった。改めて感謝したい。原稿をメカニズム・デザインから書き始めたことで彼らを戸惑わせてしまったこと，しかし，その数ヶ月後にノーベル経済学賞がメカニズム・デザインに与えられたことは，皆の良い想い出になっている。

　2008 年度の奥山ゼミでは，原稿を第 1 章から読み合い，様々な疑問や間違いを指摘してもらい，改善のヒントを多く得ることができた。それは，本書の最初の実践的利用の場であったといえる。2 年生のゼミ生にとってはやや難しかったはずであるが，誤りを発見できるほど，奥山ゼミの学生の学力が高かったことは誇らしく思う。ゼミ生諸君には，本当に感謝したい。

　最後に，本書の出版企画をお持ち頂いた白桃書房の河井宏幸氏に，心より感謝を申し上げたい。そして，執筆のお話を頂戴したとき，執筆に躊躇していた筆者を激励してくださった平林千牧先生と松崎義先生に対し，お礼の言葉を申し添えたい。先生方からの温かきお言葉なくして本書の執筆はなかったといえる。

2009 年 2 月 23 日

奥山 利幸

目　次

第3章 消費者   47

第 II 部　市場の失敗

第 8 章　外 部 性

第 9 章　公 共 財

第 10 章　情 報

第1章　経済活動

　学問には，その学問固有の方言，すなわち，専門用語が存在する。経済学も例外ではない。専門用語を正しく理解しておかないと，誤った推測や応用を生み出してしまう。本章では，本書を通じて必要となる経済学の専門用語を正しく理解することを第一の目的にしよう。その上で，経済学が対象とする活動や現象，更には経済問題の諸相を眺め，「ミクロ経済学」がどのような問題をどのように明らかにしようとする学問なのかを見ることとしたい。

1.1　効用と経済活動

　経済学は，人々が物的に限らず心的にも良質の人生を望んでいると想定するところから出発する。そのような望みの充足を**効用** (utility)，効用を得るための活動を**消費** (consumption)，そして，消費の意思決定主体を**消費者** (consumer)，あるいは**家計** (household) と呼ぶ[1]。衣食住に始まり，心豊かにする音楽や絵画の鑑賞，友人や家族との楽しいドライブや旅行，美しい自然や景色の観賞など，消費は実に多種多様な活動からなる。経済学では，分析対象の消費の選択内容によって「消費者」は個人であったり，世帯であったり，子孫を含めた一つの家族であったりする。

　直接，間接を問わず，消費を満たそうとする活動を**生産** (production)，その意思決定主体を**生産者** (producer)，あるいは**企業** (firm) と呼ぶ。衣食住に限ってみても，衣類や農産物，食品の生産，住宅やマンションの建設，アパー

---

[1] ［用語注］「効用」は，人の**欲求** (wants) やニーズ (needs) の充足を表すものと定義するのが一般的である。この定義に従うと，「富士山をみて感動する」といったことも「欲求の充足」となる。このような捉え方について，納得する人もいれば，違和感を抱く人もいよう。

　実際の分析における「効用」とは，次のようになる。先ず，各々は，自らの選択や他者の選択の結果として，置かれ得る状態の全体上に主観的評価をもつ。その主観的評価に照らして，より良き状態になれば，その人の「効用は上がる」と考える。「効用」とは，このように，主観的評価における順位付けを表す。

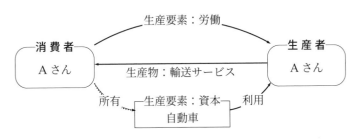

図 1.1　主体と商品の流れ：自家用車の運転

トやマンションなどの居住空間の賃貸 (居住空間，住居サービスの提供)，衣類や農産物，食品，住宅，賃貸物件の流通など，生産も又，多種多様である。「生産者」もこれらの生産に応じて，アパレル・メーカー，農家に食品メーカー，住宅メーカーや建設会社，八百屋にスーパー，コンビニエンス・ストア，不動産会社など，様々である。

　複雑に見えるものも，単純な例から出発すれば，意外と簡単に理解できるかもしれない。

> **例 1.1：自給自足 (autarky)**　A さんは，自らが所有する自動車を使って X 地点から Y 地点まで移動しようとしている。

　消費や生産の対象を**商品** (commodity) と呼ぼう。商品は，様々な特性によって分類することができる。物理的には，有形の**財貨** (goods) と無形の**サービス** (services) に大別できる。例えば，例 1.1 に登場する自動車は，それ自体は財貨であるが，それを利用した異地点間の移動は輸送というサービス，「輸送サービス」になる。

　生産者が生産する商品を**生産物** (product)，あるいは**産出物** (output)，生産のために投入する商品を**生産要素** (factors of production)，あるいは**投入物** (input) と呼ぶ。生産は，インプット (投入物) をアウトプット (産出物) に変形する**技術** (technology) の利用を通じて消費に貢献する活動である。

　代表的な生産要素として，消費者が生産者に提供するサービスである**労働** (labor) と，分析期間の初期時点に存在しており，その期間中に生産に利用され得る財貨である**実物資本** (real capital)，あるいは単に**資本** (capital) があ

る。資本には，機械や生産設備，建物などの**固定資本** (fixed capital) や在庫品も含む。例 1.1 の場合，図 1.1 に図式化されているように，生産者としての A さんは，自らが所有する資本 (自動車) を利用し，自身よりの労働 (運転) を需要することで，X 地点から Y 地点までの輸送サービスという生産物を生産している。自らが生産した商品を自らが消費する自給自足になっている。

例 1.1 の A さんの経済活動は，A さんが選択可能な選択肢の一つに過ぎない。例えば，次を考えよう (読者は，他の選択肢も考えてみよう)。

> **例 1.2** (1) 自家用車ではなく，レンタカー会社から自動車を借りる。
> (2) X 地点から Y 地点まで鉄道やバス，タクシーなどを乗り継いで行く。

ケース (1) や (2) の場合にも，図 1.1 のような図を描くことができる。例えば，A さんがレンタカーを借りれば，生産者としての A さんからレンタカー会社に金銭が支払われる[2]。

一般に，商品の 1 単位当たり代価を**価格** (price) と呼ぶ。特に，代価が金銭で支払われる場合，単位当たり代価は**貨幣価格** (money price) と呼ばれる。通常，「価格」といった場合，貨幣価格を指している。例えば，レンタカーの時間当たり利用料金は，自動車という資本の利用価格である。一般に，資本の利用価格を**レンタル・コスト** (rental cost) と呼ぶ。また，労働に支払われる単位当たり金銭代価は，**貨幣賃金** (money wage)，**名目賃金** (nominal wage)，あるいは単に**賃金** (wage) と呼ばれる。

レンタカー会社は，受け取ったリース料収入から，従業員が提供している労働 (営業や自動車の維持などに従事) に代価を支払う。このため，図 1.1 の

---

[2] ［発展］理論的には，図 1.1 の生産者側にレンタカー会社が入り，リース料の流れは「生産者としての A さん」からレンタカー会社へとなる。しかしながら，実際の統計データでは，A さんがレンタカー会社に支払ったリース料は，生産者間の取引ではなく，「消費」として計上されるであろう。そして，図 1.1 における A さんの輸送サービスの生産は，統計データには計上されない。

政府など公的機関が発表する GDP などの統計データは，市場で取引された商品が対象となる。消費者による自給自足は，農家の自家消費や自己所有住宅の帰属家賃 (住居サービスへの代価が支払われたとして計算) などの例外を除き，統計データには反映されない。例えば，自家用車の運転は消費としても生産としても計上されないが，自家用車ではなく，バスやタクシーを使えば統計データの対象になるわけである。応用として，観覧料をとる景勝地を観れば統計データの対象になるが，そうでない場合は対象外になる。

従来，経済学では実験による理論の検証ではなく，統計データに基づく検証を行ってきた。そのための分析道具を提供する分野が**計量経済学** (Econometrics) である。公的機関が公表する統計データでは把握できない場合には，研究者は独自の調査を行うなどして，理論を検証することもしばしばである。実際に実験を実施して検証を試みる**実験経済学** (experimental economics) もある。

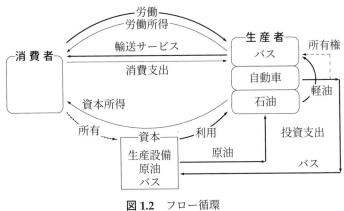

図 1.2 フロー循環

労働の流れに対し，消費者側の従業員に向けて金銭の流れが生まれる。また，レンタカー会社の資産への請求権は，会社の所有者である株主がもっている。会社を清算しない限り，会社の資産が株主に手渡されることはないが，会社の資産が生み出した収益は株主に配当として分配される。このようにして，図1.1 の所有と資本の利用の流れに，株主に向けた金銭の流れが生まれる。また，株式が取引されていれば，株主は，配当だけでなく，株価の値上がり益である**キャピタル・ゲイン** (capital gain) も受け取る[3]。

1.2　フロー循環

消費者が自家用車ではなくバスを使って輸送サービスを購入する場合を考えよう。更に，バスを生産する自動車メーカーと，バスの燃料を原油から精製して販売する石油会社も考察対象に入れてみよう。

> **例 1.3** バス会社，自動車メーカー，石油会社の 3 社があるとしよう。各企業のある年の取引は，次の通りである (単位：100 万円)。

---

[3] ［発展］会社を清算した場合は，どうなるのであろうか。会社を清算したとき，株主は，会社の資産が会社の負債を上回った大きさである会社の純資産 (正味資産) を受け取る。このように，株主は，**残余財産分配請求権**をもつ。例えば，会社の時価資産が 1,000 億円，負債が 600 億円，株式発行数が 1 億株であれば，株主は 1 株当たり 400 円を受け取ることができる (**PBR** という用語を調べてみよう。) 株主は，取締役の選出権をもつことが法的に定められている (会社法)。株主になるのであれば，会社の資産，負債を管理する人 (会社法では取締役であるが，実質的には CEO などの経営者) を慎重に選ばなければならないといえよう。

- バス会社：石油会社より燃料 (軽油) を 40 単位購入し，輸送サービスを消費者に 200 単位売却，従業員には 130 単位支払った。利潤 30 単位は，株主に配当として支払った。
- 自動車メーカー：生産のために必要な工業油を石油会社より 5 単位購入。部品を 10 単位生産し，それを組み込んでバスを 80 単位製造し，内 50 単位をバス会社に売却した。従業員に 60 単位，配当に 15 単位支払った。
- 石油会社：その年の初めに時価で表して 300 単位の原油の備蓄があった。その内の 20 単位を精製し，バス会社と自動車メーカーに販売した。従業員には 17 単位，社債の利払いと配当に合計 8 単位を支払った。

図 1.2 は，例 1.3 における商品と金銭の流れを表している (但し，例 1.3 の一部が省略されている)。消費者が生産要素を供給することで所得を稼得し，その所得から消費が行われ，生産活動を通じて所得が生み出される (**所得の**) **フロー循環** (circular flow of income) が見られる。

先ずは，生産側から見てみよう。バス会社は，燃料 40 単位を石油会社から購入し，輸送サービス 200 単位の生産に投入している。一般に，生産額の内，材料や部品，燃料など，他の商品が完成するまでの生産過程中に使われた大きさを**中間財** (intermediate goods) という。石油会社の生産額の内，輸送サービスの生産に使われた部分は中間財であり，バス会社の**中間投入** (intermediate input) になる。生産額から中間投入額を差し引いた金額をその企業の**付加価値** (value added) と呼ぶ。バス会社の付加価値は 160 単位になる。

表 1.1 (次頁) を**産業連関表**，または**投入産出表** (input-output table) と呼ぶ[4]。表の行項目には，生産される 3 種類の商品 (生産物) と 2 種類の生産要素 (表には「要素」と略記) が並び，表の列項目には買手側の項目が並んでいる。買手側の輸送サービス (表には「輸送」と略記) の最下部には生産額 200 が計上されている。買手側の輸送サービスを列方向に見ると，0，0，40 と数字が並び，輸送サービス産業 (バス会社) が売手側の石油産業 (石油会社) より 40 単位の中間財を購入していることが示されている。輸送サービス産業

---

[4] ［学史注］投入産出表の発明者は，**レオンチェフ** (W. Leontief, 1906–1999) である。投入産出表は経済予測に利用できるなど，その功績が認められ，レオンチェフは 1973 年にノーベル経済学賞を受賞している。本書 4 章において見る「レオンチェフ型」生産関数は，投入産出分析に由来する。

			買 手 側				
			中 間 財			最 終 財		生産額
			輸 送	自動車	石 油	消費支出	投資支出	
売手側	生産物	輸 送	0	0	0	200	0	200
		自動車	0	10	0	0	80	90
		石 油	40	5	20	0	−20	45
	要素	労 働	130	60	17			
		資 本	30	15	8			
	生産額		200	90	45			

表 1.1　例 1.3 の投入産出表 (産業連関表)

(バス会社) の付加価値は，この結果，160 単位になる。他の産業の付加価値
も同様に計算すると，自動車産業が 75 単位，石油産業が 25 単位になる。す
なわち，

輸送サービス産業の付加価値	$= 200 - (0 + 0 + 40)$	$= 160$	(1.1a)
自動車産業の付加価値	$= 90 - (0 + 10 + 5)$	$= 75$	(1.1b)
石油産業の付加価値	$= 45 - (0 + 0 + 20)$	$= 25$	(1.1c)

ここで，自動車産業の生産額には，自らが生産した部品の生産額も含んでい
る。また，石油会社が精製のために使った原油 20 単位も中間財になる。

　国内総生産 (Gross Domestic Product, GDP) は，付加価値合計になる。ま
た，付加価値を合計して計算される GDP は，**生産面から見た GDP** とも呼
ばれる。例 1.3 の場合，(1.1a) 式から (1.1c) 式より，

$$\text{生産面から見た GDP} = 160 + 75 + 25 = 260 \tag{1.2}$$

　付加価値は，生産要素への支払いの原資になっている。例えば，バス会社の
場合，生産額から燃料費を控除した 160 単位が，生産要素への支払いに充当
可能な金額である。そこで，消費者が生産者に提供した生産要素への支払い
を見てみよう。生産者が消費者より需要する労働への代価として支払う金銭
は，労働という生産要素が生み出した消費者の所得のため，**労働所得** (labor
income) と呼ばれる (図 1.2 参照)。投入産出表 (表 1.1) には，各生産者が支

払った労働所得が記載されており，

$$労働所得 = 130 + 60 + 17 = 207 \tag{1.3}$$

と計算できる。また，企業の所有者である消費者は，配当や利子，賃貸料，キャピタル・ゲインという形で所得を稼得する。これらの所得は資本が生み出した所得であるため，**資本所得** (capital income) と呼ばれる (図 1.2 参照)。投入産出表 (表 1.1) には，各生産者が支払った資本所得が記載されており，

$$資本所得 = 30 + 15 + 8 = 53 \tag{1.4}$$

と計算できる。主体上の所得分布を**所得分配** (income distribution) と呼ぶ。このため，労働所得と資本所得の合計を**分配面から見た GDP** と呼ぶ。例 1.3 の場合，(1.3)，(1.4) 式より，

$$分配面から見た GDP = 207 + 53 = 260 \tag{1.5}$$

となり，付加価値合計に等しい。生産面と分配面の GDP は，付加価値の定義より，つねに一致する。

　付加価値は，生産額の内，中間財以外のものに購入されていく部分，すなわち，**最終財** (final goods) への生産額になる。「生産面の GDP」の「生産面」とは，最終財の総生産額を指している。

　消費支出 (consumption expenditure) は，その最終財総生産額から消費者が消費のために購入した金額になる。例 1.3 の場合，図 1.2 のように，消費者が購入した輸送サービスが消費支出となって，生産者に金銭が流れる。投入産出表 (表 1.1) には，売手側の輸送サービスの行の消費支出に 200 単位と計上される。

　最終財の内，消費されない財貨は，その期間中の**資本蓄積** (capital accumulation) に回る。資本蓄積への需要を**投資** (investment) と呼ぶ[5]。どのような種類の資本がどれだけ存在するかは，ある特定の時点，例えば，3 月 31 日末時点といった具合に，時間軸の 1 点をとって時間を止めない限り，測定不可能である。このように，時点でのみ測定可能となる変数を**ストック変数** (stock variable) と呼ぶ。資本はストック変数であり，各時点の資本の大きさを，し

---

[5] ［用語注］「投資」という用語に「需要」の概念を含めない用語法 (投資＝資本蓄積) もある。

ばしば，その時点の**資本ストック** (capital stock) と呼ぶ。これに対し，1ヶ月
や四半期，4 月 1 日から 1 年間など，二つの時点間の長さである「1 期間」を
定めなければ，その大きさを測定できない変数を**フロー変数** (flow variable)
という。消費や生産は，フロー変数である。1 期間を定め，各期の資本ストッ
クの増加量をとれば，フロー変数が出来上がるが，それが資本蓄積である。
一般に，ストック変数の期間当たり変化量は，フロー変数になる。

　例 1.3 の場合，自動車メーカーによる 80 単位のバスの生産は，それ自体，自
動車という資本の蓄積を意味している。このため，売手側の自動車，買手側の
投資支出のセルに 80 単位計上されている。バス会社による 50 単位のバスの購
入は，資本蓄積への需要であり，図 1.2 の**投資支出** (investment expenditure)
という金銭の流れを生む。残り 30 単位のバスは，自動車メーカーの在庫増に
なるが，それは自動車メーカーが在庫を増やすための需要であり，やはり投
資支出になる。なお，バスの売買は，自動車メーカーからバス会社にバスの
所有権が移転するのみで，自動車の資本蓄積の大きさには影響がない。この
ようにして，80 単位のバスの生産は，投入産出表 (表 1.1) において，中間財
取引ではなく，最終財の投資支出に計上されるのである。

　最終財への支出合計金額，すなわち，消費支出と投資支出の合計額を**支出
面から見た GDP** と呼ぶ。例 1.3 では，投入産出表 (表 1.1) より，

$$支出面から見た \text{GDP} = 200 + 80 - 20 = 260 \tag{1.6}$$

となる。生産面，分配面，支出面の三つの面から見た GDP が等しいことを
三面等価と呼ぶ。例 1.3 でも，三面等価が成り立っている。

注意 1.4：統計上の大きさ 対 「需要量」「供給量」　主体が他を所与としたと
きに「買いたい」数量が**需要量**，「売りたい」数量が**供給量**になる。需要や供
給は，主体が「選択したい」，自らにとって最適になるよう「意図する」，「計
画する」の意を含んでいる用語である (cf. 用語注 5, p.7)。

　統計上は，三面等価が必ず成り立つ。生産されたモノの内，中間財として
投入されなかった部分が「最終財」である。最終財の内，消費されなかった
財貨は必ず資本蓄積に回る。統計上は，このようにして，「生産面の GDP」と
「支出面の GDP」が等しくなるのである。

　しかしながら，生産された最終財の内，消費されずに資本蓄積に回る大きさ (資本蓄積への供給量であり**貯蓄** (saving) と呼ばれる) と，主体による資本蓄積への需要量，すなわち，投資が，必ずしも一致するとは限らない。「需要量」と「供給量」が一致するという**需給均衡** (需給バランス) の意味で「生産面の GDP」と「支出面の GDP」が，いつ，等しくなるかは，理論・仮説の組み立て方次第で答えが変わる問題なのである。

1.3　経済問題の諸相

　経済活動とその捉え方，表し方を理解したところで，今度は，これまでの経済活動例 (例 1.1 や例 1.3) に，どのような現象や問題が潜んでいるのか，本書が扱うトピックを中心に探ってみよう。

■ **主体の選択**　例 1.1 の A さんの選択肢は，一つ，二つではなかった (例 1.2)。それでは，様々な選択肢がある中で，どのような原理にしたがって意思決定するのであろうか。この問題意識は，経済学にとって中心的なテーマの一つである。

　A さんが利用しようとしている車は，A さんが買わなければならないと決まっているわけではない。A さんは，レンタカーを借りることもできるし，公共交通機関を利用して目的地まで移動することもできる。レンタカーも，年間契約などの長期リースであれば，自宅に置いて好きなように利用できる。このことより，所有者であることに何の便益も伴わないのであれば，車を購入するか否かは，レンタル・コストと車自体の価格の相対的な大きさに依存するであろう。

　一般に，二つの商品の間の価格比を**相対価格** (relative price) と呼ぶ。様々な選択肢の中から一つを選ぶとき，意思決定を左右するのは貨幣価格ではなく，相対価格になるわけである [6]。

---

[6] ［発展］相対価格は，二つの商品の間の交換比率を表す (練習問題 1.7)。その応用として，貨幣価格は，貨幣と商品の間の交換比率を表している。例えば，150 g 250 円 (100 g 166$\frac{2}{3}$ 円) のお肉は，1 円の貨幣と 0.6 g のお肉が交換できることを意味している。このことより，貨幣価格の逆数は，**貨幣の購買力** (purchasing power of money) を表していることが理解できる。100 g 250 円になれば，1 円で購入可能なお肉は 0.4 g になり，貨幣の購買力は下がる。

　貨幣の購買力の応用として，異なる地点間の貨幣の交換比率である**為替レート** (exchange rate) がある。例

　消費や生産の意思決定を左右するのは，相対価格だけではなかろう。意思決定の分析については，本書では，次章で入門編を，3 章で消費者，4 章で生産者の選択理論を見る。

■ **資源配分**　多種多様な消費と生産に対し，当該期間中，利用可能な労働や資本は一定である。これは，消費や生産に必要な大きさに比べ，資源が相対的に少ないという資源の**希少性** (scarcity) を意味する。

　輸送サービスの需要だけでも，例 1.1 の A さんのように自家用車を使おうとする人もいれば，例 1.2 のように，レンタカー，あるいは，バス，タクシーなどを利用しようとする人もいよう。このことは，国全体の労働資源が，消費者の多様なニーズに合わせて，複数の産業に適切に配分されるのは，いつなのか，といった疑問を投げる。一国全体の労働資源を所与としたとき，一方の産業への労働投入量が増えれば，他方の産業への労働投入量が減らなければならないという**トレード・オフ** (trade-off) が発生する。資源の希少性は，そのようなトレード・オフの下で，いずれの主体にいずれの資源がいくら配分されていくかの**資源配分** (resource allocation) の問題を生むのである。

　多様な価値観をもった消費者の効用を可能な範囲で最大化するように，資源は効率良く主体に配分され，利用されるのであろうか。効率良く資源が利用されるよう，多様な主観的評価をもった主体の経済活動を協調させる仕組みは，存在するのであろうか。効率的な資源配分とそれを実現し得る仕組みの探求も又，経済学の中心的なテーマである。

■ **所得水準**　稼得する所得が増えれば，今まで購入を控えていた商品も購入対象になり得る。所得の増加は，消費者が選択可能な選択肢を増やし，量的にも質的にも多様な消費を可能にする。所得水準が「豊かさ」の指標の一つになる所以である。

　それでは，所与の資源と生産技術があったとき，達成可能な中で，GDP 水準は最大になるのであろうか。そもそも，GDP 水準を最大化する仕組みなど，存在するのであろうか。経済学の父とも呼ばれている**アダム・スミス** (Adam

---

えば，日本とアメリカの間の貨幣の交換比率や，国内であれば東京と大阪の間の為替における換金率である。米ドルを一つの商品，日本の円を貨幣とすれば，米ドルの貨幣価格 (為替レート) は 1 ドル当たり 100 円などとなる。米ドルの貨幣価格が上がれば，貨幣 (円) の購買力は下がり，日本から見て米国の商品が値上がったことを意味する。

Smith, 1723–1790) は，その著書『国富論』(Smith, 1994, 初版 1776) におい
て，市場経済であれば，個々の主体が自己の利益 (効用) を追求するのみで，
経済全体の総生産額 (GDP) が最大になることを例証した。20 世紀前半まで
の経済学の主要なテーマは，アダム・スミスの**見えざる手** (invisible hand)
の定理化にあったといえる。本書でも，6 章において，その証明を与えるで
あろう。

■ **所得分配** 経済全体の所得総額が最大になるからといって，個々の消費者
が稼得する所得が同一になるとは限らない。すべての消費者が，すべての生
産に対し，同じ技巧を持ち合わせてはいない，あるいは，持ち合わせること
は難しいかもしれない。更には，すべての資本を同一数量で所有しているわ
けではなかろう。この結果，所得分配は平等ではないかもしれない。すなわ
ち，多かれ少なかれ，「格差」が生じる。

　所得分配が均一にならない問題，すなわち，「格差」の問題は，経済学が古
くから扱ってきたテーマである。19 世紀にはこの問題を巡り，社会主義や共
産主義の考えが生まれている。所得分配の問題は，経済体制にまで議論が及
ぶ問題なのである。

■ **市場の機能，効能 対 政府の介入** 市場は，GDP 水準を最大化する機能を
持ち合わせていることを本書でも証明する。それでは，市場は，効率的な資
源配分を導く力も持ち合わせているのであろうか。

　この問題意識を一般化すると，次のようになろう。市場は，どのような機
能をもち，どのような効能をもたらすのであろうか。市場の機能，効能が明
らかになれば，市場に任せれば良いこと，すなわち，「経済に対し政府がして
はならないこと」を解明できる。しかし，それでも「政府は，市場がもたらす
効能以上のものを達成できるのではなかろうか」と考える読者もいよう。こ
の疑問への答えを探るのも，経済学のテーマである [7]。

■ **経済制度 市場経済** (market economy) は，**私的所有制** (private ownership)

---

[7] ［発展］**日本の農業政策** 農産物に対し輸入関税をかけたり，価格下落を防止するために作物の廃棄に補
助金を支給したりと，日本の農業政策は，海外市場に打って出ることで活性化させるというよりも，後ろ向き
で守りの政策が多かった。その中でも**減反政策**は，私的所有権のある生産要素，土地 (田) を政府が廃棄する
大きさを決めるという，計画経済 (下記参照) を彷彿とさせる政策である。減反政策は，日本の生産能力を政
府自らが奪う政策にも見えるが，市場の効能以上を政府が発揮していると考える人もいるのかもしれない。こ
ういった応用問題も経済学の対象になる。

と「自由市場」に基づいている。**自由市場** (free market) とは，主体が各々の
消費や生産などの経済活動を自由に決められること，そして，取引量や取引
価格などの取引上の選択も自由なこと，すなわち，経済上の**選択の自由** (free
to choose) に基づく市場を指す。自由市場での資源配分の協調・調整機構で
ある**価格メカニズム** (price mechanism) は，人々が価格を媒介に取引するこ
とを人々自身が選んできた**自生的** (spontaneous) 機構といえる。

　これに対し，「格差」のない所得分配のために，私的所有制を廃し，資源配
分を人為的に決める**計画経済** (planned economy) を導入すべきとする主義・
学説も存在する。計画経済は，主体の行動や資源配分を社会目標に沿ってルー
ル化し，そのルールに従って主体に取引させる人為的な経済制度である[8]。

　制度の作用に対する分析は，20 世紀後半から盛んになり，現在では**メカニ
ズム・デザイン** (mechanism design) と呼ばれる分野に成長し，2007 年には
ノーベル経済学賞の対象になった。設計されたルールの作用を研究すること
で，市場の新たな機能，効能が発見されている。メカニズム・デザインは，道
路や橋の建設，投票制度，オークションのデザインなど，応用範囲も広い。

1.4　ミクロ経済学とマクロ経済学

　上記以外にも，経済成長，景気変動，景気循環，財政，金融，貿易，国際金
融など，多くの経済問題がある。経済学では，様々な問題を分野ごとに分析
している。その分析の基礎理論を提供しているのが「ミクロ経済学」と「マ
クロ経済学」である[9]。

---

　[8]　［学史注］計画経済導入の背景は，実は，所得分配の問題だけではない。その根底には，少数の優秀な人
材が管理することで理想的な経済を実現できるという，私的所有制自由市場経済を真正面より否定する考え方
がある。詳細は，例えば，Hayek (1994) を参照。付言すれば，政府が経済政策の立案，実行において民間よ
りも優れているといったケインズ経済学 (後出) の**ハーヴェイロードの前提**も同じ考え方にあるといえる。

　[9]　［学史注］マクロ経済学は，1936 年の**ケインズ** (J. M. Keynes, 1883–1946) の著書『一般理論』(Keynes,
1936) を契機に，ケインズの理論を**ヒックス** (J. R. Hicks, 1904–1989) が IS–LM 体系として定式化し (Hicks,
1937)，**ケインズ経済学** (Keynesian economics) へと発展したことで形成された。「ミクロ」と「マクロ」の
二分法は，このように歴史的に成立していったものであるが，ケインズは予め次のように示唆していた。

　"The right dichotomy is, I suggest, between the Theory of the Individual Industry or Firm and of
the rewards and the distribution between different uses of a *given* quantity of resources on the one
hand, and the Theory of Output and Employment *as a whole* on the other hand." (Keynes, 1936, p.
293, italics in original)

　マクロ経済学 (Macroeconomics) は，経済全体の所得 (GDP) や消費といっ
た**集計量** (aggregates) を分析対象にする。景気変動，景気循環，経済成長な
どを主要なテーマにしている。特に，GDP の時間上の持続的増加，すなわ
ち，**経済成長** (economic growth) の解明は，アダム・スミス以来，経済学で
は永年のテーマである。分業が生産効率を高め，交換が分業を促進し，経済
が成長するというスミスのアイデアは，現在，**内生的成長理論** (endogenous
growth theory) に受け継がれている [10]。

　集計量を分析対象にするのは，個々では正しいが集計量では誤りであるとい
う**合成の誤謬** (fallacy of composition)，もしくは，集計量では正しいが個々
では誤りであるという**分割の誤謬** (fallacy of division) があるからである。三
面等価は，分割の誤謬の例である (練習問題 1.2)。

　これに対し，**ミクロ経済学** (Microeconomics) は，個々の主体の選択を基
礎にし，資源配分における市場の役割，機能，効能を同定化する。市場が効
率的な資源配分の実現に失敗することを**市場の失敗** (market failure) と呼ぶ
が，その要因を同定し，効率性を回復する力を市場は本当に持ち合わせてい
ないのかも解明する。

1.5　競争市場のモデルと理論の反証可能性

　市場の機能，効能を明らかにするため，市場経済のエッセンスと思われる
要素を抜き出し，市場を**モデル化** (modeling) するところから出発する。「理
論」といった場合，そうしたモデルを指している。現実の市場経済では，資
源配分の決まり方が一様ではないかもしれない。ある側面に着目すれば，他

---

[10]　［発展］経済成長は，所得分配の構造に変化がなければ，すべての人の所得を増加させる。また，貧困に
窮する国であれば，経済成長は「豊かさ」への過程を意味することが多い。
　　生産能力は，技術と資源に支えられている。機械や設備などの**物的資本** (physical capital) の蓄積は，潜在
的な生産能力を拡大させる。それだけでなく，教育や職業訓練，経験などによる技巧の習得は，労働に対し**人
的資本** (human capital) を形成させる。更には，生産のための知識も又，教育や R&D などの活動によって
蓄積される**知識資本** (knowledge capital) といえる。経済成長は，こういった様々な資本の蓄積に支えられて
いる。
　　しかしながら，資源の希少性は，相変わらず，様々な資本の蓄積に必要な資源の配分問題を伴う。例えば，人
的資本の蓄積のために資源を投入すればするほど，生産に配分される資源が減少せざるを得ないというトレー
ド・オフが発生する。将来の消費のために現在の消費を我慢すべきなのかといった，**異時点間上** (intertemporal)
の資源配分の問題まで及ぶ。経済成長も又，資源配分の問題と無縁ではないのである。この意味で，経済成長
は，ミクロ経済学の対象ともいえる。

の側面を無視することになる。そのような中にあって,「競争市場」のモデル
は,現在,他のモデルを考察するときのみならず,新たな理論を考案する上
でも,比較基準 (ベンチマーク) になっている。

競争市場 (competitive market) とは,すべての主体が取引価格を所与とし
て選択する**価格受容者 (プライス・テイカー)** として行動する,あるいは,せ
ざるを得ない市場を指す。各商品には相場があり,その相場を無視できない
と考えれば良い。売手から見れば,相場より高く売ろうとすれば,買手は他
の売手に流れ,相場より安く売ったところで得にはならない状況である。競
争市場では,相場となっている**市場価格** (market price) に応じて主体の選択
が変化するため,資源配分における価格の役割を分析することになる。この
ため,ミクロ経済学の分析は,**価格分析** (price analysis) とも呼ばれる。

理論は,現実の現象や問題を解明したり,起こり得る現象を予測したりと,
応用のためにある。本質をとらえた理論は,説明外の現象の原因をも浮き彫
りにする。本質的にとらえようとした現象とは異なる現象の発見は,新たな
仮説の第一歩となり,我々に新たな理解をもたらす。真理の探求にとって,理
論は,現実に照らしたときに**反証可能** (refutable) でなければならないのであ
る。反証可能な仮説の演繹と帰納が**実証分析** (positive analysis) を構成する。
本書の「第 I 部 競争市場」では,競争市場の実証分析を主に見る。

練習問題

問題 1.1 空欄を埋めなさい。

(1) 「希少性」とは,(ア) や (イ) への必要性に対し (ウ) が (エ) 的に少ないこ
とをいう。

(2) 希少性による (ア) の問題,特に,それにおける (イ) の役割を分析するの
が (ウ) 経済学であり,一国全体における所得や消費といった (エ) に着目
し,景気,成長を分析対象にするのが (オ) 経済学である。(エ) を分析す
る理由には,(カ) の誤謬や (キ) の誤謬がある。(キ) の誤謬の例には,(ク)
等価がある。

問題 1.2 例 1.3 において,経済全体では三面等価が成り立つが,個々の企業

では三面等価が成り立たないことを示しなさい。

問題 1.3 孤島に住むロビンソン・クルーソーは，ある年の初め，小麦の種を 200 kg 保有していた。春になったとき，その種の内，20 kg 分を畑に蒔いた。秋になると，360 kg の小麦を収穫した。その年，食料として食した小麦は，250 kg であったという。このとき，次は，小麦何 kg になるか，計算しなさい。

(1) 中間財 (2) 付加価値 (3) 所得 (4) 消費 (5) 資本蓄積 (6) 貯蓄

問題 1.4 ある年に，○×△建設株式会社が全戸数合計 7 億円のマンションを建設した。その内，A さんが 5,000 万円分を自己資金で購入し，B さんに 1ヶ月 15 万円で 10ヶ月賃貸したという。

(1) 生産された商品は，何か (財貨・サービス，または，産業を二つ)。

(2) 次の各々は，年間いくらか。(a) 消費 (b) 投資 (c) A さんの所得

(3) A さんの所得は，労働所得，資本所得のいずれか。

問題 1.5 下記の表は，海外との取引も考慮に入れた投入産出表である。買手側の「海外」における正の大きさは輸出を，負の大きさは輸入を意味する。

買 手 側

		産業 A	産業 B	消費	投資	海外
売手側	産業 A	8	X	110	50	−15
	産業 B	12	13	Z	45	30
	労働	90	100			
	資本	70	60			

(1) 支出面と分配面の GDP が等しいことを利用して Z を求めなさい。この結果，産業 B の生産額はいくらであろうか。

(2) 産業 A の生産額，及び，X を求めなさい。

(3) 各産業の付加価値の計算式と値を求めなさい。

(4) 三面等価がマクロ的には成り立ち，ミクロ的には成り立たないことを説明しなさい。

問題 1.6 パン屋さんと製粉業者の二つのみからなる経済を考えよう。製粉業者は，今年の始めに小麦を 120 単位保有していたが，更に海外より小麦を 30 単位輸入した。それらの内 40 単位を製粉して小麦粉を 100 単位生産し，そ

れをパン屋さんに売却した。パン屋さんは，小麦粉からパン 175 単位を生産し，それを消費者に売却した。パン屋さんは，店舗の家賃に 35 単位を支払い，残りを自らの労働の代価として受け取った。製粉業者は，賃金に 60 単位支払った。

(1) 投入産出表を作成しなさい。

(2) 次を計算しなさい。(a) 消費 (b) 投資 (c) 労働所得 (d) 資本所得

(3) 各企業の付加価値と生産面から見た GDP を計算しなさい。

(4) 三面等価が成り立つか否かを調べなさい。

問題 1.7 一郎さんは，働いて稼いだお金でリンゴを買い，由紀恵さんにリンゴを 3 個あげる代わりにミカンを 5 個もらったという。

(1) この物々交換における交換比率は，ミカン 1 個当たりリンゴ何個か。

(2) 八百屋でリンゴが 1 個 300 円，ミカンが 1 個 100 円で売られていた。リンゴに対するミカンの相対価格を求めなさい。それは，ミカン 1 個当たりリンゴ何個分になるか。この結果，一郎さんは，由紀恵さんからミカンを何個余分に (または少なく) もらったといえるであろうか。

問題 1.8 市場経済と計画経済の各々は，右図のいずれに位置するであろうか。また，現在，市場経済であったときに，次の各ケースは，いずれの方向に動かすであろうか。

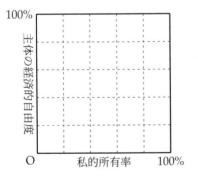

(1) 公益法人の設置

(2) 減反政策

(3) 生産統制，物価統制，配給制度

(4) 産業の国有化

(5) クローズド・ショップ[11]

(6) 中国の経済体制に移行

---

[12] ［用語注］**クローズド・ショップ** (closed shop) とは，採用，継続雇用を労働組合員に制限し，労働組合脱退後は解雇され，雇用主は雇用にあたって労働組合と協議しなければならない労働協約。

第**I**部

競 争 市 場

第2章　競争市場

「第Ⅰ部 競争市場」では，すべての市場参加者が市場価格を所与として自らの取引量を選択せざるを得ない**価格受容者 (プライス・テイカー)** になるほど，市場が競争的なときの，市場の機能，効能を同定していく[1]。

ここで，**市場** (market) といった場合に，商品が売買される特定の場所のみを指すのではなく，同じ商品に対し同一価格，すなわち，**一物一価の法則** (law of one price) が成り立つような買手と売手の自由な取引の全体を意味する[2]。例えば，特定の品種の「リンゴ市場」といったとき，同一の品種のリンゴについて一物一価の法則が成り立つような取引の連鎖になる。競争市場の場合，市場参加者は同一の市場価格を所与として自らの取引量を選択することになるわけである。「第Ⅰ部 競争市場」では，そのような競争市場において，どのように資源配分や所得分配が決まるのか，そして，競争市場で成り立つ資源配分や所得分配はどのような性質をもつのか，特徴化していく。

本章では，その手始めとして，分析を可能な限り単純化させることとしたい。そのために，次の仮定をおくことにしよう。

---

[1] ［発展注］市場参加者が，いつ，価格受容者になるのか，疑問として残るであろう。その答えとして，市場参加者各々の取引量が市場の需給に個々では影響を与えないほど小さい，あるいは，そのようになるほど市場参加者が多いという**完全競争** (perfect competition) の概念がある。完全競争の「競争」とは，どのような競争なのか，これも又，疑問に残る読者がいるかもしれない。というのは，ある売手が相場 (市場価格) よりも高い価格で売ることができないような価格競争は，他に売手がもう一人存在すれば成立するからである。完全競争それ自体のモデル化については，例えば，Aumann (1964) を，また，完全競争の概念の変遷についてはStigler (1957) や McNulty (1967) を参照。

[2] ［学史注］この定義は，**クールノー** (A. A. Cournot, 1801–1877) の 1838 年の著書『富の理論の数学的原理に関する研究』Cournot (1971) による。クールノーの著作は，1870–1 年の**限界革命** (marginal revolution) を創始した**ジェヴォンズ** (W. S. Jevons, 1835–1882) や**ワルラス** (L. Walras, 1834–1910)，**C. メンガー** (C. Menger, 1840–1921) が取り上げることで経済学の表舞台に出ることになる。先取りして述べれば，後に学ぶ「クールノーの寡占モデル」だけではなく，「マーシャルの長期均衡」や「独占」の均衡条件なども既に数学的に示すなど，現在のミクロ経済学の分析上の端緒を与えた先駆的著作である。メンガーは，**オーストリア学派** (Austrian school) の始祖，また，ワルラスは，**パレート** (V. Pareto, 1848–1923) と共に**ローザンヌ学派** (Lausanne school) を形成していくことになる。

仮定 2.1 効用水準は，金銭と 1 対 1 で対応している。

効用水準 (utility level) とは，効用を指数化したものである。仮定 2.1 は，あくまでも分析を単純化させるための仮定であることに注意しよう。後に，この仮定に一切依拠しない需要分析を 3 章で，競争市場の分析を 5 章以降の「第 I 部 競争市場」の諸章で見る。

本章では，仮定 2.1 の下で，競争市場に直面している買手と売手の選択，そして，競争市場における資源配分や所得分配の決定の仕方の実証分析から始める (2.1–2.3 節)。その後 (2.4 節以降)，競争市場の機能，効能を同定するために，競争市場についての規範分析を行う。**規範分析** (normative analysis) の「規範」とは，善し悪しの物差し (norm) のことである。競争市場で決まる資源配分や所得分配が，果たして，どのように優れているのか，その判断には基準が必要になる。基準次第では良いものも悪くなるし，悪いものも良くなる。本章では，最も緩やかな基準に基づいた規範分析を行う。その上で，競争市場がもたらす効能以上のものを政府が発揮できるのか否かについて，いくつかの政策を取り上げて確認しながら，競争市場への政府の介入の善し悪しを理解していく。

2.1 需要価格，余剰，需要曲線

ある商品を考えよう。その商品の市場が競争的なとき，買手は，どのような原理にしたがって意思決定するのであろうか。本節では，先ず，競争市場に直面する買手の選択を考察する。

買手が，購入予定の数量において最大限支払っても良いと考える 1 単位当たり金額 p^D 円をその数量での**需要価格** (demand price) と呼ぶ。

例 2.2 一郎さんのリンゴの需要価格 (p^D) は，1 kg 目までは 280 円，追加の 1 kg では 190 円，更に追加の 1 kg では 115 円である。

縦軸に 1 kg 当たり円，横軸に 1 日当たり kg をとった平面に，一郎さんの需要価格を図示すると，図 2.1 (a) のグラフになる。需要価格は最大限支払っ

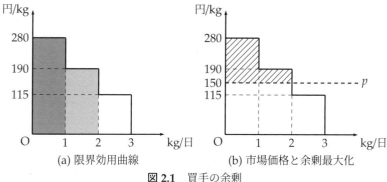

(a) 限界効用曲線　　　　　(b) 市場価格と余剰最大化

図 2.1　買手の余剰

ても良い価格であるから，仮定 2.1 の下では，グラフの下側面積がその数量での効用水準を表す。1 kg での効用水準は，1 kg 当たり 280 円支払っても良いと考えているわけであるから，図 2.1 (a) の濃い領域の面積の 280 円であり，2 kg での効用水準は，それに薄い領域の面積が加わった 470 円になる。

　数量 x での効用水準を $v(x)$ 円で表そう。一郎さんの場合，$v(0) = 0$，$0 < x \leqq 1$ ならば $v(x) = 280x$，$1 < x \leqq 2$ ならば $v(x) = 280 + 190(x - 1)$，$2 < x \leqq 3$ ならば $v(x) = 470 + 115(x - 2)$，$x > 3$ ならば $v(x) = 585$ になる。数量 1 単位増に対する効用水準の増分率を**限界効用** (Marginal Utility, *MU*) と呼ぶ。仮定 2.1 の下では，限界効用 (*MU*) は，需要価格 (p^D) に等しくなる。すなわち，

$$p^D = MU \tag{2.1}$$

図 2.1 (a) の需要価格のグラフは，仮定 2.1 の下では，**限界効用曲線**になる。

　限界効用曲線の下側面積 $v(x)$ は，数量 x を手に入れたときに買手が得る効用の大きさを示す。ところが，実際は，市場で代価を支払うため，$v(x)$ 円の効用を得られるわけではない。そこで，$v(x)$ 円を数量 x での**便益** (benefit) と呼ぶことにしよう。これに対し，リンゴの市場価格を 1 単位当たり p 円とすれば，x kg のリンゴを購入することで px 円の効用を失う (仮定 2.1)。この損失は，買手の**費用** (cost) になる。この結果，取引量 x での便益 $v(x)$ から費用 px を差し引いた金額が，数量 x を購入したときの買手の改善分になる。

　一般に，取引による改善分を**余剰** (surplus) と呼ぶ。買手の余剰 U は，

$$U = v(x) - px \tag{2.2}$$

と表すことができる。買手は，自らの余剰 U を最大化するよう数量 x を選択する。買手の**余剰最大化**の数量が，その買手が購入しようとする数量，すなわち，**需要量**になる。市場価格 p の各値に対し，買手の需要量が対応する曲線をその買手の**個別需要曲線**と呼ぶ。一郎さんの場合，リンゴの市場価格 p が 1 kg 150 円のときのリンゴの需要量は，図 2.1 (b) の水平線 p と限界効用曲線が交差する数量，2 kg/日 になる。そのときの (2.2) 式の余剰 U の大きさは，図 2.1 (b) の斜線部面積になる。リンゴの市場価格 p が変わっても，需要量は，水平線 p と限界効用曲線が交差する数量になる。かくして，次を得る。

ファクト 2.3 (買手の余剰最大化の 1 階条件) 買手が自らの余剰を最大化すれば，その買手は，限界効用曲線の値と市場価格が一致する数量を選択する。すなわち，次が成り立つ。

$$限界効用 (MU) = 市場価格 (p) \tag{2.3}$$

買手の個別需要曲線は，仮定 2.1 の下では，その買手の限界効用曲線に一致するわけである。

2.2 供給価格，余剰，供給曲線

買手の意思決定の原理を見たところで，今度は，競争市場に直面する売手の選択を調べてみよう。

売手が売却予定の数量において売却するのに最低限受け取りたいと考える 1 単位当たりの金額 p^S 円をその数量での**供給価格** (supply price) と呼ぶ。

例 2.4 彩さんの供給価格 (p^S) は，1 kg 目までは 80 円，追加の 1 kg では 150 円，更に追加の 1 kg では 220 円になる。

縦軸に 1 kg 当たり円，横軸に 1 日当たり kg を測った平面に，彩さんの供給価格を図示すると，図 2.2 (a) のグラフになる。もし彩さんがリンゴを自然，あるいは他者より 3 kg 付与されたとすれば，限界効用はリンゴの消費量が 1 kg のときに 220 円，2 kg のときに 1 kg 当たり 150 円，3 kg のときに 1 kg 当たり 80 円であったことになる。もし彩さんがリンゴの生産者であったとすれば，1 kg を売却するのに最低限受け取りたい金額が 80 円なのであるから，

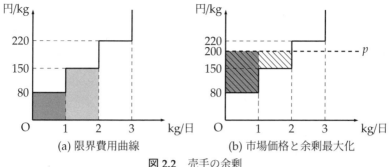

(a) 限界費用曲線　　　　　(b) 市場価格と余剰最大化

図 2.2　売手の余剰

1 kg の生産の費用が 80 円であると予測できる。彩さんがリンゴの生産者で
はなく，農家などからリンゴを仕入れたのであれば 80 円が 1 kg 目の仕入れ
費用であると考えられる。いずれの場合も，仮定 2.1 の下では，彩さんは 1
kg のリンゴを売却するのに 80 円分の費用を被る。彩さんの費用は，1 kg の
リンゴを売却するときは図 2.2 (a) の濃い領域の面積 80 円，2 kg のリンゴを
売却するときはそれに薄い領域の面積 150 円が加算された 230 円になる。

　数量 y での費用を $C(y)$ 円で表そう。関数 C を**費用関数**と呼ぶ。彩さんの
場合，費用関数は，$y = 0$ であれば 0 (すなわち，$C(0) = 0$)，$0 < y \leqq 1$ であ
れば $C(y) = 80y$，$1 < y \leqq 2$ であれば $C(y) = 80 + 150(y - 1)$，$2 < y \leqq 3$ であ
れば $C(y) = 230 + 220(y - 1)$，$y > 3$ であれば $C(y) = \infty$ になっている。数量
1 単位増に対する費用の増分率を**限界費用** (Marginal Cost, *MC*) と呼ぶ。供
給価格 (p^S) は，限界費用 (*MC*) の大きさに等しい。すなわち，

$$p^S = MC \tag{2.4}$$

図 2.2 (a) の供給価格のグラフは，**限界費用曲線**なのである。

　売手は，もちろん，ただ単に費用を被るわけではない。商品を売却するこ
とで収入を得る。1 kg 当たり p 円で y kg のリンゴを売却すれば，仮定 2.1 よ
り，売手は py 円の効用を得る。この金額が売手の便益になる。この結果，売
手が取引から得られる改善分，すなわち，売手の余剰 π は，

$$\pi = py - C(y) \tag{2.5}$$

になる。例えば，リンゴの市場価格が 1 kg 200 円のときに彩さんが 1 kg を
売却しようとすれば，図 2.2 (b) の濃い領域の面積が彩さんの余剰になる。し

かし，彩さんは 1 kg を選択しない。というのは，売手も又，(2.5) 式の自ら
の余剰 π を最大化するよう数量 y を選択するのが合理的であるからである。

　売手の**余剰最大化**の数量が，その売手が売却しようとする数量，すなわち，
供給量になる。市場価格 p の各値に対し，売手の供給量が対応するグラフを
その売手の**個別供給曲線**と呼ぶ。彩さんの場合，リンゴの市場価格 p が 1 kg
200 円のときのリンゴの供給量は，図 2.2 (b) の水平線 p と限界費用曲線が交
差する数量，2 kg/日 になる。そのときの (2.5) 式の余剰 π の大きさは，図 2.2
(b) の斜線部面積になる。リンゴの市場価格 p が変わっても，供給量は，水平
線 p と限界費用曲線が交差する数量になる。かくして，次を得る [3]。

ファクト 2.5 (売手の余剰最大化の 1 階条件) 売手が自らの余剰を最大化すれ
ば，その売手は，市場価格と限界費用曲線の値が一致する数量を選択する。
すなわち，次が成り立つ。

$$市場価格 \ (p) = 限界費用 \ (MC) \tag{2.6}$$

　売手の個別供給曲線は，その売手の限界費用曲線に一致するわけである。

2.3　市場モデル

　競争市場に直面する買手と売手の意思決定を見たところで，次に，競争市
場では，資源配分，所得分配がどのように決まるのかを見よう。

2.3.1　資源配分，所得分配

　先ずは，資源配分と所得分配の表現方法を確認しておこう。例 2.2 の一郎
さん，例 2.4 の彩さんに次の二人が加わった単純な市場を想定してみよう。

> **例 2.6** 由紀恵さんはリンゴを一切持っておらず，リンゴの購入に際し，1
> kg 目までなら 530 円，2 kg 目なら 440 円，3 kg 目なら 360 円までしか支
> 払う用意がない。これに対し，寛さんは 3 kg のリンゴを持っており，1 kg
> 目までは 330 円，2 kg 目では 405 円，3 kg 目では 490 円，最低限受け取
> らなければ売却をしない。

---

[3]　［発展］ファクト 2.3 とファクト 2.5 には，共通の原理が潜む。練習問題 2.6 参照。

潜在的な買手である一郎さんと由紀恵さんのリンゴの消費量 (単位：kg/日) を x_I, x_Y, 潜在的な売手である彩さんと寛さんの消費量を x_A, x_H とすれば, 消費量の組

$$x = (x_I, x_Y, x_A, x_H) \tag{2.7}$$

がリンゴの**資源配分** (resource allocation) を表す。一郎さん達が一切, 取引をしないときの資源配分, すなわち, 初期資源配分は, 次の通りである。

$$x^0 = (0, 0, 3, 3) \tag{2.8}$$

これに対し, 所得分配は, 次のように表すことができよう。潜在的な買手である一郎さんと由紀恵さんの余剰を U_I, U_Y, 潜在的な売手である彩さんと寛さんの余剰を π_A, π_H とすれば, 余剰の組

$$u = (U_I, U_Y, \pi_A, \pi_H) \tag{2.9}$$

が**所得分配** (income distribution) になる。4 人の間で一切, 取引がないときの所得分配, すなわち, 初期所得分配は, 次になる。

$$u^0 = (0, 0, 0, 0) \tag{2.10}$$

余剰は取引による改善分なので, 取引がなければ, 全員, 余剰はゼロになる。

2.3.2 市場均衡

競争市場では資源配分 x と所得分配 u が, どのように決まるのであろうか。

複数の買手と売手の間で, どのようなやり取りがなされるのか, 具体的なやり取りをモデル化することも可能である。しかしながら, 経済全体で見たとき, 市場での需要総量である**市場需要量**が, 市場での供給総量である**市場供給量**よりも大きい**超過需要** (excess demand) が続けば, 市場価格はいずれ上がると予測できる。逆に, 市場需要量が市場供給量よりも小さい**超過供給** (excess supply) が続けば, 市場価格はいずれ下がるであろう。このようにして, 需給が一致する状態に最終的には落ち着くと予想できる。このような**市場メカニズム** (market mechanism), すなわち, **価格メカニズム**が働くとすれば, 取引価格と資源配分は, 次の条件を満たすように決まるであろう。

(ME.1) 主体的均衡：各主体は, 各々の余剰を最大化している。

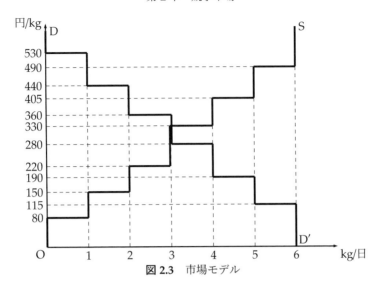

図 2.3 市場モデル

(ME.2) 需給均衡 (需給バランス)：市場需要量から市場供給量を差し引いた大きさである**超過需要量**がゼロになっている。

これら二つの条件を満たす状態を**市場均衡** (market equilibrium) と呼ぶ。そこで，一郎さん達を例にとって，実際に市場均衡を求めてみよう。

条件 (ME.1) の主体的均衡は，市場価格の各値に対し，買手は各々の個別需要曲線上，売手は各々の個別供給曲線上の数量で取引することを意味する。市場価格の各値に対し，市場需要量を与える曲線を**市場需要曲線**と呼ぶ。一郎さん達 4 人の場合，市場で買手になるのは一郎さんと由紀恵さんであるので，市場需要曲線は，彼女達の個別需要曲線より，図 2.3 の D から階段状に右に下がって D′ に至るグラフになる。

また，市場価格の各値に対し，市場供給量を与える曲線を**市場供給曲線**と呼ぶ。一郎さん達 4 人の場合，市場で売手になるのは彩さんと寛さんであるので，市場供給曲線は，彼女達の個別供給曲線より，図 2.3 の原点 O から階段状に右に上がって S に至るグラフになる。

市場均衡は，定義によって，市場需要曲線 DD′ と市場供給曲線 OS が交わる状態になる。一郎さん達 4 人の場合，市場均衡での取引価格は 1 kg 280 円

から 330 円，取引量が 3 kg，資源配分は，

$$x^* = (x_\mathrm{I}^*, x_\mathrm{Y}^*, x_\mathrm{A}^*, x_\mathrm{H}^*) = (0,3,0,3) \tag{2.11}$$

になり，彩さんが由紀恵さんに 3 kg のリンゴを売却する。一郎さんと寛さん
は，一切，取引をしない。この結果，市場均衡での所得分配は，取引価格が
市場均衡での取引価格 1 kg 280 円から 330 円の間の，例えば，1 kg 300 円で
あれば，

$$u^* = (U_\mathrm{I}^*, U_\mathrm{Y}^*, \pi_\mathrm{A}^*, \pi_\mathrm{H}^*) = (0,430,450,0) \tag{2.12}$$

になる。由紀恵さんと彩さんは，取引によって改善するが，一郎さんと寛さ
んは，改善もしなければ，悪化もしない。

2.4 経済厚生

市場均衡では，取引しない主体が存在する。例えば，一郎さん達 4 人の場
合，一郎さんと寛さんは取引をしない。もちろん，取引価格が 1 kg 280 円か
ら 330 円であれば，取引をすることで一郎さんや寛さんの余剰は負になるこ
とはあっても，正になることはない。市場均衡で取引をしない主体は，損失
を被らないために取引をしないのである。

ところが，政府が競争市場を廃し，次のように取引を統制したとしよう。

例 2.7：統制経済 一郎さんは彩さんより，由紀恵さんは寛さんより購入す
るよう政府が統制

この例については，次の 3 点を確認することができる。第一に，一物一価
は，成り立たない。しかしながら，第二に，資源配分は，

$$x^\mathrm{Cmd} = (x_\mathrm{I}^\mathrm{Cmd}, x_\mathrm{Y}^\mathrm{Cmd}, x_\mathrm{A}^\mathrm{Cmd}, x_\mathrm{H}^\mathrm{Cmd}) = (2,2,1,1) \tag{2.13}$$

となって，一郎さんも寛さんも取引する。第三に，一郎さんと彩さんの間の
取引価格が 1 kg 170 円，由紀恵さんと寛さんの間の取引価格が 1 kg 425 円
であれば，所得分配は，

$$u^\mathrm{Cmd} = (U_\mathrm{I}^\mathrm{Cmd}, U_\mathrm{Y}^\mathrm{Cmd}, \pi_\mathrm{A}^\mathrm{Cmd}, \pi_\mathrm{H}^\mathrm{Cmd}) = (130,120,110,115) \tag{2.14}$$

になる。したがって，すべての主体が正の余剰を得ることができる。

　ここで次のような疑問が湧くであろう。市場に任せれば正の余剰を受け取ることのできない主体が現れるが，上記の統制経済のように，政府が経済を管理すれば，すべての主体が初期状態よりも改善する。ということは，市場よりも優れた制度，仕組みが存在するのではなかろうか。この疑問に対する本格的な分析は，本書「第 IV 部 制度設計」まで待たなければならない。ここでは，市場均衡での取引に対し，再交渉のインセンティブ (誘因) が市場参加者全体に内在しているのか否かについて考察することにしよう。

2.4.1　パレート効率性

　すべての主体が改善するとき，**パレート基準において改善**，あるいは単に**パレート改善**するという [4]。例えば，一郎さん達 4 人の場合，(2.10) 式の初期状態での所得分配 u^0 から，(2.14) 式の統制経済の下での所得分配 u^{Cmd} に移動することでパレート改善する。

　パレート改善する他の所得分配が存在すれば，パレート改善する所得分配に移動することに全員が賛成するのであるから，元の所得分配は，全員一致で，すなわち，社会全体で，完全に拒否される。そこで，パレート改善する他の状態が存在しない状態を**パレート効率** (Pareto efficient) であるという [5]。パレート効率な所得分配であれば，その所得分配から他の所得分配に移動してもパレート改善しないわけである。

2.4.2　補償原理

　(2.14) 式の例 2.7 の統制経済の下での所得分配 u^{Cmd} は，パレート効率であろうか。もしパレート効率でなければ，一郎さん達 4 人は，政府の政策を全

---

　[4]　［用語注］二つの状態 X，Y を考えよう。このとき，次の三つは，同義である。
　(P.1) 状態 X から状態 Y に移動することで「パレート改善」する。
　(P.2) 状態 Y は，状態 X を**パレート支配**する。
　(P.3) 状態 Y は，状態 X より**パレート優越**である。
付言すれば，ここでの「パレート改善」は，**強パレート改善**になる。これより弱い改善として，だれも悪化せずに少なくとも 1 主体が改善する**弱パレート改善**がある。強改善は，もちろん，弱改善を意味する。また，余剰のように，主体間で譲渡可能な効用指数 (**譲渡可能効用**という) を用いている場合には，次項でみる補償原理を使えば，弱改善は強改善を意味する。
　[5]　［用語注］強パレート改善しない他の状態が存在しない状態を**弱パレート効率**，弱パレート改善しない他の状態が存在しない状態を**強パレート効率**という。パレート効率は，**パレート最適**ともいう。

員一致で支持しない。同様のことは，(2.12) 式の市場均衡での所得分配 u^* についてもいえる。所得分配 u^* がパレート効率でなければ，一郎さん達 4 人全員が競争市場での取引に反対するであろう。先ずは，統制経済の下での所得分配 u^{Cmd} がパレート効率か否かを調べてみよう。

統制経済の下での所得分配 u^{Cmd} から市場均衡での所得分配 u^* に移動すると，一郎さんが 130 円，寛さんが 115 円分悪化するのに対し，由紀恵さんは 310 円，彩さんは 340 円改善する。そこで，由紀恵さんが改善分 310 円から 125 円を寛さんに，彩さんが改善分 340 円から一郎さんに 140 円を補償すると，所得分配は，

$$u' = (U'_\text{I}, U'_\text{Y}, \pi'_\text{A}, \pi'_\text{H}) = (140, 305, 310, 125) \tag{2.15}$$

になる。所得分配 u' は，統制経済の下での所得分配 u^{Cmd} をパレート支配する。したがって，一郎さん達 4 人全員が，統制経済よりも所得分配 u' を望む。

このように，改善する主体から悪化する主体に適切に補償することでパレート改善する所得分配に移動できる原理を**カルドアの補償原理** (Kaldor's compensation principle) と呼ぶ。カルドアの補償原理を使ってパレート改善できるとき，**カルドア基準において改善**，あるいは単に**カルドア改善**するという。一郎さん達の場合，統制経済の下での所得分配 u^{Cmd} から市場均衡での所得分配 u^* に移動すれば，カルドア改善する。

2.4.3 総余剰

カルドア改善しないとき，カルドアの補償原理を使ってもパレート改善できる所得分配は存在しない。それは，いつなのであろうか。この疑問は，裏返せば，カルドア改善するのは，いつなのかといえる。

主体の余剰総和を**総余剰** (total surplus) と呼ぼう。このとき，統制経済の下での所得分配 u^{Cmd} から市場均衡での所得分配 u^* に移動することでカルドア改善したのは，所得分配 u^{Cmd} での総余剰が 475 円であるのに対し，所得分配 u^* での総余剰が 880 円と，大きいことによる。というのは，総余剰の増加分 405 円を所得分配 u^{Cmd} の各々に分配すれば，必ず，所得分配 u^{Cmd} よりパレート改善するからである。

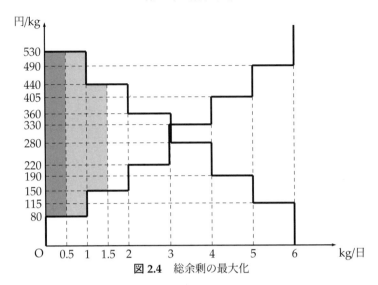

図 2.4 総余剰の最大化

ファクト 2.8 総余剰が増加すれば，カルドア改善する。したがって，カルドアの補償原理が働くときに，所得分配がパレート効率になる必要十分条件は，総余剰が最大であることである。

それでは，いつ，総余剰は最大になるのであろうか。総余剰の定義より，次が成り立つ。

ファクト 2.9 総余剰が最大になる資源配分は，需要価格が供給価格を下回らない中で，需要価格の高い順，供給価格の低い順に取引したときである。

図 2.4 は，一郎さん達 4 人について，需要価格の高い順，供給価格の低い順に並べたグラフを示す。例えば，一郎さん達 4 人の間でリンゴを 0.5 kg 取引するときに総余剰が最大になるのは，由紀恵さんと彩さんが 0.5 kg を取引するときであり，そのとき総余剰は 225 円 (図 2.4 の濃い領域の面積) になる。もし 1.5 kg を取引するのであれば，一郎さん達 4 人の間で稼得可能な総余剰の最大値は由紀恵さんと彩さんが 1.5 kg を取引するときであり，このとき総余剰は 0.5 kg のときに比べ図 2.4 の薄い領域の面積分，増加する。このようにして，一郎さん達 4 人の間で稼得可能な総余剰の最大値を計算すると，由紀恵さんと彩さんが 3 kg 取引したときに総余剰が 880 円で最大になること

が理解できる。一郎さんと寛さんも取引に加わるような場合，例えば，4 kg の取引の場合，総余剰は 880 円より必ず低くなる。

2.4.4　厚生経済学の第 1 基本定理

　総余剰が最大になる取引であれば，パレート改善する所得分配は存在しない。市場均衡での取引は，そのような状況になっているとするのが「厚生経済学の第 1 基本定理」である (証明は，読者に委ねよう)。

定理 2.10 (厚生経済学の第 1 基本定理) 次が成り立つ。
(1) 市場均衡での総余剰は，最大である。
(2) 市場均衡での所得分配は，パレート効率である。
(3) 市場均衡での資源配分は，パレート効率である。

　なお，資源配分のパレート効率性は，主体の余剰の組，すなわち，所得分配で判別する。

2.4.5　厚生経済学の第 2 基本定理

　パレート効率でなければ，全員が改善可能である。すべての主体が再交渉をするインセンティブを持ち合わせ，そして，主体間の自発的な再交渉は，パレート効率性達成の原動力になる。例えば，一郎さん達 4 人の場合，由紀恵さんと彩さんは自由市場を支持し，一郎さんと寛さんは統制経済を支持していた。しかし，(2.14) 式の統制経済での所得分配 u^{Cmd} は，そもそも，パレート効率ではなかった。自由市場とすることで統制経済時よりも改善する主体が，悪化する主体に適切に補償する補償交渉が成り立ち，(2.15) 式のパレート効率な所得分配 u' に至ることを見た。

　パレート効率ではない状態，例えば，(2.14) 式の統制経済での所得分配 u^{Cmd} は，このようにして，民間部門により支持されることはない。それでも，政府が例 2.7 のような経済統制を強行したら，どうであろうか。実は，このような政策は，次のように失敗する。由紀恵さんと彩さんは，統制経済の下での取引は「成立しませんでした」として，密かに二人で取引してしまうかもしれない。**闇市場**の発生である。ところが，闇市場が発生することで，総余

剰が最大になる。政府は，パレート効率ではない所得分配を政策目標にすれ
ば，政策の副作用を生み出して，政策は失敗に終わるのである。

　それでは，逆に，パレート効率な所得分配であれば，政府は政策目標にす
ることができるのであろうか。実は，それは，主体の選択に影響を与えない
ように政府が介入する限り，可能である。このことを見るために，主体の選
択に影響を与えない政府の介入方法である「一括式」の課税，補助を確認す
るところから始めよう。

　一括式 (lump-sum) とは，取引量，取引金額無関係に一定額で課税，もし
くは補助する方式を指す。買手に一括税 T_B 円を課税すると，買手の余剰 (2.2)
式は，

$$U = v(x) - px - T_B \tag{2.16}$$

に変化する。税 T_B は数量 x に無関係なため，以前と同様に，ファクト 2.3 が
成り立つ。同様に，売手に一括税 T_S 円を課税すれば，売手の余剰 (2.5) 式は，

$$\pi = py - C(y) - T_S \tag{2.17}$$

に変化する。ところが，税 T_S が数量 y に無関係なため，ファクト 2.5 がその
まま成り立つ。この結果，市場均衡での取引価格と資源配分に変化はない。一
括税によって徴収した税金は，政府によって他の主体に分配されるため，**所
得移転**が起こる。したがって，総余剰にも変化はない。この結果，厚生経済
学の第 1 基本定理 (定理 2.10(2)) の部分的な逆命題が成り立つ。

定理 2.11 (厚生経済学の第 2 基本定理) 所得分配 $\hat{u}$ がパレート効率であると
する。このとき，市場均衡での所得分配 u^* が所得分配 $\hat{u}$ に一致するような一
括式所得再分配政策が存在する。

　所得再分配政策とは，新たな財政黒字も財政赤字も発生させずに，主体間
の所得分配を変える政策である。次の例は，厚生経済学の第 2 基本定理の政
策上の含蓄を例示している。

　例 2.12：厚生経済学の第 2 基本定理の応用　政策目標の所得分配を (2.15) 式
の u' とする。このため，一郎さん達 4 人に対し，次の一括式所得再分配政
策を実施する。由紀惠さんに 125 円，彩さんに 140 円を一括式で課税し，
一郎さんに 140 円，寛さんに 125 円を一括式で補助する。

　この政策の下で市場均衡が成り立つと，所得分配は，自発的な補償交渉が
なくても，(2.12) 式の u^* から (2.15) 式の u' になる。統制経済を望む主体も
現れなくなり，競争市場での取引を全員一致で反対することもない。総余剰
は最大，所得分配はパレート効率である。

　以上を一般化すると，厚生経済学の第 2 基本定理は，次のような政策上の
応用をもつと言えよう。政策目標の所得分配 $\hat{u}$ を競争市場で実現したい。そ
のためには，そもそも，その所得分配 $\hat{u}$ がパレート効率でなければならない
(なぜであろうか，理由を述べよ)。その上で，政府は，一括式の課税と補助
の大きさを適切に選んだ所得再分配政策のみを実施し，あとは市場に任せれ
ば，競争市場で決まる所得分配 u^* にその所得再分配政策が加わることで，所
期の所得分配 $\hat{u}$ が実現するというわけである。

2.5　政府の介入と経済厚生

　総余剰の最大値からの総余剰の減少分を**厚生損失** (welfare loss) と呼ぶ。政
府の介入は，一括式の所得再分配政策であれば厚生損失を発生させないが，統
制経済であれば厚生損失を発生させる。厚生経済学の二つの基本定理は，自
由に取引相手を探せ，自由に市場に参入できること (**参入の自由**) が経済厚生
最大化の必要条件になっていることを意味している。

　政府の介入による厚生損失を社会が負う**超過負担** (excess burden) とか**死
荷重** (**死重的損失**, deadweight loss) と呼ぶ。それでは，一括式の課税，補助
以外の政府の介入は，必ず死荷重を発生させるのであろうか。本節では，あ
る産業への政府介入について，いくつかの政策を取り上げて，この疑問への
答えを探ってみよう [6]。

　以下では曖昧さを無くすために，ある特定の産業を考え，買手はすべて消
費者，売手はすべて生産者であると想定することにしよう。消費者全体の余
剰総和を**消費者余剰** (consumer surplus)，生産者全体の余剰総和を**生産者余
剰** (producer surplus) と呼ぶ。なお，個々の生産者の余剰は，その生産者の

---

[6] 本節の内容は，練習問題 2.5 を使って演習しながら学習可能である。

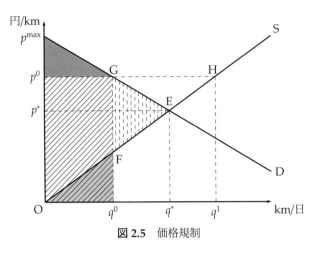

図 2.5　価格規制

利潤に相当している。

2.5.1　価格規制

　市場による資源配分の決定は，価格メカニズムに依拠している。したがっ
て，総余剰が最大になるのも，市場価格が需給を一致させる機能をもつから
である。これに対し，物価統制，所得政策，最低賃金など，価格メカニズム
に対する政府の介入は，そうした市場価格の機能を奪う。ここでは，政府が
取引価格をある値に規制する最も単純な価格規制を考え，市場価格の機能を
奪うことが経済厚生にどのように影響するのかを考察してみよう。

　図 2.5 には，ある産業の市場需要曲線 D と市場供給曲線 S が描かれている。
市場均衡での取引価格は p^*，取引量は q^* である。政府が生産者保護を目的に
取引価格を均衡価格 p^* より高い p^0 に規制したとする。このとき，市場需要
量は q^0，市場供給量は q^1 となり，超過供給が発生する。

　超過供給は，いずれの企業が何単位売却するかの**数量割当**の導入を要求す
る。例えば，「早い者勝ち」によって販売するとか，n 生産者が存在するので
あれば各生産者に (q^0/n) km の生産量を政府が割り当てるであるとか，ある
いは産業内でそのような割り当てに合意するなどである。価格規制は，この
ように，数量割当のための新たなルールを必要とする。

　規制の効果は，経済厚生にも現れる。ここでは，q^0 までの市場供給曲線を構成する企業にのみ，応分の数量を割り当てる数量割当ルールが適用された場合で経済厚生を計算してみよう。但し，他の企業の生産量は，暫時，ゼロと想定する。消費者は，q^0 の数量を購入するので，台形 $p^{max}Gq^0O$ の面積の便益を得る。p^0 の価格で q^0 の数量を購入するので，消費者余剰は濃い三角形 $p^{max}Gp^0$ の面積に等しく，市場均衡のときの大きさに比べ小さくなる。消費者余剰の減少分の内，$(p^0 - p^*) \times q^0$ 円が生産者の収入に回る。すなわち，規制によって消費者から生産者に**所得移転**が起こる。生産者の収入は，消費者からの所得移転を含む図 2.5 の斜線領域の面積になるが，費用は市場供給曲線 S の下側，薄い三角形 OFq^0 の面積に等しい。この結果，生産者余剰は，台形 Op^0GF の面積になる。総余剰は，市場均衡のときに比べ，三角形 EFG (破線部) の面積分，減少する。

　数量割当ルールを設けたとしても，p^0 の売値に直面しているすべての企業にとって，利潤を最大化していないことに変わりはない。仮に，すべての企業が利潤を最大化しようと供給すれば，台形 q^0FHq^1 の面積の金額の費用が追加的に発生するのみならず，数量 $q^1 - q^0$ の売れ残りも発生する。そこで，政府が安定供給の維持，需給調整と銘打って，売れ残りの廃棄代として，台形 q^0FHq^1 の面積の金額を生産者に補助する政策をとったとしよう。生産者側の不満は解消されるかもしれないが，政府は補助金支給のための資金を確保するために，だれかに税金を課さなければならない。このため，商品廃棄代補助政策は，生産者の損失を他者に負担させる，納税者から生産者への新たな所得移転を生み出す。厚生損失は，$\{(p^0 + p^*)/2\} \times (q^1 - q^0)$ 円にも及ぶ。

　商品の売れ残りに直面する生産者は，規制価格 p^0 よりも低い価格で買手を探すインセンティブを潜在的にもっている。消費者も p^0 より低い価格で購入できれば自らの余剰が増加するため，**闇市場**が発生する。闇市場は，生産者，消費者双方の余剰を増加させながら，取引を本来の市場均衡での取引に近づける。もし政府があくまでも価格を規制したいのであれば，厚生損失，所得移転，数量割当といった副作用に加え，本来不必要な闇市場の「取り締まり」まで，政府は行わなければならない。

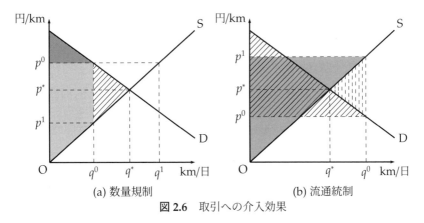

(a) 数量規制　　　　　　　　　　　(b) 流通統制

図 2.6　取引への介入効果

2.5.2　数量規制

生産者保護のために値崩れを防ぐ政策として数量規制がある。例えば，図 2.6 (a) の市場需要曲線 D，市場供給曲線 S で与えられる産業の取引量を q^0 に規制したとしよう。規制が実体をもつためには，生産水準自体を q^0 に規制する必要がある。政府が行う規制がこのような生産規制のみであるとき，取引価格は需給が一致する p^0 になる。消費者余剰は濃い三角形の面積，生産者余剰は薄い台形の面積になり，斜線部分の面積に等しい厚生損失が発生する。

価格規制と同様，数量規制は，厚生損失だけでなく，所得移転，数量割当，闇市場を生み出す。取引価格が均衡価格 p^* より高いため，消費者余剰が市場均衡のときに比べ減少する。その減少分の内，$(p^0 - p^*) \times q^0$ 円が生産者余剰に加わり，消費者から生産者への所得移転を生み出している。

更に，取引価格が p^0 のとき，利潤が最大となる生産水準は q^1 であるから，生産水準を q^0 に規制するには，どの生産者がどれだけ生産するかの数量割当を予め決め，その割当ルールにすべての生産者が従う必要がある。例えば，産業に n 生産者が存在するのであれば，産業全体の生産水準 q^0 の n 分の 1 を各生産者が生産するよう政府が規制するなどの割当ルールである。

取引量 q^0 で生産者は，自らの利潤を最大化していない。このため，生産者は p^0 より低い価格で販売するインセンティブをもつことになる。消費者も又，p^0 より低い価格であれば，より多くを消費することで自らの余剰が増え

るため，闇市場が自然発生する。闇市場が発生することで，市場均衡に近づき，厚生損失が減少，経済厚生は改善していく。

2.5.3 流通統制

安定供給や生産額拡大を目的とした政策として，政府が商品を生産者から買い上げ，政府が消費者に商品を売却する流通統制がある。

図 2.6(b) の市場需要曲線 D，市場供給曲線 S で与えられる産業の取引量を q^0 にしたいと政府が考えたとしよう。そのような取引量が数量割当を伴わずに実現するには，政府が生産者から p^1 の価格で商品を購入し，それを p^0 で消費者に販売する必要がある。生産者から政府が買い上げる価格を**生産者価格**，政府が消費者に売却する価格を**消費者価格**と呼ぶ。均衡取引量 q^* より多い取引量を目標とする流通統制では，生産者価格が消費者価格より高くなる**逆鞘**が起こる。このため，政府は，その財源を確保するために，$(p^1 - p^0) \times q^0$ 円を納税者から税金で徴収する。この結果，総余剰は，消費者余剰 (斜線部面積) と生産者余剰 (濃い三角形の面積) の和からその税収を控除した金額になり，破線部の面積に等しい厚生損失が発生する。

生産額は，市場均衡のときの $p^* \times q^*$ 円から $p^1 \times q^0$ 円に増加するが，納税者から生産者への所得移転が伴うため社会全体としては経済厚生が市場均衡のときに比べ減少する。

2.5.4 課税，補助金

課税，補助金政策は，価格規制や数量 (生産) 規制と異なり，数量割当や闇市場の発生を伴わないという利点をもつ。ただ，所得移転と，一括式でなければ厚生損失が，やはり，生じてしまう。

課税には，数量に課税する**従量税**，金額の特定百分率を徴収する**従価税**，そして，一括税の三つの方式がある。例えば，ガソリン 1 リットル当たり 48.6 円の揮発油税は，従量税の例である [7]。売上金額の 10 ％を徴収する消費税は，

---

[7] 揮発油税法では 1 リットル 24.3 円であるが，租税特別措置法により 1 リットル 48.6 円の暫定税率が適用されている。

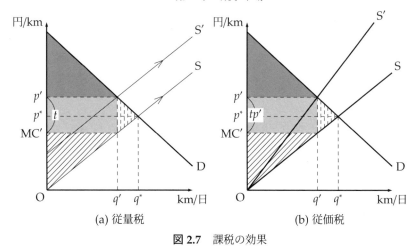

図 2.7　課税の効果

従価税の例になる。個人に対する住民税は，所得金額に応じた所得割が従価
税方式，所得金額と無関係に一定で課税する均等割が一括式になる。

従量税

生産者への従量税課税については，次のファクトが成り立つ。

ファクト 2.13 (従量税課税後の利潤最大化の 1 階条件) 生産者に生産量 1 単
位当たり t 円を課税したとしよう。生産者の利潤最大化では，次の条件が成
り立つ。

$$市場価格 (p) = 限界費用 (MC) + t \tag{2.18}$$

［証明］(♣) 生産者の利潤 (2.5) 式は，従量税課税後，

$$\pi = py - C(y) - ty \tag{2.19}$$

に変化する。これを生産量 y で最大化すれば，

$$p - C' - t = 0 \tag{2.20}$$

ここで，費用関数 C の導関数 C' は，生産量 1 単位増に対する費用の増分率，すな
わち，限界費用であるので，(2.20) 式より (2.18) 式を得ることができる。∥

生産者は生産量 1 単位当たり t 円の税金を負担することになるため，条件
(2.18) 式を満たす生産量で生産者の余剰が最大になる。この結果，図 2.7 (a)
のように，市場供給曲線は曲線 S から S′ に税率 t 円分上方に平行移動する。

政府が課税以外の一切の介入を行っていないとすれば，市場では取引価格 p'，取引量 q' で均衡し，課税以前に比べ取引価格が上昇，取引量が減少する。消費者余剰は濃い三角形の面積，生産者余剰は斜線部面積になる (生産者の収入が $p' \times q'$ 円，納税額が薄い四角形の面積，費用が原点から取引量 q' までの市場供給曲線 S の下側の面積)。政府の税収は薄い四角形の面積になるが，市場均衡での消費者余剰からの消費者余剰の減少分の中から $(p' - p^*) \times q'$ 円分を消費者が負担し，残りの $(p^* - MC') \times q'$ 円分の税金を生産者が負担する。ここで，MC' は，数量 q' での限界費用である。政府の税収は国民のだれかに移転されるため，この産業の買手と売手が負担した税を他に所得移転することになる。この結果，厚生損失は，図 2.7 (a) の破線部面積に等しい。

従価税

生産者への従価税課税については，次のファクトが成り立つ。

ファクト 2.14 (従価税課税後の利潤最大化の 1 階条件) 生産者の収入に $100\,t$ ％の売上税を課税したとしよう。生産者の利潤最大化では，次の条件が成り立つ。

$$(1 - t)p = MC \tag{2.21}$$

［証明］(♣) 読者への練習問題として残す。∥

生産者の収入に対する $100\,t$ ％の売上税の例として消費税がある。10 ％の消費税であれば，$t = 0.1$ になる。生産者は生産量 1 単位当たり tp 円の税金を支払わなければならないため，条件 (2.21) 式が成り立つ生産量で生産者の余剰が最大になる。このため，図 2.7 (b) のように，市場供給曲線は，曲線 S から，$(1 - t)p$ と限界費用が一致するように勾配が上がった曲線 S′ へと変化する。政府が課税以外の一切の介入を行っていないとすれば，市場では取引価格 p'，取引量 q' で均衡し，従量税と同様に課税以前に比べ取引価格が上昇，取引量が減少する。

数量 1 単位当たりの税額が tp' 円になるため，消費者余剰，生産者余剰，政府の税収，消費者と生産者の税負担，産業と他者の間の所得移転，厚生損失のすべてを従量税のときと同じように計算することができる。

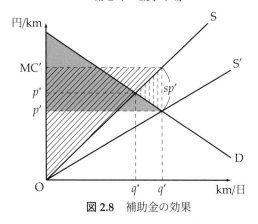

図 2.8　補助金の効果

補助金政策

　補助金は，負の税金と考えることができる。例えば，生産者の売上に 5 ％補助するのであれば，$t = -0.05$ とした従価税になる。ただ，補助金を負の税金であると考えて課税と同じ効果をもつと予想するのは性急過ぎる。ここでは，生産者に収入の $100\,s$ ％の補助金を支給するときの経済効果について調べることにしよう。

　生産者に収入の $100\,s$ ％の補助金を支給すれば，補助金が負の税金であることを考えると，利潤最大化の 1 階条件は，

$$(1 + s)p = MC \tag{2.22}$$

になる。この結果，市場供給曲線は，図 2.8 の曲線 S から曲線 S′ へ変化することが理解できよう。補助金政策後の市場均衡は，取引価格が p^* 円/km から p' 円/km に下落し，取引量が q^*km/日 から q'km/日 に増加する。この変化に応じて，消費者余剰は濃い三角形の面積になって，補助金政策実施以前に比べ増加し，生産者余剰も又，斜線部面積となって増加する。しかしながら，総余剰は補助金政策実施以前に比べ，破線部面積分，減少する。というのは，生産者への補助金額が $sp' \times q'$ 円になり，政府は補助金支給のための財源をだれかから税金によって集めなければならないからである。この結果，納税者からこの産業の買手と生産者に所得移転が行われており，社会全体としては破線部面積に等しい厚生損失が発生する。

練習問題

問題 2.1 空欄を埋めよ。

(1) 経済学における (ア) とは，特定の卸売市場などを指すのではなく，(イ) が成り立つ買手と売手の間の取引範囲を指す。

(2) (ア) 価格とは，買手が (イ) 支払う用意のある価格であり，(ウ) が (エ) 受け取らなければ売却しない価格を (オ) 価格という。

(3) 超過 (ア) が発生するとき価格が上昇し，超過 (イ) のときには価格が下がる仕組みを (ウ) と呼ぶ。

(4) (ア) 均衡とは，主体の選択が最適となる (イ) 均衡と，超過需要量が (ウ) になる (エ) 均衡の状態である。

(5) すべての主体が改善するとき，(ア) するという。(ア) する他の状態がないとき (イ) である。

(6) 改善する主体が悪化する主体に適切に (ア) することで，(イ) する状態に移動できる原理を (ウ) という。

(7) (ア) 均衡での取引量は，(イ) が最大になる。この命題を (ウ) 経済学の (エ) 定理という。

問題 2.2 買手，売手の余剰最大化の 1 階条件 (2.3), (2.6) 式の各々について，経済的意味を述べなさい。

問題 2.3 例 2.2 の一郎さん，例 2.4 の彩さん，例 2.6 の由紀恵さんと寛さんの 4 人を考えよう。リンゴの市場価格は，1 kg 当たり p 円とする。

(1) 一郎さんを考えよう。購入予定量を x kg で表そう。

    (a) 市場価格 p が次のとき，x の各値に対し余剰 U を計算・図示し，余剰最大化となる x を求めなさい。

        (I) $p = 150$ (II) $p = 115$ (III) $p = 100$

    (b) この結果，p の各値に対し，需要価格のグラフ (限界効用曲線) に沿って需要量が決まることを説明しなさい。

(2) 彩さんを考えよう。販売予定数量を y kg で表そう。

    (a) 市場価格 p が次のとき，y の各値に対し余剰 π を計算・図示し，余剰最大化となる y を求めなさい。

(I) $p = 200$ (II) $p = 220$ (III) $p = 240$

    (b) この結果，p の各値に対し，限界費用曲線に沿って供給量が決まることを説明しなさい。

(3) 由紀恵さんの個別需要曲線，寛さんの個別供給曲線を求めなさい。

(4) 統制経済 (例 2.7) を考えよう。

    (a) 一郎さんと彩さんの間の取引価格，取引量を求めなさい。

    (b) 由紀恵さんと寛さんの間の取引価格，取引量を求めなさい。

    (c) 一物一価が成り立たないことを示しなさい。

    (d) 一郎さんと彩さんの間の取引価格が 1 kg 170 円，由紀恵さんと寛さんの間の取引価格が 1 kg 425 円のときの所得分配を求めなさい。

    (e) 初期所得分配よりもパレート改善していることを示しなさい。

    (f) 補償原理を使って，所得分配がパレート効率でないことを示しなさい。

(5) 取引量が 2 kg のときと，4 kg のとき，それぞれ総余剰はいくらになるであろうか。図 2.4 を使って求めなさい。一般に，総余剰が最大になる資源配分は，(2.11) 式の x^* のみであることを示しなさい。

(6) 市場需要曲線，市場供給曲線を図示し，市場均衡を求めなさい。

(7) 市場均衡での取引価格は，1 kg 280 円から 330 円になる。それでは，280 円から 330 円の間のいずれで，実際は取引されるのであろうか。競売人が需給調整する場合を想定して推理しなさい。

(8) 厚生経済学の第 1 基本定理が成り立つことを説明しなさい。

(9) 市場均衡での取引価格が $p = 300$ であったとする。

    (a) 所得分配を求め，それがパレート効率であることを示しなさい。

    (b) 市場均衡での取引と統制経済に対し，だれがいずれに賛成し，だれがいずれを反対するであろうか。

    (c) 市場均衡での取引に賛成する主体は，反対者に対し，どのように説得するであろうか。補償原理を応用して答えなさい。

    (d) 補償交渉が上手く進まなかったとしよう。政府が事態を打開するために，競争市場と統制経済のいずれかを合法化するとしよう。民主主義の下では，政府はいずれを選ぶであろうか。

    (e) 統制経済にしても，問題を解決できない。なぜであろうか。

(f) 厚生経済学の第 2 基本定理を応用して，打開策を示しなさい。

問題 2.4　ある特定の仕事について，A 社，B 社，C 社がそれぞれ月 1 人分を新規雇用したいとする。新規雇用による各社の 1 ヶ月当たりの売上増は，次の通りである。

A 社：55 万円，B 社：40 万円，C 社：25 万円

この仕事に対し，次の 3 人が就職を希望している。各々は，この仕事に就かないときに，他の仕事で次の月給を稼得できる。

T さん：10 万円，U さん：20 万円，V さん：30 万円

なお，以下において，所得分配を求めるに際して，均衡価格に幅がある場合には，取引価格はその中間値として計算しなさい。

(1) 各主体の需要価格，あるいは供給価格を求めよ。

(2) 市場需要曲線，市場供給曲線を図示し，市場均衡での月給，資源配分，所得分配を求めなさい。

(3) 総余剰が最大になる資源配分を求め，厚生経済学の第 1 基本定理が成り立つことを説明しなさい。

(4) 市場均衡では，取引に参加しない主体が存在する。だれが参加しないのか，また，その理由を述べなさい。

(5) 全員が取引できるような統制経済を考え，そのときの資源配分と所得分配を求めなさい。また，統制経済の下では，一物一価の法則が成り立たないこと，そして，総余剰が最大にならないことを示しなさい。

(6) 統制経済下の所得分配と市場均衡での所得分配，だれがいずれに賛成するであろうか。

(7) 統制経済での所得分配から市場均衡での所得分配に移動すると，改善する主体と悪化する主体が存在する。統制経済での所得分配よりもパレート改善する主体間の補償例を示しなさい。

(8) それは，どのような原理による改善であろうか。

(9) 市場均衡での取引への賛成者は，統制経済への賛成者に，どのような交渉を行うインセンティブをもつであろうか。

(10) 「弱者救済」と銘打って，政府が統制経済にしたとする。この政策は，実体化に失敗することを説明しなさい。

(11) 厚生経済学の第 2 基本定理を応用して，統制経済よりもパレート改善する政策を示しなさい。

問題 2.5　市場需要量を 1 日当たり D km，市場供給量を 1 日当たり S km，取引価格を 1 km 当たり p 円としたとき，次の式で特徴化される，ある地域の輸送サービス網を考えよう。

$$D = 240 - 3p \quad \& \quad S = 5p \tag{2.23}$$

(1) 次を示しなさい。

  (a) 市場需要曲線，市場供給曲線

  (b) 輸送サービスが 30 km/日 のときの需要価格，供給価格，総余剰

  (c) 輸送サービスが 180 km/日 のときの需要価格，供給価格，総余剰

  (d) 総余剰が最大になる輸送サービス (km/日)

  (e) 市場均衡 (1 km 当たりの料金と輸送サービス量)

  (f) 市場均衡での取引量で総余剰が最大になること

(2) 政府が生産者保護のために取引価格を 1 km 40 円に規制したとしよう。このとき，図 2.5 を描きながら，次を求めなさい。

  (a) 市場需要量，市場供給量，売れ残り

  (b) 消費者余剰，生産者余剰，厚生損失

  (c) 価格規制に伴う消費者から生産者への所得移転

(3) 市場価格が 1 km 40 円になるよう政府が生産に規制をかけることで市場供給量を管理しようとしている。図 2.6 (a) を描き，次を示しなさい。

  (a) 政府による規制営業 km/日

  (b) 消費者余剰，生産者余剰，厚生損失，消費者から生産者への所得移転の金額

  (c) 取引価格 40 円/km で企業が利潤を最大化する総営業キロ数

  (d) 数量割当ルールの必要性

  (e) 闇市場の発生

(4) 政府は産業全体を一つの公営企業として総営業キロ数を 210 km/日 に設

定することにした。図 2.6 (b) を描きながら，次に答えなさい。

(a) 生産者価格，消費者価格を求めなさい。

(b) 消費者余剰，生産者余剰，公営企業への政府の補助金額，厚生損失を求めなさい。

(c) 公営企業への補助金の負担者を調べなさい。

(5) 生産者に 1 km 当たり 16 円を課税するとき，次を求めなさい。

(a) 市場供給曲線の式とグラフ

(b) 市場均衡での取引価格，取引量

(c) 消費者余剰，生産者余剰，税額，厚生損失

(d) 消費者，生産者の税負担

(6) それでは，産業の売手側に売上の 80 % を補助する場合は，どうであろうか。前問の (a) から (d) について答えなさい。

問題 2.6 数量 1 単位増に対する便益の増分率を**限界便益** (Marginal Benefit, *MB*) と呼ぶ。買手にしても売手にしても，余剰最大化では，次の**余剰最大化の 1 階条件**が成り立つことを示しなさい。

$$限界便益 (MB) = 限界費用 (MC) \tag{2.24}$$

問題 2.7 (♣) 次を証明しなさい。

(1) ファクト 2.14 (p.39)

　　［ヒント］従価税課税後の利潤は，$\pi = (1 - t)py - C(y)$ である。

(2) 条件 (2.22) 式 (p.40) が成り立つこと

第3章　消費者

　消費者は，様々な商品の買手であると同時に，売手でもある。例えば，あなたが1ヶ月の間に様々な店で昼食をとる場合，あなたは「ランチ産業」での買手であり，どの店のいずれのメニューを月当たり何回選ぶかを決めている。また，インターネットのオークションに出品するのであれば，あなたは売手となってその商品市場に参入している。所得を稼得するために働くときには，あなたは自らの労働サービスを売却している。

　前章では，効用水準を金銭で表すことができると想定して分析した (仮定 2.1, p. 20)。本章では，そのような想定に，一切，立脚しない消費者の意思決定理論を構築し，消費者が商品の買手のときの需要価格，売手のときの供給価格，そして，個別需要曲線や個別供給曲線を導出し，消費者の市場での取引活動を特徴化する。

3.1　消費計画

　先ずは，例より，消費者が直面する選択問題の構成要素をとらえてみよう。

> **例 3.1** 一郎さんは，三つの店，店1，店2，店3が提供しているランチを利用している。ランチの価格は，店1が900円，店2が1,200円，店3が1,050円である。一郎さんのランチへの月予算が20,000円のとき，1ヶ月当たり，各々のランチを何回消費するであろうか。

　店 h $(h = 1, 2, 3)$ でのランチメニューの消費量を月 x_h 回とすれば，1ヶ月のランチの消費は，消費量の組 (x_1, x_2, x_3) で表すことができる。例えば，次の消費量の組を考えよう。

$$(x_1, x_2, x_3) = (8.75, 6.5, 4.25) \tag{3.1}$$

これは，1ヶ月当たり，店 1 で 8.75 回 ($x_1 = 8.75$)，店 2 で 6.5 回 ($x_2 = 6.5$)，店 3 で 4.25 回 ($x_3 = 4.25$)，ランチを消費するという計画を表す。

ノート 3.2：分割可能性 ランチの回数それ自体は，もちろん，非負整数であるが，消費量はフロー変数であるため，特定期間当たりの回数，例えば，月当たり回数などの単位になる。消費量が非負有理数になるのは，このためである。無理数は，有理数によって近似できるので，消費量は非負実数と考えることができる。このように，数量を実数上で考えることができるとき，数量は**分割可能** (divisible) であるという。

> **例 3.3** あるカレー専門店では，カレーのソースとライスの量を自由に選べるという。カレーソースは 100g 当たり 450 円，ライスは 1 杯当たり 300 円である。但し，ここでのライス 1 杯は，100g 相当の量である。

　カレーソースの 1 単位を 100g/日，ライスの 1 単位を 1 杯/日とし，カレーソースの消費量を x_1，ライスの消費量を x_2 とすれば，消費量の組 (x_1, x_2) は，カレー専門店での 1 日当たりの消費を表す。例えば，$(x_1, x_2) = (3, 2)$ であれば，カレーソース 300g，ライス 2 杯のカレーライスを表す。

　以上の例のように，消費者の選択肢は，消費量の組になる。一般に，消費量の組を**消費計画**とか，単に**消費**と呼ぶ。

3.2   選好

3.2.1   選好順序

　消費計画は，無数に存在する。それでも，任意に二つの消費計画をとれば，消費者はいずれを好むかを判断するであろう。例えば，例 3.3 のカレー専門店において，カレーソースとライスが 1 単位ずつのカレーライス $x = (1, 1)$ と，2 単位ずつのカレーライス $x' = (2, 2)$ があったとき，量が増えることで嬉しい消費者であれば，x よりも x' を好むであろう (**選好の単調性**)。

　一般に，二つの消費計画 x と x' があったとき，x' を x よりも好むのであれば，x' を x よりも**選好** (prefer x' to x) するといい，このとき，x から x' に移動することで**改善**し，x' から x に移動することで**悪化**する [1]。

---

[1] ［用語注］「選好する (prefer)」は，「いずれを好むか」といった主観的評価を表す言葉であり，「選ぶ (choose)」という意思決定は，一切，入り込んでいない。

消費計画 x から x' に移動することで悪化しないとき，すなわち，x' を x よりも「少なくとも同程度選好」するとき，x' を x よりも**弱選好**すると呼ぼう。

強選好順序 $x' > x$：消費計画 x' を消費計画 x よりも選好する。

弱選好順序 $x' \gtrsim x$：消費計画 x' を消費計画 x よりも弱選好する。

記号 $>$ や $\gtrsim$ は，消費計画上の順序を定めるため，**選好順序** (preference ordering) と呼ばれる。

消費計画 x' を x よりも選好するとは，x' を x よりも弱選好し，かつ，x を x' よりも弱選好しないといえる。このことを記号で表現してみよう[2]。

$$x' > x \quad \Longleftrightarrow \quad x' \gtrsim x \text{ かつ } \neg(x \gtrsim x') \tag{3.2}$$

このように，弱選好順序と強選好順序の間には，一定の関係が成り立っているので，弱選好順序について成り立つであろう性質を次に見ることにしよう。

選好順序は，消費者の消費計画上の主観的評価を表している (cf. 用語注 1, p. 1)。このため，いくつかの性質を満たす。第 1 に，二つの消費計画をどのようにとってきても，いずれを同程度好むかを判断できるはずである。

完備性 (completeness)：任意に二つの消費計画 x と x' をとれば，$x' \gtrsim x$ または $x \gtrsim x'$ が成り立つ[3]。

第 2 に，選好順序は，あくまでも，二つの消費計画の間での比較であるため，三つ以上の消費計画上の比較が矛盾しないための性質を満たすであろう。

推移性 (transitivity)：消費計画 x' を x よりも弱選好し，x'' を x' よりも弱選好するのであれば，x'' を x よりも弱選好する。すなわち，$x' \gtrsim x$ かつ $x'' \gtrsim x'$ であれば，$x'' \gtrsim x$ が成り立つ。

弱選好順序 $\gtrsim$ が推移性を満たせば，強選好順序 $>$ も推移性を満たすことを示

---

[2] ［数学注］$\neg$ は，'not' の意。

[3] ［数学注］(♣) $\forall$，$\exists$ 「任意の x に対し (for any x, for every x, for all x)」を $\forall x$ で，「ある x に対し (for some x)」「… の条件を満たす x が存在する (there exists x such that …)」を $\exists x$ で表そう。このとき，完備性は，次のように表現できる。

$$(\forall x)(\forall x') : x' \gtrsim x \text{ または } x \gtrsim x' \tag{fn.3a}$$

完備性の否定 ($\neg$) は，次の通りである (言葉で表現し，意味を確認してみよう)。

$$(\exists x)(\exists x') : \neg(x' \gtrsim x) \text{ かつ } \neg(x \gtrsim x') \tag{fn.3b}$$

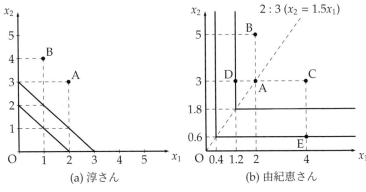

図 3.1　無差別曲線群

せる。また，強選好順序 > が推移性を満たせば，$x > x''$，$x'' > x'$，$x' > x$ と
いった矛盾は起こらない (練習問題 3.11)。

3.2.2 無差別曲線

いずれも他方より弱選好するのであれば，それら二つの消費計画は**無差別**で
あるという。「無差別」を弱選好順序 ≳ を用いて定義するのは難しくないで
あろう (練習問題 3.1)。二つの消費計画が無差別であるとは，効用が同じとい
うことであり，どちらに移動しても改善も悪化もしないことに等しい。

> **例 3.4：完全代替**　淳さんは，カレー専門店 (例 3.3) のカレーソースとライ
> スの比率に対し一切のこだわりがなく，総量が多ければ良いと感じている。

例えば，図 3.1 (a) の消費計画 A(2, 3) と B(1, 4) は，淳さんにとって無差別
である。というのは，いずれも総量が 5 単位のカレーライスであるからであ
る。総量が 5 単位のカレーライスは他にもあり，消費計画 (2, 3) と無差別な
消費計画全体の集合は，点 AB を通る右下がりの直線になる。

一般に，ある消費計画と無差別な消費計画の全体を，その消費計画を通る
無差別曲線 (indifference curve) という。淳さんの無差別曲線は，勾配 −1 の
直線になり，消費計画 (1, 1) や (1, 2) を通る無差別曲線が図 3.1 (a) に描かれ
ている。

例 3.5：完全補完 由紀恵さんは，カレーソースとライスに対し，2 対 3 の割合にこだわっている。もちろん，量が多いほど，嬉しいという。

由紀恵さんの無差別曲線を求めてみよう。図 3.1 (b) の点 B の消費計画 (2, 5) の場合，2 対 3 にこだわる由紀恵さんにとって，カレーソース 2 単位に対しライス 5 単位は余分である。ライスは 3 単位あれば十分であり，ライスが 3 単位から 5 単位に増えても，改善も悪化もしない。よって，点 B は，カレーソース 2 単位，ライス 3 単位の消費計画 A(2, 3) と無差別なことが理解できる。

同じようにして，消費計画 C(4, 3) も又，消費計画 A(2, 3) と無差別なことが理解できる。このようにして，由紀恵さんの無差別曲線は，2 対 3 の直線上に L 字の角が位置する L 字形になる。図 3.1 (b) には，消費計画 D や E を通る無差別曲線が描かれている。

消費者の消費計画上の主観的評価，すなわち，選好順序は，このようにして，無差別曲線群によって表され，逆も又然りなのである。

3.2.3 限界代替率

無差別曲線群が消費計画上の消費者の主観的評価を表すとすれば，商品の「主観的価値」も計算できるかもしれない。例えば，例 3.4 の淳さんの消費計画が，現在，(1, 4) であったとしよう。そこから「カレーソースを 1 単位差し上げるので，ライスを下さい。」と淳さんに尋ねれば，淳さんは「少しだけね。」と答えるであろう。しかし，本当は，ライスを最大で何単位，あきらめられる用意があるのであろうか。カレーソース 1 単位に対するこの大きさの比率を**限界代替率** (Marginal Rate of Substitution, *MRS*) と呼ぶ。

消費計画 (1, 4) で淳さんがカレーソースを 1 単位もらえば，消費計画は (2, 4) になる。そこからライスを半杯減らせば，消費計画は (2, 3.5) になるが，それでも以前の消費計画 (1, 4) より淳さんは改善している。そこで，更にライスを半杯あきらめると消費計画は (2, 3) になり，以前の消費計画 (1, 4) と無差別になる。カレーソースを 1 単位もらう前と無差別であれば，まだ我慢ができよう。それでは，ライスを更に半杯あきらめるのは，どうであろうか。消費計画は (2, 2.5) になり，以前の消費計画 (1, 4) よりも悪化する。これでは，カ

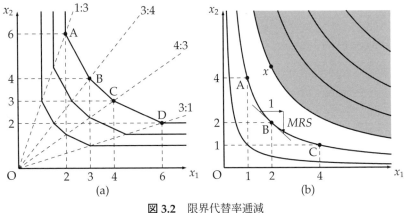

図3.2 限界代替率逓減

レーソースを1単位もらう意味を失ってしまう。したがって，カレーソース
1単位増に対するライスの限界代替率は，ライス1杯/カレーソース100gに
なる。すなわち，無差別曲線の勾配 −1 の絶対値に等しい。

　淳さんの場合，カレーソースが増えても，カレーソースの価値は下がらな
い。しかしながら，多くの場合，横軸の商品の数量が増加するにつれて，限
界代替率は下落する傾向にある。

　例えば，まったくこだわりのない淳さんと，ある割合にこだわる由紀恵さん
の中間の好みをもつ消費者を想像しよう。選好順序が図3.2 (a) の無差別曲線
群 (実線部) によって表される消費者などである。消費計画AからカレーソーAからカレーソー
スを1単位増加させる場合，限界代替率はライス2杯/カレーソース100gに
なっている。限界代替率は，消費計画Bではライス1杯/カレーソース100g，
消費計画Cではライス0.5杯/カレーソース100g，更に，消費計画Dでは，ラ
イス0杯/カレーソース100gになる。ライスで表したカレーソースの主観的
価値は，カレーソースが増加するにつれ，消費計画AB間でライス2杯，BC
間で1杯，CD間で0.5杯，Dからは0杯に減少する，すなわち，限界代替
率が階段的に下落する。

　図3.2 (b) の無差別曲線群で表される選好をもつ消費者は，左図 (a) を「滑
らか」にした好みをもっている[4]。「滑らか」な無差別曲線の場合，数量の分

---

[4] ［用語注］ここでの滑らか (smooth) とは，数学的には，微分可能という意味になる。

割可能性より，その消費計画を通る無差別曲線への接線の勾配に −1 を乗じて，限界代替率を計算する [5]。例えば，消費計画 B での限界代替率は，図に示された MRS になる。「滑らか」な無差別曲線の場合，限界代替率は連続的に下落する。横軸の商品の数量が増加するにつれて限界代替率が連続的に下落することを**限界代替率逓減**という。

3.2.4 選好の単調性，凸性，連続性 (♣)

淳さんの選好にしても，由紀恵さんの選好にしても，「いかなる消費計画に対して，より好む他の消費計画が必ず存在する」という**不飽和** (non-satiation) の性質を満たす。次は，不飽和の性質を満たす選好の特質になる [6]。

強単調性 (strong monotonicity)：任意の消費計画 x と x' について，x から x' に移動したときに，すべての商品について消費量が減少せずに，少なくとも一つの商品について消費量が増加すれば，改善する ($x' > x$)。

単調性 (monotonicity)：任意の消費計画 x と x' について，x から x' に移動したときに，すべての商品の消費量が増加すれば，改善する ($x' > x$)。

局所不飽和 (local non-satiation)：すべての消費計画について，任意にその近傍をとっても，その消費計画より改善する他の消費計画がその近傍内に必ず存在する [7]。

例えば，淳さんの選好は強単調性を満たすが，由紀恵さんの選好は強単調性を

---

[5] ［用語注］**限界** (marginal) とは，このように，接線の勾配を意味する。接線の傾き (勾配) を求める演算が**微分**であるが，経済学に本格的に微分を応用したのが限界革命 (学史注 2，p. 19) である。

[6] ［用語注］文献によっては，本書での「強単調性」を「単調性」，「単調性」を**弱単調性** (weak monotonicity) と呼ぶ。

[7] ［数学注］**近傍，開球** 点 x の**近傍**といった場合，中心をその点 x，半径を ϵ とした開球 $B_\epsilon(x)$ を考えれば良い。**開球**とは，高校数学の「空間ベクトル」の「空間」（$\mathbb{R}^3$ で表す）における球の内部領域を指す。高校数学の「平面ベクトル」の「平面」（$\mathbb{R}^2$ で表す）でいえば，円の内部領域である**開円盤**が，数直線（$\mathbb{R}$ で表す）でいえば開区間 $(x-\epsilon, x+\epsilon)$ が，それぞれ「開球」に対応する概念になる。開球 $B_\epsilon(x)$ において，半径 ϵ を大小変化させれば，無数に x の近傍をとれる。「任意にその近傍をとっても」の「任意」とは，半径 ϵ (但し，$\epsilon > 0$) を「どれだけ小さくしても」という意味を含む (「局所不飽和」の「局所」の所以)。

(♣♣) **近傍，開集合，開近傍** 厳密には，条件 $x \in G \subset N_x$ を満たす開集合 G が存在する集合 N_x を点 x の**近傍**という。集合 G は，次の条件を満たすとき，**開集合**になる。

$$\forall x \in G : [\exists \epsilon > 0 : B_\epsilon(x) \subset G] \tag{fn.7}$$

$x \in G$ となる開集合 G 自体も x の近傍である。特に，近傍が開集合のとき**開近傍**という。中心 x，半径 ϵ の開球 $B_\epsilon(x)$ も x の開近傍である。

満たさない。しかし，由紀恵さんの選好は，単調性を満たす (練習問題 3.12)。例えば，図 3.1 右図 (b) の点 D を考えよう。由紀恵さんの選好は単調性を満たすので，由紀恵さんは点 D よりも点 D の右上方領域の消費計画を選好する。

　実は，上記の性質の間には，次が成り立つことを確認できるであろう。

ファクト 3.6 (1) 強単調性 $\Longrightarrow$ 単調性

(2) 単調性 $\Longrightarrow$ 局所不飽和

(3) 局所不飽和 $\Longrightarrow$ 不飽和

　単調性や局所不飽和の下では，次が成り立つ (証明は，難しくない)。

ファクト 3.7 弱選好順序 $\succsim$ が完備性，推移性を満たすとしよう。

(1) 局所不飽和の下では，無差別曲線は「厚み」をもたない。

(2) 単調性の下では，無差別曲線は，右上がりになることはない。

(3) 単調性の下では，二つの異なる無差別曲線は，交わらない。

ここで，無差別曲線が**厚み**をもつとは，文字通りの曲線にならずに，無差別な領域があることをいう。単調性は，「嫌いな商品はない」という選好の性質であり，無差別曲線は右上がりにはならない。

　選好が満たすであろう第 2 の性質は，限界代替率逓減を一般化した「選好の強凸性」，あるいは「選好の凸性」である。

強凸性 (strong convexity)：すべての消費計画について，それより弱選好する任意の二つの消費計画の間の凸結合は，必ず改善する [8]。

凸性 (convexity)：各消費計画に対し，その上位集合は，凸集合である [9]。

消費計画 x の**上位集合** (upper contour set) とは，x より弱選好する消費計画の全体，集合 $\{x'|x' \succsim x\}$ のことであり，**優位集合**とも呼ぶ。例えば，図 3.2 (b) (p. 52) の消費計画 x の上位集合は，塗りつぶされた領域になる。

　淳さん，由紀恵さん，図 3.2 (a) の選好は，凸性を満たすものの，強凸性を満たさない。図 3.2 (b) の無差別曲線群で表される選好は，強凸性を満たす。

---

[8]　[数学注] **凸結合**　2 点の**凸結合**とは，それら 2 点を結んだ直線上の点をいう。二つの消費計画の凸結合の例として，それらの消費計画を結ぶ直線の中点がある。中点では，それらの消費計画での数量を半々にして足し合わせた大きさになる。

[9]　[数学注] **凸集合**　ある集合が**凸集合**であるとは，その集合から任意に 2 点をとったとき，それら 2 点の凸結合の全体がその集合の部分集合になるときをいう。

次が成り立つことは，容易に確認できよう。

ファクト 3.8 (1) 限界代替率逓減 $\Longrightarrow$ 強凸性

(2) 強凸性 $\Longrightarrow$ 凸性

(3) 無差別曲線群が原点に向かって凸形を示すことの必要十分条件は，選好が強単調性と強凸性を満たすことである。

上記ファクト (1) は，選好の強凸性が限界代替率逓減を一般化した概念であることを示す。(2) は，選好の凸性が，淳さんや由紀恵さんの選好を排除しない，更なる一般化であることを示す。また，(3) は，なぜ，無差別曲線群が原点に向かって凸形となるのかの理由を示す。なお，強単調性を満たさないために無差別曲線が右下がりとはならず，この結果，無差別曲線が原点に向かって凸形にならなくとも，選好の強凸性を満たすことは可能であることに注意しよう。

完備性，推移性，単調性，凸性以外に，弱選好順序 $\succsim$ が満たすであろう性質に次の「連続性」がある。

連続性 (continuity)：すべての消費計画 x について，x の上位集合 $\{x'|x' \succsim x\}$ 内から任意に収束する点列をとれば，その極限もその上位集合内の消費計画となり，x の**下位集合** (lower contour set) $\{x'|x \succsim x'\}$ 内から任意に収束する点列をとれば，その極限もその下位集合内の消費計画となる [10),11),12)]。

選好の連続性は，消費者の「好み」(主観的評価) が不連続に変化することを排除する。図 3.3 (次頁) の左図 (a) は選好の連続性を満たすが，右図 (b) は満たさない。図 3.3 (b) の場合，消費計画 x を通る無差別曲線が途切れており，x の上位集合 $\{x'|x' \succsim x\}$ に破線上の x^0 が含まれていない。すなわち，$x \succ x^0$

[10)] ［用語注］(♣♣) **選好の連続性**　数学的には，任意の消費計画 x に対し，x の上位集合 $\{x'|x' \succsim x\}$ と下位集合 $\{x'|x \succsim x'\}$ が閉集合 (数学注 11) になることをいう。

[11)] ［数学注］(♣♣) **閉集合**　補集合が開集合 (数学注 7) になる集合を**閉集合**という。集合 F が閉集合であることと，収束する点列を集合 F から任意にとれば，必ずその極限が F に属することは，同値である。

[12)] ［数学注］**点列，極限**　自然数の集合から X への関数を集合 X 上の**点列**といい，$\{x^n\}$，あるいは，$\{x_n\}$ などで表す。点列の収束先をその点列の**極限**という。なお，すべての点列が極限をもつわけではない。高校数学での「数列」は，実数の集合 $\mathbb{R}$ 上の点列である。

　(♣♣) **点列の収束，極限**　任意の実数 $\epsilon > 0$ に対し，「$\forall n \geq n^0 : x^n \in B_\epsilon(x^0)$」となる自然数 n^0 が存在するとき，点列 $\{x^n\}$ は x^0 に**収束**し ($x^n \to x^0$ で表す)，x^0 を点列 $\{x^n\}$ の**極限**という ($\lim_{n\to\infty} x^n = x^0$ で表す)。

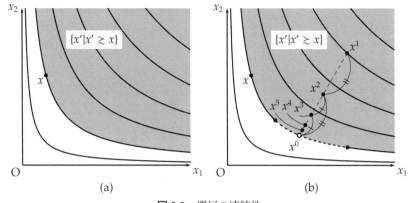

図 3.3　選好の連続性

である。x の上位集合より x^0 に収束する点列 $\{x^n\}$ をとってみよう。例えば，各 $n = 1, 2, 3, \ldots$ に対して，x^{n+1} が x^n と x^0 の間の距離の半分に位置するような点列 $\{x^n\}$ である (図 3.3 (b) 参照)。点列 $\{x^n\}$ において，すべての自然数 n について $x^n \succsim x$ であるが，点列 $\{x^n\}$ の極限 x^0 では主観的評価が逆転して $x \succ x^0$ となってしまう。選好の連続性は，このような矛盾が起こらないための性質である [13]。

3.2.5　効用関数 (♣)

　選好順序 $\succsim$ があったとき，任意の二つの消費計画 x と x' について，$x' \succsim x$ であることと，$u(x') \geqq u(x)$ であることが，同値になる実数値関数 u が存在したとしよう [14],[15]。このとき，消費計画の全体上の実数値関数 u を選好順序 $\succsim$ の**数値表現**といい，**効用関数** (utility function) と呼ぶ。消費計画 x での効用関数 u の値 $u(x)$ は，消費計画 x での**効用水準**を表す。効用水準の大きさを U とすれば，効用関数 u は，消費計画 (x_1, x_2) を与えると効用水準 U が対

---

[13]　[発展] 選好の連続性を満たさない例として，**辞書式順序** (練習問題 3.17) がある。

[14]　[発展] (♣♣) 次は，効用関数の存在定理の一つである。

　　定理 (効用関数の存在定理)：選好順序が完備性，推移性，強単調性，連続性を満たせば，連続な効用関数が存在する。

[15]　[数学注] **連続関数**　高校数学において，$f(a)$ が存在して，$\lim_{x \to a} f(x) = f(\lim_{x \to a} x)$ のとき，f は a で**連続**であると習ったであろう。すべての a で連続であれば，関数のグラフが，その定義域において，途切れがない。

応する関数になる。

$$U = u(x_1, x_2) \tag{3.3}$$

いかなる選好順序も効用関数によって表現可能というわけではないが，逆に，効用関数が与えられれば，その効用関数を用いて，選好順序を定義することが可能である。次は，効用関数 (3.3) の例である。

準線形 (quasi-linear)

$$U = v(x_1) + x_2 \quad (v' > 0,\ v'' < 0) \tag{3.4}$$

線形 (linear) : 完全代替

$$U = \alpha x_1 + \beta x_2 \quad (\alpha > 0,\ \beta > 0) \tag{3.5}$$

レオンチェフ型 (Leontief) : 完全補完[16]

$$U = \min\{a_1 x_1, a_2 x_2\} \quad (a_1 > 0,\ a_2 > 0) \tag{3.6}$$

コブ・ダグラス型 (Cobb-Douglas)

$$U = x_1^\alpha x_2^\beta \quad (\alpha > 0,\ \beta > 0) \tag{3.7}$$

CES 型

$$U = (\alpha x_1^\rho + \beta x_2^\rho)^{1/\rho} \quad (\alpha > 0,\ \beta > 0) \tag{3.8}$$

2 章でみた消費者の余剰 (2.2) 式 (p. 21) は，準線形効用関数 (3.4) の仲間になる。

淳さん (例 3.4, p. 50) の選好順序を表す無差別曲線群は，$\alpha = \beta$ とした線形効用関数 (3.5) より導くことができる。図 3.1 左図 (a) の消費計画 (1, 2) を通る無差別曲線は，(3.5) 式において，$\alpha = \beta$，$U = 3\alpha$ とした x_1 と x_2 の関係式

$$x_1 + x_2 = 3 \tag{3.9}$$

のグラフである。このようにして，同一の無差別曲線上の任意の二つの消費計画は，効用水準が同じであり，効用水準が同じであることと，無差別であることが同値になっている。

---

[16] [数学注] $\min S$ は，実数の集合 S の最小値を意味する。例えば，$\min\{3, 5, 7\} = 3$。ちなみに，$\max\{3, 5, 7\} = 7$。

由紀恵さんの無差別曲線群 (cf. 図 3.1 (b)，p. 50) は，レオンチェフ型効用関数 (3.6) において $a_1 = 3$，$a_2 = 2$ とすれば，導出できる。

コブ・ダグラス型効用関数 (3.7) は，$\alpha = \beta = 1$ とすれば，

$$U = x_1 x_2 \tag{3.10}$$

となり，図 3.2 (b) のように，双曲線 (反比例) の無差別曲線群によって表される選好順序の数値表現になる。

最後の CES 型効用関数の **CES** とは，**代替の弾力性一定** (Constant Elasticity of Substitution) の略称である。**代替の弾力性**とは，相対価格 (p_1/p_2) の 1 パーセント変化に対する消費比率 (x_1/x_2) のパーセント変化率

$$\sigma = -\frac{d\log(x_1/x_2)}{d\log(p_1/p_2)} = -\frac{d(x_1/x_2)}{d(p_1/p_2)} \cdot \frac{p_1/p_2}{x_1/x_2} \tag{3.11}$$

をいう (各 $h = 1, 2$ について，p_h は商品 h の市場価格を表す)。CES 型効用関数 (3.8) については，次の定理が成り立つ (練習問題 3.22 を参照)。

定理 3.9 CES 型効用関数は，(1) $\rho = 1$ のとき線形 (3.5) 式，(2) $\alpha = a_1^\rho$，$\beta = a_2^\rho$，$\rho \to -\infty$ としたときにレオンチェフ型 (3.6) 式，(3) $\rho \to 0$ としたときに $\alpha + \beta = 1$ のコブ・ダグラス型 (3.7) 式になる。

このように，線形，レオンチェフ型，コブ・ダグラス型は，CES 型の特殊ケースになる。

基数的効用，序数的効用

効用水準は実数であるが，主体の主観的評価の絶対的な「高さ」を表しているわけではない。例えば，淳さんの効用水準が 3，由紀恵さんの効用水準が 9 のときに，淳さんよりも由紀恵さんの方が 3 倍も効用が高いといえるわけではない。というのは，$\alpha = \beta = 10$ としたときの効用関数 (3.5) 式

$$U = 10(x_1 + x_2) \tag{3.12}$$

も，$\alpha = \beta$ として (3.5) 式の log 値を与える効用関数

$$U = \log\alpha + \log(x_1 + x_2) \tag{3.13}$$

も，同じ淳さんの無差別曲線群，選好順序を与えるからである (確認せよ)。

　一般に，効用関数が消費計画上の主観的評価における序列のみを表している
とき，それは**序数的効用** (ordinal utility) であるという [17]。選好順序に基
づく主観的評価は，序数的効用になる。

　これに対し，効用水準の絶対値自体に意味付けがあるために，log などの
非線形変換すると，元の主観的評価とは異なる主観的評価となるような効用
関数を**基数的効用** (cardinal utility) と呼ぶ。

限界効用と限界代替率の関係

　ある商品の**限界効用** (Marginal Utility, MU) とは，その商品の消費量の 1
単位増に対する効用水準の増分率であった (2 章 2.1 節)。序数的効用でも，同
じように定義される。但し，該当の商品以外の商品については，数量を所与し
て計算する [18],[19]。例えば，効用関数が線形 (3.5) 式の場合，各商品 h $(h = 1, 2)$
の限界効用 MU_h は，

$$MU_1 = \alpha \quad \& \quad MU_2 = \beta \tag{3.14}$$

ファクト 3.10 選好順序と効用関数の間には，次が成り立つ。

(1) すべての商品について限界効用が正であれば，選好は強単調性を満たす。

(2) 商品 1 の 1 単位増に対する商品 2 の限界代替率 (MRS) は，商品 2 の限界
　　効用に対する商品 1 の限界効用の比に等しい。すなわち，

$$MRS = \frac{MU_1}{MU_2} \tag{3.15}$$

(3) 効用関数が準凹関数であれば，選好は凸性を満たす [20]。

---

[17]　［学史注］序数的効用によって消費者の選択理論を構築したのがノーベル賞受賞者**ヒックス**の『価値と資本』(Hicks, 1946) である。ヒックスは，限界革命以来，様々な研究者によって展開された理論を一つの体系として提示し，現在のミクロ経済学の基礎を築いた。後に見る代替効果，所得効果もヒックスによる。

[18]　［数学注］効用関数をその商品の消費量について偏微分して得られる関数がその商品の限界効用になる。すなわち，$MU_h = \partial U/\partial x_h$ $(h = 1, 2)$。

[19]　［数学注］**偏微分**　多変数関数があったとき，他の変数を定数と見做し，その変数でその関数を微分することをその変数で**偏微分**するという。偏微分によって得られる関数を**偏導関数**，そして，変数の値の組での偏導関数の値を**偏微分係数**という。例えば，関数 $z = f(x, y)$ の x についての偏導関数は，y を定数と考えて，fを x で微分して得られる関数であり，f_x や $D_x f$，$\partial z/\partial x$ などの記号で表す。

[20]　［数学注］**準凹関数 (quasi-concave function)**　上位集合が凸集合となる関数を**準凹関数**と呼ぶ。選好の凸性の定義より，ファクト 3.10 (3) が従う。また，効用関数 $U = u(x_1, x_2)$ が微分可能であれば，関数 u が準凹関数であることと次は同値になる (但し，$i, j = 1, 2$ に対して，$u_i = \partial U/\partial x_i$，$u_{ij} = \partial u_i/\partial x_j = \partial u_j/\partial x_i = u_{ji}$)。

$$u_2^2 u_{11} - 2u_1 u_2 u_{12} + u_1^2 u_{22} > 0 \tag{fn.20}$$

この条件の下で，$dMRS/dx_1$ を計算すると，限界代替率逓減 ($dMRS/dx_1 < 0$) を得る (練習問題 3.19)。

［証明］(1) と (3) については，選好の強単調性と凸性の定義より従う。(2) につい
ては，次の恒等式 [21]

$$U \equiv u(x_1, g(x_1, U)) \tag{3.16}$$

を満たす関数 $x_2 = g(x_1, U)$ の (x_1, x_2) 平面上のグラフが，効用水準が U のときの無
差別曲線である。よって，恒等式 (3.16) の両辺を x_1 で偏微分すると，

$$0 = MU_1 + MU_2 \times (-MRS) \tag{3.17}$$

これを MRS で解けば (3.15) 式を得る。∥

ファクト 3.10 (2) を応用することで，図 3.2 (b) のような「滑らか」な無差
別曲線群の場合でも，限界代替率を計算することができる。図 3.2 (b) の無差
別曲線群で表される選好は，$\alpha = \beta$ のときのコブ・ダグラス型効用関数 (3.7)
によって表現できる。一般に，コブ・ダグラス型効用関数 (3.7) の場合，

$$MRS = \frac{MU_1}{MU_2} = \frac{\alpha x_2}{\beta x_1} \tag{3.18}$$

になる。図 3.2 (b) の場合，限界代替率は，点 A で 4/1，点 B で 1/1，点 C で
1/4 と逓減する。

3.3　選択

　前節まで，消費者の消費計画上の主観的評価の表現方法と性質について見
てきた。それでは，選好順序によって表現される主観的評価を所与としたと
き，消費者は実際にいずれの消費計画を選択するのであろうか。

　選好の単調性の下では，消費者は無尽蔵に消費量を増やしたいと望む。し
かしながら，例 3.1 の 1ヶ月間のランチであるとか，例 3.3 のカレー専門店で
の消費にしても，消費者は自らの予算を超えて消費することはできない。消
費計画の選択に対する予算上の制約を**予算制約** (budget constraint) と呼ぶ。
消費者の経済問題は，予算制約の中で，いかに自らの効用を高めるかの問題
といえる。

---

[21]　［数学注］**恒等式 (identity)**　同一の定義域 X 上の二つの関数 $f(x)$, $g(x)$ があったとしよう。X 上で
$f(x) = g(x)$ が成り立つとき，すなわち，任意の $x \in X$ に対して $f(x) = g(x)$ が成り立つとき，f と g は**恒等的に
等しい**といい，$f(x) = g(x)$ を**恒等式**といって，$f(x) \equiv g(x)$ で表す。例えば，$f(x) = (x+1)^2$ と $g(x) = x^2 + 2x + 1$
は，恒等的に等しい，すなわち，$f(x) \equiv g(x)$。なお，恒等式の場合，両辺を微分すると等しくなる。すなわち，

$$f(x) \equiv g(x) \implies f'(x) = g'(x) \tag{fn.21}$$

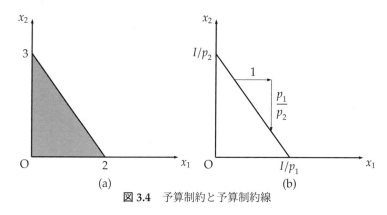

図 3.4 予算制約と予算制約線

3.3.1　予算制約

カレー専門店 (例 3.3) での由紀恵さん (例 3.5) の 1 日の予算が 900 円であったとしよう。このとき，消費計画 (x_1, x_2) は，予算制約

$$450x_1 + 300x_2 \leqq 900 \tag{3.19}$$

を満たさなければならない。予算制約は，支出総額 (左辺の値) が予算 (右辺の値) を超えられないことを示す。

予算制約を図示すると，図 3.4 (a) の三角形の領域になる。三角形の斜辺を**予算制約線**と呼ぶ。予算制約線の横軸の切片は，予算 900 円で購入可能なカレーソースの最大数量，縦軸の切片はライスの最大数量になる。このことを一般化すると，次のようになろう。

商品 1 の市場価格を 1 単位 p_1 円，商品 2 の市場価格を 1 単位 p_2 円，予算を 1 日当たり I 円とすれば，予算制約は，

$$p_1 x_1 + p_2 x_2 \leqq I \tag{3.20}$$

と書き表せ，予算制約線は予算 I をすべて使い切る消費計画の集合である。予算制約線の横軸の切片は I/p_1，縦軸の切片は I/p_2，勾配は相対価格 p_1/p_2 に -1 を乗じた値に等しい (図 3.4 右図 (b))。

3.3.2　最適消費計画

消費者は，**予算制約内効用最大化**する消費計画を選択すると予測される。

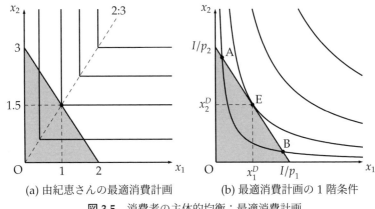

図 **3.5**　消費者の主体的均衡：最適消費計画

　そのような選択が**消費者の主体的均衡**であり，消費者の主体的均衡での消費
計画を**最適消費計画**と呼ぶ。最適消費計画での各商品の消費量がその商品へ
の**需要量**になる。

　例えば，由紀恵さんのカレー専門店での 1 日の予算が 900 円のとき，予算
制約は図 3.4 (a) の領域になり，その領域内で由紀恵さんは効用 (主観的評価)
が最大になる消費計画を選ぶ。由紀恵さんの主観的評価は，図 3.1 (b) の無
差別曲線群によって表現され，右上方の無差別曲線ほど，効用が高い。これ
らの議論をまとめると，由紀恵さんの最適消費計画は，図 3.5 (a) の消費計画
$(1, 1.5)$ であることが理解できる。

　最適消費計画では，予算制約線と無差別曲線が接するようになる。このこ
とを図 3.2 (b) に描かれているような「滑らか」な無差別曲線群によって表現
される選好をもつ消費者に応用すれば，図 3.5 (b) のように，最適消費計画
(点 E) では予算制約線と無差別曲線が接するので，次が成り立つ。

ファクト 3.11 (最適消費計画の 1 階条件) 最適消費計画では，限界代替率と
相対価格が等しい。すなわち，

$$MRS = \frac{p_1}{p_2} \tag{3.21}$$

ノート 3.12：内点解，端点解 (♣) 選好が単調性と凸性を満たし，しかも「滑らか」で
あり，最適消費計画が内点解となるときにファクト 3.11 が成り立つ。**内点解**とは，す

べての消費量が正になる最適消費計画を指す。内点解とならない場合には，**端点解** (corner solution) になる。淳さんの場合，最適消費計画が端点解になることがある。

条件 (3.21) 式を**最適消費計画の 1 階条件**と呼ぶ。1 階条件の左辺は，カレーソース 100g に対しライスを最大であきらめられる杯数，すなわち，消費者のカレーソースとライスの間の**主観的交換比率**を表している。これに対し，右辺は，相対価格であるから，カレーソースとライスの間の市場での交換比率である。最適消費計画の 1 階条件は，主観的交換比率と市場での交換比率が等しくなるように消費者が商品を需要することを意味する。

3.3.3 需要価格 対 市場価格

図 3.5 (b) の消費計画 A では，限界代替率の方が相対価格より大きい。

$$p_2 \times MRS > p_1 \tag{3.22}$$

左辺は，消費計画 A でのカレーソースの**需要価格**である。というのは，カレーソース 100g 増に対しライスを最大であきらめられる杯数の比が MRS であり，それにライスの市場価格 p_2 を乗じれば，カレーソース 100g 当たり最大限支払っても良い金額になるからである。不等式 (3.22) の右辺は，カレーソースの市場価格であるから，消費計画 A でのカレーソースの数量を購入するときに実際に支払う 100g 当たりの金額になる。したがって，消費計画 A では，支払う用意よりも実際に支払う金額の方が小さいため，カレーソースを増やそうとする。予算制約線に沿ってカレーソースを増やすことになるから，消費計画 E に向かうことになる。

最適消費計画の 1 階条件は，このように，消費者が各商品について需要価格と市場価格が一致する消費計画を選択することを意味している。

3.4 需要関数 (♣)

3.4.1 普通 (マーシャル) 需要関数

予算制約 (3.20) 式 (p. 61) の下で，効用関数 (3.3) (p. 57) が与える効用水準

U を最大化する消費計画 (x_1, x_2) を選択することを次のように記そう。

$$\text{(M)} \quad \begin{cases} \displaystyle\max_{x_1, x_2} & U = u(x_1, x_2) \\ \text{subject to} & p_1 x_1 + p_2 x_2 \leqq I \end{cases}$$

最大化問題 (M) の解 (x_1^D, x_2^D) が最適消費計画であり，最適消費計画での各商品 h $(h = 1, 2)$ の数量 x_h^D が商品 h の需要量になる。

　最大化問題 (M) では，商品の市場価格 p_1 や p_2，予算 I が与件であり，内生変数が消費計画 (x_1, x_2) になる[22]。このことは，図 3.5 (b) において，市場価格 p_1 や p_2，予算 I が変わったときに，最適消費計画 (x_1^D, x_2^D) が変わることからも理解できる。このようにして，各商品 h $(h = 1, 2)$ への需要量 x_h^D は，与件 p_1，p_2，I の関数

$$x_h^D = D^h(p_1, p_2, I) \quad (h = 1, 2) \tag{3.23}$$

となり，これらを**普通需要関数**，あるいは**マーシャル需要関数**と呼ぶ。

> **例 3.13：効用関数が完全補完のときのマーシャル需要関数**　由紀恵さん (例
> 3.5) の最適消費計画は，次の連立方程式の解になる。
>
> $$2x_2 = 3x_1 \tag{3.24a}$$
> $$p_1 x_1 + p_2 x_2 = I \tag{3.24b}$$
>
> したがって，マーシャル需要関数は，
>
> $$x_1^D = \frac{2I}{2p_1 + 3p_2} \quad \& \quad x_2^D = \frac{3I}{2p_1 + 3p_2} \tag{3.25}$$

■ ラグランジュ未定乗数法　最大化問題 (M) は，予算制約 (3.20) 式を制約条件，最大化の対象 (**目的関数**という) を効用関数 (3.3) (p. 57) とした**制約条件付き最大化問題**になっている。制約条件付き最大化問題については，以下のラグランジュ未定乗数法を使って解くことができる。先ず，次の**ラグランジュ関数 (ラグランジアン)** を作成する。

$$\mathscr{L} = u(x_1, x_2) + \lambda\left(I - p_1 x_1 - p_2 x_2\right) \tag{3.26}$$

ここで，λ は，制約条件付き最大化問題を解くために導入された未定変数であり，**ラグランジュ乗数**と呼ばれる。**ラグランジュ未定乗数法**とは，ラグランジュ関数 (3.26)

---

[22]　［用語注］値が分析の外部から与えられる変数を**与件**，あるいは**パラメータ** (parameter)，**外生変数** (exogenous variable) という。逆に，分析内部で値が定まる変数を**内生変数** (endogenous variable) という。

を x_1, x_2 で最大化し，λ で最小化すれば，最大化問題 (M) の解を求められるという解法である。関数の最大値や最小値では偏導関数の大きさがゼロになるので，次の条件を得る。

$$MU_1 - \lambda p_1 = 0 \qquad (3.27a)$$
$$MU_2 - \lambda p_2 = 0 \qquad (3.27b)$$
$$I - p_1 x_1 - p_2 x_2 = 0 \qquad (3.27c)$$

これら三つの連立方程式を x_1, x_2, λ で解けば，マーシャル需要関数を得ることができる。また，最初の二つの条件 (3.27a) と (3.27b) をファクト 3.10 (3.15 式) に適用すれば，最適消費計画の 1 階条件 (3.21) 式を得ることができる。

ノート 3.15 由紀恵さんの効用関数のように，効用関数が微分可能でない場合や，淳さんの場合のように，最適消費計画が必ずしも内点解にならないような場合には，ラグランジュ未定乗数法は使えないことに注意しよう。

例 3.16：効用関数がコブ・ダグラス型 (3.7) のときのマーシャル需要関数
最適消費計画は，次の連立方程式の解になる。

$$\beta p_1 x_1 = \alpha p_2 x_2 \qquad (3.28a)$$
$$p_1 x_1 + p_2 x_2 = I \qquad (3.28b)$$

一つ目は最適消費計画の 1 階条件 (3.21) 式，二つ目は予算制約線上での選択を意味する。したがって，マーシャル需要関数は，

$$x_1^D = \frac{\alpha I}{(\alpha + \beta)p_1} \quad \& \quad x_2^D = \frac{\beta I}{(\alpha + \beta)p_2} \qquad (3.29)$$

3.4.2 間接効用関数 (♣♣)

与件 p_1, p_2, I の各組に対し，最適消費計画での効用水準を与える対応関係を**間接効用関数** (indirect utility function) と呼ぶ。定義によって，間接効用関数は，次の関数 v になる，

$$v(p_1, p_2, I) = u(D^1(p_1, p_2, I), D^2(p_1, p_2, I)) \qquad (3.30)$$

例 3.17 由紀恵さんの間接効用関数

$$v(p_1, p_2, I) = \frac{6I}{2p_1 + 3p_2} \qquad (3.31)$$

効用関数がコブ・ダグラス型のときの間接効用関数

$$v(p_1, p_2, I) = \left(\frac{\alpha}{p_1}\right)^{\alpha} \left(\frac{\beta}{p_2}\right)^{\beta} \left(\frac{I}{\alpha + \beta}\right)^{\alpha+\beta} \tag{3.32}$$

次は，間接効用関数とマーシャル需要関数の間の関係を示す。

ファクト 3.18 (ロワの恒等式, Roy's identity) 次が成り立つ。

$$-\frac{\dfrac{\partial v}{\partial p_h}}{\dfrac{\partial v}{\partial I}} = x_h^D \quad (h = 1, 2) \tag{3.33}$$

［証明］間接効用関数 (3.30) は，最大化問題 (M) の価値関数であり [23]，最大化問題 (M) のラグランジュ関数は (3.26) 式である。よって，包絡線定理より，

$$\frac{\partial v}{\partial p_h} = -\lambda x_h \quad \& \quad \frac{\partial v}{\partial I} = \lambda \tag{3.34}$$

かくして，(3.33) 式を得る。∥

$\dfrac{\partial v}{\partial I}$ は，予算の 1 単位増に対する最適消費計画での効用水準の増加率であり，**所得の限界効用**と呼ばれている。$\dfrac{\partial v}{\partial I} = \lambda$ であることから，ラグランジュ乗数 λ が所得の限界効用に等しいことが理解できる。

---

[23] ［数学注］**価値関数，包絡線定理** 次の制約条件付き最大化問題

$$(P) \quad \begin{cases} \max\limits_{x_1, x_2} & y = f(x_1, x_2, \alpha) \\ \text{subject to} & g(x_1, x_2, \alpha) \geqq 0 \end{cases}$$

の解

$$x_1 = \xi_1(\alpha), \; x_2 = \xi_2(\alpha), \; \lambda = \Lambda(\alpha) \tag{fn.23a}$$

を目的関数 $y = f(x_1, x_2, \alpha)$ に代入した関数

$$\varphi(\alpha) = f(\xi_1(\alpha), \xi_2(\alpha), \alpha) \tag{fn.23b}$$

を上記最大化問題 (P) の**価値関数** (value function) と呼ぶ。最大化問題 (P) を解くためのラグランジュ関数は，

$$\mathscr{L} = f(x_1, x_2, \alpha) + \lambda g(x_1, x_2, \alpha) \tag{fn.23c}$$

このとき，次が成り立つとする定理が**包絡線定理** (envelope theorem) である (証明は，意外と簡単である)。

$$\varphi' = \frac{\partial \mathscr{L}}{\partial \alpha} \tag{fn.23d}$$

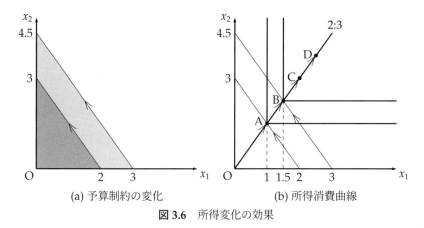

(a) 予算制約の変化 (b) 所得消費曲線

図 3.6 所得変化の効果

3.5 比較静学

与件の変化に対する内生変数の変化を調べることを**比較静学**分析と呼ぶ[24]。消費者の選択では，商品の市場価格や消費者の予算が与件であり，各商品の需要量，その組である最適消費計画が内生変数になっている。

3.5.1 所得変化の効果

先ずは，予算 I が変化したときの需要への効果を調べてみよう。例えば，由紀恵さん (例 3.5) の予算が 1 日 900 円から 1,350 円に増えたとしよう。予算制約は (3.19) 式 (p. 61) から次へ変化する。

$$450x_1 + 300x_2 \leqq 1350 \tag{3.35}$$

この結果，選択可能な消費計画の全体は，図 3.6 (a) の濃い三角形領域に薄い部分が加わり，すべての商品が買いやすくなる。予算制約線は，予算の増加によって，右上に平行移動するのである。

最適消費計画は，予算が 900 円のときは図 3.6 (b) の点 A，予算が 1,350 円のときには点 B になる。予算の増加によって最適消費計画が点 A から点 B に

---

[24] 〔用語注〕(♣) 比較静学分析とは，微分法を用いて，与件の変化の内生変数への効果，因果関係を調べる分析である (微分は，関数の増減を示すことを思い出そう)。ある与件についての内生変数の偏微分係数が正であれば，他の与件を所与としたときに，その与件が増加すれば，その内生変数は増加することを意味する。

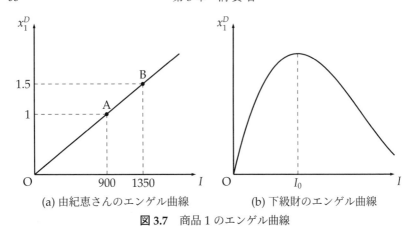

(a) 由紀恵さんのエンゲル曲線　　　　(b) 下級財のエンゲル曲線

図 3.7　商品 1 のエンゲル曲線

移動したといえる。予算の変化の需要への効果は，このような移動によって表現されるわけである。

所得消費曲線

　予算の各値に対する最適消費計画の軌跡を**所得消費曲線**という。由紀恵さん (例 3.5) の場合，0 円から予算が増えるにつれ，図 3.6 (b) の原点 O，点 A，点 B，点 C，点 D のように最適消費計画が移動するため，所得消費曲線は 2 対 3 の直線に一致する。

エンゲル曲線，正常財，下級財

　予算 I と商品 h ($h = 1, 2$) の需要量 x_h^D の関係を図示したグラフを商品 h の**エンゲル曲線**と呼ぶ。図 3.7 (a) には，由紀恵さんの商品 1 ($h = 1$) のエンゲル曲線が描かれている。予算が 900 円のときにカレーソースを 1 日 100g，1,350 円のときには 150g 需要する。エンゲル曲線上の点 A は，所得消費曲線 (図 3.6 右図 (b)) 上の点 A に対応している (点 B も同様)。このように，所得消費曲線とエンゲル曲線上の各点は，1 対 1 で対応している。

　由紀恵さんの商品 1 のエンゲル曲線のように，予算が増えることで需要量が増加する商品を**正常財**，あるいは**上級財**と呼ぶ。上級財は，エンゲル曲線

が右上がりとなっている商品である。

これに対し，予算が増えることで需要量が減少する商品を**下級財 (劣等財)**と呼ぶ[25]。下級財は，エンゲル曲線が右下がりの商品である。図 3.7 (b) には，予算 I が I_0 未満では上級財，予算 I が I_0 より大きければ下級財になる商品のエンゲル曲線が描かれている。予算 I が 0 円 ($I = 0$) のとき，予算制約は消費計画平面の原点 O のみになるため，すべての商品の需要量がゼロ ($x_1^D = x_2^D = 0$) になる。このため，下級財になる商品も，予算が十分小さいときは上級財になる[26]。所得消費曲線とエンゲル曲線は 1 対 1 対応であるから，図 3.7 (b) のエンゲル曲線と 1 対 1 で対応する所得消費曲線が存在する。

3.5.2 価格変化の効果

次に市場価格が変化したときの需要への効果を調べよう。ここでは，商品 1 の市場価格 p_1 が上昇したときの効果を分析する。商品 1 の市場価格が下落した場合や，商品 2 の市場価格が上下したときの分析は，読者への練習問題として残す (練習問題 3.5)。

例えば，由紀恵さん (例 3.5) の予算が 1 日 900 円のままでカレーソースの市場価格が 100g 450 円から 100g 750 円に上昇したとしよう。予算制約は，(3.19) 式 (p. 61) から次に変化する。

$$750x_1 + 300x_2 \leqq 900 \tag{3.36}$$

この結果，図 3.8 (次頁) の左図 (a) の薄い領域が選択不可能になり，予算制約は濃い三角形領域になって，商品 1 が相対的に買いにくくなる。予算制約線は，商品 1 の価格上昇によって，商品 1 の最大購入可能量 I/p_1 が減少するように変化する。

最適消費計画は，商品 1 の市場価格 p_1 が 100g 450 円のときは図 3.8 (次頁) の右図 (b) の点 A，p_1 が 100g 750 円のときは点 B になる。商品 1 の市場価格 p_1 の上昇によって，最適消費計画が点 A から点 B に移動したといえる。

---

[25] ［発展］(♣) 下級財が発生する効用関数の具体例については，練習問題 3.16 参照。

[26] ［用語注］(♣) 比較静学分析なので，予算 I の値次第で，上級財になったり，下級財になったりする。数学的には，商品 h は，$\dfrac{\partial x_h^D}{\partial I} > 0$ のときに上級財，$\dfrac{\partial x_h^D}{\partial I} < 0$ のときに下級財になる。

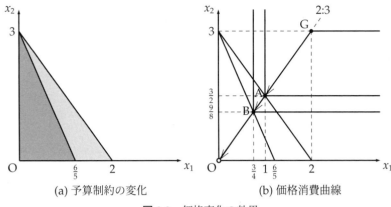

(a) 予算制約の変化　　　　　　　(b) 価格消費曲線

図 3.8　価格変化の効果

価格消費曲線

　商品 1 の市場価格の各値に対する最適消費計画の軌跡を商品 1 の市場価格
に対する**価格消費曲線**という。由紀恵さん (例 3.5) の場合，100g 0 円から商
品 1 の市場価格が上がるにつれ，図 3.8 (b) の点 G 右側水平部分から点 A，点
B と最適消費計画が移動し，原点に近づいていく価格消費曲線になる。

普通需要曲線，需要の法則，ギッフェンのパラドックス

　市場価格の各値に対し，需要量を与えるグラフが**需要曲線**であった。特に，
予算制約内効用最大化から導出される需要曲線を**普通需要曲線**と呼ぶ。

　需要曲線は，次のようにすれば，導出することができる。商品 1 の市場価
格が 1 単位 450 円のとき，図 3.8 (b) の点 A が最適消費計画になるので，商
品 1 の需要量は $x_1^D = 1$ になる。同様の作業を商品 1 の市場価格が 1 単位 750
円のときに行う。このようにして商品 1 の市場価格 p_1 の各値に対し，商品 1
の需要量 x_1^D の値を図示すると，図 3.9 (a) の需要曲線を求めることができる。
なお，需要曲線は，市場価格の各値に対し，需要量を与える曲線なので，本
来横軸に測るべき変数は市場価格であるが，市場モデル (2.3 節) に合わせて，
市場価格を縦軸に測るのが通例である。

　このようにして，価格消費曲線の各点に対応しながら，商品 1 の市場価格

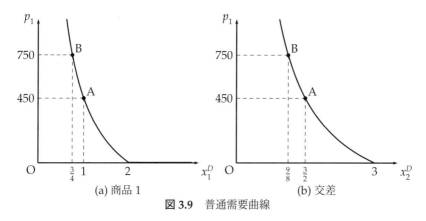

図 **3.9** 普通需要曲線

p_1 と商品 1 の需要量 x_1^D の関係を描くと，商品 1 の普通需要曲線が得られる。価格消費曲線と普通需要曲線は，各々の各点が 1 対 1 で対応する。例えば，図 3.8 (b) の価格消費曲線上の点 A と点 B は，図 3.9 (a) の需要曲線上の点 A と点 B に，各々，対応している。

由紀恵さんの場合，市場価格が上昇すると需要量が減少するという**需要の法則**が成り立っている。需要の法則が成り立たない例を**ギッフェンのパラドックス**と呼ぶ。そのような商品は，市場価格が上昇すると需要量が増加する商品，すなわち，需要曲線が右上がりになる商品であり，**ギッフェン財**と呼ばれている。ギッフェン財の発生条件については，3.5.3 で同定化する。

交差需要曲線，粗代替財，粗補完財

価格消費曲線の各点に対応するように商品 1 の市場価格 p_1 と商品 2 の需要量 x_2^D の関係も図示することができる。これを商品 1 の市場価格に対する商品 2 の**交差需要曲線**と呼ぶ。

図 3.9 (b) には，由紀恵さんの価格消費曲線 (図 3.8 右図 (b)) と 1 対 1 に対応する商品 2 の交差需要曲線が描かれている。価格消費曲線上の点 A と点 B は，交差需要曲線上の点 A と点 B に各々対応している。

商品 1 の市場価格 p_1 が上昇したときに商品 2 の需要量 x_2^D が増加するとき，商品 2 は商品 1 の**粗代替財** (gross substitute) と呼ぶ。商品 1 の市場価格に

対する商品 2 の交差需要曲線が右上がりとなっているとき，商品 2 は商品 1 の粗代替財になる [27]。

　これとは逆に，商品 1 の市場価格 p_1 が上昇したときに商品 2 の需要量 x_2^D が減少するとき，商品 2 は商品 1 の**粗補完財** (gross complement) になる。商品 1 の市場価格に対する商品 2 の交差需要曲線が右下がりとなっているとき，商品 2 は商品 1 の粗補完財になる。例えば，図 3.9 (b) の交差需要曲線の場合が，そうである [28]。

　ここで，商品 1 の市場価格 p_1 に対する商品 2 の交差需要曲線が右上がりであることと，商品 2 の市場価格 p_2 に対する商品 1 の交差需要曲線が右上がりであることは，同値ではないことに注意しよう。

注意 3.19 商品 2 が商品 1 の粗代替財であるとき，商品 1 が商品 2 の粗代替財になるとはいえない。

　これは，粗代替，粗補完の決定要因が何であるのかの疑問を投げる。次に，その答えを探ることにしよう。

3.5.3　代替効果，所得効果

　これまで見てきた消費者の選択に対する比較静学分析において，次の課題が残っていた。(1) ギッフェンのパラドックスは，起こるとすれば，それはいつなのか。(2) 粗代替，粗補完の決定要因は，何であるのか。ここでは，これらの疑問への答えを探ろう。

ヒックス分解

　二つの商品への消費，例えば，例 3.3 のカレー専門店での消費を考えよう。

---

[27]　［用語注］商品 1 の市場価格が上昇すると，需要の法則によれば，需要量が減少する。このとき，消費者が商品 2 の需要量を増加させるのであれば，商品 1 の消費を商品 2 の消費に代替したといえる。逆に，商品 2 の需要量も減少させるのであれば，商品 1 と商品 2 の消費が補完的といえる。但し，この説明は，「代替」と「補完」の直感的解釈を与えるものであり，粗代替性の検査はあくまでも交差需要曲線で行う。

[28]　［用語注］(♣) 上級財・下級財同様 (用語注 26, p. 69, 参照)，粗代替，粗補完も又，比較静学の概念である。$\dfrac{\partial x_2^D}{\partial p_1} > 0$ であれば，商品 2 は商品 1 の粗代替財，$\dfrac{\partial x_2^D}{\partial p_1} < 0$ であれば粗補完財，$\dfrac{\partial x_1^D}{\partial p_2} > 0$ であれば，商品 1 は商品 2 の粗代替財，$\dfrac{\partial x_1^D}{\partial p_2} < 0$ であれば粗補完財になる。

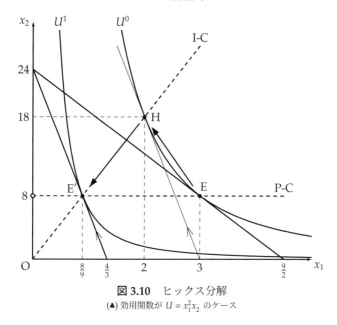

図 3.10 ヒックス分解

(♣) 効用関数が $U = x_1^2 x_2$ のケース

　商品 1 の市場価格が 3 単位 800 円 ($p_1 = 800/3$)，商品 2 の市場価格が 1 単位 50 円 ($p_2 = 50$) であったとする。図 3.10 の無差別曲線 U_0 や U_1 で表される選好をもつ消費者の予算が 1 期間あたり 1,200 円 ($I = 1,200$) であったとき，最適消費計画が同図の点 E になっている。

　ここで，商品 2 の市場価格 p_2 と予算 I は変わらず，商品 1 の市場価格 p_1 のみが変化したとしよう。図 3.10 では，p_1 が 3 単位 800 円から 1 単位 900 円 ($p_1 = 900$) に上昇した場合の予算制約線が示されている (いずれの線か，指摘せよ)。最適消費計画は，価格消費曲線 P-C に沿って，点 E から点 E′ に変化する。この最適消費計画の変化，点 E から点 E′ への移動を，次に示す「ヒックス分解」と呼ばれる二つの移動に分解するのである。

　分解方法は，先ず，商品 1 の市場価格が変化した後を考えるところから出発する。需要は，p_1 の上昇によって，無差別曲線 U^0 上の点 E から U^1 上の点 E′ に移動したため，消費者の効用は悪化している。そこで，元の効用が得られるように，仮想的に所得を補ってみよう。このようにして得られる消費計画が点 H である。点 H で無差別曲線 U^0 に接する直線は，仮想的に所得補

償を行った後の予算 $I = 2,700$ と，市場価格が $p_1 = 900$, $p_2 = 50$ のときの予算制約線になる。仮想的な所得補償額 1,500 円を**補償変分** (compensating variation) という。この仮想的な所得補償によって，点 E から点 H への仮想的な移動である**代替効果**と，点 H から点 E′ への仮想的な移動である**所得効果**の二つの移動の合成として，最適消費計画 E から E′ への移動を**ヒックス分解**したことになる。

代替効果は，同一無差別曲線上の変化になるため，消費者の選好，とりわけ，商品間の代替性を反映する。このため，代替効果のみを見て，p_1 の上昇が商品 2 の需要量を増加させるとき，商品 2 は商品 1 の**代替財**，逆に減少させるときは，商品 2 は商品 1 の**補完財**であるという。

ファクト 3.20

(1) 各商品について，自らの市場価格が上昇すれば，代替効果における需要量は減少する。

(2) 商品 2 が商品 1 の代替財であれば，商品 1 は商品 2 の代替財である。また，商品 2 が商品 1 の補完財であれば，商品 1 は商品 2 の補完財である。

(3) 商品数が 2 であれば，一方の商品は他方の代替財になる。

いずれの結果も，代替効果が同一の無差別曲線上の変化であることから得られる。特に，二つ目の結果は，注意 3.19 (p. 72) とは異なり，代替効果のみを見ている限り，代替財，補完財の関係は，いずれの商品から見ても対称的に決まることを意味する。

もう一つの所得効果は，仮想的な所得補償 (補償変分) を取り除いたときの効果になるため，図 3.10 のように市場価格が $p_1 = 900$, $p_2 = 50$ のときの所得消費曲線 I-C に沿った移動になる。したがって，所得効果における各商品の需要量の変化は，その商品が上級財か下級財かによって決まることになる。

ギッフェン財の条件

図 3.10 では，代替効果のみならず，商品 1 が上級財であるため所得効果でも，商品 1 の需要量は減少する。このように，ファクト 3.20 (1) より，上級財であるか，あるいは下級財であっても所得効果が代替効果より効果として

代替効果	所得効果	全体効果
代替財 (+)	上級財 (−)	?
代替財 (+)	下級財 (+)	粗代替財 (+)
補完財 (−)	上級財 (−)	粗補完財 (−)
補完財 (−)	下級財 (+)	?

表 3.1 p_1 が上昇したときの x_2 への効果

小さければ，需要の法則が成り立つことが理解できる。需要の法則が成り立たないことがギッフェンのパラドックスであったので，次の結果を得る[29]。

ファクト 3.21 (ギッフェン財の必要十分条件) その消費者にとってある商品がギッフェン財であることの必要十分条件は，

(I) その商品が下級財であり，かつ，

(II) 代替効果よりも所得効果の方が，効果上，大きい。

粗代替，粗補完の条件

図 3.10 では，商品 2 が商品 1 の代替財であるため，商品 1 の市場価格の上昇は，代替効果のみを見れば，商品 2 の需要量を増加させている。ところが，商品 2 が上級財であるため，所得効果は商品 2 の需要量を減少させている。図 3.10 の場合，代替効果と所得効果が相殺されて，商品 2 は商品 1 の粗代替財，粗補完財のいずれでもなくなっている。

表 3.1 は，ある商品 (例えば，商品 2) が他の商品 (例えば，商品 1) に対し代替財のときと補完財のときに分けて，商品 2 が上級財，下級財のときに商品 2 が商品 1 の粗代替財，粗補完財になるケースを整理している。＋は増加，−は減少を表す。粗代替財，粗補完財のいずれになるかが不明なケース (? 部分) は，代替効果と所得効果のいずれが大きいかで全体効果が決まる。

3.6 補償需要 (♣)

消費者の選択は，予算制約内効用最大化に従って決まる。その結果が最適消費計画であり，それは最大化問題 (M) (p. 63) の解である。市場価格や予算

[29) [発展] ギッフェン財が発生する効用関数の具体例については，練習問題 3.16 参照。

といった与件に対し，その選択結果として，消費者が需要量の大きさをいくらにするのかを表しているのが，マーシャル需要関数である。

これに対し，最低限満たしたい効用水準があり，その中で支出金額を最小にするよう需要を決める場合も考えられる。最低限満たしたい効用水準を U としたとき，条件 $u(x_1, x_2) \geqq U$ を満たす消費計画 (x_1, x_2) の中で支出総額

$$E = p_1 x_1 + p_2 x_2 \tag{3.37}$$

を最小化，すなわち，**支出最小化**問題

$$(\text{H}) \quad \begin{cases} \displaystyle\min_{x_1, x_2} & E = p_1 x_1 + p_2 x_2 \\ \text{subject to} & u(x_1, x_2) \geqq U \end{cases}$$

の解 (x_1^H, x_2^H) を**補償需要** (compensated demand)，あるいは**ヒックス需要** (Hicksian demand) と呼ぶ。

補償需要 (x_1^H, x_2^H) は，所与の無差別曲線上，あるいは，その右上方領域内で支出金額 E が最小になる消費計画である。例えば，効用水準 U を図3.10の点Eでの効用水準とすれば，点Eの上位集合内で支出金額 E を最小にする。このため，次のファクトが成り立つ。

ファクト 3.22 (支出最小化の1階条件) 補償需要では，次が成り立つ。

$$MRS = \frac{p_1}{p_2} \tag{3.38}$$

同一の支出金額を与える消費計画の全体を**等支出線**という。例えば，図3.10において，商品1の市場価格が $p_1 = 800/3$，商品2の市場価格が $p_2 = 50$ の場合，点Eを通る予算制約線と平行な直線群は，支出金額 E の各値に応じた等支出線群になる。補償需要は，無差別曲線 U^0 上とその右上方の消費計画の中で，等支出線を原点方向に引っ張り切ったときの消費計画になる。それは，$p_1 = 800/3$，$p_2 = 50$ のとき，点Eになる。このようにして，無差別曲線と等支出線が接するところで支出最小化となるため，ファクト3.22が成り立つ。

3.6.1 補償 (ヒックス) 需要関数

最小化問題 (H) における与件は，市場価格 p_1，p_2 と効用水準 U になる。例えば，効用水準 U が図3.10の無差別曲線 U^0 を与える効用水準，商品1の市

場価格が $p_1 = 800/3$, 商品 2 の市場価格が $p_2 = 50$ の場合, 補償需要は点 E であった。与件が, 無差別曲線 U^0 を与える効用水準, $p_1 = 800/3$, $p_2 = 50$ から, 商品 1 の市場価格 p_1 のみが $p_1 = 900$ に変化したとしよう。このとき, 補償需要は点 E から点 H に変化する。このように, 与件の一つである市場価格が変化したときの最小化問題 (H) の解の変化は, 代替効果を表す。

一般に, 最小化問題 (H) の与件 p_1, p_2, U の各組に対し, その解 (x_1^H, x_2^H) を与える関数

$$x_1^H = H^1(p_1, p_2, U) \quad \& \quad x_2^H = H^2(p_1, p_2, U) \tag{3.39}$$

を補償需要関数, あるいはヒックス需要関数と呼ぶ。

> **例 3.23：効用関数が完全補完のときのヒックス需要関数** 由紀恵さん (例 3.5) の補償需要は, 次の連立方程式の解になる。
>
> $$2x_2 = 3x_1 \tag{3.40a}$$
> $$\min\{3x_1, 2x_2\} = U \tag{3.40b}$$
>
> したがって, ヒックス需要関数は,
>
> $$x_1^H = \frac{U}{3} \quad \& \quad x_2^H = \frac{U}{2} \tag{3.41}$$

■ **ラグランジュ未定乗数法による解法** 最小化問題 (H) は, 目的関数を (3.37) 式, 制約条件を $u(x_1, x_2) \geq U$ とした制約条件付き最小化問題になっている。制約条件付き最小化問題も又, ラグランジュ未定乗数法によって解くことができる。最小化問題 (H) のラグランジュ関数は, ラグランジュ乗数を μ とすれば,

$$\mathscr{L} = p_1 x_1 + p_2 x_2 + \mu\{U - u(x_1, x_2)\} \tag{3.42}$$

になり, これを x_1, x_2 で最小化, ラグランジュ乗数 μ で最大化すれば良い。この結果, 次の条件が成り立つ。

$$p_1 - \mu MU_1 = 0 \tag{3.43a}$$
$$p_2 - \mu MU_2 = 0 \tag{3.43b}$$
$$U - u(x_1, x_2) = 0 \tag{3.43c}$$

これら三つの連立方程式を x_1, x_2, μ で解くと, ヒックス需要関数を得ることができる。また, 最初の二つの条件とファクト 3.10 (3.15 式, p. 59) より, ファクト 3.22 の支出最小化の 1 階条件 (3.38) 式を得る。

例 3.25：効用関数がコブ・ダグラス型 (3.7) のときのヒックス需要関数 補償需要は，次の連立方程式の解になる。

$$\beta p_1 x_1 = \alpha p_2 x_2 \tag{3.44a}$$

$$x_1^\alpha x_2^\beta = U \tag{3.44b}$$

したがって，ヒックス需要関数は，

$$x_1^H = \left\{ \left(\frac{\alpha p_2}{\beta p_1} \right)^\beta U \right\}^{1/(\alpha+\beta)} \quad \& \quad x_2^H = \left\{ \left(\frac{\beta p_1}{\alpha p_2} \right)^\alpha U \right\}^{1/(\alpha+\beta)} \tag{3.45}$$

市場価格の変化に対する補償需要の変化は代替効果を表すので，$\partial x_2^H / \partial p_1 > 0$ のとき，商品 2 は商品 1 の**代替財**，$\partial x_2^H / \partial p_1 < 0$ のとき**補完財**になる。かくして，ファクト 3.20 (p. 74) を次のように言い換えることができる。

ファクト 3.26 選好の強単調性，限界代替率逓減を満たすとしよう。このとき，

(1) すべての商品 h について，$\dfrac{\partial x_h^H}{\partial p_h} < 0$

(2) すべての商品 i と j について，$\dfrac{\partial x_j^H}{\partial p_i}$ の符号と $\dfrac{\partial x_i^H}{\partial p_j}$ の符号が一致

(3) 商品数が 2 であれば，$\dfrac{\partial x_2^H}{\partial p_1} > 0$ かつ $\dfrac{\partial x_1^H}{\partial p_2} > 0$

3.6.2　支出関数 (♣♣)

与件 p_1, p_2, U の各組に対し，補償需要での支出総額を与える対応関係を**支出関数** (expenditure function) と呼ぶ。定義によって，支出関数は，次の関数 e になる。

$$e(p_1, p_2, U) = p_1 \cdot H^1(p_1, p_2, U) + p_2 \cdot H^2(p_1, p_2, U) \tag{3.46}$$

例 3.27 由紀恵さん (例 3.5) の支出関数：

$$e(p_1, p_2, U) = \left(\frac{p_1}{3} + \frac{p_2}{2} \right) U \tag{3.47}$$

効用関数がコブ・ダグラス型 (3.7) のときの支出関数：

$$e(p_1, p_2, U) = (\alpha + \beta) \left\{ \left(\frac{p_1}{\alpha}\right)^{\alpha} \left(\frac{p_2}{\beta}\right)^{\beta} U \right\}^{1/(\alpha+\beta)} \tag{3.48}$$

次は，支出関数とヒックス需要関数の間の関係を示す。

ファクト 3.28 (シェファードのレンマ, Shephard's Lemma)

$$\frac{\partial e}{\partial p_h} = x_h^H \quad (h = 1, 2) \tag{3.49}$$

［証明］支出関数は，最小化問題 (H) の価値関数であり，最小化問題 (H) のラグランジュ関数は (3.42) 式である。よって，包絡線定理 (数学注 23, p. 66) より，(3.49) 式を得る。‖

3.7　普通需要と補償需要の関係 (♣)

図 3.10 において，$p_1 = 800/3$, $p_2 = 50$, $I = 1,200$ のときの効用最大化問題 (M) の解が点 E であり，点 E を通る無差別曲線 U^0 を与える効用水準 U, $p_1 = 800/3$, $p_2 = 50$ のときの支出最小化問題 (H) の解も同じ点 E になった。

一般に，効用最大化問題 (M) と支出最小化問題 (H) が同一の解になる条件が存在する。それは，後に確認することにし，先ずは，それを想定して普通需要と補償需要の比較静学上の関係を調べよう。

3.7.1　スルツキー方程式

価格変化以前の最適消費計画での効用水準を U としたときのヒックス需要関数上の変化が代替効果を表すため，マーシャル需要関数上の変化とヒックス需要関数上の変化の差は，所得効果になる。

図 3.11 (次頁) は，図 3.10 における代替効果と所得効果を，普通 (マーシャル) 需要曲線と補償 (ヒックス) 需要曲線上の変化で示したものである。左図 (a) 右図 (b) とも，点 E 点 H を通る曲線が補償需要曲線，点 E 点 E′ を通る曲線が普通需要曲線である。すなわち，図 3.11 の左図 (a) 右図 (b) ともに，点 E から点 H への変化が図 3.10 における代替効果に，点 H から点 E′ への変化

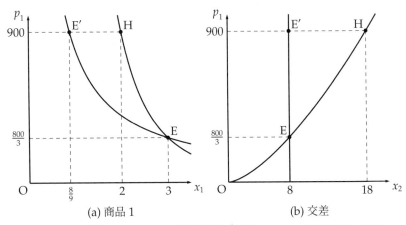

(a) 商品1　　　　　　　　　　　(b) 交差

図3.11 普通 (マーシャル) 需要曲線と補償 (ヒックス) 需要曲線の関係

が図3.10における所得効果に対応している。右図 (b) の交差 (普通) 需要曲線が数量8で垂直になるのは、所得効果による点Hから点E′への移動が代替効果による点Eから点Hへの移動を相殺しているからである。

普通需要と補償需要のこのような関係は、**スルツキー方程式** (Slutsky equation) と呼ばれる一つの式によって表現できる。

定理3.29 (スルツキー) 各商品 i, j について、

$$\frac{\partial x_i^D}{\partial p_j} = \frac{\partial x_i^H}{\partial p_j} - x_j^D \frac{\partial x_i^D}{\partial I} \tag{3.50}$$

［証明］(♣♣) $I = e(p_1, p_2, U)$ のとき、効用最大化問題 (M) と支出最小化問題 (H) の解は、恒等的に等しい。すなわち、各商品 i について、次の恒等式が成り立つ。

$$D^i(p_1, p_2, e(p_1, p_2, U)) \equiv H^i(p_1, p_2, U) \tag{3.51}$$

両辺を p_j で偏微分し、シェファードのレンマ (ファクト3.28) を適用後、式を整理するとスルツキー方程式 (3.50) を得る。∥

スルツキー方程式 (3.50) の左辺が、商品 j の市場価格 p_j の1単位上昇に対する商品 i の普通需要の変化率を示す。例えば、$i = j = 1$ であれば、商品1の普通需要曲線の勾配、図3.11左図 (a) の点Eから点E′への移動に対応する。また、$i = 2$, $j = 1$ であれば、商品2の商品1に対する交差需要曲線の勾配、図3.11右図 (b) の点Eから点E′への移動に対応する。

これに対し，スルツキー方程式 (3.50) の右辺第 1 項は，商品 j の市場価格 p_j の 1 単位上昇に対する商品 i の補償需要の変化率を示す。例えば，$i = j = 1$ であれば，商品 1 の補償需要曲線の勾配，図 3.11 左図 (a) の点 E から点 H への移動に対応する。また，$i = 2$，$j = 1$ であれば，商品 2 の商品 1 に対する補償需要での交差需要曲線の勾配，図 3.11 右図 (b) の点 E から点 H への移動に対応する。商品 2 が商品 1 の代替財であれば $\partial x_2^H / \partial p_1 > 0$，補完財であれば $\partial x_2^H / \partial p_1 < 0$ になる。このように，スルツキー方程式 (3.50) の右辺第 1 項は，商品 j の市場価格 p_j が 1 単位上昇したときの商品 i への代替効果を示す。

そして，スルツキー方程式 (3.50) の右辺第 2 項が商品 j の市場価格 p_j が 1 単位上昇したときの商品 i への所得効果になる。図 3.11 (a) (b) 両図でいえば，点 H から点 E′ への移動に対応する。商品 i が上級財であれば $\partial x_i^D / \partial I > 0$，下級財であれば $\partial x_i^D / \partial I < 0$ になる。

3.7.2　効用最大化問題と支出最小化問題の同値性 (♣♣)

最後に，効用最大化問題 (M) と支出最小化問題 (H) が同一の解になる条件を確認しよう。

先ず，効用関数を使わずに制約条件付き最大化問題 (M) の解 x^D を表現してみよう。市場価格の組 $p = (p_1, p_2)$ (**価格体系**と呼ぶ) が与えられたとき，次の条件を満たす消費計画 x^D が最適消費計画，すなわち，効用最大化問題 (M) の解である [30]。

$$(M) \quad p \cdot x \leqq I \quad \Longrightarrow \quad x^D \gtrsim x$$

予算制約を満たす消費計画 x であれば，消費計画 x^D より改善することがないとき，x^D は最適消費計画になる。

次に，支出最小化問題 (H) の解を効用関数を使わずに表現してみよう。支出最小化問題 (H) の解は，満たすべき効用を与える消費計画が x^*，価格体系

---

[30]　[数学注] 高校で学んだ数学にしたがって，ベクトル a と b の**内積**を $a \cdot b$ で記す。ベクトル a と b が $\mathbb{R}^2$ 上のベクトルであれば，ベクトルの成分表示が $a = (a_1, a_2)$，$b = (b_1, b_2)$ のようになり，内積は，

$$a \cdot b = a_1 b_1 + a_2 b_2 \tag{fn.30}$$

になる。ベクトル a と b が直交すれば，$a \cdot b = 0$ となるのであった。

が $p = (p_1, p_2)$ のとき,次の条件を満たす x^H になる。

$$(\text{H}) \quad x \gtrsim x^* \implies p \cdot x \geqq p \cdot x^H$$

満たすべき効用を与える消費計画 x^* より弱選好する消費計画の中で,支出 $p \cdot x$ が最小になる消費計画が補償需要 x^H である。

定理 3.30 弱選好順序 $\gtrsim$ が完備性,推移性を満たすとしよう。

(1) 更に,局所不飽和を満たすとしよう。このとき,もし x^D が最適消費計画であれば,x^D は $x^* = x^D$ のときの補償需要である。

(2) 更に,連続性を満たすとしよう。もし x^H が補償需要であり,かつ,$p \cdot x^H > 0$ であれば,x^H は $I = p \cdot x^H$ のときの最適消費計画である。

　［証明］ (1) 対偶命題を証明する。よって,x^D が $x^* = x^D$ のときの補償需要ではないとしよう。然らば,$x' \gtrsim x^D$ かつ $p \cdot x^D > p \cdot x'$ なる消費計画 x' が存在する。$p \cdot x^D > p \cdot x$ なる x 全体の集合は開集合であるから,$x \in B$ であれば $p \cdot x^D > p \cdot x$ となる中心 x' の開球 B がある。局所不飽和の仮定によって,$x'' > x'$ なる x'' が開球 B に存在する。推移性より $x'' > x^D$ であるが,$p \cdot x^D > p \cdot x''$ であるから,x^D は最適消費計画ではない。

(2) 背理法によって証明する。よって,x^H が $I = p \cdot x^H$ のときの最適消費計画ではないとしよう。然らば,$p \cdot x' \leqq p \cdot x^H$ かつ $x' > x^H$ なる消費計画 x' が存在する。x^H は補償需要であるから,$x^H \gtrsim x^*$。よって,推移性より,$x' > x^*$。再び x^H は補償需要であるから,$p \cdot x' \geqq p \cdot x^H$。したがって,$p \cdot x' = p \cdot x^H$ である。仮定によって $I = p \cdot x^H > 0$ であるから,$0 < t < 1$ なる実数 t に対し,$p \cdot x^H > t p \cdot x'$。また,選好の連続性より $t x' > x^*$ なる t が $0 < t < 1$ で存在する。この結果,x^H は補償需要ではない。∥

練習問題

問題 3.1 消費計画 x と x' が無差別であることを弱選好順序 $\gtrsim$ を用いて定義しなさい。

問題 3.2 次の表の消費計画は,一郎さんにとって「無差別」であるという(単位:回数/月)。数量の分割可能性を考慮せずに,以下の問いに答えなさい。

消費計画	A	B	C	D	E	F
ドライブ	0	1	2	3	4	5
食事	15	10	6	3	1	0

(1) 消費計画 B と消費計画 D が「無差別」であるとは...

　(A) 効用が同じ (B) 限界代替率が同じ (C) 需要価格が同じ

　(D) 一郎君にとってドライブ 2 回は食事 3 回の価値がある。

(2) 次を求めなさい。(a) 消費計画 A から出発したとき，限界代替率はドライブ 1 回当たり食事何回か。(b) 消費計画 D から出発したとき，ドライブを 1 回増やすならば，一郎さんは食事を最大で何回あきらめられるか。(c) 消費計画 D が最適消費計画であったとして，食事が 1 回 1,500 円のとき，ドライブ 1 回の需要価格はいくらか。

問題 3.3 右図の点 A, B, C を通る円は，ある消費者の無差別曲線であり，A, B, C, D と移動すると改善していき，点 D で飽和する。また，点 E を通る右下がりの直線は，予算制約線である。

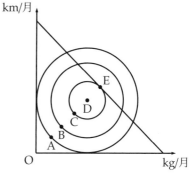

(1) 選好の単調性を満たさないことを説明しなさい。

(2) 最適消費計画を求めなさい。

問題 3.4 図 3.5 右図 (b) (p. 62) の消費計画 B を考えよう。

(1) 限界代替率と相対価格の大小関係を示しなさい。

(2) ライスの需要価格と市場価格を比較しなさい。

(3) この結果，消費者はライスの数量をどのように変化させるであろうか。

問題 3.5 カレー専門店 (例 3.3) で消費しようとしている由紀恵さん (例 3.5) と淳さん (例 3.4) の各々について，次を求めなさい。但し，(1) (2) (3) では，各消費者の 1 日の予算を 900 円とする。

(1) 次のときの最適消費計画：(a) 現在，(b) カレーソースの市場価格が 100g 150 円に下落したとき (2) カレーソースの価格消費曲線 (3) カレーソースの市場価格が 100g 150 円に下落したときの代替効果，所得効果 (4) カレーソースの市場価格が 100g 150 円に下落後の所得消費曲線

問題 3.6 図 3.7 右図 (b) のエンゲル曲線と 1 対 1 に対応する所得消費曲線を描きなさい。但し，予算が I_0 とその前後の各々について，予算制約線と最適

消費計画を通る無差別曲線も図示すること。

問題 3.7 ある消費者にとって財 X，財 Y，財 Z の三つの商品が次の条件を満たすという。

  (I) 財 X は財 Y の代替財；(II) 財 X は財 Z の補完財；

  (III) 財 X と財 Z は上級財；(IV) 財 Y は下級財

(1) 財 Y は財 X の粗代替財，粗補完財のいずれか。

(2) それでは，財 Z はどうか。

(3) 財 X は財 Y の粗代替財，粗補完財のいずれか。

(4) ギッフェン財となり得る財は，いずれの財か。また，どのような条件が成り立つときに，その財がギッフェン財になるか。

問題 3.8 財 X の数量を横軸，財 Y の数量を縦軸にとった平面において所得消費曲線が左上がりになっている消費計画があったとき，その消費計画では次のいずれが成り立つか。各々の正誤とその理由を示しなさい。

(A) 二財とも上級財 (B) 二財とも下級財 (C) 財 X は上級財であるが，財 Y は下級財 (D) 財 Y は上級財であるが，財 X は下級財 (E) いずれでもない

問題 3.9 財 X と財 Y の二財のみのとき，財 X の数量を横軸，財 Y の数量を縦軸にとった平面において，財 X の価格変化に対応する価格消費曲線が左上がりになっている消費計画を考え，次の各々について正否を示しなさい。

(1) 財 X はギッフェン財 (2) 財 X は下級財 (3) 財 Y は財 X の粗補完財 (4) 財 Y は上級財 (5) 財 Y は財 X の補完財

問題 3.10 (♣) 変数 x, y, z があって，それらに対する条件 $P(x, y, z)$ があったとき，$\forall x [\exists y [\forall z : P(x, y, z)]]$ の否定を示しなさい。

問題 3.11 (♣) 次の命題が成り立つことを証明しなさい。

(1) 弱選好順序 $\succsim$ が推移性を満たせば，強選好順序 $\succ$ も又，推移性を満たす。

(2) 強選好順序 $\succ$ が推移性を満たせば，いかなる三つの選択肢 x, x', x'' をとっても，循環 $x \succ x'' \succ x' \succ x$ は起こらない。

問題 3.12 (♣) 以下を説明しなさい。

(1) 由紀恵さん (例 3.5) の選好は，強単調性と強凸性を満たさないが，単調性と凸性は満たすこと

(2) 淳さん (例 3.4) の選好は，強単調性を満たすこと，また，強凸性は満たさないが凸性を満たすこと

問題 3.13 (♣) ファクト 3.6，ファクト 3.7，ファクト 3.8 を証明しなさい。

問題 3.14 (♣) 次を導き出しなさい。

(1) 効用関数 (3.10) から図 3.2 右図 (b) (p. 52) の無差別曲線群

(2) 効用関数 (3.6) から由紀恵さん (例 3.5) の無差別曲線群

(3) 効用関数 (3.12) から淳さん (例 3.4) の無差別曲線群

(4) 効用関数 (3.13) から淳さん (例 3.4) の無差別曲線群

問題 3.15 (♣) 効用関数が $U = x_1^2 x_2$ の消費者を考えよう。

(1) 各商品 h ($h = 1, 2$) の市場価格を 1 単位 p_h 円，消費者の予算を I 円としたときの消費者の普通需要関数を求めなさい。

(2) 商品 2 の市場価格を $p_2 = 50$ として，次を求め，図示しなさい。

   (a) $I = 1,200$ として，次の各ケースのときの (i) 予算制約式，(ii) 最適消費計画，(iii) 最適消費計画を通る無差別曲線の式

     (I) $p_1 = 800/3$　　(II) $p_1 = 900$

   (b) $p_1 = 900$ のとき，図 3.10 (p. 73) の点 E での効用水準を与える予算と補償変分

   (c) 求めた予算，$p_1 = 900$ の下での最適消費計画

   (d) $I = 1,200$ のときの価格消費曲線を表す式

   (e) $p_1 = 900$ のときの所得消費曲線の式

問題 3.16 (♣)：下級財，ギッフェン財が発生する効用関数 (Sørensen, 2007)
次の効用関数をもつ消費者について，$p_2 = 400$ として，以下を導出し，図示しなさい。

$$U = \min\left\{x_1 + x_2, \tfrac{1}{2}x_2 + 6\right\} \tag{3.52}$$

(1) U が 4，6，8，10，12，14 のときの無差別曲線

(2) $I = 2400$ として，次の (a)(b) 各々での最適消費計画

   (a) $p_1 = 200$　　(b) $p_1 = 300$

(3) 上記 (a) から (b) への最適消費計画の変化のヒックス分解

(4) $p_1 = 300$ のときの所得消費曲線，及び，各商品のエンゲル曲線

(5) $I = 2400$ として，p_1 の変化に対応する価格消費曲線，及び，商品 1 の普通需要曲線，商品 2 の p_1 に対する交差需要曲線

問題 3.17 (♣♣) 選好の対象が実数 x と y の組 $z = (x, y)$ によって表現可能であったとしよう。任意の二つの対象 $z = (x, y)$ と $z' = (x', y')$ に対し，$x' > x$ または $x' = x$ のときに $y' > y$ であれば，$z' > z$ となる選好順序を**辞書式** (lexicographic) 順序と呼ぶ。

(1) (x, y) 平面の 1 点をとり，その下位集合を示しなさい。

(2) 選好の連続性を満たさないことを説明しなさい。

問題 3.18 (♣♣) 選好の凸性を満たせば，任意の消費計画 x に対し，集合 $V = \{x' \,|\, x' > x\}$ が凸集合になることを証明しなさい。

問題 3.19 (♣♣) 効用関数 $U = u(x_1, x_2)$ について，(1) $dMRS/dx_1$ を計算し，(2) 数学注 20 (fn.20) 式 (p. 59) が $dMRS/dx_1 < 0$ の必要十分条件になることを示しなさい。

問題 3.20 (♣♣) 効用関数がコブ・ダグラス型のときの補償需要関数を支出関数から導出しなさい。　［ヒント］シェファードのレンマ (p. 79)

問題 3.21 (♣♣) CES 型効用関数 (3.8) を想定して，次を示しなさい。(1) 各商品の限界効用 (2) 限界代替率 (3) マーシャル需要関数 (4) 代替の弾力性 (3.11) (p. 58) が一定になること (5) 間接効用関数 (6) 所得消費曲線 (7) 商品 1 のエンゲル曲線 (8) ヒックス需要関数 (9) 支出関数

問題 3.22 (♣♣) 定理 3.9 (p. 58) を証明しなさい。
　　［ヒント］$\rho \to -\infty$ については $a_1 x_1 < a_2 x_2$ のときを想定すれば良い。また，$\rho \to 0$ については，CES 型効用関数 (3.8) 式の両辺に log をとり，次のロピタルの定理を使う。
　　　ロピタルの定理　もし $\lim_{x \to a} f(x) = 0$ かつ $\lim_{x \to a} g(x) = 0$ であれば，

$$\lim_{x \to a} \frac{f(x)}{g(x)} = \lim_{x \to a} \frac{f'(x)}{g'(x)} \tag{3.53}$$

第4章 生産者

　生産者は，労働や資本等の生産要素を投入して新たな商品を産出する技術を個別にもつ。例えば，リンゴ農家であれば，自らの労働のみならず，他者の労働を投入したり，農機具やリンゴの木などの資本を利用したりして，リンゴを産出するノウハウをもつ。しかも，そのノウハウは，リンゴの品種ごとに異なるであろう。自動車メーカーであれば，人，部品，生産ラインなどの生産要素を使い，自動車を産出する技術をもつ。ソフトメーカーであれば，コンピュータやオフィスビルなどを利用して，人がソフト開発を行う。その開発ノウハウは，開発するソフトの種類によって異なるであろう。こういった投入と産出の間の技術的関係は，生産者の生産費用の構造を決定づけ，市場における生産者の要素需要活動や生産物供給活動を左右すると予測できる。

　本章では，投入，産出の技術的関係から生産者の生産要素への需要価格や個別需要曲線，生産物の供給価格や個別供給曲線を導出し，生産活動の決定要因を特徴化する。

4.1　技術

　生産者の選択問題の例から，投入，産出の技術的関係を調べてみよう。

　例 4.1：カレー専門店　あるカレー専門店では，カレーだけでなく，ライスにも拘っており，様々な品種のお米の内，使用しているのは2品種のみであるという。但し，それら2品種のお米であれば，いずれでも良いという。また，現在使用している調理器具の場合，ライスを1単位 (1単位：10杯/日) 生産するのに最低0.5時間の労働が必要であるという。

　ライスの生産量 (単位：10杯/日) を y，品種 h $(h = 1, 2)$ のお米の投入量 (単

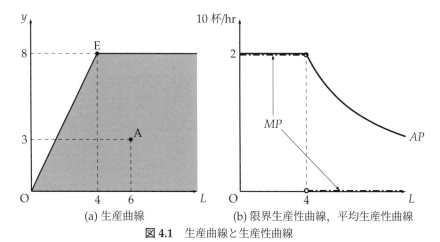

図 **4.1**　生産曲線と生産性曲線

位：10 杯/日) を q_h，労働投入量を L 時間とすれば，ある営業日のライスの**生産計画**は組 (q_1, q_2, L, y) で表すことができる。例えば，品種 1 のお米を 39 杯分，品種 2 のお米を 45 杯分，労働投入量を 2.7 時間，ライス 61 杯の生産計画は，$(q_1, q_2, L, y) = (3.9, 4.5, 2.7, 6.1)$ になる。

4.1.1　生産曲線

すべての生産計画が技術的に可能なわけではない。技術的に選択可能な生産計画を**生産可能**であるという。

生産可能な生産計画を図示してみよう。例えば，例 4.1 のカレー専門店のある日のお米の仕入れ量が 2 品種合わせて 8 単位であったとする。単純化のために，0.5 時間ずつ労働を投入していけば，比例的にライスを生産できるとすれば，生産可能な生産計画は，図 4.1 (a) の領域になる。例えば，領域内の点 A は，$q_1 + q_2 = 8$ のときに，生産可能な生産計画 $(q_1, q_2, 6, 3)$ を表す。

各投入量について，生産可能な生産計画の中で最大の生産量を与える関係を**生産曲線**と呼ぶ。図 4.1 (a) でいえば，原点 O から点 E，点 E から右水平線と続く曲線になる。

生産曲線上の生産における投入量 1 単位当たり生産量を**平均生産性** (Average Productivity, AP)，あるいは**平均生産物** (Average Product) と呼ぶ。図 4.1

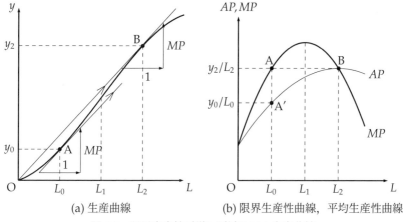

(a) 生産曲線　　　(b) 限界生産性曲線，平均生産性曲線

図 4.2　限界生産性逓増と逓減を示す生産曲線

(a) の生産曲線の場合，労働の平均生産性は，労働投入量 L が 4 時間までは 1 時間当たり 2 単位で一定となり，4 時間を超えると $8/L$ になる。労働投入量 L と労働の平均生産性のこのような関係を表す曲線を労働の**平均生産性曲線**と呼ぶ。図 4.1 (a) の生産曲線の場合，労働の平均生産性曲線は図 4.1 (b) の実線で示された曲線 AP になる。

　平均生産性に加え，生産性を表すもう一つの概念として，投入量の 1 単位増当たりの生産量の増分率である**限界生産性** (Marginal Productivity, *MP*)，あるいは**限界生産物** (Marginal Product) がある。数量が分割可能であれば，投入量の各値での限界生産性は，その投入量における生産曲線への接線の勾配で表す[1]。例えば，図 4.1 (a) の生産曲線の場合，労働投入量 L が 4 時間未満であれば労働の限界生産性は 1 時間当たり 2 単位であるが，4 時間を超えると 1 時間当たり 0 単位になる。労働投入量 L と労働の限界生産性のこのような関係を表す曲線を労働の**限界生産性曲線**と呼ぶ。図 4.1 (a) の生産曲線より導出した労働の限界生産性曲線は，図 4.1 (b) の破線で描かれた *MP* になる。

　図 4.2 (a) の生産曲線の場合，労働量 L_0 での労働の限界生産性は，生産曲線上の点 A での接線の勾配 *MP* に等しい。また，労働量 L_2 での労働の限界

---

[1]　［用語注］(♠) すなわち，生産曲線の導関数，あるいは，偏導関数が限界生産性になる。数量の分割可能性と限界の概念については，ノート 3.2 (p. 48)，及び，用語注 5 (p. 53) を参照。

生産性は，左図 (a) の点 B での接線の勾配になる。それら二つの接線が平行なため，労働量 L_0 と L_2 での労働の限界生産性は一致する。労働の限界生産性は，労働量が増加するにつれ，労働量 L_1 までは上昇する**限界生産性逓増**を示し，労働量 L_1 以後は下落する**限界生産性逓減**を示す[2]。労働量と労働の限界生産性のこのような関係が，図 4.2 (b) の太曲線 MP で描かれている。

　図 4.2 (a) の生産曲線の場合，労働の平均生産性は，労働量 L が L_0 のとき y_0/L_0，そして，L_2 までは労働量の増加とともに上がる。L_2 から更に労働量 L を増加させれば，労働の平均生産性は下がる。労働量と労働の平均生産性のこのような関係が，図 4.2 (b) の細曲線 AP で示されている。右図 (b) の点 A が点 A′ より上に位置するのは，労働量が L_0 のときに $MP > y_0/L_0$ であるからである。

ファクト 4.2 平均生産性と限界生産性は，次の投入量で等しい。

(1) ゼロ (但し，投入量が 0 のときに生産量が 0 になる場合)

(2) 平均生産性が最大となる投入量

　労働量がゼロのときの平均生産性 $AP(0)$ は，生産曲線が原点から出発していることを想起すれば，

$$AP(0) = \lim_{L \to 0} \frac{y}{L} = \lim_{L \to 0} \frac{y - 0}{L - 0} = MP(0) \tag{4.1}$$

となって，労働量がゼロのときの限界生産性 $MP(0)$ に等しくなる。また，原点からの直線の勾配が生産曲線上，最も高いとき，平均生産性が最大となる。それは，原点からの直線が生産曲線に接するとき (図 4.2 でいえば，労働量が L_2 のとき) であり，生産曲線への接線の勾配が限界生産性であることより，ファクト 4.2 (2) が従う。

4.1.2　等量曲線

　所与の技術の下で生産可能な生産計画を投入量・生産量平面で見たが，今度は，二つの生産要素に着目して調査してみよう。

　例 4.1 のカレー専門店において，ライスの目標生産量が 5 単位であったとしよう。二つの品種のお米は**完全代替**であるため，図 4.3 (a) の横軸 5 と縦軸

---

[2]　[数学注] 高校数学で習った用語を使えば，L_1 での生産曲線上の点は，**変曲点**になる。

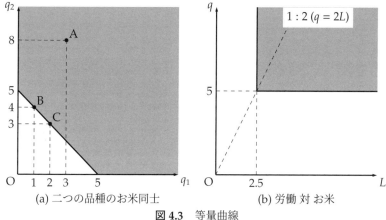

図 4.3 等量曲線

5 を結んだ直線の右上方領域であれば，目標生産量の 5 単位を生産可能である。例えば，点 A は，2 品種のお米の総量が 11 単位であるから，5 単位のライスを生産可能である。また，$q = q_1 + q_2$ としたとき，お米と労働が**完全補完**なため，図 4.3 (b) の 1 対 2 の破線上で L 字の角がくる L 字の右上方領域の投入量の組 (L, q) は，すべて，5 単位のライスを生産可能である。

　ある生産量を産出する投入量の組の集合を**等産出量曲線**，あるいは単に**等量曲線** (isoquant) と呼ぶ。図 4.3 左図 (a) の横軸 5 と縦軸 5 を結んだ直線や右図 (b) の L 字形のグラフは，いずれも $y = 5$ の等量曲線である。

　等量曲線上では，二つの要素間の技術上の代替率を計算することができる。図 4.3 (a) の点 B において，5 単位の生産量を実現するために，品種 1 のお米を 1 単位増加させたとき，品種 2 のお米を最大で 1 単位減少させることができる。一般に，ある生産要素の 1 単位増に対する他の生産要素の最大可能代替量の比率を**技術的限界代替率** (Marginal Rate of Technical Substitution, *MRTS*) と呼ぶ。図 4.3 (a) の場合，技術的限界代替率は，1 杯/1 杯 に等しい。

　横軸に労働投入量 L，縦軸に資本の利用量 K を測った図 4.4 (次頁) の左図 (a) には，完全代替と完全補完の中間の技術をもつ企業の等量曲線が描かれている。技術的限界代替率は，点 A 点 B 間で 2/1，点 B 点 C 間で 1/1，点 C 点 D 間で 0.5/1 と逓減する。図 4.4 の右図 (b) は，左図 (a) の等量曲線を「滑ら

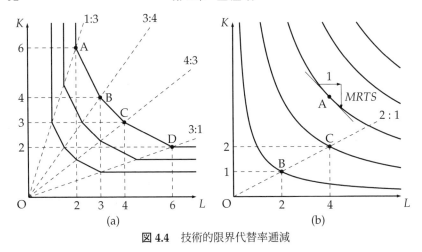

図 4.4　技術的限界代替率逓減

か」にした技術をもつ企業の等量曲線群である。「滑らか」な場合には，数量の分割可能性より，等量曲線上の点での接線の勾配にマイナス 1 を乗じた大きさを技術的限界代替率として計算する。例えば，右図 (b) 点 A での技術的限界代替率は，*MRTS* と示された大きさになる。労働投入量を増加させると技術的限界代替率が下がる**技術的限界代替率逓減**が成り立っている。

4.1.3　規模に関する収穫

すべての生産計画において，すべての生産要素の数量を t 倍したときに，生産量が元の t 倍未満になるとき，技術は**規模に関する収穫逓減**，ちょうど t 倍になるとき**規模に関する収穫一定**，あるいは**規模に関する収穫不変**，そして，t 倍より大きくなるとき**規模に関する収穫逓増**を示すという。

図 4.4 (b) の点 B を考えよう。点 B では $(L, K) = (2, 1)$ となっている。そのときの生産量が y_0 であったとする。ここで，すべての生産要素の数量を 2 倍にすれば，点 B から点 C に直線的に移動する。点 C での生産量が $2y_0$ より小さいとき規模に関して収穫逓減，$2y_0$ より大きいとき規模に関して収穫逓増，$2y_0$ に等しいとき規模に関して収穫一定になる[3]。

---

[3]　［数学］規模に関する収穫を (L, K) 平面にて眺めたが，(L, K, y) の 3 次元空間で見ることもできる。規模に関する収穫一定のケースから図示してみると良いであろう。数学的には**錐 (cone)** になる。

4.1.4　生産関数 (♣)

投入量の組と生産量の技術的関係を**生産関数** (production function) と呼ぶ。例えば，二つの生産要素，労働と資本を投入する企業の生産関数は，労働投入量 L と資本利用量 K の組 (L, K) を与えると，生産量 y が得られる関数 f となる。

$$y = f(L, K) \tag{4.2}$$

次は，生産関数 (4.2) の例である。

線形 (完全代替)

$$y = \alpha L + \beta K \quad (\alpha > 0,\ \beta > 0) \tag{4.3}$$

レオンチェフ型 (完全補完)

$$y = \min\{a_L L, a_K K\} \quad (a_L > 0,\ a_K > 0) \tag{4.4}$$

コブ・ダグラス型

$$y = A L^\alpha K^\beta \quad (\alpha > 0,\ \beta > 0,\ A > 0) \tag{4.5}$$

CES 型

$$y = (\alpha L^\rho + \beta K^\rho)^{1/\rho} \quad (\alpha > 0,\ \beta > 0) \tag{4.6}$$

これらの生産関数の間には，次の関係が成り立つ (cf. 定理 3.9, p. 58)。

定理 4.3 CES 型生産関数は，(1) $\rho = 1$ のとき線形 (4.3) 式，(2) $\alpha = a_L^\rho$, $\beta = a_K^\rho$, $\rho \to -\infty$ としたときにレオンチェフ型 (4.4) 式，(3) $\rho \to 0$ としたときに $A = 1$, $\alpha + \beta = 1$ のコブ・ダグラス型 (4.5) 式になる。

これまで学んできた生産曲線，限界生産性，平均生産性，等量曲線，技術的限界代替率，規模に関する収穫といった技術上の指標，特性は，すべて，生産関数から計算することができる。生産曲線は，生産関数の (L, y) 平面，あるいは (K, y) 平面のグラフであり，したがって，労働の限界生産性 MP_L は L についての生産関数 f の偏導関数 f_L $(= \partial y/\partial L)$，資本の限界生産性 MP_K は K についての f の偏導関数 f_K $(= \partial y/\partial K)$ である。

また，等量曲線は，生産関数を K について解いた関数のグラフである。この結果，限界生産性と技術的限界代替率の間には，次が成り立つ (証明は，ファクト 3.10, p. 59 と同じである)。

ファクト 4.4 労働 1 単位増に対する資本の技術的限界代替率と各要素の限界生産性の間には，次の関係が成り立つ。

$$MRTS = \frac{MP_L}{MP_K} \tag{4.7}$$

　具体的な生産関数から限界生産性や平均生産性，技術的限界代替率を計算してみよう。

> **例 4.5：コブ・ダグラス型生産関数の特徴**　労働の平均生産性 AP_L と資本の平均生産性 AP_K は，
>
> $$AP_L = AL^{\alpha-1}K^\beta \quad \& \quad AP_K = AL^\alpha K^{\beta-1} \tag{4.8}$$
>
> 労働の限界生産性 MP_L と資本の限界生産性 MP_K は，
>
> $$MP_L = \alpha AL^{\alpha-1}K^\beta = \alpha AP_L \quad \& \quad MP_K = \beta AL^\alpha K^{\beta-1} = \beta AP_K \tag{4.9}$$
>
> 労働 1 単位増に対する資本の技術的限界代替率 $MRTS$ は，
>
> $$MRTS = \frac{\alpha K}{\beta L} \tag{4.10}$$
>
> 規模に関する収穫は，$\alpha+\beta < 1$ のとき逓減，$\alpha+\beta = 1$ のとき一定，$\alpha+\beta > 1$ のとき逓増になる。

　生産関数 (4.3) 式から (4.6) 式のすべてが，同次関数である [4]。同次関数，及び，規模に関する収穫の定義より，次が成り立つ [5]。

ファクト 4.6 生産関数が k 次同次関数であれば，規模に関する収穫は，$k < 1$ のとき逓減，$k = 1$ のとき一定，$k > 1$ のとき逓増になる。

　コブ・ダグラス型生産関数は，$(\alpha + \beta)$ 次同次関数であることを，直接，示すことができる。したがって，ファクト 4.6 より，例 4.5 の結果を得ることもできる。

---

[4]　［数学注］**k 次同次関数**　一般に，任意の実数 t に対し，次が成り立つとき，関数 $y = f(x_1, x_2, x_3, \ldots, x_\ell)$ は k 次同次関数であるという。

$$f(tx_1, tx_2, tx_3, \ldots, tx_\ell) = t^k f(x_1, x_2, x_3, \ldots, x_\ell) \tag{fn.4}$$

[5]　［発展］ファクト 4.6 の逆が成り立つ。すなわち，規模に関する収穫が成り立つとき，生産関数は同次関数である。練習問題 4.14 参照。

収入	1,980
支出	
人件費	1,188
材料，その他	594
利潤	198
(a) 会計上の収支	

収入	1,980
会計上の費用	
人件費	1,188
材料，その他	594
機会費用	
店舗の賃貸	240
利潤	−42
(b) 経済学上の収支	

表 4.1　会計上の費用と経済学上の費用 (単位：万円)

4.2 費用

　生産性が高い生産計画では，単位当たりコストが低いと予想できる。更に，単位当たりコストが低い企業ほど，市場での供給活動は，より活発であると予測できる。ここでは，そのような予測を裏付ける第一歩として，技術と費用の関係について分析しよう。

4.2.1 機会費用

　経済学における費用は，会計上の費用とは異なる。費用の概念を知らずして，技術と費用の関係を調べることはできない。そこで，費用の概念を確認するところから始めよう。

> **例 4.7**　カレー専門店 (例 4.1) は，5 年前に経営者が 1,500 万円を出資して株式会社を設立したところから始まる。会社の資金 800 万円を用いて自宅の一部を改装して店舗とした。表 4.1 (a) が，昨年度の会計上の収支である。

　会社の利潤は，会社の資産を蓄積させる。そして，株主は，会社が清算されるとき，会社の純資産 (資産から負債を控除した大きさ) への請求権をもっている (**残余財産分配請求権**)。この例の場合，経営者の出資額 1,500 万円に対し，年間 198 万円の利潤を生み出している。会社の事業は，成功に見える [6]。

---

[6]　［参考］会社の純資産が，この 5 年間で，当初の出資額の 1.2 倍に成長していたとしよう。このとき，ROE は 11%になる。**ROE (自己資本利益率**, Return on Equity) とは，税引前当期利益 ÷ 純資産のことである。ちなみに，この例の場合，**売上高営業利益率**も 10%と，決して低い数値ではない。

しかしながら，本当に，そうなのであろうか。

　このことを確認するために，店舗の利用法を考えてみよう。店舗をカレー専門店の営業に使わずに，他人に賃貸したら，どうであろうか。経営者が賃貸市場を調査したところ，この店舗は年間 240 万円で賃貸可能であるという。

　一般に，ある選択をしなければ得られたであろう金銭の最大値をその選択の**機会費用** (opportunity cost) という。カレー専門店の場合，店舗をカレー専門店の営業に利用すると，240 万円の機会費用が発生することになる。したがって，機会費用を考慮すると，経済学上の収支は表 4.1 (b) になる。利潤は，42 万円の赤字となり，会社としては，カレー専門店事業ではなく，店舗の賃貸事業を実施すべきと判断できる [7),8)]。

　経済学における**費用**は，機会費用を考慮したときの金額であり，経済学における**利潤**は，収入から機会費用を含めた費用総額を控除した大きさになる。経済学上の利潤がゼロとなる会計上の利潤の大きさを**正常利潤** (normal profit) という。企業が正常利潤を稼ぐとき，企業の資本ストックを他の機会に投入したのと同じ金額の利潤を稼いでいることになる [9)]。

　ここで，店舗の賃貸についてであるが，もしかしたら，カレー専門店の操業を中止しても，直ぐさま賃貸市場に供給できるわけではないかもしれない。一般に，取り戻すことができない費用を**埋没費用**，あるいは**サンク・コスト** (sunk cost) と呼ぶ。

[7)]　［発展］カレー専門店の事業は，機会費用を考えると，5 年前の店舗への改装それ自体が一つの事業であったことが理解できる。すなわち，改装費 800 万円の投資は，店舗を賃貸したときの収入を考慮して判断されなければならない事業である。1 年目の年間賃貸料収入が R_1 万円のとき，1 年後の R_1 万円を担保に 1 年後に元利合計 R_1 万円を返済することを前提に利子率 100 i ％で現金を借り入れれば，現在 $R_1/(1+i)$ 万円の借入が可能である。$R_1/(1+i)$ 万円は，1 年目の賃貸料収入 R_1 万円の**割引現在価値** (discounted present value)，$1/(1+i)$ を**割引因子** (discount factor) と呼ぶ。2 年目の賃貸料収入 R_2 万円を担保に現金を借り入れる場合には，2 年後に元利合計 R_2 万円を返済するときには，現在，$R_2/(1+i)^2$ 万円を借り入れることができる。このようにして，店舗を，毎年，賃貸に供すれば，賃貸料収入の割引現在価値の合計

$$V = \frac{R_1}{1+i} + \frac{R_2}{(1+i)^2} + \frac{R_3}{(1+i)^3} + \frac{R_4}{(1+i)^4} + \cdots \tag{fn.7}$$

万円の現金を，現在，持ち合わせることに等しい。$V \geqq 800$ であれば，800 万円の投資 (店舗への改装) は $(V-800)$ 万円の利益を，現在，稼得することに等しい。店舗への改装は，このように，$V \geqq 800$ であるときに行うべき事業になる。

[8)]　［発展］経営者は，経営者が所有する自宅部分を会社に提供している。これを会社に現物出資するか，それとも会社に賃貸するか，はたまた会社に売却するかの選択がある。読者なら，いずれを選択するか，考察してみよう。

[9)]　［発展］個人事業主，例えば，自営農家の場合，自らの農業に自らの労働を投入すると，機会費用が発生する。練習問題 4.2 & 4.3 参照。

4.2.2 費用曲線

費用の概念を理解したところで，本節の論題である技術と費用の関係について考察しよう。

次の三つのステップによって，技術の構造を費用の構造に反映させることができる。

STEP 1：目標生産量を定め，その目標生産量を技術的に達成可能な，生産要素の数量の組を，すべて，探し出す。

STEP 2：それらの組の中で，費用総額が最小となる組を探し出す。

STEP 3：その組での費用総額を計算する。

STEP 3 で求めた費用総額，すなわち，費用最小化となる投入量の組での費用総額を**総費用** (Total Cost, TC) と呼ぶ。これら三つのステップによって，STEP 1 の目標生産量 対 総費用 の間の関係を得ることができる。そのグラフを**総費用曲線**と呼ぶ。

可変的生産要素が一つの場合

一般に，分析対象の企業が数量を選択可能な生産要素を**可変的** (variable)，選択不可能な生産要素を**固定的** (fixed) と呼ぶ。可変的生産要素と固定的生産要素が共存する時間の長さをその企業にとって**短期** (short-run) と呼ぶ。

例えば，労働と資本の二つの生産要素を使用する企業を想定しよう。資本の利用可能量が K_0 で所与となっており，労働量のみを調整して生産計画を決めるのであれば，短期では，労働が可変的，資本が固定的生産要素になる。

資本のレンタル・コストを資本1単位当たり r 円とすれば，rK_0 円は生産量が正である限り，生産量と無関係にかかる**固定費用** (Fixed Cost, FC) になる。

$$FC = rK_0 \tag{4.11}$$

また，資本の賃貸市場が存在しても，資本を直ぐさま賃貸できないのであれば，操業中止，すなわち，生産量がゼロでも，rK_0 円の費用がかかる。ここでは，短期では，生産量がゼロでも rK_0 円の埋没費用がかかるとして分析してみることにしよう。

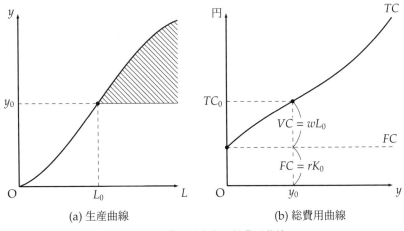

(a) 生産曲線　　　　　　　　　(b) 総費用曲線

図 4.5　費用最小化と総費用曲線

$\textsc{Step}\,1$：固定費用 rK_0 円を最小化することはできないが，可変的生産要素
であれば，費用最小化の対象にできる。資本利用量が K_0 のとき，労働投入量
L と生産量 y の技術的関係が図 4.5 (a) の生産曲線であったとする。目標生産
量を y_0 としたとき，それを技術的に達成できる生産計画は，図 4.5 (a) の斜
線領域になる。y_0 の達成には，最低限，L_0 の労働投入量が必要である。

$\textsc{Step}\,2$：賃金を労働 1 単位当たり w 円としたとき，費用 wL 円を $L \geqq L_0$ の
下で最小化すれば，$L = L_0$ を得る。

$\textsc{Step}\,3$：総費用 TC は，$TC_0 = wL_0 + rK_0$ になる。

目標生産量が変われば，費用最小化となる労働投入量は，生産曲線に沿っ
て変化し，この結果，生産量 y に応じて最小費用が変化する。このように，総
費用の内，生産量に応じて変化する部分を**可変費用** (Variable Cost, VC) と呼
ぶ。目標生産量が y_0 のとき，可変費用は，図 4.5 (b) の $VC = wL_0$ 円になる。

目標生産量の各値に対し，総費用 TC は，定義によって，可変費用 VC と
固定費用 FC の和に等しい。

$$TC = VC + FC \tag{4.12}$$

図 4.5 右図 (b) には，左図 (a) の生産曲線に対応する総費用曲線が描かれてい
る。目標生産量が y_0 のときの総費用は，図 4.5 (b) の TC_0 円になる。

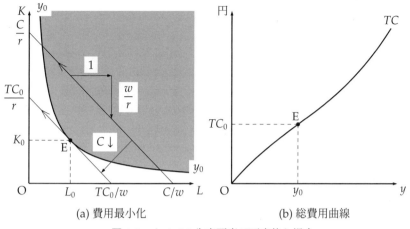

(a) 費用最小化　　　　　　　　(b) 総費用曲線

図 4.6　すべての生産要素が可変的な場合

すべての生産要素が可変的な場合

　今度は，すべての生産要素が可変的な場合を想定しよう。このようにすべての生産要素が可変的になる時間の長さ，期間を**長期** (long-run) と呼ぶ。長期では，定義によって，固定費用はゼロ円になる。長期でも，97 頁の三つのステップを経て，目標生産量 対 総費用の関係である総費用曲線を導出する。

　STEP 1：目標生産量が図 4.6 右図 (b) の y_0 であったとする。生産量 y が y_0 のときの等量曲線が左図 (a) の曲線 $y_0 y_0$ であり，そして，y_0 を生産可能な投入量の組 (L, K) が等量曲線 $y_0 y_0$ と，その右上方領域になっている。

　STEP 2：そのような生産可能な組 (L, K) の集合内で費用総額

$$C = wL + rK \tag{4.13}$$

を最小化する投入量の組を探す。同一の費用総額を与える投入量の組の全体を**等費用線**と呼ぶ。図 4.6 (a) の縦軸 C/r，横軸 C/w を結ぶ直線は，費用総額が C の等費用線になる。等費用線は，費用総額 C の大きさが小さいほど，原点に近くなる。したがって，STEP 1 で求めた生産可能な投入量の組 (L, K) の集合内で費用総額 (4.13) を最小化する投入量の組は，等費用線が STEP 1 で求めた等量曲線 $y_0 y_0$ に接する左図 (a) の点 E になる。

　点 E では，等量曲線への接線の勾配が等費用線の勾配に等しい。

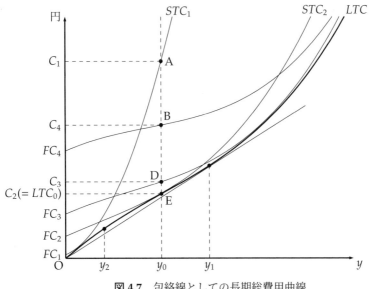

図 4.7 包絡線としての長期総費用曲線

ファクト 4.8 (費用最小化の 1 階条件) 目標生産量の下で費用最小化すれば，次の条件が成り立つ。

$$MRTS = \frac{w}{r} \tag{4.14}$$

Step 3：最後に，求めた費用最小化の組 (L_0, K_0) での費用総額を計算する。その値は $TC_0 = wL_0 + rK_0$ となり，目標生産量 y_0 に対し総費用 TC_0 が対応して，図 4.6 (b) の点 E が求まる。

　このようにして，目標生産量の各値に対し，費用最小化となる投入量の組での費用総額が求まり，一つの曲線となって現れる。それが総費用曲線である。

短期費用曲線と長期費用曲線の関係：包絡線

　すべての生産要素が可変的なとき，図 4.5 右図 (b) の短期総費用曲線を使って，図 4.6 右図 (b) の長期総費用曲線を求めることができる。

　図 4.7 には，資本の利用可能量の中から $K_1 < K_2 < K_3 < K_4$ の四つの大きさを取り出したときの短期総費用曲線 (細線) が描かれている。短期総費用曲線は，資本の利用可能量が K_1 のときは，固定費用 $FC_1 \, (= rK_1)$ から点 A を通

る曲線 STC_1, K_2 のときは固定費用 FC_2 から点 E を通る曲線 STC_2, K_3 のときは固定費用 FC_3 から点 D を通る曲線, そして, K_4 のときは固定費用 FC_4 から点 B を通る曲線になっている。資本の大きさが増加すれば固定費用が増すため, 短期総費用曲線の縦軸の切片は上がるが, より大きな生産量に対して労働の平均生産性が上がるため, 大きな生産量では費用効率が改善する。

さて, 長期の目標生産量が y_0 のとき, K_1, K_2, K_3, K_4 のいずれで費用最小化となるであろうか。K_1 での費用総額は C_1, K_2 では C_2, K_3 では C_3, K_4 では C_4 になるので, K_2 で費用最小化となる。

このようにして, 目標生産量が y_0 のときに, 長期での総費用 LTC_0 は C_2 になる。K の各値について短期総費用曲線を求めると (y, TC) 平面のある領域が埋まり, その領域の境界が長期総費用曲線 LTC (図 4.7 の太線) になる。一般に, 曲線群によって埋まった領域の境界線を**包絡線**と呼ぶ。長期総費用曲線は, 短期総費用曲線の包絡線なのである。

4.2.3 単位当たり費用

技術と費用の関係は, 生産曲線や等量曲線と総費用曲線の間の関係だけでなく, 生産性と単位当たり費用の間にも見いだせる。

平均総費用, 平均可変費用, 平均固定費用

生産量 1 単位当たり総費用 (TC/y) を**平均総費用** (Average Total Cost, ATC), 生産量 1 単位当たり可変費用 (VC/y) を**平均可変費用** (Average Variable Cost, AVC), 生産量 1 単位当たり固定費用 (FC/y) を**平均固定費用** (Average Fixed Cost, AFC) と呼ぶ。

総費用, 可変費用, 固定費用の関係 (4.12) 式より, 次が成り立つ。

$$ATC = AVC + AFC \tag{4.15}$$

この結果, 生産量と平均総費用の関係を示す**平均総費用曲線**は, 生産量と平均可変費用の関係を示す**平均可変費用曲線**より平均固定費用分, 生産量・単位当たり費用平面において上側に位置する。このことを見るために, 図 4.8 (a) の総費用曲線 TC から平均総費用曲線と平均可変費用曲線を導いてみよう。

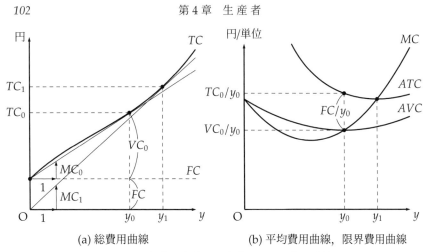

(a) 総費用曲線　　　　　　　(b) 平均費用曲線, 限界費用曲線

図 4.8　総費用曲線と平均費用, 限界費用曲線

　生産量 y が y_0 のとき, 総費用は TC_0, 可変費用は VC_0 になっている。図 4.8 (b) の平均総費用曲線 ATC は, 生産量が y_0 のときに TC_0/y_0 の大きさになり, 平均可変費用曲線 AVC の値は VC_0/y_0 になる。両者の差が生産量 y_0 のときの平均固定費用 FC/y_0 に等しい。

限界費用

　2 章 (p. 23) では, 平均費用とは異なる単位当たり費用の概念として, 生産量 1 単位増に対する総費用の増分率である**限界費用** (Marginal Cost, MC) を見た。総費用の変化は可変費用の変化と同じであるから, 限界費用は生産量 1 単位増に対する可変費用の増分率に等しい。なお, 生産量 対 限界費用の関係を示すグラフを**限界費用曲線**と呼ぶのであった。

　図 4.8 左図 (a) の総費用曲線 TC のように「滑らか」な総費用曲線の場合, 数量の分割可能性より, 限界費用は総費用曲線への接線の勾配になる。例えば, 生産量が y_0 のときの限界費用は MC_0, y_1 のときは MC_1 になる。

ファクト 4.9　次が成り立つ。

(1) 平均可変費用が最小となる生産量で, 限界費用と平均可変費用は等しい。

(2) 平均総費用が最小となる生産量で, 限界費用と平均総費用は等しい。

(3) 生産量がゼロのとき，限界費用と平均可変費用は等しい。

(4) 生産要素 f の市場価格を w_f，生産要素 f の限界生産性を MP_f とすれば，各生産要素 f について，

$$MC = \frac{w_f}{MP_f} \tag{4.16}$$

　ファクト 4.9 (1) については，図 4.8 左図 (a) において，平均可変費用 VC/y が最小となる生産量は y_0 であり，このとき $MC_0 = VC_0/y_0$ が成り立つことより確認できる。また，ファクト 4.9 (2) については，平均総費用 TC/y が最小となる生産量は y_1 であり，このとき $MC_1 = TC_1/y_1$ が成り立っている。右図 (b) では，平均可変費用曲線 AVC と限界費用曲線 MC が y_0 で交わり，平均総費用曲線 ATC と限界費用曲線 MC が y_1 で交わっている。

　ファクト 4.9 (3) については，次のように示すことができる。生産量が y のときの可変費用を $VC(y)$，生産量がゼロのときの平均可変費用を $AVC(0)$，限界費用を $MC(0)$ とすれば，$VC(0) = 0$ であることに注意すると，

$$AVC(0) = \lim_{y \to 0} \frac{VC(y)}{y} = \lim_{y \to 0} \frac{VC(y) - VC(0)}{y - 0} = MC(0) \tag{4.17}$$

　ファクト 4.9 (4) の一般的な証明については，4.3 節で与えることとし，ここでは，可変的生産要素が労働のみの場合について証明する。図 4.5 左図 (a) の生産曲線を，横軸，縦軸を反転させ，縦軸の値に賃金をかけたグラフが VC のグラフになる。それを FC 分上方にシフトさせることで，図 4.5 右図 (b) の総費用曲線を得る。この結果，ファクト 4.9 (4) が成り立つ。

単位当たり費用：短期と長期

　長期総費用曲線 (長期では総費用と可変費用が一致するため，単に**長期費用曲線**と呼ぶことにしよう) は，短期総費用曲線群の包絡線であるため，平均総費用と限界費用については，短期と長期の間で，次の関係が成り立つ。

ファクト 4.10 各生産量に対し，長期総費用を与える短期総費用曲線から計算された短期平均総費用と短期限界費用を考えると，その生産量では，

(1) 短期平均総費用と長期平均総費用が一致し，かつ，

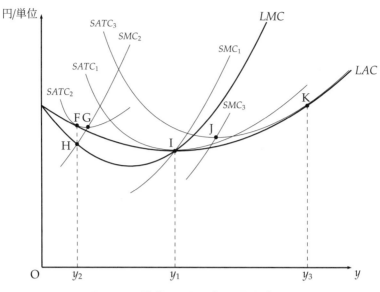

図 4.9　平均費用と限界費用：短期 対 長期

(2) 短期限界費用と長期限界費用が一致する。

更に，すべての生産量において，

(3) 短期平均総費用は，長期平均総費用を下回ることはない。

　これらのことを理解するために，図 4.7 (p. 100) の長期費用曲線 LTC を考えよう。ある生産量，例えば，y_2 をとれば，y_2 で長期費用曲線 LTC に接する短期総費用曲線が存在する (図 4.7 には描かれていないので，読者自ら記入せよ)。その短期総費用曲線は，長期費用曲線 LTC に接するのであるから，ファクト 4.10 (1) と (2) が成り立つ。また，その短期総費用曲線は，長期費用曲線 LTC の下側に位置することはないので，ファクト 4.10 (3) が成り立つ[10]。

　図 4.9 は，短期と長期，各々の平均総費用曲線と限界費用曲線を示している。先ず，長期平均総費用曲線 (長期では，平均総費用と平均可変費用が一致するため，単に**長期平均費用曲線**と呼ぼう) が太曲線 LAC，長期限界費用曲

---

[10]　［数学注］(♣) 長期総費用曲線は，短期総費用曲線の包絡線であった。短期総費用曲線を $STC = C(y, K)$ としよう。このとき，$\min_K C(y, K)$ の解 $K = \hat{k}(y)$ が資本の条件付き要素需要関数 (後出)，そして，価値関数が長期総費用曲線 LTC である。包絡線定理 (数学注 23, p. 66) は，限界費用が長期と短期で一致することを意味する。

線が太曲線 *LMC* で描かれている。生産量 y_1 は, 図 4.7 の y_1 なので, ファクト 4.9 (2) の通り, 曲線 *LMC* と *LAC* が交差する。

さて, 図 4.7 の生産量 y_2 を考えよう。生産量 y_2 で図 4.7 の長期費用曲線 *LTC* に接する短期総費用曲線から計算した短期平均総費用曲線は, 図 4.9 の点 F と点 G を通る曲線 $SATC_2$, 短期限界費用曲線は点 H と点 G を通る曲線 SMC_2 になる。ファクト 4.10 (3) は, 曲線 $SATC_2$ が曲線 *LAC* の下方に位置しないこと, そして, ファクト 4.10 (1) は, 生産量 y_2 で, 曲線 *LAC* と曲線 $SATC_2$ が同じ高さになることを意味する。この結果, 生産量 y_2 で曲線 $SATC_2$ が曲線 *LAC* に接することになる。その接点が点 F である。

ファクト 4.10 (2) は, 生産量 y_2 で, 曲線 *LMC* と SMC_2 が同じ高さになることを意味している。それが点 H である。点 G は曲線 $SATC_2$ の最小点であるから, ファクト 4.9 (2) の通り, 曲線 $SATC_2$ と曲線 SMC_2 が交差する。

4.3 費用関数と条件付き要素需要関数 (♣♣)

ここで, 総費用曲線の求め方を定式化してみよう。

総費用曲線を求める三つのステップ (p. 97) は, 次に示す一つの最小化問題として定式化できる。労働と資本を利用している企業の生産関数 (4.2) 式 (p. 93) があったとき, 目標生産量 y に対する総費用 *TC* の値は, 次の**費用最小化**問題の価値関数 (数学注 23, p. 66) の値になる。

$$(C) \quad \begin{cases} \min_{L,K} & C = wL + rK \\ \text{subject to} & f(L, K) \geqq y \end{cases}$$

費用最小化問題 (C) の価値関数

$$TC = \mathsf{C}(y, w, r) \tag{4.18}$$

を**費用関数** (cost function), パラメータの組 (y, w, r) に対して費用最小化問題 (C) の解での生産要素の数量を与える関数

$$L = \hat{l}(y, w, r) \quad \& \quad K = \hat{k}(y, w, r) \tag{4.19}$$

を**条件付き要素需要関数**と呼ぶ[11]。費用最小化問題 (C) の解は「目標生産量

---

[11] ［用語注］費用最小化問題 (C) は, 消費者の理論 (3 章) 3.6 節で見た支出最小化問題 (H) と形式的には同じである。したがって, 消費者の理論における補償需要関数が生産者の理論での条件付き要素需要関数, 支出関数が費用関数に対応する。

が y のとき」の要素需要量を与えるため「条件付き」と呼ぶ。費用関数 (4.18)
の (y, TC) 平面のグラフが (長期) 費用曲線になる。したがって，限界費用 MC
は，生産量についての費用関数の増分率 (偏導関数) である。

$$MC = \frac{\partial TC}{\partial y} \qquad (4.20)$$

ファクト 4.4 (p. 94) とファクト 4.8 (p. 100) より，次が成り立つ。

ファクト 4.11 (費用最小化の 1 階条件) 労働の限界生産性を MP_L，資本の限
界生産性を MP_K とすれば，費用最小化問題 (C) の解では，

$$\frac{MP_L}{MP_K} = \frac{w}{r} \qquad (4.21)$$

■ **ラグランジュ未定乗数法による解法**　費用最小化問題 (C) のラグランジュ関数

$$\mathscr{L} = wL + rK + \mu\{y - f(L, K)\} \qquad (4.22)$$

を作成し，L と K で最小化，ラグランジュ乗数 μ で最大化すれば，次の条件を得る。

$$w - \mu f_L = 0 \qquad (4.23a)$$
$$r - \mu f_K = 0 \qquad (4.23b)$$
$$y - f(L, K) = 0 \qquad (4.23c)$$

ここで，$f_L = \partial y/\partial L$, $f_K = \partial y/\partial K$ である (cf. p. 93)。一つ目 (4.23a) 式と二つ目 (4.23b)
式より，費用最小化の 1 階条件 (4.21) 式を得る。更に，包絡線定理 (数学注 23, p. 66)
より，

$$MC = \mu \qquad (4.24)$$

したがって，

$$MC = \frac{w}{MP_L} = \frac{r}{MP_K} \qquad (4.25)$$

となって，ファクト 4.9 (4) を得る。

例 4.13：費用関数の例

・生産関数が線形 (4.3) の場合

$$TC = \min\left\{\frac{w}{\alpha}, \frac{r}{\beta}\right\} y \qquad (4.26)$$

・生産関数がレオンチェフ型 (4.4) の場合

$$TC = \left(\frac{w}{a_L} + \frac{r}{a_K}\right) y \qquad (4.27)$$

・生産関数がコブ・ダグラス型 (4.5) の場合

$$TC = (\alpha + \beta) \left\{ \left(\frac{w}{\alpha}\right)^\alpha \left(\frac{r}{\beta}\right)^\beta \frac{y}{A} \right\}^{1/(\alpha+\beta)} \tag{4.28}$$

消費者の理論 (p. 79) と同様，シェファードのレンマが成り立つ。

ファクト 4.14 (シェファードのレンマ)

$$\frac{\partial TC}{\partial w} = L \quad \& \quad \frac{\partial TC}{\partial r} = K \tag{4.29}$$

シェファードのレンマより，費用関数から条件付き要素需要関数を求めることができる。例えば，生産関数がコブ・ダグラス型の場合，条件付き労働需要関数は，費用関数 (4.28) より，次になる。

$$L = \hat{l}(y, w, r) = \frac{\partial TC}{\partial w} = \left\{ \left(\frac{\alpha r}{\beta w}\right)^\beta \frac{y}{A} \right\}^{1/(\alpha+\beta)} \tag{4.30}$$

4.4 利潤最大化と供給曲線

費用の構造は，費用最小化の下では，技術の構造と表裏一体である。限界生産性が改善すれば，限界費用は低下するし，その逆も成り立つ (ファクト 4.9, p. 102)。特に，可変的生産要素が労働のみであれば，目標生産量に対して費用最小化となる労働量は生産曲線上の労働量 L になるので，$VC = wL$，よって $AVC = w/AP$ となって，平均可変費用と平均生産性も又，反比例する。生産性が高いほど，単位当たり費用は低い。このことから，最適な生産水準は，生産性が最も高いところであると結論付けたいところであるが，所与の技術の下では，利潤追求と生産性の追求は，同値ではない。本節では，利潤を最大化する生産計画を求め，生産物の供給曲線を導出し，供給曲線が技術，したがって，費用構造とどのように関係するのかを明らかにする。

4.4.1 利潤最大化の 1 階条件

利潤を最大化する生産計画を**最適生産計画**と呼ぶことにしよう。生産者の**主体的均衡**は，最適生産計画を選んでいるときになる。しかし，生産可能な

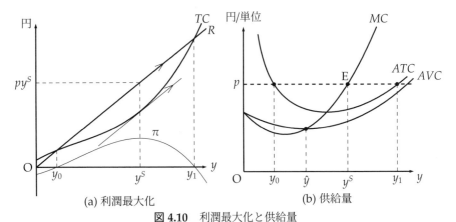

図 **4.10**　利潤最大化と供給量

生産計画のみ選択可能なため，無尽蔵に利潤追求することはできない。

　生産物の市場価格を 1 単位 p 円としたとき，生産者が生産量 y 単位を市場で供給するときの**収入** (revenue) は py 円に等しい。生産物の市場が競争的であれば，市場価格 p 円よりも高く売却することができない。また，市場価格 p 円で売却できるのであれば，p 円よりも低い値段で売却するのは得策ではない。したがって，生産物市場が競争的であれば，生産者の収入

$$R = py \tag{4.31}$$

は，生産量 y に比例的に増加することになる。このことを示したのが図 4.10 (a) の直線 R である。収入 R は生産量がゼロであればゼロになるので原点から出発し，生産量の 1 単位増に対し市場価格 p 分増加する直線である。

　利潤は，収入から費用を差し引いた金額である。利潤を π で示せば，

$$\pi = R - TC \tag{4.32}$$

図 4.10 (a) には，収入 R と総費用 TC の差額である利潤 π のグラフが描かれている。利潤が最大となる生産量 y^S では，収入の線と総費用曲線への接線が平行になるため，次の結果を得る。

ファクト 4.15 (利潤最大化の 1 階条件) 競争市場で生産物を供給する生産者が，自らの利潤を最大化するとき，その生産量では，

$$p = MC \tag{4.33}$$

　このことを生産量・単位当たり費用平面で見てみよう。図 4.10 右図 (b) には左図 (a) の総費用曲線 TC から計算した平均総費用曲線 ATC，平均可変費用曲線 AVC，そして限界費用曲線 MC が描かれている。市場価格 p と平均総費用が一致する生産量 y_0 と y_1 では，利潤がゼロになる。このことは，左図 (a) の利潤のグラフ π とも対応している。利潤が最大になる生産量は，市場価格 p と限界費用 MC が一致する点 E での生産量 y^S になる。この結果，市場価格が p のときの生産物の供給量 y^S は，市場価格 p の水平線と限界費用曲線 MC が交わる生産量になることが理解できる。可変的生産要素が一つのときに平均生産性が最も高い生産量は $\hat{y}$ であるが，生産量 $\hat{y}$ では利潤は最大にならないのである。

4.4.2　供給曲線

　市場価格の各値に対し，供給量を与えるグラフが**供給曲線**であった (2 章，p. 24)。供給曲線は，市場価格の各値に対し，供給量を与える対応ルールであるので，本来横軸に測るべき変数は市場価格であるが，市場モデル (2.3 節，pp. 24–27) に合わせて市場価格を縦軸に測る。生産物の**供給量**は，最適生産計画での生産量 y^S であるから，生産物の市場価格 p の各値に対して生産物の供給量 y^S を求めれば，生産物の供給曲線を求めることができる。

　ファクト 4.15 より，市場価格 p の各値に対し，限界費用と市場価格が一致する生産量が生産物の供給量 y^S になると予測できる。すなわち，限界費用曲線 MC 自体が，供給曲線になると推測できる (cf. ファクト 2.5，p. 24)。

　しかしながら，限界費用曲線のすべてが，供給曲線になるわけではない。というのは，生産活動を停止したときの利潤と操業するときの利潤を比較して，操業すべきか否か，判断する必要があるからである。利潤を最大化しても，生産活動を停止したときの利潤と同じ利潤になる生産量と市場価格の組を**操業中止点**と呼ぶ。

　操業停止しても，短期的には直ぐさま資本をレンタルできない場合を考えよう。固定費用 FC が埋没費用になるケースである。このような場合，操業停止 ($y = 0$) のときの利潤は，埋没費用 FC の損失に等しい。したがって，利

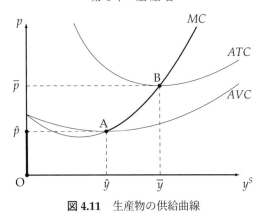

図 **4.11** 生産物の供給曲線

潤 π は，次のようになろう。

$$\pi = \begin{cases} -FC & \text{if } y = 0 \\ R - VC - FC & \text{if } y > 0 \end{cases} \tag{4.34}$$

これより，次の結果を得る。

ファクト 4.16 (操業中止点の必要十分条件) 固定費用が操業停止で埋没費用になるとき，組 $(\hat{y}, \hat{p})$ が操業中止点であることの必要十分条件は，

(1) $p = AVC$，かつ，

(2) $p = MC$

図 4.11 には，固定費用が埋没費用のときの供給曲線が描かれている。操業中止点 $(\hat{y}, \hat{p})$ は，ファクト 4.16 より，限界費用曲線 MC と平均可変費用曲線 AVC の交点 A になり，市場価格が 1 単位当たり $\hat{p}$ 円未満では生産をせず，生産物の供給量はゼロになる。市場価格が $\hat{p}$ のときには，生産活動を停止しても，生産量 $\hat{y}$ の生産活動を行っても，同じ利潤 (固定費用分の損失) になるため，生産物の供給量はゼロまたは $\hat{y}$ になる。市場価格が $\hat{p}$ より高いときには，ファクト 4.15 にしたがって，限界費用曲線 MC 上での供給になる。

利潤を最大化しても，利潤がゼロになる生産量と市場価格の組を**損益分岐点**と呼ぶ。利潤の定義より，次が成り立つ。

ファクト 4.17 (損益分岐点の必要十分条件) 組 $(\overline{y}, \overline{p})$ が損益分岐点であることの必要十分条件は，

(1) $p = ATC$, かつ,

(2) $p = MC$

この結果, 損益分岐点は, 平均総費用曲線 ATC と限界費用曲線 MC の交点, 図 4.11 の場合, 点 B になる. 固定費用が埋没費用になっているとき, 操業中止価格 $\hat{p}$ は, 損益分岐価格 $\bar{p}$ より低い. 損失が発生しても, 固定費用より大きな損失が発生しない限り, 操業は停止しない.

供給曲線のシフト要因

生産物の供給曲線は, 限界費用曲線に基づくため, 限界費用の決定因が供給曲線の位置, 形状を左右することになる. これについては, ファクト 4.9 (4) が応用可能である.

ファクト 4.18 (供給曲線のシフト要因) 供給量・市場価格平面において, 生産物の供給曲線は, 次によって, 全体的に勾配を下げながら下方にシフトする.

(1) 要素価格の下落

(2) 限界生産性を改善する技術進歩 [12]

ファクト 4.18 の応用例については, 練習問題 4.1 が参考になるかもしれない.

4.5　供給関数, 要素需要関数, 利潤関数 (♣♣)

本章で見てきた分析は, 生産関数によって表される技術の特性を費用関数に変換することで, 生産物の供給や要素需要の決まり方が費用構造にどのように関係するかを調査できるという点で優れている. それは, 4.3 節で見た費用最小化問題 (C) より費用関数 (4.18) を導出し, 次の利潤最大化問題

$$(P') \quad \max_{y} \quad \pi = py - \mathsf{C}(y, w, r)$$

を解くことで生産物の供給曲線を導出するアプローチである.

ところが, このような 2 段階の接近法を使わずに, したがって, 費用関数を経由せずに, 所与の技術の下で利潤を最大化することで, 生産物の供給関

---

[12] ［発展］(♠) 技術進歩は, 生産関数のどのような変化として表現できるであろうか. 考察してみよう.

数や生産要素の需要関数を導出することができる。すなわち，生産可能な生産計画 (L, K, y) の中で，利潤最大化となる生産計画を探し出す問題

$$(P) \quad \begin{cases} \max\limits_{L,K,y} & \pi = py - (wL + rK) \\ \text{subject to} & f(L, K) \geqq y \end{cases}$$

は，生産物の供給関数と生産要素の需要関数を，直接，導き出す。すなわち，**利潤最大化**問題 (P) のパラメータの組 (p, w, r) に対し，その解での生産量を与える関数

$$y^S = S(p, w, r) \tag{4.35}$$

が生産物の**供給関数**であり，その解での要素投入量を与える関数

$$L^D = l(p, w, r) \quad \& \quad K^D = k(p, w, r) \tag{4.36}$$

が**要素需要関数**である。

ファクト 4.19 (利潤最大化の 1 階条件) 利潤最大化問題 (P) の解では，次の条件が成り立つ。

$$pf_L = w \quad \& \quad pf_K = r \tag{4.37}$$

　条件 (4.37) の各式の左辺は，その要素の限界生産性に生産物の市場価格を乗じた値であり，その要素の**限界生産物価値**と呼ぶ。例えば，労働の限界生産性価値 pf_L は，労働を 1 単位増加させたときの収入の増加率になる。条件 (4.37) 式の一つ目は，それが労働費用の増加率 (賃金) に等しいところで，労働需要することを意味する。

　利潤最大化問題 (P) の解が費用最小化問題 (C) と利潤最大化問題 (P′) の 2 段階問題の解になることは，条件 (4.37) 式より，費用最小化の 1 階条件 (4.21) 式 (p. 106) を導出でき，更に，ファクト 4.9 (4) に条件 (4.37) を適用することでファクト 4.15 を得られることからも理解できる。利潤最大化さえすれば，費用最小化も同時に行うことになるわけである (但し，逆は，真ではない)。

　利潤最大化問題 (P) の価値関数

$$\pi = \Pi(p, w, r) \tag{4.38}$$

を**利潤関数**と呼ぶ。利潤関数と生産物の供給関数，要素需要関数の間には次の関係が成り立つ。

ファクト 4.20 (ホテリングのレンマ, Hotelling's Lemma)

$$\frac{\partial \pi}{\partial p} = y^S \quad \& \quad \frac{\partial \pi}{\partial w} = -L^D \quad \& \quad \frac{\partial \pi}{\partial r} = -K^D \tag{4.39}$$

［証明］包絡線定理 (数学注 23, p. 66) より従う。‖

> **例 4.21：生産要素が一つの場合** 生産関数が，次の生産者を考えよう。
>
> $$y = L^a \quad (0 < a < 1) \tag{4.40}$$
>
> 制約条件付き最大化問題 (P) の解は，
>
> $$L = (ap/w)^{1/(1-a)} \quad \& \quad y = (ap/w)^{a/(1-a)} \tag{4.41}$$
>
> これに対して，費用関数は，
>
> $$TC = wy^{1/a} \tag{4.42}$$
>
> よって，利潤最大化問題 (P′) の解が，利潤最大化問題 (P) の解に一致する。また，利潤関数は，
>
> $$\pi = (1 - a)\left\{(a/w)^a p\right\}^{1/(1-a)} \tag{4.43}$$
>
> となって，ホテリングのレンマが成り立つ。

練習問題

問題 4.1 救急病院 (診療所を含む) は，平成 6 年に 5,395 施設あったが，平成 19 年には 4,737 施設に減少している (総務省消防庁『消防白書』)。この現象を次の要因の中から最低二つを使って図説しなさい。

(I) 救急医療は夜間に需要が高まる。(II) 医療報酬に昼夜の差はない。

(III) 夜間の人件費は昼間より高い。

問題 4.2 ある自営農家は，農業をせずに他で働くと労働 1 単位当たり年間 36 万円の所得を得ることができる。また，所有している田畑を他の農家に貸すと年間 30 万円の利益になる。次の年間費用を求めよ。

(1) この農家が所有している田畑を自らの生産に利用することの費用

(2) この農家が自らの農業で働くことの 1 単位当たり費用

問題 4.3 リンゴの木を 20 本所有するある自営リンゴ農家は，目標生産量 (単位：トン/年間) を y としたときに 1 日平均最低限必要な労働投入量 L が下記の表のようになるという。リンゴの木は，1 本当たりのレンタル・コストが年間 0.5 万円，また，労働の機会費用が 1 単位あたり年間 25 万円である。

y	0	1	2	3	4	5	6	7	8
L	0	1	1.5	2	3	5	8	12	17

(1) 表計算ソフトを利用して，次を一覧表で示しなさい。

(a) 労働の平均生産性 (b) 労働の限界生産性 (c) 固定費用 (d) 可変費用

(e) 総費用 (f) 平均可変費用 (g) 平均総費用 (h) 限界費用

(2) 春先に今年のリンゴの市場価格を次と予想したとき，利潤が最大となる生産量を求めなさい。

(a) 25 万円/1 トン (b) 40 万円/1 トン (c) 50 万円/1 トン

(3) リンゴの木のレンタル・コストが操業停止時に埋没費用となるとき，リンゴの供給曲線を描きなさい。

問題 4.4 次の各々について，生産関数から演繹可能か否か，調べなさい。

(1) 生産物の市場価格が上がったことで，生産性が改善した。

(2) 人件費削減によって生産性が改善した。

(3) 他社との競争が激化した結果，生産性が改善した。

(4) 技術進歩によって生産性が改善した。

問題 4.5 次の真偽を判定しなさい。

(1) 生産量・金額平面において，短期総費用曲線は，長期費用曲線の下方に位置することはない。

(2) 長期費用曲線は，短期総費用曲線の包絡線である。

(3) 短期総費用曲線は，固定的生産要素の数量が増加すれば上方シフトする。

(4) 短期で固定的な生産要素も，長期では可変的となる。

(5) 長期費用曲線は，一つしか存在しない。

(6) 短期平均総費用曲線は，長期平均費用曲線の下方に位置することはない。

(7) 短期限界費用曲線は，長期限界費用曲線の下方に位置することはない。

問題 4.6 図 4.7 (p. 100) において，生産量 y_1 で長期費用曲線 LTC に接する短

期総費用曲線を考え，短期限界費用曲線と短期平均総費用曲線を図 4.9 (p. 104) に描きなさい．また，図 4.7 の生産量 y_1 より大きい生産量 (図 4.9 の y_3) についても，同じ作業を行いなさい．

問題 4.7 以下の (1) から (4) の各々について，次の A，B，C の中で成り立つ条件を示しなさい．

    A：生産物の市場価格＝限界費用　　B：平均総費用＝限界費用

    C：平均可変費用＝限界費用

(1) 利潤を最大化する生産量　　(2) 価格受容者の企業が選ぶ生産量

(3) 損益分岐点　　(4) 操業中止点 (固定費用が埋没費用の場合)

問題 4.8 (♣) 生産関数 (4.3) 式から (4.6) 式の各々は，何次同次関数になるか．

問題 4.9 (♣) 図 4.7 は，次の短期総費用曲線に基づいて作成されている．

$$STC = 0.5y^3 - 3y^2 + (16/K)y^2 + 8y + K \tag{4.44}$$

(1) $K_1 = 1$，$K_2 = 8$，$K_3 = 16$，$K_4 = 40$ として，四つの短期総費用曲線を描きなさい．

(2) 長期において費用総額が最小となる K の大きさを y の関数として求めなさい．

(3) 長期費用曲線の式を求め，図示しなさい．

問題 4.10 (♣) 生産関数が

$$y = L^{2/3}K^{1/3} \tag{4.45}$$

の技術をもつ生産者にとって，資本の大きさ K が固定的であるという．このとき，次を図示しなさい．(1) 短期総費用曲線 (2) 短期平均総費用，短期平均可変費用，短期限界費用 (3) 資本のレンタル・コストが埋没費用になるときの短期供給曲線 (4) 短期総費用曲線群の包絡線としての長期費用曲線 (5) 長期供給曲線

問題 4.11 (♣) 利潤最大化の 1 階条件 (4.37) をラグランジュ未定乗数法を使って導きなさい．

問題 4.12 (♣♣) 例 4.13 (p. 106) の費用関数を導出するために，

(1) 先ず，その生産関数の下で，条件付き要素需要関数を導出しなさい．

(2) 求めた条件付き要素需要関数を費用総額 $C = wL + rK$ に代入して，費用
   関数を求めなさい。

問題 4.13 (♣♣) 例 4.21 (p. 113) について，ホテリングのレンマが成り立つこ
とを示しなさい。

問題 4.14 (♣♣) 規模に関する収穫が成り立つとき，生産関数が同次関数にな
ることを証明しなさい。

問題 4.15 (♣♣) CES 型生産関数 (4.6) 式について，次を求めなさい。(1) 各生
産要素の条件付き要素需要関数 (2) 費用関数 (3) 代替の弾力性

第5章 均衡

　本章では，2章で展開した競争市場分析を，3章の消費者理論と4章の生産者理論に基づいて再検討する。

　特定の主体や特定の商品市場の均衡を**部分均衡** (partial equilibrium) と呼ぶ。2章の競争市場分析や3章の消費者理論，4章の生産者理論は，各々において，部分均衡分析になっている。これに対し，すべての主体とすべての商品市場が均衡にあることを**一般均衡** (general equilibrium) と呼ぶ。競争市場についての一般均衡分析は，**ワルラス** (L. Walras, 1834–1910) に始まり，**ヒックス** (J. R. Hicks, 1904–1989) によって体系化され，**アロー** (K. J. Arrow, 1921–2017) や**ドブリュー** (G. Debreu, 1921–2004) らによって精緻化された**ワルラス分析** (Walrasian analysis) がある[1]。ワルラス分析は，2章で見た市場モデルの，序数的効用に基づく一般均衡分析になる。

　競争市場の分析には，ワルラスの他に，クールノー，マーシャル，エッジワース等のアプローチがある。2章で見た市場モデルのみが，市場取引のモデル化ではないのである。クールノーの分析は戦略的意思決定を含むため「第III部 戦略的行動」で触れることにし，本章では，マーシャル，ワルラス，エッジワースの分析を見ることにしよう。

5.1 マーシャル分析

　マーシャルの均衡分析は，一時均衡，短期均衡，長期均衡といった時間の長さに応じた均衡概念と，主に特定の商品の市場のみを分析する部分均衡分

---

[1] ［学史注］アローとドブリュー (Arrow and Debreu, 1954; Debreu, 1959) は，商品を物理的特性のみならず，消費や生産が行われる時間，場所，そして，起こり得る状態でも区別し，すべての商品について市場が存在すると想定した一般均衡分析を展開した。このため，彼らの分析は，**アロー・ドブリュー分析**と呼ばれることが多い。アローはヒックスと共に 1972 年に，ドブリューは 1983 年にノーベル経済学賞を受賞している。

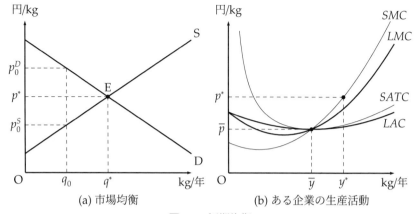

図 5.1　短期均衡

析，そして価格を媒介するものの，均衡への調整は需要価格と供給価格の差に基づく生産調整という特徴をもつ [2]。**一時均衡** (temporary equilibrium) とは，生産活動が認められないほど，短い時間を想定したときの市場均衡をいう。例えば，農産物の場合，今年の収穫から次の年の収穫までの1年間は，生産による供給がない。この結果，一時均衡は，市場供給曲線が垂直になったときの市場均衡といえる [3]。

5.1.1　短期均衡

短期均衡とは，資本などの生産要素が可変的ではなく，したがって生産者の新規参入も不可能であるような時間の長さにおける市場均衡をいう。

図 5.1 (a) には，ある商品の市場需要曲線 (右下がりの曲線 D) と市場供給曲線 (右上がりの曲線 S) が描かれている。短期では企業数が固定的となっているため，市場供給曲線は右上がりの曲線になる。

短期均衡点は，左図 (a) 点 E での価格 p^*，取引量 q^* になるが，市場から個

---

[2]　[学史注] **マーシャル** (A. Marshall, 1842–1924) は，**ケンブリッジ学派 (新古典派経済学**, Neoclassical Economics) の創始者であり，初めて "Economics" という用語を使った経済学者である。本章で見るマーシャルの均衡分析は，その著書『経済学原理』(*Principles of Economics*, 1890; Marshall, 1920) で展開された彼の分析の現代的取り扱いである。教え子には，**ケインズ**や厚生経済学の基本定理を展開した**ピグー** (A. C. Pigou, 1877–1959) などがいる。

[3]　[発展] マーシャル自身の一時均衡分析では，市場供給曲線は垂直ではない。興味のある読者は，彼の『原理』を参照のこと。

別企業に目を転じると，右図 (b) のように，短期限界費用曲線 *SMC* の値と市場価格 p^* が一致する生産量 y^* がその企業の供給量になる。長期的には，費用を最小化していない。

5.1.2 均衡の安定性：マーシャルの調整仮説

任意の均衡以外の状態に対して，均衡に近づく作用が働くとき，均衡は**安定的**であるという。ここでは，一時均衡から短期均衡へのマーシャルの調整仮説を見て，その仮説に基づいたときに，短期均衡が安定的か否かを探求することにしよう。

図 5.1 (a) において，短期的には不均衡の取引量，例えば，数量 q_0 を考えよう。一時均衡では生産活動によって市場供給量が変化することがないため，一時均衡価格は数量 q_0 での需要価格 p_0^D 円になる。ところが，数量 q_0 での取引価格が供給価格 p_0^S 円より高いため，短期では，生産者は利潤増を予想し，各々の生産水準を増加させようとするであろう。

このように，マーシャルは，不均衡時の需要価格 p^D と供給価格 p^S の差に基づく**数量調整**を考えた。マーシャルの調整仮説は，次のようにモデル化できる。

$$\begin{cases} p^D > p^S & \implies \quad 取引量増加 \\ p^D < p^S & \implies \quad 取引量減少 \end{cases} \tag{5.1}$$

市場均衡以外の任意の数量から出発して，この仮説に従った数量調整が均衡取引量に収束するように作用するとき，すなわち，マーシャルの調整仮説の下で市場均衡が安定的なとき，その市場均衡は**マーシャル安定**であるという。図 5.1 (a) の短期均衡は，マーシャル安定であるが，すべての市場均衡がマーシャル安定になるわけではない (cf. 練習問題 5.2)。

5.1.3 均衡の安定性：期待形成と均衡の動学的安定性

マーシャルの調整仮説では，生産者が生産量を徐々に調整すると想定している。しかしながら，生産量の調整は，市場価格に対する生産者の予測に左右される。ここでは，マーシャルの分析から暫時離れ，市場価格に対する生

産者の期待形成の，市場の調整過程への影響を見ることにしよう。

　分析を単純化するために，t 期の市場需要量を D_t，市場価格を p_t としたとき，市場需要曲線が，

$$D_t = a - bp_t \tag{5.2}$$

で与えられているとしよう。これに対し，農産物などのように，生産計画の決定から供給までの間に一定の時間，例えば，1 期間，必要な場合，供給する時点での市場価格を予想した上で生産計画を決める必要がある。t 期の市場供給量を S_t，生産開始時点 ($t - 1$ 期末) での t 期の市場価格 p_t の期待値，すなわち，**期待価格**を $E_{t-1}[p_t]$ としたとき，市場供給曲線が，

$$S_t = -c + dE_{t-1}[p_t] \quad (c \geq 0, d > 0) \tag{5.3}$$

で与えられるような場合である[4]。各 t 期において，需給均衡 $D_t = S_t$ が成り立つ市場価格は，t 期での一時均衡価格になる。すなわち，一時均衡価格は，

$$p_t = \frac{a + c - dE_{t-1}[p_t]}{b} \tag{5.4}$$

これに対し，時間の概念を導入した**動学分析**において，同一の経済状態が継続し，したがって，予測が実現するような状態を**定常状態**と呼ぶ。定常状態では，定義によって，実際の市場価格と期待価格が一致する。この結果，定常状態での均衡価格 p^* と均衡取引量 q^* は，(5.4) と (5.2) 式，または (5.3) 式より，

$$p^* = \frac{a + c}{b + d} \quad \& \quad q^* = \frac{ad - bc}{b + d} \tag{5.5}$$

となる。需要の法則が成り立つ場合，$a/b > c/d$ が定常状態の存在条件になる。生産物がギッフェン財であれば，$a/b > c/d$ のときは $b + d < 0$，$a/b < c/d$ のときは $b + d > 0$ が定常状態の存在条件になる。

　各 t 期での均衡である**一時均衡**が，t の経過と共に定常状態に収束するとき，定常状態は**動学的に安定的**であるという。動学的安定性は，生産者の期待形成の仕方に大きく左右される。ここでは，「静学的期待形成」と「合理的期待形成」の二つの仮説を取り上げて，分析してみることにしよう。

---

[4] ［数学注］$E[x]$ は，確率変数 x の期待値を表す (確率変数と期待値については，高校数学参照)。

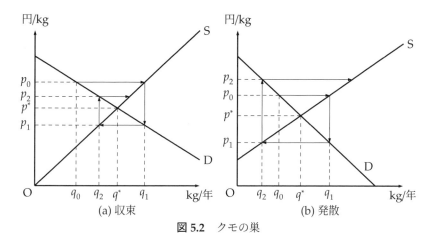

図 5.2 クモの巣

静学的期待形成

今期に成り立った状態が, 来期でも成り立つと予測することを**静学的** (static), あるいは, **近視眼的** (myopic) 期待形成と呼ぶ。ここの分析での静学的期待形成は,

$$E_{t-1}[p_t] = p_{t-1} \tag{5.6}$$

と表すことができる。

静学的期待形成の場合, 定常状態外からの調整過程は, **クモの巣循環** (cobweb cycle), あるいは**養豚循環** (hog cycle) と呼ばれる過程になる。t 期の取引量を q_t で示し, $t = 0$ での生産量が q_0 であったとしよう。農産物のように, 1 期間中の供給量がその期の生産量で一定となる場合, $t = 0$ での一時均衡価格は, 市場需要曲線 (図 5.2 の曲線 D) と生産量 q_0 で垂直の市場供給曲線の交点での価格 p_0 になる。$t = 1$ では, 生産者は, 利潤最大化より, $E_0[p_1]$ と限界費用が一致する生産量を選ぶ。静学的期待形成より, $E_0[p_1] = p_0$ なので, 市場供給曲線 S 上の p_0 での数量 q_1 が $t = 1$ での市場供給量になる。$t = 1$ での市場供給量が与えられると, $t = 1$ 期中は q_1 の数量で市場供給量が一定になるため, $t = 1$ の市場供給曲線は q_1 で垂直になる。よって, $t = 1$ での一時均衡価格は, 需給均衡する p_1 になる。このような数量と価格の決定を時間の経過とともに矢印で示すと, 図 5.2 (a)(b) のように「クモの巣」状になる。

ファクト 5.1 (クモの巣循環における収束条件) 静学的期待形成の下で，一時均衡が定常状態 (q^*, p^*) に収束する条件は[5]，

$$\left| \frac{d}{b} \right| < 1 \tag{5.7}$$

図 5.2 (a) では，収束条件 (5.7) 式が成り立っているため，一時均衡は定常状態 (q^*, p^*) に収束する。右図 (b) では，$|d| > |b|$ になっており，定常状態 (q^*, p^*) は動学的には不安定である。

合理的期待形成

　マーシャルの調整過程に比べ，静学的期待形成の下での生産調整は余りにも過剰に反応しているといえる。ところが，そのような反応も期待形成に従うものであり，期待形成が異なれば，生産の調整速度も異なる。ここでは，静学的期待形成とは異なる期待形成の中で，マクロ経済学では頻出の「合理的期待形成」を取り上げてみよう。

　合理的期待形成とは，経済を特徴化する方程式体系から期待値を計算する期待形成である。ここでは，方程式 (5.2)，(5.3) と需給均衡 $D_t = S_t$ が t 期の市場価格 p_t を決定している。よって，p_t は，(5.4) 式に従う。(5.4) 式の両辺に $t - 1$ 期での期待値 $E_{t-1}[\,\cdot\,]$ をとり，$E_{t-1}[p_t]$ で解くと，$E_{t-1}[p_t] = p^*$ を得る。すなわち，合理的期待形成の下では，(5.5) 式の定常状態での均衡価格 p^* が予測値となる。この結果，生産量は定常状態での数量 q^* となり，動学的調整過程は，一切，発生しない。合理的期待形成は，過去の経緯に基づく**後ろ向き** (**後方視的**，backward-looking) 予測ではなく，将来の動きに対する**前向き** (**前方視的**，forward-looking) 予測になるからである[6]。

5.1.4　長期均衡

　マーシャルの均衡分析に戻ろう。すべての企業にとって長期，したがって，市場への参入，退出も企業の選択肢になるときの市場均衡を**長期均衡**と呼ぶ。

---

　[5]　[発展] (5.3) 式の市場供給曲線の場合，$d > 0$ としているため，収束条件は $d < |b|$ になる。d の符号がどうであれ，条件 (5.7) 式が成り立てば，一時均衡は定常状態に収束する。練習問題 5.14 参照。
　[6]　[発展] 前向き予測の応用として，株価等の資産価格の評価がある。練習問題 5.15 参照。

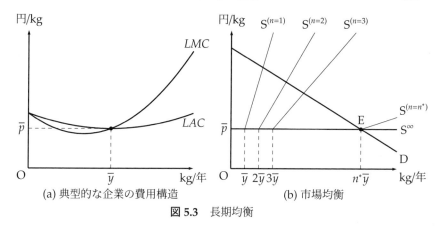

図 5.3 長期均衡

　すべての生産要素の市場が競争的であり，生産技術獲得の費用がほとんど無視し得る大きさであれば，参入する企業に差異はなくなってしまう。すなわち，すべての企業が同一の長期損益分岐価格で参入できる。図 5.3 左図 (a) には，長期における典型的な企業の損益分岐点 $(\overline{y}, \overline{p})$ が描かれている。右図 (b) には，損益分岐価格 $\overline{p}$ で 1 企業が参入したときの短期供給曲線 $S^{(n=1)}$，2 企業が参入したときの短期供給曲線 $S^{(n=2)}$，3 企業が参入したときの短期供給曲線 $S^{(n=3)}$ が描かれている。短期的には既に参入している企業数を所与とした短期供給曲線と市場需要曲線 D との交点が市場均衡になる。

　しかしながら，短期市場均衡では企業が正の利潤を稼得しているため，長期的には均衡とはいえない。新規参入が発生しないのは，n^* 数の企業が参入しているときであり，長期均衡では取引価格が $\overline{p}$，そして取引量は $n^*\overline{y}$ になる。長期均衡では，このようにして，利潤がゼロになるように参入企業数が決まる。**長期市場供給曲線** S^∞ は，潜在的に参入可能な企業が無数に存在しているため，$\overline{p}$ で水平になっている。

5.2　ワルラス分析

　マーシャルのアプローチとは異なり，ワルラス分析はすべての主体，すべての商品における一般均衡を考察し，均衡への調整過程は仮想的な競売人による**価格調整**に従うという特徴をもつ。

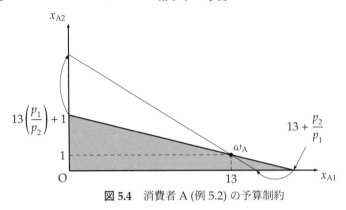

図 5.4　消費者 A (例 5.2) の予算制約

5.2.1　純粋交換経済

先ずは，最も単純な 2 消費者 (消費者 A と消費者 B)，2 商品 (商品 1 と商品 2) の純粋交換経済を考えてみよう。**純粋交換経済** (pure exchange economy) では，生産がなく，各消費者は最初に商品を所有している。その数量の組を**初期付与**と呼ぶ。消費者 i (i = A, B) の商品 h (h = 1, 2) の初期保有量を ω_{ih} とすれば，消費者 i の初期付与は組 $\omega_i = (\omega_{i1}, \omega_{i2})$ になる。

> **例 5.2**　消費者 A が商品 1 を 13 単位，商品 2 を 1 単位，消費者 B が商品 1 を 4 単位，商品 2 を 7 単位保有

例 5.2 の場合，消費者 A の初期付与は $\omega_A = (13, 1)$，消費者 B の初期付与は $\omega_B = (4, 7)$ になる。

各消費者は，初期付与の価値額以上を支出することができない。このことから，消費者 i (i = A, B) の商品 h (h = 1, 2) の消費量を x_{ih}，商品 h (h = 1, 2) の市場価格を 1 単位 p_h 円としたときに，消費者 i の予算制約は，次になる。

$$p_1 x_{i1} + p_2 x_{i2} \leqq p_1 \omega_{i1} + p_2 \omega_{i2} \quad (i = \text{A}, \text{B}) \tag{5.8}$$

これは，消費者の理論 (3 章) で見た予算制約 (3.20) 式における予算 I を初期付与の価値，すなわち，

$$I = p_1 \omega_{i1} + p_2 \omega_{i2} \tag{5.9}$$

としたときの予算制約になる。

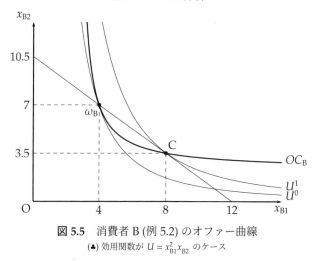

図5.5 消費者 B (例 5.2) のオファー曲線

(♠) 効用関数が $U = x_{B1}^2 x_{B2}$ のケース

例 5.2 の消費者 A の予算制約は，相対価格 p_1/p_2 が与えられたとき，図 5.4 の領域になる。予算制約線は，横軸 $13 + (p_2/p_1)$，縦軸 $13(p_1/p_2) + 1$ を結んだ直線となり，初期付与 ω_A を必ず通る。予算制約線は，相対価格 p_1/p_2 が上がれば初期付与 ω_A を中心に時計回りに回転し，相対価格 p_1/p_2 が下がれば初期付与 ω_A を中心に反時計回りに回転する。図 5.4 には，相対価格 p_1/p_2 が上昇したときの予算制約線の変化が図示されている。

オファー曲線

純粋交換経済での消費者の予算制約線は，その消費者の初期付与が与えられると，相対価格 p_1/p_2 のみに依存する。相対価格 p_1/p_2 の各値に対する最適消費計画の軌跡，すなわち，価格消費曲線を**オファー曲線**と呼ぶ。

図 5.5 には，例 5.2 の消費者 B のオファー曲線が描かれている。オファー曲線 OC_B 上の消費計画は，その消費計画と初期付与を通る直線が予算制約線のときの最適消費計画になる。例えば，点 C は，相対価格 p_1/p_2 が $7/8$ ($= 10.5/12$) のときの最適消費計画になる。点 C では，相対価格 p_1/p_2 が $7/8$ のときの予算制約線 (いずれか，指摘せよ) と無差別曲線 U^1 が接している。

オファー曲線は，その定義より，次の性質を満たすことを証明できよう。

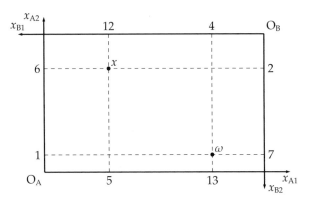

図 5.6 エッジワース・ボックス：例 5.2 の純粋交換経済

ファクト 5.3 オファー曲線は,

(1) 初期付与を通り,

(2) 初期付与で, 初期付与を通る無差別曲線に接し,

(3) 初期付与を通る無差別曲線の右上方領域に位置する。

(4) 初期付与を通る右下がりの直線との交点では, その直線と接する無差別
曲線が存在する。よって, その点では, その直線の勾配の大きさに等し
い相対価格と, その点での限界代替率が等しい。

エッジワースのボックス・ダイアグラム

　資源配分は, 各消費者 i ($i = $ A, B) の消費計画 $x_i = (x_{i1}, x_{i2})$ の組 (x_A, x_B) と
表すことができる。しかし, すべての商品について, 経済全体の総消費量が
経済全体の存在量を超えることはできない。すなわち,

$$x_{Ah} + x_{Bh} \leqq \omega_{Ah} + \omega_{Bh} \quad (h = 1, 2) \tag{5.10}$$

資源配分 (x_A, x_B) が条件 (5.10) 式を満たすとき, 資源配分 (x_A, x_B) は**実行可**
能 (feasible) であるという。例えば, 例 5.2 であれば, 条件

$$x_{A1} + x_{B1} \leqq 17 \quad \& \quad x_{A2} + x_{B2} \leqq 8 \tag{5.11}$$

を満たす資源配分 (x_A, x_B) が実行可能になる。とりわけ, 2 消費者, 2 商品の
純粋交換経済であれば, 条件 (5.10) 式を等式で満たす資源配分については,

エッジワース・ボックス(エッジワースのボックス・ダイアグラム，エッジワースの箱)と呼ばれる図によって表すことができる。

図 5.4 の消費者 A の消費計画平面の原点を O_A，図 5.5 の消費者 B の消費計画平面の原点を O_B とし，消費者 B の消費計画平面を 180 度回転させ，消費者 A の初期付与 ω_A に消費者 B の初期付与 ω_B を重ねると，例 5.2 のエッジワース・ボックスである図 5.6 になる。図 5.6 の点 ω は，消費者 A の原点 O_A から見ると消費者 A の初期付与 $\omega_A = (13,1)$，消費者 B の原点 O_B から見ると消費者 B の初期付与 $\omega_B = (4,7)$ である。エッジワース・ボックスの任意の点は，実行可能条件 (5.10) 式が等式になる資源配分を表す。例えば，図 5.6 の点 x は，消費者 A の消費計画が $x_A = (5,6)$，消費者 B の消費計画が $x_B = (12,2)$ となる資源配分を表す。

純粋交換経済のワルラス均衡

次の条件を満たす価格体系 $p^* = (p_1^*, p_2^*)$ と資源配分 $x^* = (x_A^*, x_B^*)$ の組 (p^*, x^*) を純粋交換経済の**競争均衡** (competitive equilibrium)，あるいは**ワルラス均衡** (Walrasian equilibrium) と呼ぶ。

(WE.1) 主体的均衡：すべての消費者 i $(i = A, B)$ について，x_i^* は価格体系 p^* の下で消費者 i の最適消費計画である。

(WE.2) 資源配分の実行可能性：資源配分 $x^* = (x_A^*, x_B^*)$ は，実行可能である。

例 5.2 の純粋交換経済のワルラス均衡を求めてみよう。各主体のオファー曲線をエッジワース・ボックス (図 5.6) に書き入れると図 5.7 (次頁) になる。なお，消費者 B のオファー曲線は，図 5.5 のオファー曲線 OC_B である。消費者 A のオファー曲線 OC_A と消費者 B のオファー曲線 OC_B の交点 x^* と初期付与 ω の 2 点を通る直線を与える価格体系 (p_1^*, p_2^*) を考えよう。相対価格は $p_1^*/p_2^* = 0.5$ になっている。オファー曲線は相対価格の各値に対する最適消費計画の軌跡であったから，相対価格 $p_1^*/p_2^* = 0.5$ の下で，消費者 A の最適消費計画は $x_A^* = (5,5)$，消費者 B の最適消費計画は $x_B^* = (12,3)$ になる。$x^* = (x_A^*, x_B^*)$ は実行可能な資源配分であるから，相対価格が $p_1^*/p_2^* = 0.5$ となる価格体系 (p_1^*, p_2^*) と資源配分 x^* の組はワルラス均衡である。

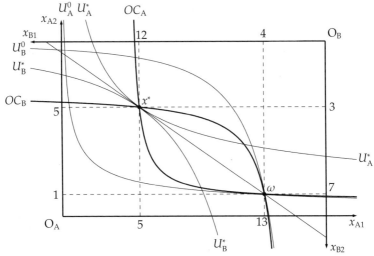

図 5.7　ワルラス均衡：例 5.2 の純粋交換経済
(♣) 効用関数：$U_A = x_{A1} x_{A2}^2$ & $U_B = x_{B1}^2 x_{B2}$

　消費者 A は消費者 B に商品 1 を 8 単位売却する代わりに商品 2 を 4 単位購入する。初期付与が $(13, 1)$ であった消費者 A は，取引によって無差別曲線 U_A^0 上から U_A^* 上の消費に移動する。同様に，消費者 B も取引によって無差別曲線 U_B^0 上から U_B^* 上の消費に移動する。すなわち，消費者は，取引による改善である**交換の利益**を享受するのである。

5.2.2　生産経済：1 生産要素，1 生産物

　次に，生産経済の一般均衡を見ることにしよう。手始めに，1 消費者，1 生産者，1 生産物，1 生産要素 (労働) の $1 \times 1 \times 1 \times 1$ の生産経済を想定しよう。

消費者の選択

　消費者の消費計画は余暇 (leisure) に費やす時間 l_e と生産物の消費量 x の組 (l_e, x) になる。生産物の初期付与量を $\bar{x}$，余暇の初期付与量を T とすれば，組 $\omega = (T, \bar{x})$ が消費者の初期付与になる。余暇の初期付与量 T の内，余暇 l_e に費やさない時間 $T - l_e$ を労働供給に充てる。したがって，生産物の市場価格

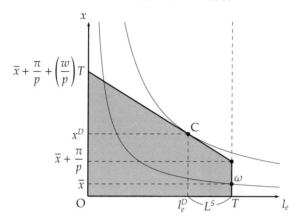

図 5.8 生産経済：消費者の主体的均衡

を 1 単位 p 円，賃金を余暇 1 単位当たり w 円とすれば，消費者の予算制約は，

$$p(x - \overline{x}) \leqq w(T - l_e) + \pi \tag{5.12}$$

になる。ここで，π は生産者の利潤である。消費者が生産者 (企業) を所有し，自らの労働資源を自由に処分可能な経済を**私的所有経済** (private ownership economy) と呼ぶ。ワルラス分析では私的所有経済を想定して，企業の所有者 (消費者) に利潤が分配される。

図 5.8 の点 ω が消費者の初期付与になる。純粋交換経済では，予算制約線は初期付与を通ったが，生産経済では消費者に利潤が分配されるため，予算制約線は生産物の単位で測った利潤 (π/p) 分，上方に位置する。また，余暇は初期付与量 T を超えることができないため，選択可能な消費計画は，図の台形領域になる。

消費者は，選択可能領域から効用が最大になる消費計画を選択する。図 5.8 の場合，点 C が最適消費計画 (l_e^D, x^D) になる。点 C では，予算制約線と無差別曲線が接するため，次の**最適消費計画の 1 階条件**が成り立つ。

$$MRS = \frac{w}{p} \tag{5.13}$$

最適消費計画 (l_e^D, x^D) が定まると，生産物の需要量は $x^D - \overline{x}$ 単位，そして，労働供給量 L^S は余暇の初期付与量 T の内，余暇 l_e^D に費やさない時間 $T - l_e^D$

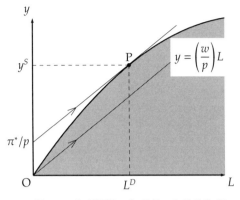

図 5.9 生産経済：生産者の主体的均衡

になる。**実質賃金** w/p の各値に対し労働供給量 L^S を求めると，**労働供給曲線**を描くことができる (練習問題 5.9)。

生産者の選択

　生産者は，労働投入量 L の各値に対し技術的に選択可能な生産物の産出量 y の最大値を与える生産曲線をもつ。図 5.9 では，右上がりの曲線で示されている生産曲線とその下方領域が生産可能領域になる。生産者は，選択可能な生産計画の中で，自らの利潤

$$\pi = py - wL \tag{5.14}$$

を最大化する生産計画を選ぶ。利潤 π がゼロとなる生産計画の軌跡は，図 5.9 の直線 $y = (w/p)L$ に等しい。一般に，同一の利潤を与える生産計画の軌跡を**等利潤線**と呼ぶ。生産可能領域の中で等利潤線が最も上位に位置する生産計画が最適生産計画 (L^D, y^S) であり，図 5.9 の場合，点 P になる。

　最適生産計画の点 P では，等利潤線が生産曲線と接するため，次の**利潤最大化の 1 階条件**が成り立つ。

$$MP_L = \frac{w}{p} \tag{5.15}$$

すなわち，利潤最大化の生産計画では，労働の限界生産性 MP_L が実質賃金 w/p に等しい。最適生産計画 (L^D, y^S) の L^D が労働需要量，y^S が生産物の供

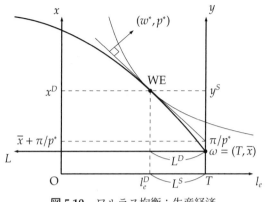

図 5.10　ワルラス均衡：生産経済

給量になる。実質賃金 w/p の各値に対し労働需要量 L^D を求めると，**労働需要曲線**を描くことができる。

生産経済のワルラス均衡：$1 \times 1 \times 1 \times 1$ の場合

　純粋交換経済と同様，生産経済のワルラス均衡を次のように定義できる。賃金と生産物価格の組 (w^*, p^*) と，消費計画 (l_e^D, x^D)，生産計画 (L^D, y^S) の三つの組は，次の条件を満たすとき，上記の生産経済の**ワルラス均衡**になる。

(WE.1) 主体的均衡：価格体系 (w^*, p^*) の下で，

　　(a) 消費計画 (l_e^D, x^D) は，その消費者の最適消費計画であり，

　　(b) 生産計画 (L^D, y^S) は，その生産者の最適生産計画である。

(WE.2) 資源配分の実行可能性：$x^D \leqq y^S + \bar{x}$ ＆ $L^D \leqq L^S$

特に，(WE.2) のすべての不等式が等式となるとき，生産物市場と労働市場が同時に**需給均衡**する。

　図 5.10 には，ワルラス均衡での価格体系 (w^*, p^*) と消費計画 (l_e^D, x^D)，生産計画 (L^D, y^S) が示されている。図 5.10 は，図 5.9 を縦軸を中心に反転させた図の原点 O を図 5.8 の初期付与 ω に重ねている。均衡点 WE で生産曲線に無差別曲線が接し，均衡点 WE での接線が消費者にとっての予算制約線，生産者にとって等利潤線になる。

5.2.3　生産経済：2生産要素，2生産物

今度は，2消費者，2生産者，2生産物，2生産要素の生産経済を考察してみよう。単純化のために，各生産者 $j\,(j = 1, 2)$ は，生産物 j を生産するものとする。また，生産要素は，労働と資本とする。ここでも，消費者が，消費者全体ですべての生産者を所有し，自らが所有するすべての資源 (労働と資本) を自由に処分できる**私的所有経済**を想定する。各消費者 $i\,(i = A, B)$ の初期付与は，労働賦存量 L_i と資本賦存量 K_i の組 $\omega_i = (L_i, K_i)$ になる。生産者 j の利潤 π_j に対する消費者 i の請求割合を $100\,\theta_{ij}$ %で示せば，

$$\theta_{Aj} + \theta_{Bj} = 1 \qquad (j = 1, 2) \tag{5.16}$$

が成り立つ。例えば，消費者 A の生産者1の所有比率が 20 %，生産者2の所有比率が 60 %であれば，$\theta_{A1} = 0.2$, $\theta_{A2} = 0.6$, $\theta_{B1} = 0.8$, $\theta_{B2} = 0.4$ になる。

消費者の選択

前項 5.2.2 では余暇に対する選択を考慮したが，簡単化して消費者は初期付与をすべて供給するものと考えよう。生産物 $h\,(h = 1, 2)$ の市場価格を1単位当たり p_h 円，賃金を労働1単位当たり w 円，資本のレンタル料を1単位当たり r 円とすれば，消費者 $i\,(i = A, B)$ の予算制約は，

$$p_1 x_{i1} + p_2 x_{i2} \leqq wL_i + rK_i + \theta_{i1}\pi_1 + \theta_{i2}\pi_2 \quad (i = A, B) \tag{5.17}$$

となる。右辺は生産要素の供給によって得た所得と配当所得の合計，左辺は消費計画が (x_{i1}, x_{i2}) のときの支出総額である。

予算制約 (5.17) 式の右辺を I とすれば，3章の消費者理論と同じである。各消費者 $i\,(i = A, B)$ は，予算制約 (5.17) の下で自らの効用を最大化する消費計画を選択する。

生産者の選択

各生産者 $j\,(j = 1, 2)$ は，消費者より L_j 単位の労働を雇用し，K_j 単位の資本を賃借して生産物 j を産出する。生産物 j の生産量を y_j とすれば，技術的

に選択可能な生産計画 (L_j, K_j, y_j) の全体が与えられており，生産者 j は所与の生産量 y_j に対し費用総額の最小値を与える総費用曲線 TC_j に直面する (4章 4.2.2 参照)。このとき，各生産者 j $(j = 1, 2)$ は，自らの利潤

$$\pi_j = p_j y_j - TC_j \tag{5.18}$$

を最大化する生産量 y_j^S を選択する。各生産要素への需要量は，生産量 y_j^S を目標生産量としたときの等量曲線の下で費用総額 (4.13) 式 (p. 99) を最小にする組 (L_j^D, K_j^D) になる [7]。

生産経済のワルラス均衡：$2 \times 2 \times 2 \times 2$ の場合

今回の生産経済の場合，価格体系は，二つの生産物価格 p_1，p_2，賃金 w，レンタル料 r の組 (p_1, p_2, w, r) になる。また，資源配分は，二人の消費者の消費計画 (x_{A1}, x_{A2})，(x_{B1}, x_{B2}) と，2 企業の生産計画 (L_1, K_1, y_1)，(L_2, K_2, y_2) の組になる。次の条件を満たす価格体系と資源配分の組が**ワルラス均衡**になる。

(WE.1) 主体的均衡：すべての主体は，自らの主体的均衡で選択している。

(WE.2) 資源配分の実行可能性：資源配分は，実行可能である。すなわち，

$$x_{Ah} + x_{Bh} \leqq y_h \qquad (h = 1, 2) \tag{5.19a}$$

$$L_1 + L_2 \leqq L_A + L_B \tag{5.19b}$$

$$K_1 + K_2 \leqq K_A + K_B \tag{5.19c}$$

ファクト 5.4 ワルラス均衡では，次が成り立つ。

(1) 消費者間で限界代替率が一致する。すなわち，消費者 i $(i = A, B)$ の限界代替率を MRS_i とすれば，

$$MRS_A = MRS_B \tag{5.20}$$

---

[7] ［発展］(♠) 生産者の選択は，費用最小化を経ずに，次のように記述することができる (4 章 4.5 節)。技術的に選択可能な生産計画は，生産関数 f^j があったとき，条件

$$y_j \leqq f^j(L_j, K_j) \tag{fn.7a}$$

を満たす生産計画 (L_j, K_j, y_j) になる。生産者 j は，技術的に選択可能な生産計画の中で利潤

$$\pi_j = p_j y_j - w L_j - r K_j \tag{fn.7b}$$

が最大になる生産計画を選ぶ。

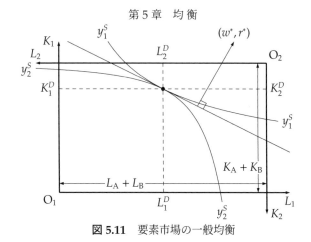

図 5.11　要素市場の一般均衡

(2) 消費者の限界代替率と 2 生産者の限界生産性の比が等しい。すなわち，生産物 1 の 1 単位増に対する生産物 2 の限界代替率を MRS，生産者 j ($j = 1, 2$) の労働の限界生産性を MP_L^j とすれば，

$$MRS = \frac{MP_L^2}{MP_L^1} \tag{5.21}$$

(3) 生産者間で技術的限界代替率が一致する。すなわち，生産者 j ($j = 1, 2$) の技術的限界代替率を $MRTS_j$ とすれば，

$$MRTS_1 = MRTS_2 \tag{5.22}$$

　ファクト 5.4 (1) は，ワルラス均衡では，各消費者が最適消費計画を選択しているため，最適消費計画の 1 階条件 (ファクト 3.11，p. 62) が各消費者について成り立つことより導出できる。ワルラス均衡において消費者間で限界代替率が一致することは，純粋交換経済でも成り立っていた特徴である。実際，図 5.7 の均衡資源配分 x^* では，消費者 A，B，両者の無差別曲線が接している。ファクト 5.4 (1) は，生産経済でも同じ性質が成り立つことを意味する。

　ファクト 5.4 (2) は，消費者の最適消費計画の 1 階条件 (ファクト 3.11，p. 62) と，生産者の利潤最大化の 1 階条件 (ファクト 4.15，p. 108)，そして，限界費用と限界生産性の関係 (ファクト 4.9 (4)，p. 102) から得られる。

　ファクト 5.4 (3) は，各生産者が費用最小化していること，すなわち，各生産者について費用最小化の 1 階条件 (ファクト 4.8，p. 100) が成立している

ことより導出できる。ファクト 5.4 (3) については，次のように図説可能である[8]。各生産者は，各々，図 4.6 (a) (p. 99) の選択平面をもつ。生産者 2 の平面を 180 度回転させ，横幅が労働資源 $L_A + L_B$，縦幅が資本資源 $K_A + K_B$ に等しくなるように生産者 1 の平面に重ねれば，図 5.11 のエッジワース・ボックスが出来上がる。ワルラス均衡での各生産者 j ($j = 1, 2$) の最適生産計画を (L_j^D, K_j^D, y_j^S) としよう。このとき，ファクト 5.4 (3) は，生産者 1，2，両者の等量曲線 $y_1^S y_1^S$ と $y_2^S y_2^S$ が接することを意味する。その接点で，各生産者 j ($j = 1, 2$) は，ワルラス均衡での要素価格の組 (w^*, r^*) の下で，各々の費用を最小化し，そのときの各々の要素需要が (L_j^D, K_j^D) ($j = 1, 2$) になるというわけである。

5.2.4　ワルラス均衡の存在 (♣)

　ワルラス均衡が存在しなければ，均衡の安定性や性質を分析すること自体，意味を失ってしまう。ワルラスは，方程式の数と未知数を調べる間に，いくつかの重要な法則を発見し，それらが後世の経済学者によってワルラス均衡の存在定理の証明に使われることになる。

ワルラス法則

　ℓ 個の商品が存在する経済を考えよう。商品 h ($h = 1, \dots, \ell$) の市場需要量から商品 h の市場供給量を差し引いた大きさ，すなわち，商品 h の超過需要量を z_h で表そう。各商品 h ($h = 1, \dots, \ell$) の市場価格を 1 単位 p_h 円としたとき，消費者や生産者の選択より，各商品 h ($h = 1, \dots, \ell$) の超過需要量 z_h は ℓ 個の市場価格 $p_1, \dots, p_\ell$ の関数になっている。

$$z_h = \zeta_h(p_1, \dots, p_\ell) \qquad (h = 1, \dots, \ell) \tag{5.23}$$

関数 ζ_h を商品 h の**超過需要関数**と呼ぶ。このとき，次を**ワルラス法則** (Walras' law) と呼ぶ[9]。

---

[8]　［ノート］ファクト 5.4 (1) (2) も図説可能である。次章 6.3.2 参照。
[9]　［用語注］選好の強単調性を仮定して，(5.24) 式が恒等式になることを「ワルラス法則」と呼ぶ場合がある。

$$\sum_{h=1}^{\ell} p_h \zeta_h(p) \leqq 0 \qquad \forall\, p = (p_1, \ldots, p_\ell) \tag{5.24}$$

ワルラス法則は，いかなる経済でも成り立つ。前項 5.2.3 で見た生産経済において，生産物 1 を商品 1，生産物 2 を商品 2，労働を商品 3，資本を商品 4 としよう (したがって，$p_3 = w$，$p_4 = r$ である)。商品 1 と商品 2 の超過需要量は，

$$z_1 = x_{A1} + x_{B1} - y_1 \quad \& \quad z_2 = x_{A2} + x_{B2} - y_2 \tag{5.25}$$

また，商品 3 と商品 4 の超過需要量は，

$$z_3 = L_1 + L_2 - (L_A + L_B) \quad \& \quad z_4 = K_1 + K_2 - (K_A + K_B) \tag{5.26}$$

と書き表すことができる。各消費者 i $(i = A, B)$ の予算制約 (5.17) 式を左辺，右辺ごとに合計すると，

$$p_1\left(x_{A1} + x_{B1}\right) + p_2\left(x_{A2} + x_{B2}\right) \leqq w\left(L_A + L_B\right) + r\left(K_A + K_B\right) + \pi_1 + \pi_2 \tag{5.27}$$

利潤 (5.18) 式と各企業 $j = 1,2$ に対し $TC_j = wL_j + rK_j$ が成り立つことより，上式は $\ell = 4$ のときのワルラス法則 (5.24) になる。ワルラス法則は，このように，予算制約，利潤の定義式から演繹できる普遍的な法則である。例えば，2 消費者，2 商品の純粋交換経済でもワルラス法則が成り立つ (練習問題 5.8)。

ワルラス法則 (5.24) は，超過需要の価値額合計が非負になるといえるが，その含蓄は大きい。第一に，**超過需要** $(z_h > 0)$ の商品 (h) があれば，**超過供給** $(z_{h'} < 0)$ となる他の商品 $(h' \neq h)$ が，必ず，存在していることを意味する。なお，市場価格がゼロ $(p_h = 0)$ でも超過供給 $(z_h < 0)$ となる商品 (h) を**自由財**，市場価格が正の値 $(p_h > 0)$ で需給均衡 $(z_h = 0)$ する商品 (h) を**希少財**と呼ぶ (自由財均衡が発生する純粋交換経済については，練習問題 5.7 参照)。

第二に，次のファクトが成り立つ。

ファクト 5.5 $\ell - 1$ 個の商品で需給均衡すれば，資源配分は実行可能である。

ファクト 5.5 を 2 商品 $(\ell = 2)$ の場合で見てみよう。商品 1 の市場が自由財，希少財のいずれにかかわらず均衡すれば，$p_1 z_1 = 0$ になる。この結果，ワルラス法則より，$p_2 z_2 \leqq 0$ となり，$p_2 \geqq 0$ であるから，$z_2 \leqq 0$ となって，資源配分は実行可能性を満たす。

より一般的には，$\ell - 1$ 個の商品で需給均衡していれば，残りの商品市場も均衡しているといえる。ℓ 個の需給均衡条件 ($z_h = 0$, $h = 1, \ldots, \ell$) は ℓ 個の連立方程式を意味するが，それら ℓ 個の連立方程式は，ワルラス法則 (5.24) より，せいぜい $\ell - 1$ 個の未知数を決められるのみになる。ℓ 個の連立方程式の内，独立なのは $\ell - 1$ 個の方程式なのである。

超過需要関数のゼロ次同次性

2 消費者，2 商品の純粋交換経済を考えよう。図 5.5 (p. 125) で見たように，消費者の予算制約は相対価格 p_1/p_2 のみに依存して変化する。このことは，消費者の普通需要関数が相対価格 p_1/p_2 のみに依存していることを意味する。同様のことは，生産物の供給曲線や要素需要関数 (4 章 4.5 節) についてもいえる。図 5.9 (p. 130) の最適生産計画 (点 P) は，実質賃金 w/p，すなわち，生産物と労働の間の相対価格のみに依存して決まっている。

以上の議論を一般化すると，次のようにいえよう。ℓ 個の商品があり，超過需要関数 (5.23) があったとする。各主体の需要関数，供給関数は相対価格のみに依存しているため，すべての市場価格を t 倍しても，超過需要量は不変である。すなわち，任意の実数 t に対し，

$$\zeta_h(tp_1, tp_2, tp_3, \ldots, tp_\ell) = \zeta_h(p_1, p_2, p_3, \ldots, p_\ell) \tag{5.28}$$

すなわち，超過需要関数は，ゼロ次同次関数である [10]。

例えば，$t = 1/p_\ell$ とすれば，(5.28) 式より，商品 h の超過需要関数は，

$$z_h = \zeta_h\left(\frac{p_1}{p_\ell}, \frac{p_2}{p_\ell}, \frac{p_3}{p_\ell}, \ldots, \frac{p_{\ell-1}}{p_\ell}, 1\right) \tag{5.29}$$

と書き換えられる。すなわち，$\ell - 1$ 個の相対価格の関数になる。

ワルラス法則より，ℓ 個の需給均衡条件の中で独立であったのはせいぜい $\ell - 1$ 個の方程式であった。これに対し，ℓ 個の市場価格の中で超過需要量を決めているのは $\ell - 1$ 個の相対価格である。したがって，$\ell - 1$ 個の需給均衡条件が $\ell - 1$ 個の相対価格を決めると予測できる。すなわち，方程式の数と未知数が一致するわけである。

---

[10] ［数学注］同次関数については，4 章 4.1.4 参照。

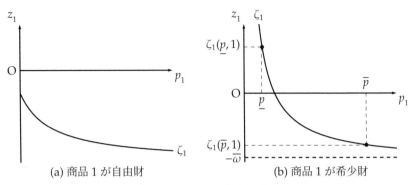

(a) 商品 1 が自由財　　　　　　　　(b) 商品 1 が希少財

図 5.12　ワルラス均衡の存在

ワルラス均衡の存在

　方程式の数 (独立な需給均衡条件の数) と未知数 (相対価格の数) が同じであったとしても，ワルラス均衡が存在するとはいえない。ここでは，商品数が 2 ($\ell = 2$) のときのワルラス均衡の存在条件を探ってみよう[11]。

定理 5.6 $\ell = 2$ のとき，商品 1 の超過需要関数 ζ_1 が次の条件を満たせば，ワルラス均衡が存在する。

　(I) ζ_1 は，連続関数である。

　(II) $\lim_{p_1 \to \infty} \zeta_1(p_1, p_2) = -\overline{\omega}$ (但し，$\overline{\omega} > 0$)。

　[証明] 超過需要関数のゼロ次同次性より $p_2 = 1$ とおける (すなわち，$p_1/p_2 = p_1$)。もし任意の $p_1 \geqq 0$ に対して $\zeta_1(p_1, 1) \leqq 0$ であれば (図 5.12 左図 (a))，価格体系 $(p_1^*, p_2^*) = (0, 1)$ において，ワルラス法則より $\zeta_2(p_1^*, p_2^*) \leqq 0$ となる。したがって，価格体系 $(p_1^*, p_2^*) = (0, 1)$ において，すべての商品 $h = 1, 2$ について $\zeta_h(p_1^*, p_2^*) \leqq 0$ となって，資源配分は実行可能である。

　よって，$\zeta_1(\underline{p}, 1) > 0$ となる $\underline{p} \geqq 0$ が存在するとしよう (図 5.12 右図 (b))。仮定 (II) より，十分小さい $\epsilon > 0$ に対し，$\zeta_1(\overline{p}, 1) < -\overline{\omega} + \epsilon < 0$ を満たす $\overline{p} \geqq 0$ が存在する。$\zeta_1(\overline{p}, 1) < 0 < \zeta_1(\underline{p}, 1)$ であるから，中間値の定理によって[12]，$\zeta_1(p_1^*, 1) = 0$ を満たす $p_1^* \geqq 0$ が存在する。再び，ワルラス法則より $\zeta_2(p_1^*, 1) \leqq 0$ であるから，価格体系 $(p_1^*, 1)$ において資源配分は実行可能である。‖

---

[11]　[発展] 商品数が 3 以上の場合については，Mas-Colell *et al.* (1995) や Varian (1992) などを参照。

[12]　[数学注] **中間値の定理**　区間 $[a, b]$ 上で連続な実数値関数 f において $f(a) < f(b)$ のとき，$f(a) < c < f(b)$ なる任意の c に対し，$c = f(x)$ なる x が区間 $[a, b]$ に存在する。

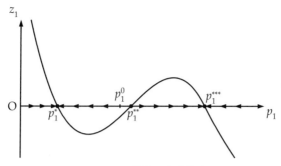

図 5.13   均衡の安定性

5.2.5   均衡の安定性：ワルラスの調整仮説

　均衡の安定性に対するワルラス分析は，マーシャル分析とは異なり，価格メカニズムのような価格調整を想定する。より具体的には，**仮想的な競売人**を考え，競売人が価格体系を示し，それに対し各主体がすべての商品の売買量を競売人に示す。すべての商品について売りと買いが一致すれば競りは決する。売りと買いが一致しない商品が一つでもあれば，次のルールにしたがって，競売人は新たな価格体系をすべての主体に示す。

$$\begin{cases} 超過需要\ (z_h > 0) & \Longrightarrow \quad p_h\ 引き上げ \\ 超過供給\ (z_h < 0) & \Longrightarrow \quad p_h\ 引き下げ \end{cases} \quad (h = 1, \ldots, \ell) \quad (5.30)$$

ここで，z_h は商品 h $(h = 1, \ldots, \ell)$ の超過需要量を，p_h は商品 h の市場価格を示す。競売人は，超過需要の商品の価格を引き上げ，超過供給の商品の価格を引き下げながら，一般均衡を模索するわけである。すべての商品について，売りと買いが一致するまで行われる以上のプロセスをワルラスの**模索過程** (tâtonnement) と呼ぶ。

　図 5.13 には，商品 1 の超過需要量 z_1 を縦軸，商品 1 の市場価格 p_1 を横軸にとった平面に，p_1 対 z_1 の対応を示す**超過需要曲線**が描かれている。三つの均衡価格 p_1^*，p_1^{**}，p_1^{***} の内，p_1^{**} へは模索過程によって収束することはない。例えば，p_1^* と p_1^{**} の間の価格 p_1^0 から模索過程が始まった場合，超過供給にあるため，競売人は p_1 を p_1^0 から下げようとする。競売人が p_1 を下げて新たな売買量を集計すると，依然として，超過供給のままである。このことは，競

売人が提示する p_1 が p_1^* に至るまで続く。同様のことは，模索過程が p_1^{**} と p_1^{***} の間から始まったときにも示すことができる。このようにして，模索過程によって均衡価格 p_1^{**} に収束することはない。

　ワルラスの調整仮説 (5.30) の下で均衡が安定的なとき，均衡は**ワルラス安定**であるという。図 5.13 の場合，均衡価格 p_1^* と p_1^{***} はワルラス安定，p_1^{**} はワルラス不安定になっている (cf. 練習問題 5.1)。

5.3　エッジワース分析

　均衡に対する三つ目の接近として，エッジワースの分析を紹介しよう [13]。マーシャルにしてもワルラスにしても，各主体は価格受容者として行動すると想定している。市場が競争的であれば，直感的には，主体は価格受容者として行動すると予測できそうであるが，そもそも市場が競争的になるのはいつなのか，明らかにした上での分析ではない。エッジワースの分析の特徴は，主体が価格受容者として行動するといった仮定をおかずに，純粋に取引が成立するであろう条件の最小を与え，そのような条件の下で「競争市場」の意味を考察する。ここでは，2 商品の純粋交換経済を取り上げて，エッジワースの分析を見ることにしよう。

5.3.1　コア

　m 人の消費者，2 商品の純粋交換経済を考えよう。各消費者 i の初期付与を $\omega_i = (\omega_{i1}, \omega_{i2})$，消費計画を $x_i = (x_{i1}, x_{i2})$ で示そう $(i = 1, 2, 3, \ldots, m)$。消費計画の組 $x = (x_1, x_2, x_3, \ldots, x_m)$ が資源配分になる。

　消費者の集合を**提携** (coalition) と呼ぶ。消費者達は，自由に提携を組み，集団間交渉を行う。現在，ある提携が資源配分 $x = (x_1, \ldots, x_m)$ を提案してい

---

[13]　[学史注] **エッジワース** (F. Y. Edgeworth, 1845–1926) は，マーシャルと同世代のイギリスの経済学者であるが，両者の接近は対照的である。マーシャルが生物学的類似性を引き合いに出し，金言の開拓に関心があったのに対し，エッジワースは機械 (物理) 的類似性を引き合いに出し，定理の開発に関心があった。エッジワースが経済学を研究し始めたのは 1879 年にジェヴォンズに出会い，少人数の取引における交換比率，契約の非決定性問題 (後述) に強い興味を抱いたことに始まる。その研究成果が 1881 年の著書 *Mathematical Physics* (Edgeworth, 2003) である。その著書で契約曲線 (後述)，無差別曲線といった概念を示し，後の論文では効用関数から消費者，生産関数から生産者の理論を展開するなど，多くの貢献をしている。1891 年，イギリス王立経済学会の学会誌 (*Economic Journal*) の初代編集長を務めた。

たとしよう。このとき，次の条件を満たす他の資源配分 $x' = (x_1', \ldots, x_m')$ が存在するとき，提携 C は資源配分 x を**ブロック**，あるいは**阻止**するという。

提携 C 実行可能性：各商品について，資源配分 x' での提携 C における消費総量が，提携 C における初期保有総量を上回らない。すなわち，

$$\sum_{i \in C} x_{ih}' \leqq \sum_{i \in C} \omega_{ih} \qquad (h = 1, 2) \tag{5.31}$$

提携 C 改善：資源配分 x から資源配分 x' に移動することで提携 C 内の消費者全員が改善する。すなわち，$>_i$ を消費者 i の強選好順序とすれば，すべての消費者 $i \in C$ について，$x_i' >_i x_i$ が成り立つ [14]。

提携 C 改善できる提携 C 実行可能な資源配分 $x' \neq x$ を提携 C が見いだせるのであれば，提携 C は資源配分 x での取引を許容するわけがない。すなわち，提携 C は，資源配分 x という提案を「ブロック」する。この結果，集団間交渉で妥結する資源配分は，ブロックする提携が現れない資源配分であり，そのような資源配分の全体を**コア** (core) と呼ぶ。

消費者を 2 人 ($m = 2$) としてコアを求めてみよう。1 人を消費者 A，もう 1 人を消費者 B とすれば，可能な提携は全部で {A}，{B}，{A, B} の 3 種類になる。先ずは，提携 {A} を考えよう。提携 {A} 実行可能な資源配分は，消費者 A の消費計画 x_A が自らの初期付与 ω_A と等しくなる資源配分 (ω_A, x_B) である。このため，消費者 A が自らの初期付与を消費するときよりも悪化する資源配分は提携 {A} によってブロックされる。

図 5.14 (次頁) には $\omega_A = (8, 1)$，$\omega_B = (1, 5)$ のときのエッジワース・ボックスが描かれている。消費者 A の初期付与 $(8, 1)$ を通る消費者 A の無差別曲線 U_A^0 の左下方領域内の資源配分は，提携 {A} によってブロックされる。同様に，消費者 B の初期付与 $(1, 5)$ を通る消費者 B の無差別曲線 U_B^0 の右上方領域内の資源配分は提携 {B} によってブロックされる。

今度は，全体提携 {A, B} によってブロックされる資源配分を探そう。各資

---

[14] ［用語注］(♠)「提携 C 改善」の「改善」については，次の「弱改善」を使う文献もある。

弱改善：資源配分 x から資源配分 x' に移動することで提携 C 内の消費者全員が悪化せず，改善する消費者が少なくとも 1 人，提携 C 内に存在する。

本書で紹介している「改善」は，弱改善に対し**強改善**と呼ばれる。なお，すべての消費者について，選好が単調性と連続性を満たせば，弱改善は強改善を意味する (練習問題 5.13)。

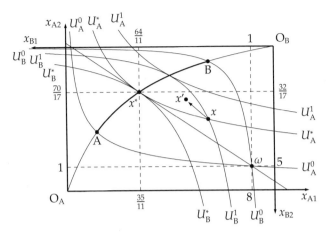

図 5.14　純粋交換経済 $\omega_A = (8, 1)$,　$\omega_B = (1, 5)$ のコア

(♣) $U_A = x_{A1} x_{A2}^2$　&　$U_B = x_{B1}^2 x_{B2}$

源配分に対し，それを通る無差別曲線が必ず存在する。例えば，図 5.14 の資源配分 x の場合，消費者 A の無差別曲線 U_A^* が，消費者 B の無差別曲線 U_B^1 が x を通っている。資源配分 x では両者の無差別曲線が接していないため，消費者 A の無差別曲線 U_A^* の右上方領域，消費者 B の無差別曲線 U_B^1 の左下方領域の資源配分，例えば x' に移動すれば，提携 {A, B} は改善する。すなわち，提携 {A, B} は資源配分 x をブロックする。両者の無差別曲線が接しない資源配分は，このようにして，提携 {A, B} によってブロックされる。

　全体提携 {A, B} によってブロックされない資源配分の集合を求めると，図 5.14 の O_A から点 A，点 x^*，点 B，O_B に至る曲線になる。この曲線をエッジワースは**契約曲線** (contract curve) と呼んだ。

　コアは，すべての提携 {A}，{B}，{A, B} によってブロックされない資源配分の全体である。したがって，契約曲線上の点 A から点 B の部分になる。

　コアに属す資源配分は無数に存在する。その中には，ワルラス均衡での資源配分も含まれる。図 5.14 では，資源配分 x^* と初期付与 ω の 2 点を通る直線を与える価格体系 (p_1^*, p_2^*) と，資源配分 x^* の組がワルラス均衡であり，ワルラス均衡での資源配分 x^* はコアに属する。実は，一般的に，次の定理が成り立つ。

定理 5.7 ワルラス均衡の資源配分は，コアに属す[15]。

［証明］価格体系 (p_1^*, p_2^*) と資源配分 $(x_1^*, \ldots, x_m^*)$ の組がワルラス均衡であったとして，資源配分 $(x_1^*, \ldots, x_m^*)$ がコアに属さないとする。然らば，すべての $i \in C$ について $x_i' \succ_i x_i^*$ となる提携 C と，提携 C 実行可能な他の資源配分 $(x_1', \ldots, x_m')$ が存在する。もし

$$p_1^* x_{i1}' + p_2^* x_{i2}' \leqq p_1^* \omega_{i1} + p_2^* \omega_{i2} \tag{5.32}$$

であれば，x_i^* は消費者 $i \in C$ の最適消費計画とはならない。したがって，

$$p_1^* x_{i1}' + p_2^* x_{i2}' > p_1^* \omega_{i1} + p_2^* \omega_{i2} \qquad (\forall\, i \in C) \tag{5.33}$$

左辺，右辺を提携 C 上で合計すれば，

$$p_1^* \sum_{i \in C} x_{i1}' + p_2^* \sum_{i \in C} x_{i2}' > p_1^* \sum_{i \in C} \omega_{i1} + p_2^* \sum_{i \in C} \omega_{i2} \tag{5.34}$$

となって，

$$\sum_{i \in C} x_{ih}' > \sum_{i \in C} \omega_{ih} \tag{5.35}$$

となる商品 h が必ず存在することになる。これは，資源配分 $(x_1', \ldots, x_m')$ が提携 C 実行可能であることと矛盾する。∥

5.3.2 複製経済によるコアのワルラス均衡への収縮

少人数の取引においてコアが無数の資源配分から構成される問題を交換比率，あるいは，契約の**非決定性問題**という。非決定性問題は，主体の人数が増加することで解決されることをエッジワースが示し，後の経済学者によってその証明が与えられている。

図 5.14 と同じ純粋交換経済を示す図 5.15 (次頁) において，ワルラス均衡の資源配分ではないが，コアに属す資源配分 x' を考えよう。資源配分 x' では消費者 A の無差別曲線 U_A' と消費者 B の無差別曲線 U_B' が接するが，初期付与 ω と資源配分 x' の 2 点を通る直線はそれらの無差別曲線と接することはない (なぜなのか，理由を示そう)。

ここで，消費者 A と同じ選好，初期付与をもつ消費者 A′ と，消費者 B と同じ選好，初期付与をもつ消費者 B′ が新たに加わったとしよう。このように，元の経済を複製して元の経済に加えた経済を**複製経済** (replica economy) と

---

[15]［発展］商品数を ℓ 個に一般化することは難しくないので，是非とも読者に試みて欲しい。

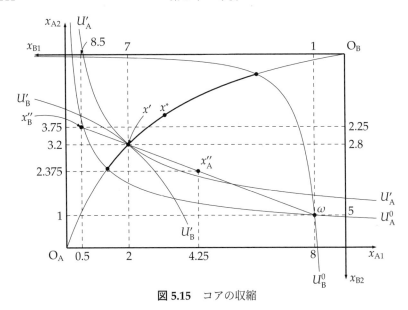

図 5.15 コアの収縮

呼ぶ。複製経済でのワルラス均衡は，元の経済のワルラス均衡に等しい。ところが，資源配分 x' の複製は複製経済でのコアに属さない。というのは，提携 $\{A, A', B\}$ が資源配分 x' の複製をブロックするのである。

このことを見るために，初期付与 ω と資源配分 x' の 2 点を通る直線上の点 x''_B を考えよう。資源配分 x' での消費者 B の消費計画 $x'_B = (7, 2.8)$ から消費計画 $x''_B = (8.5, 2.25)$ に移動することで消費者 B は改善する $(x''_B >_B x'_B)$。消費者 B がこの改善を享受するには，消費者 B は商品 1 を 7.5 単位購入，商品 2 を 2.75 単位売却する必要がある。そこで，点 x''_B と初期付与 ω を結ぶ直線の中点 $x''_A = (4.25, 2.375)$ を考えよう。消費者 A と消費者 A' は，資源配分 x' での消費計画 $x'_A = (2, 3.2)$ から消費計画 $x''_A = (4.25, 2.375)$ に移動することで改善する $(x''_A >_i x'_A, \; i = A, A')$。この改善が可能になるには，消費者 A と A' の各々が，商品 1 を 3.75 単位売却，商品 2 を 1.375 単位購入する必要があるが，消費者 B が消費計画 $x''_B = (8.5, 2.25)$ に移動するために必要であった商品 1 の購入量 7.5 と商品 2 の販売量 2.75 に一致している。すなわち，

$$x''_B - \omega_B = (7.5, -2.75) = 2(3.75, -1.375) = 2(\omega_A - x''_A) \tag{5.36}$$

資源配分 x' の複製 (x'_A, x'_B, x'_A, x'_B) から，消費者 A と A' の消費計画が同じ $x''_A = x''_{A'} = (4.25, 2.375)$ であり，かつ，消費者 B の消費計画が $x''_B = (8.5, 2.25)$ となる資源配分 $x'' = (x''_A, x''_B, x''_{A'}, \omega_{B'})$ に移動することで，提携 $C = \{A, A', B\}$ は提携 C 改善し，その改善は提携 C 実行可能になっている。すなわち，提携 $\{A, A', B\}$ は，資源配分 x' の複製をブロックするのである。

　元の経済を1回複製して元の経済に加えるのみで，元の経済のコアの相当数がブロックされる。このことは，複製回数を増やしていくことで，ブロックされる資源配分も又，増えていくことを示唆している。複製回数を増やしていったときに，コアがワルラス均衡の資源配分の全体に収縮する定理を**コアの極限定理**と呼ぶ [16]。このようにして，ワルラス均衡は，ブロックのための提携形成のインセンティブの働かない取引において，主体の数が増加していったときに成り立つ状態であることが理解できる。

練習問題

問題 5.1　図 5.13 の均衡価格 p_1^* と p_1^{***} がワルラス安定であることを説明せよ。

問題 5.2　右図の三つの市場均衡の各々について，次を調べなさい。

(1) マーシャル安定か否か

(2) 超過需要曲線を描き，ワルラス安定か否か

　　＊ 超過需要曲線は，縦軸に価格，横軸に数量をとった平面を考えると，右図と対応させながら描くことができる。

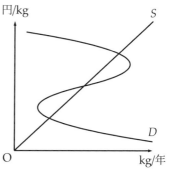

問題 5.3　典型的な企業の生産量を1ヶ月当たり y 個，市場価格を1個当たり p 円としたとき，企業の短期供給曲線が

$$y = \begin{cases} 0 & \text{if } p < 150 \\ 2p & \text{otherwise} \end{cases} \tag{5.37}$$

---

[16]　［発展］極限定理の証明については，ドブリュー・スカーフの論文 (Debreu and Scarf, 1963) を参照。

そして，市場需要量を 1 ヶ月当たり D 個としたとき，市場需要曲線が

$$D = 90,000 - 50p \tag{5.38}$$

となっている産業を考えよう．但し，$(y, p) = (300, 150)$ は企業の長期損益分岐点であるとする．

(1) 20 社が参入しているとき，短期市場均衡を求めなさい．

(2) 長期市場均衡での企業数，取引価格，取引量を求めなさい．

問題 5.4 空欄を埋めなさい．

(1) 純粋交換経済における (ア) 均衡とは，すべての消費者が (イ) 制約の下で (ウ) 最大化する (エ) 均衡にあり，しかも，資源配分が (オ) である状態をいう．相対価格の各値に対する (カ) の軌跡を (キ) 曲線と呼ぶ．2 人 2 財の純粋交換経済であれば，エッジワース・ボックスにおける各消費者の (キ) 曲線の交点が (ア) 均衡になる．

(2) 純粋交換経済において，(ア) の集合を「提携」という．提携内で (イ) な資源配分を考え，今ある資源配分 X よりも提携内のすべての (ア) が改善するとき，その提携は資源配分 X を (ウ) するという．(ウ) する提携が現れない資源配分の全体を (エ) という．(エ) は，経済を複製していくことで (オ) 均衡の資源配分の全体に収縮していく．

問題 5.5 ファクト 5.3 (p. 125) が成り立つことを説明しなさい．

問題 5.6 由紀恵さん (例 3.5, p. 51) は，カレー専門店の商品券を，カレー 2, ライス 9 単位分，そして，淳さんは (例 3.4, p. 50) は，カレー 10，ライス 1 単位分を持っているとしよう．

(1) 各消費者の予算制約線を図示しなさい．

(2) 各消費者のオファー曲線を図示しなさい．

(3) エッジワース・ボックスを描き，初期付与を示しなさい．

(4) ワルラス均衡 (価格体系と資源配分の組) を求めなさい．

(5) (a) 契約曲線，並びに，(b) コアを示しなさい．また，(c) ワルラス均衡での資源配分がコアに属すことを説明しなさい．

問題 5.7：自由財を含むワルラス均衡 一年後，淳さんはカレーとライスに対し 2 対 1 にこだわるようになっていたという．由紀恵さんの選好は変わって

いないものとして,

(1) 練習問題 5.6 の初期付与を想定して,練習問題 5.6 の各問いに答えなさい.

(2) すべてのワルラス均衡がワルラス安定か否か,調べなさい.

問題 5.8 2 消費者 (消費者 A と消費者 B), 2 商品 (商品 1 と商品 2) からなる純粋交換経済において,各消費者 i の初期付与が $\omega_i = (\omega_{i1}, \omega_{i2})$ であったとする $(i = A, B)$. このとき,ワルラス法則が成り立つことを示しなさい.

問題 5.9 図 5.8 を利用して,労働供給曲線を描きなさい.また,労働供給曲線が**後方屈曲**する (左上がりになる) とすれば,代替効果と所得効果の符号と大小関係がどのようになっているか調べなさい.

問題 5.10 :コアの応用 労働組合のみを通じて労働市場の資源配分が決まるとしよう (cf. クローズド・ショップ). このとき,(1) 資源配分が非決定的となることを説明しなさい.また,(2) 労働組合が形成されるとすれば,元々の資源配分がワルラス均衡にはなかったことを説明しなさい.結局,労働組合がコアに属す資源配分とは異なる資源配分を毎年契約していかない限り,労働組合自体が維持されないことを説明しなさい.

問題 5.11 (♣) 例 5.2 (p. 124) の消費者 A と消費者 B の効用関数が,各々,次の通りであるとしよう (cf. 図 5.7, p. 128).

$$U_A = x_{A1} x_{A2}^2 \quad \& \quad U_B = x_{B1}^2 x_{B2} \tag{5.39}$$

(1) 各消費者の各商品の普通需要関数を求めなさい.

(2) 各消費者のオファー曲線の式を求め,図示しなさい.

(3) ワルラス均衡を求めなさい.［ヒント］ワルラス均衡の定義 (p. 127)

(4) 各商品の超過需要関数を求めなさい.

(5) ワルラス法則が成り立つことを超過需要関数を使って示しなさい.

(6) 各商品の超過需要関数がゼロ次同次関数であることを示しなさい.

(7) 商品 1 の超過需要がゼロとなる相対価格を求めなさい.

(8) その相対価格で商品 2 の超過需要がゼロになることを確認しなさい.

(9) ワルラス均衡がワルラス安定であることを説明しなさい.

問題 5.12 (♣):地産地消 町 A と町 B があり,各々の効用関数が (5.39) 式で

あったとしよう。商品 1 は町 A の特産品，商品 2 は町 B の特産品であり，各々の初期付与は $\omega_A = (12, 0)$，$\omega_B = (0, 9)$ であったとする。

(1) 町 A と町 B にまたがって各特産品の競争市場が存在するときのワルラス均衡を求めなさい。但し，町 A と町 B の間の輸送コストや消費者の移動コストは，考えなくとも良い。

(2) ワルラス均衡の資源配分は，「地産地消」と言えるのであろうか。「地産地消」の定義を与え，言える理由，言えない理由を述べなさい。

問題 5.13 (♣) すべての消費者の選好が単調性と連続性を満たせば，提携 C が弱改善 (用語注 14，p. 141) において資源配分 x をブロックするならば，強改善においても資源配分 x をブロックすることを示しなさい。

問題 5.14 (♣) ファクト 5.1 (p. 122) を証明しなさい。

問題 5.15 (♣) ある資産を考えよう。各 t 期に d 円の収益を生み出す (例：株式なら配当，住宅なら賃貸収入)。t 期首の資産価格を p_t 円，利子率を $100\,i$ % とすれば，裁定によって，次が成り立つ。

$$\frac{E_t[p_{t+1}] - p_t}{p_t} + \frac{d_t}{p_t} = i \tag{5.40}$$

(1) $\delta = 1/(1+i)$ とすれば，次の**確率定差方程式**が成り立つことを示しなさい。

$$p_t = \delta\left(d_t + E_t[p_{t+1}]\right) \tag{5.41}$$

(2) 合理的期待形成の下では，この方程式に従って $t+1$ 期の価格も決まると予想する。p_{t+1} の式を示し，その式の両辺を E_t で評価しなさい。

(3) $t+2$，$t+3$，… のすべておいて同じ計算をし，期待値に代入していけば，確率定差方程式の解が得られる。解が次になることを示しなさい。

$$p_t = \sum_{h=0}^{\infty} \delta^{h+1} E_t[d_{t+h}] \tag{5.42}$$

第6章 厚生

　3章で消費，4章で生産，5章で資源配分について，競争市場の下での部分均衡，あるいは，一般均衡と，それらの特徴を明らかにする実証分析を見てきた。特に前章では，市場によって決まる資源配分は，主体数が増えれば，ワルラス均衡での資源配分に収斂することを見ている。そのような法則が成り立つとすれば，競争市場の善し悪しを判断するには，ワルラス均衡での資源配分に対する**規範分析** (normative analysis) が必要になる。

　規範分析については，既に2章2.4節で部分均衡分析を行い，経済厚生に対する政策の効果も見ている (2.5節)。2章では効用が金銭単位で表されると想定したが，5章の均衡理論が基礎としている3章の消費者の理論は，より一般的な序数的効用に基づいている。そこで本章では，序数的効用の下での規範分析で，しかも一般均衡分析を試みることにしよう。

6.1　厚生経済学の第1基本定理

　先ずは，m 人からなる純粋交換経済を考えよう。もし消費者が2人 ($m = 2$) であり，商品数も2であれば，すべての商品で需給均衡する資源配分はエッジワース・ボックス内の点で表すことができる。消費者 i $(i = 1, \ldots, m)$ の消費計画を x_i としたとき，資源配分 $x = (x_1, \ldots, x_m)$ から他の資源配分 $x' = (x'_1, \ldots, x'_m)$ に移動することですべての消費者が改善するとき，すなわち，消費者 i の強選好順序を $>_i$ で表したとき，すべての消費者 $i = 1, \ldots, m$ について $x'_i >_i x_i$ となるとき，資源配分 x から x' に移動することで**パレート改善**し，資源配分 x' は x を**パレート支配**する [1]。パレート改善する他の資源配分が存在しない

---

[1]　［用語注］(♣) この定義は，**強パレート改善**になる (用語注4, p. 28, 参照)。これに対し，だれも悪化せずに ($\forall i : x'_i \gtrsim_i x_i$)，少なくとも1主体が改善するとき ($\exists i : x'_i >_i x_i$)，資源配分 x から x' に移動することで**弱**

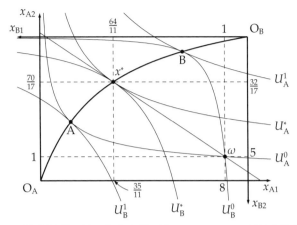

図 6.1　厚生経済学の第 1 基本定理：図 5.14 (p. 142) の純粋交換経済

資源配分は，**パレート効率**である [2]。

　2 消費者 (消費者 A，消費者 B) 2 商品の場合でパレート効率な資源配分を探してみよう。図 6.1 の曲線 $O_A A x^* B O_B$ は，図 5.14 の契約曲線である。契約曲線は，消費者 A と B からなる提携 {A, B} によってブロックされない資源配分の全体であった。消費者全体からなる提携によってブロックされないことと，パレート効率であることは，定義によって，同値である。この結果，契約曲線上の資源配分は，パレート効率になる。

　例えば，消費者 A の効用が無差別曲線 U_A^0 上の消費で与えられるとき，消費者 A が改善する資源配分は無差別曲線 U_A^0 の右上方領域になる。その領域内で，消費者 B の効用を最大にすれば，点 A を得る。点 A の資源配分から消費者 B が改善する資源配分は無差別曲線 U_B^1 の左下方領域となり，点 A からどのように移動しても，消費者 A と B の双方が改善，すなわち，パレート改善する資源配分は存在しない。すなわち，点 A は，パレート効率である [3]。

パレート改善することになる。強改善は，もちろん，弱改善を意味する。序数的効用では，選好の単調性と連続性を満たすとき，改善する主体が他の主体に適切に補償することで，弱改善が強改善を意味する。

　[2]　［用語注］この定義は，**弱パレート効率性**になる (用語注 5，p. 28，参照)。**強パレート効率性** (用語注 5，p. 28，参照) と弱パレート効率性がいつ同値になるかは，用語注 1 (p. 149) を参照のこと。

　[3]　［発展］このように，不公平に見える資源配分もパレート効率になる。実は，そもそも，図 6.1 のように，**公平な資源配分がパレート効率になるとは限らない**のである。例えば，練習問題 5.7 (p. 146) の純粋交換経済でも，すべての消費者が同一のカレーライスを食することを全員一致で反対することを示せる (練習問題 6.5)。

パレート効率な資源配分は, 消費者 A と B の無差別曲線が接する資源配分であることが理解できる。したがって, 無差別曲線への接線の勾配が限界代替率であることを想起すれば, 次が成り立つことを理解できる。

ファクト 6.1 パレート効率な資源配分では, 消費者間で限界代替率が等しくなる [4]。すなわち, MRS_i を消費者 i (i = A, B) の限界代替率とすれば,

$$MRS_A = MRS_B \tag{6.1}$$

ワルラス均衡の資源配分 x^* においても, 消費者 A, B 両者の無差別曲線が接しており, 条件 (6.1) が成り立っている。すなわち, ワルラス均衡の資源配分 x^* は, 契約曲線上にあり, よって, パレート効率である。

ワルラス均衡の資源配分が契約曲線上に位置するという命題は, m 人の消費者からなる純粋交換経済でも成り立つ。

定理 6.2 (厚生経済学の第 1 基本定理) ワルラス均衡の資源配分は, パレート効率である。

[証明] ワルラス均衡の資源配分は, コアに属す (定理 5.7, p. 142)。したがって, ワルラス均衡の資源配分は, いかなる提携によってもブロックされることはない。全体提携によってブロックされないことと, パレート効率であることは同値であるから, コアに属す資源配分はパレート効率である。∥

6.2 生産の効率性

生産経済でも, 厚生経済学の第 1 基本定理 (定理 6.2) が成り立つことを示せる。消費者の予算制約内効用最大化, 生産者の利潤最大化, そして, 資源配分の実行可能性は, 資源配分のパレート効率性の十分条件になるわけである (練習問題 6.11)。

生産経済では, 資源配分のパレート効率性のみならず, 生産者の利潤最大化行動が経済全体の総生産額 (GDP) を最大化するという命題も成り立つ。ここでは, その仕組みを探ろう。

---

[4] [発展] 限界代替率は, 無差別曲線が「滑らか」であり, 消費計画が内点であるときに定義が可能であることに注意しよう。但し, 限界代替率が定義できない場合でも, 無差別曲線が「接する」資源配分がパレート効率となる。練習問題 6.4 参照。

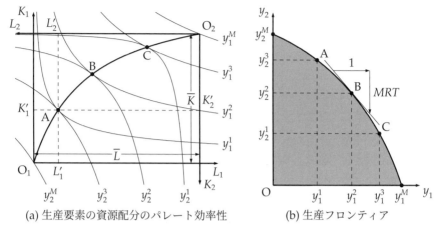

(a) 生産要素の資源配分のパレート効率性　　　(b) 生産フロンティア

図 6.2　生産要素の資源配分と生産フロンティア

6.2.1　生産フロンティア

　経済全体の総生産額が最大になるといっても，無尽蔵に大きくなるわけではない。生産者の技術と生産要素の利用可能量 (資源) が与えられると，経済全体で生産可能な範囲が定まり，その範囲内で総生産額が最大になるのである。先ずは，経済全体で生産可能な範囲を求めることにしよう。

　労働と資本の 2 種類の生産要素を使って 2 種類の生産物が生産可能な生産経済を考えよう (5 章 5.2.3 参照)。労働投入量 L_1 と資本投入量 K_1 の組 (L_1, K_1) で生産物 1 が y_1 単位生産可能な技術と，労働投入量 L_2 と資本投入量 K_2 の組 (L_2, K_2) で生産物 2 が y_2 単位生産可能な技術が存在するとしよう。また，労働資源は経済全体で $\overline{L}\,(= L_A + L_B)$ 単位，資本は $\overline{K}\,(= K_A + K_B)$ 単位存在するとしよう。このとき，生産計画 (L_1, K_1, y_1) と (L_2, K_2, y_2) が，生産要素の資源配分の実行可能条件

$$L_1 + L_2 \leqq \overline{L} \quad \& \quad K_1 + K_2 \leqq \overline{K} \tag{6.2}$$

を満たし，かつ，技術的に選択可能であるとき [5)]，生産計画 (L_1, K_1, y_1) と (L_2, K_2, y_2) は，経済全体において**生産可能**である。生産可能な生産計画の組

[5)] (♠) 生産物 $j\,(j = 1, 2)$ の生産関数を f^j とすれば，$y_j \leqq f^j(L_j, K_j)$ であるとき，生産計画 (L_j, K_j, y_j) は技術的に選択可能である。

の中で，すべての生産物について生産量が増加しない生産計画の組は，パレート基準において**効率的**である。

生産物2の要素投入平面 (原点を O_2 と表記) を180度回転させ，横幅が労働利用可能量 $\overline{L}$，縦幅が資本利用可能量 $\overline{K}$ となるように生産物1の要素投入平面 (原点を O_1 と表記) に重ねた図6.2左図 (a) を使って，効率的生産を求めてみよう。生産物1の生産量がゼロ ($y_1 = 0$) のとき，生産物1の生産量 y_1 がゼロより大きくなる領域は，原点 O_1 の右上方領域になる。その領域内で生産物2の生産量 y_2 を最大化すると，生産要素の資源配分は原点 O_1 自体になる。そのときの生産物2の生産量を y_2^M で表せば，生産量の組 $(y_1, y_2) = (0, y_2^M)$ はパレート基準において効率的である。y_1 対 y_2 平面でいえば，図6.2右図 (b) の点 $(0, y_2^M)$ であり，それは効率的な生産である。

次に，生産物1の生産量 y_1 がゼロから y_1^1 に増えた場合を考えよう ($y_1^1 > 0$)。生産物1の生産量 y_1 が y_1^1 より大きくなる領域は，等量曲線 y_1^1 の右上方領域になる。その領域内で生産物2の生産量 y_2 を最大化すると，生産要素の資源配分は点 A になる。生産物2の生産量 y_2 は y_2^3 となって，y_2^M より少なくなる。y_1 対 y_2 平面でいえば，図6.2右図 (b) の点 A になる。

生産物1の生産量 y_1 の各値について同じ作業を繰り返すと，図6.2左図 (a) の曲線 O_1ABCO_2 上に沿って効率的な生産要素の資源配分が動き，その変化と1対1で対応しながら，生産量の組が図6.2右図 (b) の曲線 $y_2^MABCy_1^M$ に沿って移動する。曲線 $y_2^MABCy_1^M$ を**生産可能性曲線**あるいは**生産可能性フロンティア**，または単に**生産フロンティア** (production frontier) と呼ぶ。生産フロンティア上の生産量の組は，所与の技術と要素資源の下で，パレート基準上，効率的である。生産フロンティアの左下方領域は，実行可能な生産量の組であり，**生産可能性集合**と呼ぶ。

生産フロンティア上の生産量の組において，生産量 y_1 の1単位増当たり生産量 y_2 の減少率を**限界変形率** (Marginal Rate of Transformation, *MRT*) という。生産フロンティアが図6.2右図 (b) のように「滑らか」であれば，限界変形率は生産フロンティア上の点での接線の勾配になる。例えば，点 B の限界変形率は，図6.2右図 (b) に示した *MRT* の大きさになる。

生産フロンティア上の各点とパレート効率な生産要素の資源配分 (図6.2左

図 (a) の曲線 O_1ABCO_2 上の点) は 1 対 1 で対応しているので，技術的限界代替率，限界生産性，限界変形率の間には，次の法則が成り立つ。

ファクト 6.3 (1) パレート効率な生産要素の資源配分では，生産物間で技術的限界代替率が等しくなる。すなわち，生産物 j $(j = 1, 2)$ の生産技術における技術的限界代替率を $MRTS_j$ とすれば，

$$MRTS_1 = MRTS_2 \tag{6.3}$$

(2) 限界変形率は，二つの生産物の労働の限界生産性の比に等しい。すなわち，生産物 j $(j = 1, 2)$ の労働の限界生産性を MP_L^j とすれば，

$$MRT = \frac{MP_L^2}{MP_L^1} \tag{6.4}$$

技術的限界代替率が生産物間で等しいことは，パレート効率な生産要素の資源配分では，生産物 1 と 2 の等量曲線同士が互いに接することより従う (例えば，図 6.2 (a) の点 A 参照)。限界変形率が限界生産性の比に等しいことは，次のように示せる。生産量 y_1 を 1 単位増加させたとしよう。そのためには，生産物 1 の労働投入量 L_1 を $1/MP_L^1$ 分増加させる必要がある。ところが，労働資源が完全利用されているため，生産物 2 の労働投入量 L_2 を $1/MP_L^1$ 分減少させなければならない。したがって，生産量 y_1 の 1 単位増に対し，生産量 y_2 は $MP_L^2 \times (1/MP_L^1)$ 分減少する。

■ **生産フロンティアの求め方 (♣)**　生産フロンティアは，生産物 1 の生産量 y_1 の各値に対し，生産要素と技術を最大限利用して生産量 y_2 が最大となる値が対応する。したがって，生産物 j $(j = 1, 2)$ の技術が生産関数 f^j で表されるとき，制約条件 (6.2) と $y_1 \leq f^1(L_1, K_1)$ の下で $y_2 = f^2(L_2, K_2)$ を最大化すれば良い。ラグランジュ関数

$$\mathcal{L} = f^2(L_2, K_2) + \mathfrak{p}\left\{ f^1(L_1, K_1) - y_1 \right\} + \mathfrak{w}\left(\overline{L} - L_1 - L_2 \right) + \mathfrak{r}\left(\overline{K} - K_1 - K_2 \right) \tag{6.5}$$

を L_1, K_1, L_2, K_2 で最大化し，ラグランジュ乗数 $\mathfrak{p}$, $\mathfrak{w}$, $\mathfrak{r}$ で最小化すると，次の条件と制約条件 (6.2) (但し，等式で成立) を得る。

$$\mathfrak{p}f_L^1 - \mathfrak{w} = 0 \tag{6.6a}$$

$$\mathfrak{p}f_K^1 - \mathfrak{r} = 0 \tag{6.6b}$$

$$f_L^2 - \mathfrak{w} = 0 \tag{6.6c}$$

$$f_K^2 - \mathfrak{r} = 0 \tag{6.6d}$$

但し，各 $j = 1, 2$ に対し，$f_L^j = \partial y_j / \partial L_j$，$f_K^j = \partial y_j / \partial K_j$ である。これらより，次が成り立つ。

$$f_L^1 / f_K^1 = f_L^2 / f_K^2 \tag{6.7a}$$

$$\mathfrak{p} = f_L^2 / f_L^1 \tag{6.7b}$$

(6.7a) 式は，4 章 4.1.4 (pp. 93–94)，特にファクト 4.4 (p. 94) より，技術的限界代替率が生産物間で等しいこと，すなわち，ファクト 6.3 (1) を示す。また，包絡線定理 (数学注 23, p. 66) より，

$$MRT = \mathfrak{p} \tag{6.8}$$

であるから，(6.7b) 式は，限界変形率が限界生産性の比に等しいこと，すなわち，ファクト 6.3 (2) を示す。

6.2.2 利潤最大化行動と生産の効率性

生産活動が生産フロンティア上になるか否かの実証分析を見ることにしよう。競争市場では，各生産者が価格受容者として自らの利潤を最大化するよう生産計画を選択する。このとき，個別生産者は，経済全体の総生産額

$$Y = p_1 y_1 + p_2 y_2 \tag{6.9}$$

が最大になるよう選択しているわけではない。にもかかわらず，次の命題が成り立つことを 200 年以上も前にアダム・スミスが例証している [6]。

命題 6.5 (アダム・スミス) 競争市場において各生産者が自己の利潤を最大化すれば，経済全体の総生産額は生産可能性集合内で最大になる。

［証明］前項 6.2.1 と同じ生産経済を想定して証明を与える。一般化は，とても良い練習問題であるので，読者に残すこととしたい。

生産物 j $(j = 1, 2)$ の市場価格が 1 単位当たり p_j 円，労働の市場価格 (賃金) が 1 単位当たり w 円，資本利用の市場価格 (レンタル・コスト) が 1 単位当たり r 円のとき，生産者 1 の生産計画が (L_1^D, K_1^D, y_1^S)，生産者 2 の生産計画が (L_2^D, K_2^D, y_2^S) であったとしよう。

---

[6] ［学史注］各生産者が自由に利潤追求できる市場経済であれば，各生産者が「**見えざる手に導かれて** (led by an invisible hand)」自らの利潤を最大化するのみで，経済全体の生産は生産フロンティア上になる。社会の利益を人為的に追求するよりも，個人が自己の利益を追求することで社会の利益が高まるとするアダム・スミスの議論が，**経済自由主義** (economic liberalism) の原点である。但し，無秩序や無法状態，道徳心を欠くことを容認しているわけではない。実際，私的所有権が守られなければ，市場経済は成り立たない。これに対し，19 世紀イギリスで経済自由主義と対峙した社会主義者は，ネガティブ・キャンペーンのために**レッセ・フェール (自由放任主義)** という用語を使った。

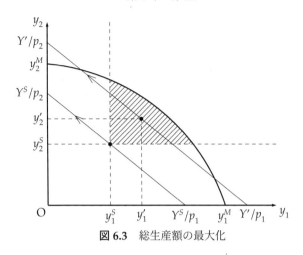

図 6.3　総生産額の最大化

　もし労働資源が完全利用されていなければ，賃金 w はゼロになる (自由財均衡)。同様に，資本が完全利用されていなければ，レンタル・コスト r はゼロになる。この結果，生産要素が完全利用されていようがいまいが，次が成り立つ。

$$w(L_1^D + L_2^D) = w\overline{L} \quad \& \quad r(K_1^D + K_2^D) = r\overline{K} \tag{6.10}$$

　さて，もし生産量の組 (y_1^S, y_2^S) が生産可能性集合内で経済全体の総生産額を最大にしていなければ，

$$p_1 y_1' + p_2 y_2' > p_1 y_1^S + p_2 y_2^S \tag{6.11}$$

が成り立つ実行可能な生産計画 (L_1', K_1', y_1') と (L_2', K_2', y_2') が存在する (図 6.3 参照)。よって，

$$p_1 y_1' + p_2 y_2' - w(L_1' + L_2') - r(K_1' + K_2') \tag{6.12a}$$
$$> p_1 y_1^S + p_2 y_2^S - w(L_1' + L_2') - r(K_1' + K_2') \qquad \because (6.11) \text{ 式} \tag{6.12b}$$
$$\geqq p_1 y_1^S + p_2 y_2^S - w\overline{L} - r\overline{K} \qquad \because (6.2) \text{ 式} \tag{6.12c}$$
$$= p_1 y_1^S + p_2 y_2^S - w(L_1^D + L_2^D) - r(K_1^D + K_2^D) \qquad \because (6.10) \text{ 式} \tag{6.12d}$$

となって，不等式

$$p_j y_j' - w L_j' - r K_j' > p_j y_j^S - w L_j^D - r K_j^D \tag{6.13}$$

が成り立つ生産者 j が存在する。かくして，すべての生産者 j ($j = 1, 2$) が生産計画 (L_j^D, K_j^D, y_j^S) で自らの利潤を最大化していない。∥

　生産可能性集合内で (6.9) 式の総生産額 Y が最大になるとき，総生産額を表す直線 (図 6.3 でいえば，縦軸の Y^S/p_2 から横軸の Y^S/p_1 に至る直線) と生産フロンティアが接するようになる。この結果，次の法則が成り立つ。

ファクト 6.6 生産可能性集合内で総生産額が最大であれば，生産物の相対価格が限界変形率に等しい。すなわち，

$$\frac{p_1}{p_2} = MRT \tag{6.14}$$

競争市場において条件 (6.14) が成り立つのは，各生産者 j ($j = 1, 2$) について，限界費用 MC_j が生産物 j の市場価格 p_j に等しくなることと (ファクト 4.15, p. 108), 限界費用と限界生産性の関係 (ファクト 4.9, p. 102), そして，限界変形率と限界生産性の関係 (ファクト 6.3, p. 154) より従う。すなわち，

$$\frac{p_1}{p_2} = \frac{MC_1}{MC_2} = \frac{w/MP_L^1}{w/MP_L^2} = \frac{MP_L^2}{MP_L^1} = MRT \tag{6.15}$$

6.3 生産経済における経済厚生

ワルラス均衡では，すべての生産者が利潤を最大化しており，この結果，アダム・スミスの定理 (命題 6.5) によって経済全体の総生産額が最大になる。実は，総生産額の最大化は，生産経済において資源配分がパレート効率になるための必要条件であることを示すことができる。そこで，先ず，このことを確認し，その上で，アダム・スミスの定理が働くことによって生産経済で厚生経済学の第 1 基本定理が成り立つことを見ることにしよう。

6.3.1 生産経済におけるパレート効率性

資源配分のパレート効率性は，生産経済であっても，あくまでも消費者の経済厚生で評価する。すなわち，ある資源配分から他の資源配分に移動することですべての消費者が改善するときパレート改善するといい，パレート改善する他の資源配分が存在しない資源配分がパレート効率になる。実は，次の定理が示すように，消費者の経済厚生で見た資源配分のパレート効率性は，生産量の組が生産フロンティア上にあることを要求する。

レンマ 6.7 パレート効率な資源配分では，生産量の組 (y_1^*, y_2^*) は生産フロンティア上にある。

[証明] 簡単化のために，5 章 5.2.3 の生産経済を考えよう。消費者 A の消費計画が (x^*_{A1}, x^*_{A2})，消費者 B の消費計画が (x^*_{B1}, x^*_{B2})，生産量の組が (y^*_1, y^*_2) で実行可能であったとしよう。もし生産量の組 (y^*_1, y^*_2) が生産フロンティア上になければ，すべての生産物 $j = 1, 2$ に対し $y'_j > y^*_j$ となる実行可能な組 (y'_1, y'_2) が存在する (cf. 図 6.3)。各生産物 $j = 1, 2$ について，$\epsilon_j = (y'_j - y^*_j)/3$ として，各消費者 $i =$ A, B について $x'_{ij} = x^*_{ij} + \epsilon_j$ とすれば，

$$x'_{A j} + x'_{B j} = x^*_{A j} + x^*_{B j} + 2\epsilon_j \leqq y^*_j + 2\epsilon_j < y^*_j + 3\epsilon_j = y'_j \tag{6.16}$$

となって，消費計画 (x'_{A1}, x'_{A2}) と (x'_{B1}, x'_{B2}) は実行可能である。選好の単調性より，すべての消費者 $i =$ A, B は消費計画 (x^*_{i1}, x^*_{i2}) から (x'_{i1}, x'_{i2}) に移動することで改善するから，元の資源配分はパレート効率ではない。‖

生産活動が生産フロンティア上にあることがパレート効率な資源配分の必要条件であることが理解できる。それでは，生産フロンティア上の生産活動のいずれで，どのような性質を満たす資源配分がパレート効率になるのであろうか。

生産フロンティアが図 6.4 の y^M_2 から y^M_1 に至る右下がりの直線になる生産経済で，パレート効率な生産物の資源配分を探索してみよう [7]。生産フロンティアが直線であれば，限界変形率は，生産フロンティア上のいずれの生産でも，生産フロンティア自身の勾配の絶対値で不変である。

さて，2 人の消費者 (消費者 A と B) がいるとして，パレート効率な資源配分を探すために，先ずは，消費者 B の効用が最低となるケースから出発しよう。消費者 B の消費計画を $(x_{B1}, x_{B2}) = (0, 0)$ と想定することになる。このとき，生産された数量のすべてを消費者 A が消費可能となる。図 6.4 の横軸に消費者 A の生産物 1 の消費量 x_{A1}，縦軸に生産物 2 の消費量 x_{A2} をとれば，各生産物 $j = 1, 2$ について $x_{Aj} = y_j$ となるとき，消費者 A が生産された数量をすべて消費することになる。この結果，図 6.4 の平面上の点において消費者 A の効用が最大となる生産がパレート効率となる。図 6.4 の場合，生産フロンティアと消費者 A の無差別曲線 $U^M_A U^M_A$ が接する点 y^A の生産の下で，消費者 A に点 y^A の消費計画，消費者 B に $(0, 0)$ の消費計画を配分するとき，パレート効率な資源配分になる。この資源配分は，消費者 A の効用が最大となる資源配分といえる。

---

[7] [発展] 生産フロンティアが直線になる生産経済の例については，練習問題 6.8 参照。練習問題 6.8 で

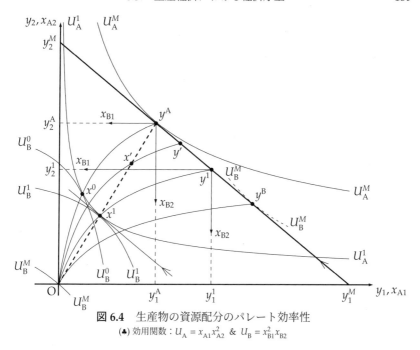

図 6.4 生産物の資源配分のパレート効率性

(♣) 効用関数： $U_A = x_{A1}x_{A2}^2$ & $U_B = x_{B1}^2x_{B2}$

次に，消費者 A の効用を抑えてみよう。例えば，無差別曲線 $U_A^M U_A^M$ より左下方に位置する無差別曲線 $U_A^1 U_A^1$ に対応する効用である。生産が以前と同じ点 y^A のとき，点 y^A を消費者 B の原点と見做し，消費者 B の消費計画 (x_{B1}, x_{B2}) 平面を点 y^A から左下方に張れば，純粋交換経済のときのエッジワース・ボックスが出来上がる。生産物 1 の総量 (エッジワース・ボックスの横幅) が y_1^A，生産物 2 の総量 (エッジワース・ボックスの縦幅) が y_2^A であり，これらを消費者 A と消費者 B の間で配分する。曲線 $Ox^0 y^A$ は，そのような純粋交換経済での契約曲線である。この契約曲線は，図 6.1 (p. 150) の純粋交換経済を横幅 y_1^A，縦幅 y_2^A のエッジワース・ボックスにしたときの契約曲線になる。消費者 A の効用を無差別曲線 $U_A^1 U_A^1$ に抑えているので，消費者 B の効用を最大化すると，契約曲線 $Ox^0 y^A$ 上の資源配分 x^0 が得られ，そのときの B さんの無差別曲線が曲線 $U_B^0 U_B^0$ になる。

は，この他に，生産フロンティアが屈折する場合や綺麗な湾曲を描く生産経済の例を見ることができる。

	生産物 1 (お米：kg/月)	生産物 2 (輸送サービス：km/月)		
$MRT = 1.8\,\text{km}/1\,\text{kg}$	+1	−1.8		
	配分	MRS	配分	効用増貢献
$MRS_\text{A} = 3\,\text{km}/1\,\text{kg}$	+0.5	−1.5	−0.9	0.6
$MRS_\text{B} = 3\,\text{km}/1\,\text{kg}$	+0.5	−1.5	−0.9	0.6

表 6.1　消費者の限界代替率 ($MRS_\text{A} = MRS_\text{B}$) が限界変形率より大きい例

　生産 y^A の下での資源配分 x^0 は，パレート効率であろうか。実は，パレート効率ではない。資源配分 x^0 では，A さんと B さんの限界代替率は等しいが，消費者の限界代替率が生産 y^A での限界変形率よりも大きい。生産物 1 をお米 (単位：kg/月)，生産物 2 を輸送サービス (単位：km/月) として，表 6.1 の数値例を考えてみよう。A さんの限界代替率 MRS_A と B さんの限界代替率 MRS_B は，1 kg 当たり 3 km で等しいが，限界変形率 MRT は 1 kg 当たり 1.8 km になっている。生産物 2 で表した生産物 1 の価値が，生産物 2 で表した生産物 1 の限界費用よりも大きい。そこで，生産物 1 の生産量を月 1 kg 増やしてみよう。限界変形率の定義より，生産物 2 の生産量を月 1.8 km 減らさざるを得ない。生産量の増分 1 kg のお米を A さんと B さんに半分ずつ配分すると，限界代替率の定義によって，A さんと B さんは，各々，輸送サービスを最大で月 1.5 km あきらめられる。すなわち，お米の消費量が 0.5 kg 増であれば，1.5 km の輸送サービスをあきらめても，効用は不変，以前と無差別である。輸送サービスの生産量は 1.8 km の減少であったから，A さんと B さんにその半分の 0.9 km ずつを負担してもらおう。A さんと B さんは，最大で 1.5 km の輸送サービスをあきらめる用意があったのであるから，各々，輸送サービス 0.6 km 分，改善する。すなわち，パレート改善する。

　このようにして，図 6.4 の契約曲線 Ox^0y^A 上の資源配分 x^0 は，パレート効率ではない。生産経済では，消費者間で限界代替率が等しい (ファクト 6.1, p. 151) のみでは不十分なのである。すべての消費者について，限界代替率が限界変形率に等しくなければ，資源配分はパレート効率にはならないのである。

　以上の結果とレンマ 6.7 (p. 157) より，生産経済におけるパレート効率な資

源配分の 1 階条件を得ることができる。

定理 6.8 (パレート効率な資源配分の 1 階条件) パレート効率な資源配分では，次が成り立つ。

(1) 各消費者の限界代替率は，限界変形率に等しい。すなわち，

$$MRS_i = MRT \quad (i = \text{A}, \text{B}) \tag{6.17}$$

したがって，消費者間で限界代替率が等しい。すなわち，

$$MRS_\text{A} = MRS_\text{B} \tag{6.18}$$

(2) 生産者間で技術的限界代替率が等しい。すなわち，

$$MRTS_1 = MRTS_2 \tag{6.19}$$

図 6.4 において，A さんの効用を無差別曲線 $U_\text{A}^1 U_\text{A}^1$ での効用に抑えたときに，パレート効率な資源配分は，生産が y^1 のときの x^1 になる。太破線 $Ox^1 x' y^\text{A}$ は，消費者 A の限界代替率 MRS_A と限界変形率 MRT が等しくなる消費者 A の消費計画 $(x_{\text{A}1}, x_{\text{A}2})$ の軌跡である。生産が y^1 のとき，点 O と点 y^1 の 2 点から出来上がるエッジワース・ボックスにおける契約曲線は，曲線 $Ox^1 y^1$ になる。資源配分 x^1 は，太破線 $Ox^1 x' y^\text{A}$ と契約曲線 $Ox^1 y^1$ の交点であるので，消費者同士の限界代替率が等しく，しかも，A さんの限界代替率と限界変形率が等しい。すなわち，定理 6.8 のすべての条件を満たす。

生産を生産フロンティアに沿って点 y^A から y'，y^1，y^B と変化させると，各々の生産の下での契約曲線も曲線 $Ox^0 y^\text{A}$，曲線 $Ox' y'$，曲線 $Ox^1 y^1$，曲線 Oy^B と変化する。その変化と 1 対 1 対応でパレート効率な資源配分も，太破線 $Ox^1 x' y^\text{A}$ に沿って，y^A，x'，x^1，O と移動する。生産が y^B のときは，消費者 A は一切，何も消費せず，y^B のすべてを消費者 B が消費する。B さんの無差別曲線は原点 O に接する $U_\text{B}^M U_\text{B}^M$ になる。生産フロンティアに対しても，B さんの無差別曲線 $U_\text{B}^M U_\text{B}^M$ は点 y^B で接することになる。$x_\text{A} = (0, 0)$，$x_\text{B} = y^\text{B}$ からなる資源配分は，消費者 B の効用が最大となる資源配分といえる。

■ **パレート効率性の 1 階条件の求め方 (♣)** パレート効率性の 1 階条件を次のように解析的に求めることができる。

パレート効率な資源配分は，生産物 j $(j = 1, 2)$ の生産関数を f^j としたとき，生産技術と生産物の資源配分の実行可能性より，制約条件

$$x_{\text{A}j} + x_{\text{B}j} \leqq f^j(L_j, K_j) \quad (j = 1, 2) \tag{6.20}$$

と，生産要素の実行可能条件 (6.2)，そして，1 人の消費者 (例えば，消費者 A) を除く他のすべての消費者の効用水準を所与として，その消費者の効用が最大となっている。この制約条件付き最大化問題は，消費者が消費者 A と B の 2 人の場合，関数 u^i を消費者 i の効用関数 ($i =$ A, B)，消費者 B の効用水準を U_B とすれば，次のラグランジュ関数

$$\mathscr{L} = u^{\mathrm{A}}(x_{A1}, x_{A2}) + \lambda \left\{ u^{\mathrm{B}}(x_{B1}, x_{B2}) - U_B \right\}$$
$$+ \mathfrak{p}_1 \left\{ f^1(L_1, K_1) - x_{A1} - x_{B1} \right\} + \mathfrak{p}_2 \left\{ f^2(L_2, K_2) - x_{A2} - x_{B2} \right\}$$
$$+ \mathfrak{w} \left(\overline{L} - L_1 - L_2 \right) + \mathfrak{r} \left(\overline{K} - K_1 - K_2 \right) \quad (6.21)$$

を消費計画 (x_{i1}, x_{i2}) ($i =$ A, B) と生産要素の組 (L_j, K_j) ($j = 1, 2$) で最大化，そして，ラグランジュ乗数 λ，$\mathfrak{p}_j$ ($j = 1, 2$)，$\mathfrak{w}$，$\mathfrak{r}$ で最小化すれば解くことができる。その結果，次の条件が成り立つ (導出してみよう)。

$$u_1^i / u_2^i = \mathfrak{p}_1 / \mathfrak{p}_2 \quad (i = \mathrm{A, B}) \tag{6.22a}$$

$$f_L^2 / f_L^1 = \mathfrak{p}_1 / \mathfrak{p}_2 \tag{6.22b}$$

$$f_L^j / f_K^j = \mathfrak{w} / \mathfrak{r} \quad (j = 1, 2) \tag{6.22c}$$

ここで，u_h^i は，生産物 h に対する消費者 i の限界効用である ($u_h^i = \partial U_i / \partial x_{ih}$，$i =$ A, B，$h = 1, 2$)。(6.22a) 式の左辺は，ファクト 3.10 (p. 59) より，消費者 i の限界代替率に等しい。したがって，パレート効率な資源配分では，消費者間で限界代替率が等しくなることが理解できる。また，(6.22b) 式の左辺は，ファクト 6.3 (p. 154) より，限界変形率に等しい。したがって，(6.22a) 式と (6.22b) 式より，各消費者の限界代替率が限界変形率に等しくなることが理解できる。そして，(6.22c) 式の左辺は，ファクト 4.4 (p. 94) より，生産者 j の技術的限界代替率に等しい。したがって，生産者間で技術的限界代替率が等しくなることが理解できる。

6.3.2　生産経済における厚生経済学の第 1 基本定理

どのような条件を満たすときに資源配分がパレート効率になるかが理解できたところで，次に生産経済においてワルラス均衡での資源配分が，なぜ，パレート効率になるのか，その仕組みを見よう。

生産フロンティアが図 6.5 の曲線 $y_2^M y^* y_1^M$ のように湾曲する生産経済を考えよう。ワルラス均衡では，すべての生産者が利潤最大化となる生産計画を選択する。この結果，アダム・スミスの定理 (命題 6.5) によって，ワルラス均衡での生産物の市場価格の組が (p_1^*, p_2^*) であるとき，生産量の組 (y_1^S, y_2^S) は生産フロンティア上の点 y^* になることを意味する。このとき，生産物の相対価格が限界変形率に等しく ($p_1^* / p_2^* = MRT$)，総生産額は Y^* で最大になる。

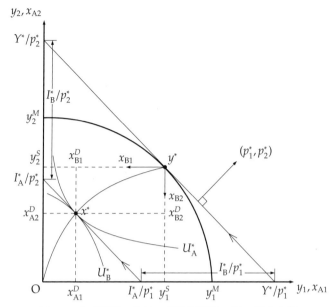

図 6.5 生産経済における厚生経済学の第 1 基本定理

　総生産額 Y^* は消費者に分配される。消費者 i の予算制約 (5.17) 式 (p. 132) の右辺を I_i で記せば，すなわち，

$$I_i = wL_i + rK_i + \theta_{i1}\pi_1 + \theta_{i2}\pi_2 \tag{6.23}$$

とすれば，利潤の分配率 θ_{ij} についての条件と (6.10) 式より，つねに次が成り立つ [8]。

$$Y = I_A + I_B \tag{6.24}$$

ワルラス均衡でも (6.24) 式が成り立つので，ワルラス均衡での消費者 i への所得分配額を I_i^* で記せば $(i = \text{A, B})$，所得総額 $I_A^* + I_B^*$ がワルラス均衡での総生産額 Y^* に等しい。図 6.5 では，生産物 1 (横軸)，生産物 2 (縦軸) のいずれで見ても，消費者 A への所得額に消費者 B の所得額を加えると総生産額になるように所得分配されている。アダム・スミスの定理 (命題 6.5) は，消費者に分配される所得総額がワルラス均衡で最大となることを意味する。

---

[8] ［発展］総生産額 Y は「生産面から見た GDP」，(6.24) 式の右辺は「分配面から見た GDP」になる。ワルラス均衡では，各生産物について需給が一致するため，「支出面から見た GDP」(消費者の生産物への支出総額) が生産面から見た GDP に等しくなる。この結果，ワルラス均衡では，生産面，分配面，支出面の三つの面から見た GDP が等しい**三面等価**が成り立つ。

消費者 A の選択平面の原点を図 6.5 の原点 O と考えれば，縦軸の I_A^*/p_2^* から横軸の I_A^*/p_1^* に至る直線は，消費者 A の予算制約線になる。消費者 A の最適消費計画は (x_{A1}^D, x_{A2}^D) となり，予算制約線と無差別曲線 U_A^* が接する。

また，消費者 B の選択平面の原点を図 6.5 の点 y^* と考え，選択平面が点 y^* の左下方に広がっているとすれば，消費者 B への所得分配より，縦軸の I_A^*/p_2^* から横軸の I_A^*/p_1^* に至る直線は点 y^* から見れば消費者 B の予算制約線の一部になる。消費者 B の最適消費計画は (x_{B1}^D, x_{B2}^D) となり，予算制約線と無差別曲線 U_B^* が接する。

このように，生産経済でも，ワルラス均衡では消費者同士の無差別曲線が接する。また，消費者の予算制約線と総生産額の直線が平行であるため，消費者の限界代替率と限界変形率が等しくなる (ファクト 6.3 (2) を想起しながら，5 章脚注 8，p. 135 参照)。このようにして，ワルラス均衡での資源配分では，ファクト 5.4 (p. 133) のすべての条件が成り立ち，その結果，パレート効率な資源配分の 1 階条件 (定理 6.8) のすべての条件を満たすのである。

6.4　厚生経済学の第 2 基本定理

これまで，純粋交換経済にせよ，生産経済にせよ，競争市場に任せれば，資源配分はパレート効率になることを見てきた。パレート効率性は，実現しようとしている資源配分に社会全体が全員一致で異を唱えないという条件であるが，実際に社会が望む条件は，より強いものかもしれない。例えば，消費者の所得は等しくあるべきであるという基準が社会で合意されているとすれば，パレート効率性以上の条件が要求されていることになる[9]。

そこで，パレート効率性に加え，資源配分が満たすべき特性について，社会全体で合意形成がなされていたとしよう。市場経済であることを前提にすれば，ワルラス均衡での資源配分が実現すると予想される。それでは，そのワルラス均衡での資源配分は，社会の望む資源配分になっているのであろうか。この疑問をより一般的に述べれば，次のようになろう。任意にパレート効率な資源配分を指定し，その資源配分をワルラス均衡の資源配分として市

---

[9]　[発展] 社会全体の合意形成が可能なのであろうかといった根本的問題を疑問にもつ読者もいるかもしれない。この問題については，16 章で扱う。

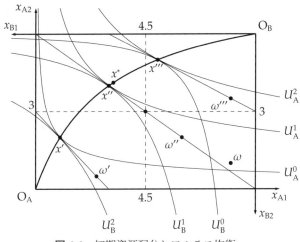

図 6.6 初期資源配分とワルラス均衡

場によって実現させることは可能であろうか。言い換えれば，厚生経済学の第1基本定理の逆命題は，成り立つのであろうか。本節の課題は，この疑問に答えることである。

6.4.1 純粋交換経済における厚生経済学の第2基本定理

先ずは，2消費者2商品の単純な純粋交換経済を用いて本節の問題意識を確認してみよう。図 6.6 の曲線 $O_A x' x'' x^* x''' O_B$，点 ω，そして点 x^* は，図 6.1 (p. 150) の契約曲線，初期資源配分 (消費者の初期付与の組)，そして，ワルラス均衡の資源配分である。市場に任せれば，資源配分 x^* が成り立つ。ところが，社会が望む資源配分は，点 x^* ではなかったとしよう。このとき，どのようにすれば，社会が望む資源配分を，ワルラス均衡の資源配分として実現させることが可能であろうか。

政府が自らの財政を均衡させながら，各消費者が初期保有する商品に一括式で課税，補助することで，政府は初期資源配分を移動させることができる (初期資源配分の再配分)。初期資源配分を点 ω から点 ω' に移動させると，ワルラス均衡の資源配分は点 x^* から点 x' に変化する。同様に，初期資源配分を点 ω'' に移動させれば，ワルラス均衡の資源配分は点 x'' に，そして，点 ω'''

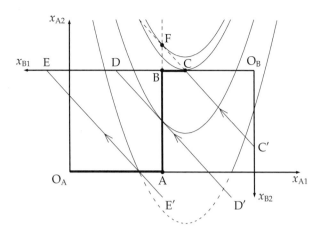

図 6.7　選好の単調性と厚生経済学の第 2 基本定理

に移動させれば点 x''' に変化する。このようにして、政府は、初期資源配分を移動させることで、ワルラス均衡の資源配分を変化させることができる。

　このことから、社会全体が望む資源配分が、契約曲線 $O_A x' x'' x^* x''' O_B$ 上のいずれかであるとき、適切に初期資源配分を移動させた上で市場に任せれば、その目標となる資源配分がワルラス均衡の資源配分として実現すると予測できる。例えば、すべての消費者の所得が等しくあるべきであるという社会基準が合意されているのであれば、各消費者の予算制約線がエッジワース・ボックスの中点 $(4.5, 3)$ を通れば良いので、契約曲線上の資源配分 x'' を目標にして初期資源配分を点 x'' と点 ω'' を通る直線上に予め移動させておけば、あとは市場が資源配分 x'' を実現してくれる。

　以上の議論から、資源配分に対して、パレート効率性に加え他の基準を社会が要求しているとき、適切に初期付与を消費者間で予め移転させれば、目標となるパレート効率な資源配分がワルラス均衡での資源配分として実現するように見える。しかしながら、次に示すように、反例も存在する。

　図 6.7 の 2 次曲線群は、消費者 A の無差別曲線群、そして、平行な直線 CC'、DD'、EE' は消費者 B の無差別曲線群を示す。通例の選好と比較すると、消費者 A の選好が単調性を満たしていない。パレート効率な資源配分の全体は、契約曲線 $O_A ABC$ になることを確認できよう。例えば、点 C もパ

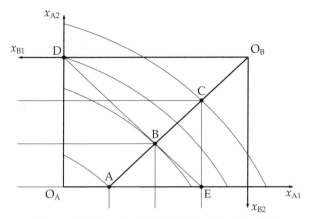

図 6.8　選好の凸性と厚生経済学の第 2 基本定理

レート効率な資源配分である。ところが，どのように初期資源配分を移動さ
せても，点 C はワルラス均衡の資源配分になることはない。例えば，初期資
源配分を直線 CC′ 上に移動させてみよう。このとき，相対価格が直線 CC′ の
勾配に等しければ，消費者 B の最適消費計画は直線 CC′ 上のすべてになる。
ところが，消費者 A の最適消費計画は点 C ではなく，点 F になってしまう。
点 C が消費者 A の最適消費計画となるには，予算制約線が点 C を通り，し
かも，相対価格 p_1/p_2 がゼロでなければならない。しかし，そのような予算
制約線になるように初期資源配分を移動させても，相対価格がゼロであれば，
消費者 B の最適消費計画は x_{B1} 軸に沿って無限に大きくなり，点 C が消費者
B の最適消費計画になることはない。

　以上より，パレート効率な資源配分を任意に指定し，初期資源配分を適切
に移動させることで目標となる資源配分をワルラス均衡の資源配分として実
現するには，すべての消費者の選好が単調性を満たすことが必要であること
が理解できる。そこで，すべての消費者の選好が単調性を満たすとしよう。図
6.8 には，原点 O_B から見て L 字形の無差別曲線群をもつ消費者 B と，原点
O_A に向かって凹形の無差別曲線群をもつ消費者 A の純粋交換経済が描かれ
ている。消費者 A の選好は，選好の単調性を満たすが，限界代替率が逓減で
はなく，逓増している。パレート効率な資源配分の全体は，契約曲線 $ABCO_B$

になることを確認できよう。ところが，点 A を除き，いずれのパレート効率
な資源配分も，ワルラス均衡の資源配分として実現させることは不可能であ
る。例えば，点 B を考えよう。点 B が消費者 B の最適消費計画となるように，
点 B を通る直線，例えば，直線 DE を考え，直線 DE 上に初期資源配分を移
動させたとしよう。ところが，相対価格が直線 DE の勾配の絶対値に等しく，
直線 DE が消費者 A の予算制約線となれば，消費者 A は点 B でなく点 D を
選んでしまう。このようにして，点 B をワルラス均衡として実現できる初期
資源配分は，存在しないのである [10]。

　以上のような反例を除けば，次の定理が成り立つ。

定理 6.10 (厚生経済学の第 2 基本定理) 任意のパレート効率な資源配分がワ
ルラス均衡での資源配分となる初期資源配分の再配分が存在する。

　例えば，図 6.6 の純粋交換経済では，厚生経済学の第 2 基本定理が成り立つ。

6.4.2　補償均衡と厚生経済学の第 2 基本定理 (♣)

　図 6.7 の純粋交換経済で厚生経済学の第 2 基本定理が成り立たないのは，消
費者 A の選好が強単調性を満たさないためである。選好の強単調性は，「より
選好する状態が必ず存在する」という選好の性質の中では，最も強い (ファク
ト 3.6，p. 54)。消費者 A の選好が満たすのは，そのような性質の中でも，局
所不飽和になる。実は，局所不飽和を満たせば，図 6.7 の点 C でも，次に示
す「補償均衡」での資源配分になることを示すことができる。

　先ず，価格体系を $p^* = (p_1^*, p_2^*) = (0, 1)$，点 C での消費者 A の効用水準と
消費計画を U_A^*，x_A^*，消費者 B の効用水準と消費計画を U_B^*，x_B^* としよう。
このとき，消費計画 x_A^* は，効用水準が U_A^* のときの消費者 A の補償需要で
ある。すなわち，消費計画 x_A^* は，消費者 A の効用関数を u^A としたとき，
$u^A(x_A) \geqq U_A^*$ の下で支出総額

$$p^* \cdot x_A = p_1^* x_{A1} + p_2^* x_{A2} \tag{6.25}$$

を最小化する消費計画である (3 章 3.7 節)。同様に，消費計画 x_B^* も又，効用

---

[10]　[発展] (♣) 実は，選好の凸性は，ファクト 5.3 (p. 125) や，ワルラス均衡の存在の必要条件でもある。実
際，初期資源配分が点 B 自体であったとしても，消費者 A，B のオファー曲線が点 B で交差することはない。

水準が U_B^* のときの消費者 B の補償需要である。更に，資源配分 (x_A^*, x_B^*) は実行可能性を満たす。

　一般に，次の条件を満たす組 (x_A^*, x_B^*, p^*) を効用水準の組 (U_A^*, U_B^*) の下での**補償均衡** (compensated equilibrium) と呼ぶ。

(CE.1) 補償需要：各消費者 $i = $ A, B について，x_i^* は，$u^i(x_i) \geqq U_i^*$ の下で支出最小化，すなわち，$u^i(x_i) \geqq U_i^*$ を満たす任意の消費計画 x_i に対し，

$$p^* \cdot x_i \geqq p^* \cdot x_i^* \tag{6.26}$$

(CE.2) 資源配分の実行可能性：資源配分 (x_A^*, x_B^*) は，実行可能である。

　図 6.7 の点 C は，補償均衡での資源配分である。選好が局所不飽和を満たすのであれば，厚生経済学の第 2 基本定理の補償均衡版が成り立つ (証明は，次項 6.4.3 参照)。

定理 6.11 (厚生経済学の第 2 基本定理：補償均衡版) すべての消費者の選好が完備性，推移性，局所不飽和，凸性を満たすとしよう。資源配分 (x_A^*, x_B^*) がパレート効率であれば，各消費者 $i = $ A, B について $U_i^* = u^i(x_i^*)$ としたとき，組 (x_A^*, x_B^*, p^*) が効用水準の組 (U_A^*, U_B^*) の下での補償均衡となる価格体系 p^* が存在する。

ノート 6.12 (♣♣)　定理 6.10 と定理 6.11 を比較すると，選好の強単調性と局所不飽和の差異がワルラス均衡と補償均衡の差異を生み出していることに気づく。ところが，定理 3.30 (3 章，p. 82) には，補償需要が普通需要 (最適消費計画) になる条件の中に，選好の強単調性は見当たらない。それよりも，補償需要 x^H が価格体系 p の下で普通需要になるためには，支出額 $p \cdot x^H$ が正でなければならないとある。実は，図 6.7 の点 C は，条件 $p \cdot x^H > 0$ を満たさない補償需要なのである。条件 $p \cdot x^H > 0$ が成り立つには，すべての商品 $h = 1, 2$ について，$p_h > 0$ でなければならない。均衡において，すべての商品の市場価格が正となるための条件が，選好の強単調性なのである。

6.4.3　数学付録：〈補償均衡版〉厚生経済学の第 2 基本定理の証明 (♣♣)

　ここでは，定理 6.11 の証明を与える。

■ **定理 6.11 の証明**　各消費者 $i = $ A, B について，消費計画 x_i^* より改善する消費計画の全体を集合 V_i としよう (すなわち，$V_i = \left\{ x_i \mid x_i \succ_i x_i^* \right\}$)。集合 V_i は，

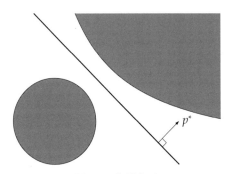

図 6.9 分離定理

局所不飽和の仮定によって非空，また選好の凸性より凸集合である (練習問題 3.18，p. 86)。凸集合のベクトル和は凸集合であるから，集合 $V_A + V_B$ も又，凸集合である[11]。資源配分 (x_A^*, x_B^*) はパレート効率であるから，ベクトル和 $x_A^* + x_B^*$ は，集合 $V_A + V_B$ の要素ではない。よって，分離定理によって，次の条件を満たす価格体系 $p^* \neq 0$ が存在する[12]。

$$x \in V_A + V_B \quad \Longrightarrow \quad p^* \cdot x \geqq p^* \cdot (x_A^* + x_B^*) \tag{6.27}$$

さて，すべての消費者 $i = A, B$ について $x_i' \succsim_i x_i^*$ を満たす任意の資源配分 (x_A', x_B') をとろう。すべての消費者 $i = A, B$ について，局所不飽和の仮定によって，任意の半径 $\epsilon > 0$ に対し，$x_i^\epsilon >_i x_i'$ を満たす x_i^ϵ が，中心 x_i'，半径 ϵ の開球 $B_\epsilon(x_i')$ に存在する。選好の推移性より，すべての消費者 $i = A, B$ について $x_i^\epsilon >_i x_i^*$ が成り立つので，条件 (6.27) より，

$$p^* \cdot (x_A^\epsilon + x_B^\epsilon) \geqq p^* \cdot (x_A^* + x_B^*) \tag{6.28}$$

よって，$\epsilon \to 0$ とすれば，

$$p^* \cdot (x_A' + x_B') \geqq p^* \cdot (x_A^* + x_B^*) \tag{6.29}$$

---

11) ［数学注］集合 A と B のベクトル和 $A + B$ とは，ベクトル $a \in A$ とベクトル $b \in B$ のベクトル和 $a + b$ の全体をいう (ベクトルの加法については，高校数学参照)。例えば，集合 B を原点を中心とした半径 1 の円盤とすれば，$\{(1,2)\} + B$ は円盤 B をベクトル $(1,2)$ 分，移動させた集合になる。

12) ［数学注］**分離定理** 非空な凸集合 A と B が互いに素であるとき，集合 A と B を分離する超平面が存在するという定理 (図 6.9 参照)。**超平面**とは，ベクトル p^*，実数 α があったとき，条件 $p^* \cdot x = \alpha$ を満たす x の集合をいう。p^* は超平面の法線ベクトル，すなわち，超平面と直交する。$\mathbb{R}^2$ 上の超平面は直線 ($\mathbb{R}^1$ を移動させた集合)，$\mathbb{R}^3$ 上の超平面は平面 ($\mathbb{R}^2$ を移動させた集合) になる。$x \in A$ ならば $p^* \cdot x \leqq \alpha$，$x \in B$ ならば $p^* \cdot x \geqq \alpha$ となるとき，超平面は集合 A と B を**分離**しているという。分離定理は，一方の集合が 1 点からなるとき，**支持超平面定理**と呼ばれる。

完備性より，x'_B を x^*_B としても，以上は成り立つので，次を示したことになる。

$$x'_\mathrm{A} \succsim_\mathrm{A} x^*_\mathrm{A} \quad \Longrightarrow \quad p^* \cdot x'_\mathrm{A} \geqq p^* \cdot x^*_\mathrm{A} \tag{6.30}$$

すなわち，x^*_A は効用水準が U^*_A のときの消費者 A の補償需要である。同様に，x^*_B も又，効用水準が U^*_B のときの消費者 B の補償需要である。∥

練習問題

問題 6.1 空欄を埋めなさい。

(1) (ア) 均衡での資源配分が (イ) となる命題を (ウ) 定理と呼ぶ。ここで，すべての消費者が (エ) することを「(A)(オ) 改善」するといい，(イ) な資源配分とは「下線 A」する他の資源配分が存在しないことをいう。

(2) 競争市場では，すべての生産者が (ア) 最大化するのみで経済全体の (イ) が最大となる。このことは経済学者 (ウ) がその著書『(エ)』において 200 年以上も前に例証している。生産経済において (オ) 均衡の資源配分が (カ) となるのは，(ウ) の定理が成り立つからである。すなわち，(ウ) の定理は，資源配分が (カ) となるための必要条件である。

(3) パレート効率な資源配分を与えたときに，適切に (ア) を予め移動させておけば，その資源配分が (イ) 均衡の資源配分になるという命題を (ウ) 定理という。

問題 6.2 ワルラス均衡の資源配分の全体を集合 $\mathscr{W}$，コアを集合 $\mathscr{C}$，パレート効率な資源配分の全体を集合 $\mathscr{P}$ としたとき，集合 $\mathscr{W}$，$\mathscr{C}$，$\mathscr{P}$ の間の包含関係を示しなさい。

問題 6.3 図 6.7 の資源配分 C 以外の契約曲線上の資源配分を任意にとろう。それがワルラス均衡の資源配分となる初期資源配分の再配分が存在するか否か，示しなさい。

問題 6.4 練習問題 5.6 (p. 146) の由紀恵さんと淳さんの純粋交換経済について，(1) パレート効率な資源配分の全体を求め，(2) 厚生経済学の第 1 基本定理と，(3) 厚生経済学の第 2 基本定理が成り立つか否か，示しなさい。

問題 6.5 練習問題 5.7 (p. 146) を考えよう。

(1) パレート効率な資源配分の全体を求めなさい。

(2) 厚生経済学の第 1 基本定理が成り立つか否か，示しなさい。

(3) 厚生経済学の第 2 基本定理は，どうか。成り立つか否か，示しなさい。

(4) すべての消費者が同一のカレーライスを食する資源配分を，全員一致で反対することを示しなさい。

(5) 政府が由紀恵さんと淳さんの初期付与に対して課税，補助をして，すべての消費者について同一のカレーライスとなる資源配分に初期資源配分を再配分したとする。このとき，次を示しなさい。

    (a) 各主体への課税，補助の大きさ

    (b) 各主体のオファー曲線，並びに，ワルラス均衡

    (c) ワルラス均衡のワルラス安定性 (cf. 問題 5.7, p. 146)

    (d) 各主体の，ワルラス均衡での初期付与の価値額

    (e) パレート効率な資源配分の全体

    (f) 厚生経済学の第 1 基本定理の成立・不成立

(6) (♣) ワルラス均衡ではないパレート効率な資源配分を一つ選び，次を示しなさい。なお，初期資源配分は，(5) の再配分後の場合を想定して良い。

    (a) その資源配分が補償均衡での資源配分となる価格体系

    (b) その補償均衡がワルラス均衡となる初期資源配分の再配分

問題 6.6 二つの生産物，お米 (単位：kg/月) と輸送サービス (単位：km/月) の現在の生産での限界変形率が 1 kg 当たり 5 km である。2 人の消費者，A さんと B さんの限界代替率は互いに 1 kg 当たり 2 km で等しい状態で，それら二つの生産物の生産量を 2 人の消費者に配分している。パレート効率ではないことを，パレート改善する新たな生産と消費者への資源配分を例示して示しなさい。

問題 6.7 (♣) 労働と資本の利用可能量が，各々，$\overline{L}, \overline{K}$ 単位，各生産物 $j = 1, 2$ の生産関数が次のように与えられているとしよう。

$$y_1 = L_1^{1/3} K_1^{2/3} \quad \& \quad y_2 = L_2^{2/3} K_2^{1/3} \tag{6.31}$$

(1) 各生産物 $j = 1, 2$ の技術的限界代替率 $MRTS_j$ を求めなさい。

(2) 図 6.2 (a) の曲線 O_1ABCO_2 を表す式が，次になることを示しなさい。

$$K_1 = \frac{4\overline{K}L_1}{\overline{L} + 3L_1} \tag{6.32}$$

(3) $t = L_1/\overline{L}$, $\overline{y}_1 = \overline{L}^{1/3}\overline{K}^{2/3}$, $\overline{y}_2 = \overline{L}^{2/3}\overline{K}^{1/3}$ としよう。

  (a) 生産フロンティア上の生産 (y_1, y_2) を t のみの式で表しなさい。

  (b) $t = 0$ のときの生産フロンティア上の生産 (y_1, y_2) を求め，図 6.2 (b) の生産フロンティア上のいずれの点になるか示しなさい。

  (c) $t = 1$ の場合は，どうか。

  (d) $t = \frac{1}{3}$ のときの生産フロンティア上の生産 (y_1, y_2) を求め，直線 $y_2 = \overline{y}_2 - (\overline{y}_2/\overline{y}_1)y_1$ より右上方にあることを示しなさい。

問題 6.8 (♣) 2 生産物の技術 (生産関数) と生産要素の資源が次のように与えられているとき，生産フロンティアと限界変形率を表す式を求めなさい。

(1) 労働と資本の利用可能量が各々$\overline{L}$, $\overline{K}$ 単位，各生産物の生産関数が

$$y_j = L_j^{1/2}K_j^{1/2} \quad (j = 1, 2) \tag{6.33}$$

(2) 労働と資本の利用可能量が各々12 単位，各生産物の生産関数が

$$y_1 = \min\{L_1, 2K_1\} \quad \& \quad y_2 = \min\{2L_2, K_2\} \tag{6.34}$$

(3) 生産要素は労働のみで，労働資源が $\overline{L}$ 単位，各生産物の生産関数が

$$y_1 = L_1^{1/2} \quad \& \quad y_2 = 1.25L_2^{1/2} \tag{6.35}$$

問題 6.9 (♣) 2 消費者 (消費者 A と B) の効用関数を次のように想定しよう。

$$U_A = x_{A1}x_{A2}^2 \quad \& \quad U_B = x_{B1}^2x_{B2} \tag{6.36}$$

(1) 各消費者の限界代替率を示しなさい。

(2) 技術と生産要素の資源が練習問題 6.8 の各々のとき，(a) 各生産物の需給均衡式と (b) パレート効率な資源配分で成り立つ 1 階条件を示し，(c) パレート効率な資源配分での消費者 A の消費計画 (x_{A1}, x_{A2}) の全体を図示しない。

問題 6.10 (♣) 条件 (6.22) を導出しなさい。

問題 6.11 (♣♣) 5 章 5.2.3 の生産経済を考えよう。消費者の予算制約内効用最大化，生産者の利潤最大化，資源配分の実行可能性が，資源配分のパレート効率性の十分条件になることを証明しなさい。

第7章　不確実性

　選好や技術といった経済の属性は，これまでの分析では所与であった。これに対し，猛暑のために体が冷える商品を嗜好するようになったり，天候によって豊作，凶作になったりと，経済外部の要因は消費者の選好や生産者の技術を変化させる。選好や技術といった経済の属性が天候，事故，災害，疾病などの不確実な外部要因に依存するとき，前章までのように，市場は効率性を保つ力を持ち合わせているのであろうか。本章では，不確実性の下での主体の選択肢と選択，そして，市場の機能，効能を分析していこう。

7.1　くじ

　天候，事故，災害，疾病などの経済外部の要因が，いつどこでだれに発生するかを事前に100％予測できるのであれば，前章まで見た結果は，そのまま成り立つ。物理的に同じ商品であっても，取引される時点，及び，経済外部の状態ごとに商品を区別することで，厚生経済学の二つの基本定理はそのまま成り立つ (cf. 学史注 1, p. 117)。したがって，経済外部の要因が，いつどこでだれに発生するのかを100％予測できないときが，本章の分析対象になる。

例 7.1 ある生産者 (例えば，農家) が，次の状況に直面している。天候は，状態 1 (天候不良) と状態 2 (平年並み) のいずれかになるが，

(a) 状態 1 は確率 $100\,\alpha$ ％で発生し $(0 < \alpha < 1)$；

(b) 取引価格は，状態 1 で p_1 (単位：100 万円/トン)，状態 2 で p_2 になり；

(c) 生産量が年 y トンのとき，状態 1 での費用が $C = c_1 y^2$ (単位：100 万円/年)，状態 2 での費用が $C = c_2 y^2$ になる。

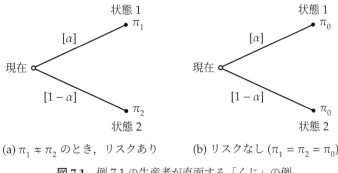

(a) $\pi_1 \neq \pi_2$ のとき，リスクあり　　(b) リスクなし ($\pi_1 = \pi_2 = \pi_0$)

図 7.1　例 7.1 の生産者が直面する「くじ」の例

天候不良によって費用効率が悪化するとき ($c_1 > c_2$)，生産者は不確実性が
ないときに比べ，生産量をどの程度，縮小させてしまうのであろうか。そ
れは，生産者が危険回避的であればあるほど，増幅していくのであろうか。
もし危険回避的なために生産を縮小させるとすれば，生産者が直面する「リ
スク」を取り除く方法は，何かないのであろうか。

例 7.1 では，生産者の利潤 π は，状態によって異なっている。

$$\pi = \begin{cases} \pi_1 = p_1 y - c_1 y^2 & \text{if 状態 = 状態 1} \\ \pi_2 = p_2 y - c_2 y^2 & \text{if 状態 = 状態 2} \end{cases} \tag{7.1}$$

しかも，状態 1 と状態 2 のいずれかが必ず起こるが，いずれが起こるかを 100
％予測できていない。先験的に状態 1 が 100 α ％で発生することを知ってい
るのみである [1]。図 7.1 (a) のように，生産者は，確率 α で π_1，確率 $1 - \alpha$ で
π_2 となる**くじ** (lottery) に直面していることになる [2]。

　発生し得る状態が 2 種類であっても，主体が直面するくじは一つだけでは
ない。例 7.1 の場合，生産量 y の各値に応じて，一つのくじが出来上がる。
発生し得る利潤 π_1 と π_2 が，それらの期待値 $E[\pi]$ から乖離すればするほど，

---

[1]　[用語注，学史注] 状態の発生確率自体が不明な場合があろう。そうした不確実性を**ナイト不確実性** (**ナ
イト流の不確実性**，Knightian uncertainty) と呼ぶ。本章で扱う不確実性は，ナイト流の不確実性ではなく，
先験確率が与えられる場合になる。ちなみに，**ナイト** (F. H. Knight, 1885–1972) は，**シカゴ学派** (Chicago
School) の創始者の一人である。シカゴ学派は，自由市場の効能，機能に力点を置く学派である。ノーベル経
済学賞受賞者を多く生み出している学派でもある。

[2]　[用語注]「くじ」とは，高校数学で習った**確率変数**になる。

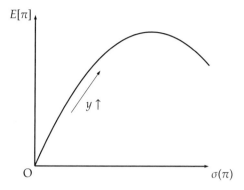

図 7.2 生産量 y 対 利潤 π の期待値 $E[\pi]$ とリスク $\sigma(\pi)$：$p_1 = p_2$ の場合

リスク (risk) はより高くなる。例 7.1 の生産者の場合，利潤の期待値 $E[\pi]$ と発生し得る値 π_1, π_2 の間には，次の必要十分条件が成り立つ。

$$y > y_0 \iff \pi_1 < E[\pi] < \pi_2 \tag{7.2}$$

但し，上式の y_0 は，次によって定義される大きさである。

$$y_0 = \frac{p_1 - p_2}{c_1 - c_2} \tag{7.3}$$

このため，生産量 y が y_0 から乖離すればするほど，リスクは高くなる。図 7.1 (a) は，リスクのあるくじになる。

逆に，$y = y_0$ であれば，$\pi_1 = \pi_2$ となって，発生し得る利潤 π_1, π_2 は利潤の期待値 $E[\pi]$ に等しくなる。このため，リスクは，消滅する。図 7.1 (b) には，$y = y_0$ のときの利潤を π_0 として，すなわち，

$$\pi_0 = p_1 y_0 - c_1 y_0^2 = p_2 y_0 - c_2 y_0^2 \tag{7.4}$$

として，生産者が生産量 y_0 を選んだときのくじが描かれている。各状態 $s = 1, 2$ に対し $\pi_s = E[\pi] = \pi_0$ となる，リスク・ゼロのくじである。

　生産量に応じて利潤の期待値とリスクを計算すると，リスクと期待値の関係を得ることができる。図 7.2 は，$p_1 = p_2$ のときに，生産量 y をゼロから増やしていったときの利潤 π の期待値 $E[\pi]$ とリスク $\sigma(\pi)$ の組の軌跡である。取引価格が状態無関係に一定の場合，利潤の期待値を上げようとすれば，必

ずリスクを覚悟しなければならないことが理解できる[3)]。

　このようにして，生産者が生産量を選ぶということは，さまざまな期待値とリスクをともなったくじの中から一つのくじを選択するということになる。不確実性の下では，くじ上の選択になるのである。

7.2　くじ上の選好

　くじ上の選択は，くじ上の選好順序に照らして最上位となるであろう。それでは，そもそも，くじ上の選好順序は，どのように定義されるのであろうか。本節では，くじ上の選好順序の表現方法を確認することにしよう。なお，本節の内容の初級的例題として，練習問題 7.1, 7.2 があるので，参照しながら学習すると良いであろう。

7.2.1　期待効用仮説

　確率 α で π_1，確率 $1-\alpha$ で π_2 が発生する図 7.1 のようなくじを $(\pi_1, \pi_2; \alpha, 1-\alpha)$ で表すことにしよう。二つのくじ $z = (\pi_1, \pi_2; \alpha, 1-\alpha)$ と $z' = (\pi'_1, \pi'_2; \alpha', 1-\alpha')$ に対し，「z よりも z' を選好する」ことを順序 $z' > z$ で表そう。くじ上の選好順序 $>$ を実数値関数で表現できるとき，すなわち，必要十分条件

$$z' > z \iff V(z') > V(z) \tag{7.6}$$

を満たす実数値関数 V が存在するとき，V はくじ上の**効用関数**になる。任意のくじ $z = (\pi_1, \pi_2; \alpha, 1-\alpha)$ に対し，

$$V(z) = \alpha u(\pi_1) + (1-\alpha)u(\pi_2) \tag{7.7}$$

を満たす関数 u が存在するとき，くじ上の効用関数 V は**期待効用条件**を満たすという。(7.7) 式における関数 u を**フォン・ノイマン・モルゲンシュテルン**

　[3)]　［数学注］発生値が期待値から乖離すればするほど，リスクは大きくなる。このため，発生値の期待値からの乖離の平方の期待値である**分散**，あるいはその平行根である**標準偏差**をリスクの指標とすることが多い。例 7.1 の場合，利潤の期待値 $E[\pi]$ と標準偏差 $\sigma(\pi)$ は，

$$E[\pi] = E[p]y - E[c]y^2 \tag{fn.3a}$$

$$\sigma(\pi) = \sqrt{\alpha(1-\alpha)}\,|p_1 - p_2 - (c_1 - c_2)y|\,y \tag{fn.3b}$$

になる (練習問題 7.6)。但し，$E[p] = \alpha p_1 + (1-\alpha)p_2$, $E[c] = \alpha c_1 + (1-\alpha)c_2$ である。$y = y_0$ のとき，標準偏差はゼロとなり，リスクがゼロになることが理解できる。図 7.2 の横軸のリスクは，標準偏差 $\sigma(\pi)$ を測っている。

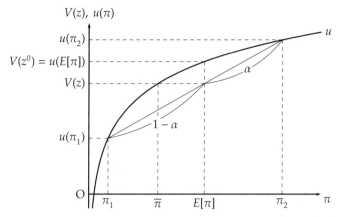

図 7.3 フォン・ノイマン・モルゲンシュテルン効用と危険回避度

効用 (以下，**vNM 効用**と略称) と呼ぶ。

比較的緩やかな条件の下で，くじ上の選好順序 > が期待効用条件を満たす効用関数 V によって表現できることを**フォン・ノイマン** (J. L. von Neumann, 1903–1957) と**モルゲンシュテルン** (O. Morgenstern, 1902–77) が証明している (**期待効用定理**)。

7.2.2 危険回避的選好

くじ上の選好順序 > が期待効用条件を満たす効用関数 V によって表現できるとき，vNM 効用 u が選好の性質を表すことになる。

図 7.3 には，vNM 効用 u と，くじ $z = (\pi_1, \pi_2; \alpha, 1 - \alpha)$ の効用水準 $V(z)$ の関係が描かれている。くじ z の効用水準 $V(z)$ は，π_1 での vNM 効用 $u(\pi_1)$ と π_2 での vNM 効用 $u(\pi_2)$ の期待値 (7.7) 式，すなわち，**期待効用** (expected utility) の大きさになる。くじ z の期待値 $E[\pi]$ を確実に得られるくじ $z^0 = (E[\pi], E[\pi]; \alpha, 1-\alpha)$ を考えたとき，もし主体が危険を好まないとすれば，$V(z^0) = u(E[\pi]) > V(z)$，すなわち，くじ同士の期待値が同じであれば，リスクのない方をその主体は選好する。したがって，**危険回避的** (risk averse) 選好をもつ主体の vNM 効用 u は，上方に凸形をした**凹関数**になる[4]。

---

[4] ［発展］**危険愛好的**選好の定義と，その場合の vNM 効用の形状は，どのようになるであろうか。

　危険回避度が上がれば上がるほど，vNM 効用 u の湾曲具合は大きくなり，逆に，危険回避度が下がれば vNM 効用 u の湾曲具合は小さくなる。そして，**危険中立的** (risk neutral) であれば，vNM 効用 u は直線 (1 次関数) になる。実際，vNM 効用 u が 1 次関数のとき，すべてのくじ $z = (\pi_1, \pi_2; \alpha, 1 - \alpha)$ について，$V(z) = u(E[\pi])$ になる。

7.2.3　確実性等価とリスク・プレミアム

　図 7.3 において，くじ z での効用水準 $V(z)$ と同じ効用水準を得るリスクゼロのくじは，$\bar{z} = (\bar{\pi}, \bar{\pi}; \alpha, 1 - \alpha)$ になる。このとき，$\bar{\pi}$ をくじ z の**確実性等価** (certainty equivalent)，$E[\pi] - \bar{\pi}$ を**リスク・プレミアム** (risk premium) と呼ぶ。定義によって，次が成り立つ。

$$\text{期待値} = \text{確実性等価} + \text{リスク・プレミアム} \tag{7.8}$$

確実性等価を与えるくじ $\bar{z} = (\bar{\pi}, \bar{\pi}; \alpha, 1 - \alpha)$ は，リスクがないのに対し，くじ z にはリスクがある。このため，危険回避的選好をもつ主体にとって，くじ z がくじ $\bar{z}$ と無差別になるためには，くじ z の期待値 $E[\pi]$ は確実性等価 $\bar{\pi}$ に何かしらのプレミアムがなければならない。そのプレミアムが，リスク・プレミアムなのである。

7.2.4　CARA 型と CRRA 型 vNM 効用 (♣)

　vNM 効用 u が上方に凸形をし，その湾曲具合が大きくなればなる程，主体のくじ上の選好は，より危険回避的になることを見た。このことより，次の二つは，危険回避度の指標になる。

絶対危険回避度：$-u''(\pi)/u'(\pi)$

相対危険回避度：$-\pi u''(\pi)/u'(\pi)$

絶対危険回避度が一定となる **CARA 型** (Constant Absolute Risk Aversion) vNM 効用は，次の関数

$$u(\pi) = -e^{-\rho\pi} \tag{7.9}$$

の正の 1 次変換となり，ρ が絶対危険回避度になる。また，相対危険回避度が一定となる **CRRA 型** (Constant Relative Risk Aversion) vNM 効用は，次

の関数

$$u(\pi) = \frac{\pi^{1-\sigma} - 1}{1 - \sigma} \tag{7.10}$$

の正の 1 次変換となり，σ が相対危険回避度になる。$\sigma = 0$ のとき，CRRA 型 vNM 効用は，危険中立的選好を表すことになる。また，$\sigma \to 1$ とすれば，$u(\pi) = \log \pi$ になる (練習問題 7.5)。$\log$ の vNM 効用は，相対危険回避度がつねに 1 になる。

くじ $z = (\pi_1, \pi_2; \alpha, 1 - \alpha)$ の確実性等価は，例えば，相対危険回避度がつねに 1 になる主体であれば，

$$\overline{\pi} = \pi_1^\alpha \pi_2^{1-\alpha} \tag{7.11}$$

になる。$\alpha = 0.5$ であれば，くじ $z = (\pi_1, \pi_2; \alpha, 1 - \alpha)$ の確実性等価 $\overline{\pi}$ は，π_1 と π_2 の相乗平均 $\sqrt{\pi_1 \pi_2}$ に等しい。

7.3　保険市場の機能：リスクゼロ化

危険回避的選好をもつ主体であれば，同じ期待値のくじが複数あれば，それらの中でリスクが最小のくじを好む。よって，期待値を維持しつつ，リスクを取り除くことができれば，危険回避的選好をもつ主体は改善する。実は，保険市場は，競争的であれば，所与のくじのリスクを取り除くだけでなく，主体を改善させる機能を持ち合わせていることを示すことができる。

このことを見るために，ある特定のくじ $z^0 = (\pi_1^0, \pi_2^0; \alpha, 1 - \alpha)$ において，$\pi_1^0 < \pi_2^0$ であるとしよう。$L = \pi_2^0 - \pi_1^0$ とすれば，L は状態 2 から見て状態 1 が発生することで主体が被る損失を表す。図 7.4 (次頁) には，くじ z^0 での効用水準 $V(z^0)$ と同じ効用水準のくじ $(\pi_1, \pi_2; \alpha, 1 - \alpha)$ の全体が，曲線 $V(z^0)$ によって描かれている。曲線 $V(z^0)$ は，くじ z^0 と無差別なくじの集まり，すなわち，くじ z^0 を通る無差別曲線である。45° 線上は，$\pi_1 = \pi_2$ であるから，リスクがないくじとなり，無差別曲線 $V(z^0)$ と 45° 線の交点での π_s $(s = 1, 2)$ の値 $\overline{\pi}$ は，くじ z^0 の確実性等価になる。

無差別曲線の接線の勾配にマイナス 1 を乗じた大きさは，消費者の理論 (3 章) の用語をそのまま使えば，限界代替率になる。くじ上の選好の場合，限界代替率 (*MRS*) は，次の特徴をもつ。

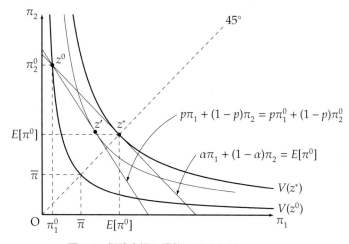

図 7.4　保険市場の機能：リスクゼロ

ファクト 7.2　くじ $z = (\pi_1, \pi_2; \alpha, 1 - \alpha)$ 上の選好順序が期待効用条件を満たせ
ば，限界代替率 (MRS) は，次の性質をもつ。

(1) リスクのないくじでの限界代替率は，$\alpha/(1 - \alpha)$ に等しい。

(2) 危険回避的であれば，限界代替率は逓減する。

　　［証明］(♣) ファクト 3.10 (p. 59) によって，限界代替率 (MRS) は，限界効用の比
(MU_1/MU_2) に等しい。くじ上の効用関数 V は，(7.7) 式の期待効用になるので，次
が成り立つ。

$$MRS = \frac{\alpha u'(\pi_1)}{(1 - \alpha)u'(\pi_2)} \tag{7.12}$$

この結果，上記 (1)(2) が成り立つ。∥

　さて，リスクのあるくじ z^0 に直面する主体向けに，次のような保険を保険
会社が開発したとする。

> **例 7.3**　加入者は，保険料 pI 円を支払う代わりに，状態 1 が発生したときに
> は保険金 I 円を受け取る。なお，状態 2 では，保険金は，一切，支払われ
> ない。

　保険金 I に対する保険料の比率を**保険料率** (premium) と呼ぶ。例 7.3 の保
険の場合，p が保険料率になる。

主体が例 7.3 の保険に加入した場合，主体が直面するくじは，

$$\pi_1 = \pi_2^0 - L - pI + I \quad \& \quad \pi_2 = \pi_2^0 - pI \tag{7.13}$$

とした $z = (\pi_1, \pi_2; \alpha, 1 - \alpha)$ になる (図 7.1 (a) のくじ参照)。保険加入後のくじ $z = (\pi_1, \pi_2; \alpha, 1 - \alpha)$ は，次の条件を満たす (示してみよう)。

$$p\pi_1 + (1 - p)\pi_2 = p\pi_1^0 + (1 - p)\pi_2^0 \tag{7.14}$$

(7.14) 式を満たすくじの全体は，図 7.4 の点 (π_1^0, π_2^0) を通る，勾配 $p/(1 - p)$ の直線になる。保険料率 p が変化すれば，点 (π_1^0, π_2^0) を中心にその直線は回転する。各主体は，(7.14) 式の下で，期待効用 $V(z)$ が最大となる保険に加入，すなわち，くじ $z = (\pi_1, \pi_2; \alpha, 1 - \alpha)$ を選択する。この結果，主体の最適化の 1 階条件は，次になる。

$$MRS = \frac{p}{1 - p} \tag{7.15}$$

限界代替率 (左辺) が，条件 (7.14) を満たすくじを表す直線の勾配 (右辺) に等しくなる。図 7.4 の点 z' は，保険料率が p のときの主体的均衡点である。

これに対し，保険会社の期待利潤は，

$$\alpha(pI - I) + (1 - \alpha)pI = (p - \alpha)I \tag{7.16}$$

となる。$p > \alpha$ であれば，保険会社は正の利潤を期待できる。しかし，保険市場が競争的であれば，保険会社の期待利潤はゼロに収束するであろうから，$p = \alpha$ になると予測できる。このように，保険料率 p が損失 L の発生確率 α に等しいとき，保険料率 p は**保険数理的に公正** (actuarially fair) である。

以上より，保険市場が競争的なとき，条件 (7.14) 式は，

$$\alpha\pi_1 + (1 - \alpha)\pi_2 = E[\pi^0] \tag{7.17}$$

になる。ここで，$E[\pi^0]$ は，元々のくじ z^0 の期待値である。期待効用最大化となるくじ z^* (図 7.4 の点 z^*) では，$\pi_1 = \pi_2 = E[\pi^0]$ となって，リスクは消滅する。この結果，均衡における保険金は，(7.13) 式より，$I = L$ となり，損失を完全に補償する保険になる。以上をまとめると，次のようにいえよう。

ファクト 7.4 保険市場が競争的であれば，
(1) 保険料率は，保険数理的に公正となり，

(2) 損失を完全に補償する保険で均衡し,

(3) 主体はその保険を購入して元々のくじの期待値を確実に, すなわち, リスクゼロで受け取ることができる。

　この結果は, ある確率で疾病にかかる場合や事故が起こる場合にも応用できることに注意しよう (練習問題 7.3)。更には, この結果を例 7.1 の生産者に応用すると, 競争的な保険市場の存在が生産を拡大させるという結果を導き出すことができる (練習問題 7.6)。

7.4　条件付き商品市場

　競争的な保険市場が個別主体の直面するリスクを完全に取り除くことを見たが, 複数の主体が不確実性の下で取引する場合の分析は未だであった。本節では, 不確実性下での取引における市場の機能を同定化することにしよう。

　単純化のために, 物理的に区分したときの商品は一つであるとしよう。2 人の主体 A, B がおり, 現時点で状態 1, 状態 2 のいずれになるかを 100％予測できておらず, 確率 α で状態 1 になることのみ分かっているとする。状態 s ($s = 1, 2$) において, 主体 i ($i = $ A, B) がその商品を所有するであろう数量を ω_{is} とすれば, $\omega_{i1} \neq \omega_{i2}$ のとき, 主体 i はリスクに直面することになる。

> **例 7.5** 春の時点で今年の夏が猛暑 (状態 1) になる確率は α であり, 主体 A, B は夏にアイスクリームを分け合う。主体 A は猛暑のときに 0 単位, そうでないときには 9 単位, 主体 B は猛暑のときに 10 単位, そうでないときに 1 単位のアイスクリームを手に入れられる。

　例 7.5 の場合, $\omega_{A1} = 0$, $\omega_{A2} = 9$, $\omega_{B1} = 10$, $\omega_{B2} = 1$ になる。状態 1 でも状態 2 でも, 商品の利用可能な総量は 10 単位である。このように, すべての状態において商品の利用可能な総量が同じであるとき, **総量リスク** (aggregate risk) はないという。

> **例 7.6** ある将来時点で穀物がガソリンに代わる燃料として使われる可能性が 100 (1 − α)％あり, その場合, 主体 A は 2 単位, 主体 B は 8 単位の穀物を手に入れられるが, そうでなければ主体 A は 11 単位, 主体 B は 4 単

位の穀物を手に入れられる。

この例の場合，穀物が燃料に使われない状態を状態 1 とすれば，$\omega_{A1} = 11$, $\omega_{A2} = 2$，$\omega_{B1} = 4$，$\omega_{B2} = 8$ となり，総量リスクがある。

例 7.7 確率 α で好況 (状態 1) になるが，確率 $1 - \alpha$ で不況 (状態 2) になる。企業の所有者 (主体 A) と労働者 (主体 B) は将来，企業の収入を分け合う。好況時には企業の収入は 100 単位になるが，そうでないときには 50 単位に落ちる。現在，好不況にかかわらず，労働者には 30 単位を支払う給与体系となっている。

企業の収入は，好況か不況かで異なる。このような総量 (総額) リスクが存在するときに，労働者への給与体系が固定給であることが，不確実性下でパレート効率か否かが問題となっている例である (cf. 練習問題 7.4)。

以上のような例において，現時点で各状態ごとに取引する数量を予め決める市場が存在するとしよう。このとき，組 $\omega_i = (\omega_{i1}, \omega_{i2})$ は，主体 i の初期付与といえる。また，状態 s $(s = 1, 2)$ において主体 i $(i = A, B)$ が商品を利用できる数量を x_{is} とすれば，組 $x_i = (x_{i1}, x_{i2})$ は主体 i の消費計画と見做すことができる。$z_{is} = x_{is} - \omega_{is}$ が，状態 s が発生したときに主体 i が商品を購入する数量を表す。このように，同じ商品でも状態ごとに取引数量を決めるとき，**条件付き商品** (contingent commodity) と呼ぶ。

条件付き商品市場が存在すれば，各状態 $s = 1, 2$ に対し，条件付き商品 s の取引価格 p_s が存在して，各主体 $i = A, B$ は，次の予算制約に直面することになる。

$$p_1 x_{i1} + p_2 x_{i2} \leqq p_1 \omega_{i1} + p_2 \omega_{i2} \tag{7.18}$$

不確実性がないときと同様 (5 章)，ワルラス法則が成り立つ。

また，くじ上の選好が期待効用条件を満たすとすれば，各主体 $i = A, B$ の効用水準は，取引数量の組 $z_i = (z_{i1}, z_{i2})$ に対し，vNM 効用 u_i の期待値

$$V_i(z_i) = \alpha u_i(x_{i1}) + (1 - \alpha) u_i(x_{i2}) \tag{7.19}$$

で表すことができる。各主体 $i = A, B$ は，予算制約の下で期待効用 $V_i(z_i)$ を最大化する取引数量の組 z_i を選択するであろう。この結果，各主体 $i = A, B$

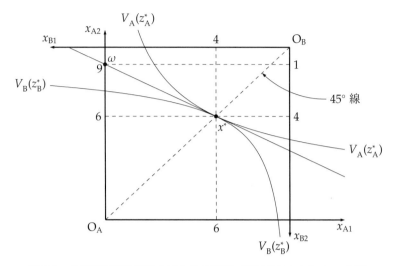

図 7.5 条件付き商品市場のワルラス均衡：総量リスクなし $(\alpha = 1/3)$

の最適化の 1 階条件は，

$$MRS_i = \frac{p_1}{p_2} \quad (i = \text{A}, \text{B}) \tag{7.20}$$

になる。主体 i ($i = \text{A}, \text{B}$) の限界代替率 (MRS_i) については，ファクト 7.2 が成り立つ。このため，もし $p_1/p_2 = \alpha/(1 - \alpha)$ であれば，リスクがない状態 ($x_{i1} = x_{i2}$) で各主体 i ($i = \text{A}, \text{B}$) は主体的均衡になる。

7.4.1 条件付き商品市場のワルラス均衡

各主体が予算制約内期待効用最大化し，すべての条件付き商品において需給均衡する価格体系 $p^* = (p_1^*, p_2^*)$ と資源配分 $x^* = (x_\text{A}^*, x_\text{B}^*)$ の組 (p^*, x^*) は，ワルラス均衡になる。

総量リスクがない場合，条件付き商品市場のワルラス均衡では，すべての主体からリスクが消滅する資源配分になる。O_A から右上方向に主体 A の消費計画 x_A 平面，O_B から左下方向に主体 B の消費計画 x_B 平面がはられたエッジワース・ボックスを描けば，例 7.5 のワルラス均衡を図 7.5 によって示すことができる。点 ω は，O_A から見れば主体 A の初期付与 ω_A，O_B から見れ

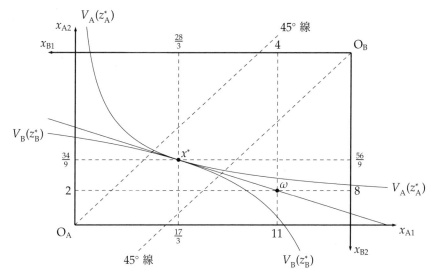

図 7.6 総量リスクあり：双方とも危険回避的な場合
(♣) $\alpha = 1/3$ & $u_i(x) = \log x$ ($i = A, B$)

ば主体 B の初期付与 ω_B である。また，点 ω を通る右下がりの直線は，各主体の消費計画平面内において，相対価格が p_1/p_2 のときの予算制約線である。限界代替率は，vNM 効用が異なっても，リスクのないとき (45° 線上では)，$\alpha/(1-\alpha)$ に等しい。このため，総量リスクがなければ，条件付き商品市場のワルラス均衡の資源配分 x^* は，エッジワース・ボックスの対角線上に位置する。整理すると，次のようになろう。

ファクト 7.8 総量リスクがなければ，条件付き商品市場のワルラス均衡では，
(1) 相対価格は $p_1^*/p_2^* = \alpha/(1-\alpha)$ となり，
(2) すべての主体は，リスク・ゼロの状態になる。

7.4.2 総量リスクとリスク・シェアリング

それでは，総量リスクがある場合でも，条件付き商品市場のワルラス均衡はすべての主体のリスクを取り除くことができるのであろうか。総量リスクのある例 7.6 を取り上げて考察してみよう。

総量リスクがある場合，図 7.6 のエッジワース・ボックスが示すように，各

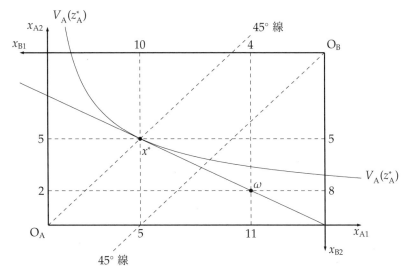

図 7.7　総量リスクあり：主体 B が危険中立的な場合

主体にとってリスクゼロの状態 (O_A からの 45° 線と O_B からの 45° 線) が重ならない。このため，すべての主体のリスクを取り除く資源配分は存在しないことが理解できる。

しかしながら，次が成り立つ (証明は，6 章と同じ)。

定理 7.9 (厚生経済学の第 1 基本定理) 総量リスクの有無無関係に，条件付き商品市場が存在すれば，ワルラス均衡での資源配分は，パレート効率である。

条件付き商品市場を導入したワルラス的接近は，**アロー・ドブリュー**による商品区分の自然な拡張なのである (学史注 1，p. 117，参照)。

そればかりでなく，条件付き商品市場による資源配分は，総量リスクがある場合，主体間の**リスク・シェアリング**を決める。図 7.6 の場合，初期付与 ω から見れば，主体 A は自らの 45° 線に近づくことでリスクを小さくすることができる。しかし，これは，主体 B から見れば，自らの 45° 線から離れることを意味する。互いがリスクゼロに近づこうとすることで，ワルラス均衡が互いの 45° 線の間に落ち着いたと見ることができる。

互いが自らの 45° 線に近づこうとするのは，両者が危険回避的であるからである。ということは，一方の主体が危険回避的でなくなれば，もう一方の主

体はリスクゼロになるかもしれない。図7.7は，同じ例7.6において $\alpha = 1/3$ として，主体Bが危険中立的な場合のワルラス均衡を示す。点 x^* と点 ω を通る直線の勾配は，$\alpha/(1-\alpha) = 0.5$ に等しく，予算制約線が主体Bの無差別曲線と重なり合う状態になっている。したがって，点 x^* と点 ω を通る直線において主体Bの消費計画平面上にある部分は，主体Bにとって予算制約内期待効用最大化となる。これに対して，主体Aは，予算制約線の勾配が $\alpha/(1-\alpha)$ に等しくなっているため，最適消費計画の1階条件 (7.20) 式より，45°線上の消費計画を選ぶ。このようにして，主体Bが危険中立的であれば，主体Bが総量リスクのすべてを引き受け，主体Aはリスクのない消費計画を選択できることになる。

　以上のように，総量リスクがあるとき，条件付き商品市場のワルラス均衡は，主体の危険回避度に応じて主体間のリスク・シェアリングを決める。

練習問題

問題 7.1　10％の確率で100万円を稼得し，残りの確率で10万円の損をする状況に直面している一郎さんがいる。

(1)　くじの期待値は，何万円か。

(2)　一郎さんは，今直面している状況は確実に3,000円を得られる状況と差がないと述べている。

　　(a)　一郎さんは，危険 (ア) 的である。空欄を埋めよ。

　　(b)　リスク・プレミアムは，いくらか。

　　(c)　一郎さんは，今直面している状況と確実に1万円が得られる状況のいずれを好むであろうか。

問題 7.2　次の三つの状況を考えよう。

状況 A：確率0.1で100万円の利益を得られるが，確率0.9で10万円の損失を被る。

状況 B：確実に1万円の利益が得られる。

状況 C：確実に8,000円の利益が得られる。

(1)　各状況をくじ (図) で表しなさい。

(2) 危険回避的選好をもつ T さんの場合，状況 A と状況 B のいずれを好む
か。状況 B と状況 C の場合はどうか。

(3) 状況 A と状況 C が無差別なとき，状況 A の確実性等価とリスク・プレ
ミアムはいくらか。

(4) x 万円での T さんの vNM 効用が $u(x) = \log(21 + x)$ であったとき，状況
A の確実性等価が $11^{1.1} - 21$ になることを示しなさい。

問題 7.3 発症確率が 3 ％のある疾病の治療には，60 万円を要する。

(1) 個人が直面しているくじを図で表しなさい。また，くじの期待値を計算
し，リスクの有無を調べなさい。

(2) その疾病にかかった場合に I 円の保険金を支払う保険を pI 円の保険料で
保険会社が販売するとする。

  (a) 個人がこの保険に加入したときのくじを示しなさい。また，くじの
期待値を式で示しなさい。

  (b) 保険数理的に公正な保険料率は，いくらであろうか。

  (c) 保険市場が競争的であれば，保険料率は何パーセントになるであろ
うか。また，保険金はいくらになるであろうか。

  (d) 競争的な保険市場が均衡するとき，(i) 個人が直面するくじを保険加
入前と加入後の二つについて図示し，(ii) 保険の加入によって，その
個人が直面していたリスクが完全に取り除かれ，(iii) リスクゼロで
いくら受け取れるのか，説明しなさい。

問題 7.4 例 7.7 を考えよう。条件付き商品市場のワルラス均衡を応用して以
下の問いに答えなさい。

(1) 所有者が危険中立的，労働者が危険回避的であれば，α の値無関係に，パ
レート効率な労働者への給与体系は固定給になることを示しなさい。

(2) それでは，逆に，所有者が危険回避的，労働者が危険中立的であれば，ど
のような給与体系がパレート効率であろうか。

(3) 景気が良いときに互いの所得が増加し，悪いときに減少するような給与
体系がパレート効率になるのは，どのようなときであろうか。

問題 7.5 (♣) くじ上の選好が期待効用条件 (7.7) を満たす効用関数によって表

現できるとしよう。

(1) $u(\pi) = \log \pi$ のとき，くじ $(20, 5; 0.5, 0.5)$ の確実性等価が 10 になること を示しなさい。また，リスク・プレミアムはいくらであろうか。

(2) ファクト 7.2 (p. 182) が成り立つことを示しなさい。

　　［ヒント］限界代替率逓減については，無差別曲線上で MRS を π_1 で微分する。 無差別曲線上では，$d\pi_2/d\pi_1 = -MRS$ であることに注意せよ。

(3) vNM 効用 u が 1 次関数のとき，すべてのくじ $z = (\pi_1, \pi_2; \alpha, 1 - \alpha)$ に対 し，$V(z) = u(E[\pi])$ となることを示しなさい。

(4) CARA 型 vNM 効用 (7.9) は，絶対危険回避度が ρ で一定になることを 示しなさい。また，CRRA 型 vNM 効用 (7.10) は，相対危険回避度が σ で一定になることを示しなさい。

(5) CRRA 型 vNM 効用 (7.10) において，$\sigma \to 1$ とすれば，$u(\pi) = \log \pi$ と なることを示しなさい。［ヒント］ロピタルの定理を使う。

問題 7.6 (♣) 例 7.1 の生産者の選好は，期待効用条件を満たすとする。

(1) 利潤の期待値 $E[\pi]$ が数学注 3 (fn.3a) 式 (p. 178) になることを示しなさい。

(2) 必要十分条件 (7.2) (p. 177) が成り立つことを示しなさい。

(3) 利潤の標準偏差が数学注 3 (fn.3b) 式 (p. 178) になることを示しなさい。

N.B. 以下では，$p_1 = p_2 = p$ と仮定しよう。

(4) 任意の生産量 $y > 0$ に対し $\pi_1 < \pi_2$ が成り立つことを示しなさい。

(5) 生産者が危険中立的なとき，$y^N = p/2E[c]$ の生産量を選ぶことを示しな さい。

(6) 図 7.2 の曲線の各点は，生産量 y の大きさと 1 対 1 で対応している。も し生産者が危険回避的であれば，曲線の右上がり，頂点，右下がり部分 のいずれに位置する生産量を選択するであろうか。危険中立的な場合は， どうか。

(7) 残りの問題では，生産者は危険回避的であるとする。生産者が，期待効 用最大化する生産量では，次の条件が成り立つことを示しなさい。

$$\alpha u'(\pi_1)(p - 2c_1 y) + (1 - \alpha)u'(\pi_2)(p - 2c_2 y) = 0 \qquad (7.21)$$

(8) y^N より少ない生産量を選択することを示しなさい。

［ヒント］$p - 2c_1 y < 0 < p - 2c_2 y$ 並びに $u'(\pi_1) > u'(\pi_2)$ が成り立つ。

(9) 競争的な保険市場が存在すれば，生産者は保険に加入し，この結果，y^N の生産量を選ぶことを示しなさい。

問題 7.7 (♣) 確率 α で状態 1，確率 $(1 - \alpha)$ で状態 2 が発生する。2 人の主体 A，B がおり，ある商品の初期付与量が状態 1 のとき ω_{i1}，状態 2 のときに ω_{i2} になる $(i = A, B)$。条件付き商品市場が存在し，主体 i の条件付き商品 s $(s = 1, 2)$ の消費量を x_{is} で示したとき，主体 i の効用関数が期待効用 (7.19) 式で与えられるとする。$\alpha = 1/3$，$u_A(x) = \log x$ として，次の (A)(B)(C) の各ケースについて，

(A) 例 7.5 において，$u_B(x) = \log x$

(B) 例 7.6 において，$u_B(x) = \log x$

(C) 例 7.6 において，$u_B(x) = x$

(1) 各主体の条件付き商品 1 の普通需要関数，並びに，

(2) ワルラス均衡での (a) 相対価格 p_1^*/p_2^*，(b) 資源配分 x^*，(c) 予算制約線，(d) 各主体の無差別曲線の式を求め，

(3) エッジワース・ボックスを用いてワルラス均衡を図示しなさい。

第 **II** 部

市 場 の 失 敗

第8章 外部性

　市場経済では主体が各々の最適化を目指すのみで，経済全体の総生産額が最大となり (アダム・スミスの定理)，資源配分はパレート効率になる (厚生経済学の第1基本定理)。これに対し，市場自体が存在しない，成立しない，仮に成立しても，市場がパレート効率な資源配分の実現に失敗することがある。このように，厚生経済学の第1基本定理が成り立たないことを**市場の失敗** (market failure) という。「第II部 市場の失敗」の諸章では，市場の失敗がいつ起こるのか，そして，起こり得る非効率性を市場は回復する力を本当に持ち合わせていないのか，このような疑問への答えを探っていく。

　厚生経済学の第1基本定理の反例となり得る要因は，いくつか指摘されている。本章では，そのような反例の一つである「外部性」を取り上げる。

8.1　技術的外部性 対 金銭的外部性

　外部性の「外部」とは，市場の外部という意味であり，**外部性** (externality) とは市場を経由せずに費用，または便益が主体同士に及ぶ効果を指す。定義によって，外部性は，そもそも，それ自体の市場が存在していないことになる。

例 8.1：外部性の例

(1) 愛する人など，相手の効用が上がると嬉しいときの相手の消費

(2) 果樹園で受粉しながら蜜を集める近くの養蜂業者の蜜蜂の行動

(3) 川の汚染によって下流の漁業に被害を与える上流工場の操業

(4) 空港の近隣住民に騒音被害をもたらす旅客機の離着陸

(5) 排気ガスによって人々の健康を害する輸送サービス産業の営業

(6) 流行を追う消費者が存在するときの流行 (**バンドワゴン効果**)

(7) 流行に逆らう消費者が存在するときの流行 (**スノッブ効果**)

(8) 価格に効用が左右される消費者が存在する商品の価格 (**ヴェブレン効果**)

外部性による便益を**外部経済** (external economies),費用を**外部不経済** (external diseconomies) と呼ぶ。例 8.1 (1) や (2) は外部経済を,(3) や (4) は外部不経済を発生させる例である。

しかしながら,市場を経由しない効果のすべてが市場の失敗となるわけではない。例えば,天候不順で農産物の価格が上がったため消費を控え,結果として,効用が下がる場合,生産者から消費者に外部不経済を生み出しているように見えるが,非効率性は,一切,発生しない。というのは,価格に対し,消費者が最適に調整した結果であるからである。このような市場価格を通じて生み出される外部性を**金銭的外部性** (pecuniary externality) と呼ぶ。金銭的外部性は,必ずしも市場の失敗の原因になるわけではないのである。

これに対し,例 8.1 のいずれも金銭的外部性ではなく,他の主体の選択自体が外部性の受け手の効用,あるいは生産技術に直接,影響を与えている。このような外部性を**技術的外部性** (technological externality) と呼ぶ。3 章で見た消費者の理論では,消費者の効用は自らの消費計画のみに依存していた。また,4 章で見た生産者の理論も又,生産者の技術は自らの生産計画上で定義されていた。技術的外部性とは,効用や技術が他の主体の選択肢に直接依存する外部性を指す。本章では,技術的外部性に限定して分析を進めよう。

8.2　社会的費用と効率的生産水準

例 8.1 (4) の空港の騒音被害を取り上げ,部分均衡分析を用いて外部性があるときに,総余剰が最大となる生産水準を確認してみよう [1]。

主体は,空港,航空会社,住民の三つの主体からなる。空港は,飛行機の離着陸を可能とする空港サービスを提供しており,その提供には費用を被る。1 日当たりの着陸数に対する空港の限界費用曲線は,図 8.1 の曲線 MC によって与えられているとする。その空港を利用する航空会社は,潜在的には多数

---

[1]　[発展] (♠) 外部性が存在するときの生産フロンティアやコースの定理 (後出),市場の失敗 (正確には,アダム・スミスの定理の反例となること) については,練習問題 8.4 参照。また,一般均衡分析では,外部性が非効率性に至らない例もある。練習問題 8.3 参照。

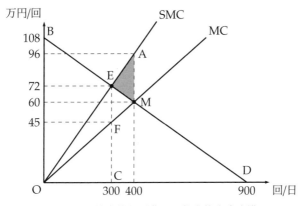

図 8.1 社会的限界費用と効率的生産水準

存在しており，その空港への着陸への市場需要曲線は，図 8.1 の曲線 D で与えられているとする (図 8.1 の各曲線を表す式は，練習問題 8.2 参照)。

　旅客機の離着陸は，回数が増加すれば，近隣住民への騒音被害が大きくなり，その結果，被害の大きさに応じた防音設備が必要になる，あるいは，防音強度を引き上げなければならない民家の数が増えるであろう。そうした騒音対策の費用が外部不経済であり，経済全体で被る費用総額は，生産の費用と外部不経済の合計になる。

　一般に，社会全体が被る費用総額を**社会的費用**，その増分率を**社会的限界費用** (Social Marginal Cost, *SMC*) と呼ぶ。図 8.1 の場合，生産の限界費用が MC 曲線，社会的限界費用が SMC 曲線によって描かれている。外部不経済の増分率は，着陸数が 1 日 x 回のとき，着陸 1 回増に対し $0.09\,x$ 万円増になっている (なぜか，答えよ)。

　一般に，総余剰が最大となるのは，市場需要曲線と社会的限界費用曲線の交点での数量になることを証明できる (証明は，難しくない)。市場需要曲線の高さが需要価格，社会的限界費用曲線の高さが社会的限界費用の大きさであるから，次の結果を得る。

ファクト 8.2 (効率性の 1 階条件) パレート効率な所得分配を与える生産水準では，

$$需要価格\ (p^D) = 社会的限界費用\ (SMC) \tag{8.1}$$

図 8.1 の場合，総余剰が最大となる着陸回数は，1 日当たり 300 回になる。着陸回数が 1 日 300 回のとき，航空会社の便益は 1 日当たり 2.7 億円 (台形 BECO の面積)，空港サービスの生産費用は 6,750 万円 (三角形 OFC の面積)，そして，外部不経済は 4,050 万円 (三角形 OEF の面積) になる。したがって，着陸回数が 1 日当たり 300 回のときの総余剰は，1 日当たり 1.62 億円になる。1 日当たり 300 回以外の着陸回数での総余剰は，1.62 億円より小さい。

8.3 市場均衡と市場の失敗

空港が価格受容者として行動すると想定し，市場均衡を求めてみよう。空港は，旅客機の着陸に対し利用料収入 (着陸料) を稼得する。空港は，自らの余剰を最大化するように選択するので，限界費用曲線 (MC) が市場供給曲線になる。市場需要曲線 (D) と市場供給曲線の交点は点 M になり，市場均衡での着陸料は 1 回当たり 60 万円，着陸数は 1 日当たり 400 回になる。

このときの総余剰を求めてみよう。航空会社の便益は 3.36 億円，空港サービスの生産費用は 1.2 億円，そして，外部不経済は 7,200 万円，したがって，総余剰は 1.44 億円になる。総余剰が最大となる着陸回数 300 回のときに比べ，総余剰は，三角形 AEM の面積に等しい 1,800 万円減少する。すなわち，厚生経済学の第 1 基本定理は，成り立たない。

なぜ，市場の失敗が発生したのであろうか。通常の商品取引では，買手が売手に価格を支払うことで，売手が被る費用を買手が負担する。売手は買手から価格を受け取る代わりに商品の所有権を買手に譲渡し，この結果，買手が便益を享受する。便益を享受した主体が費用負担する**受益者負担**が成り立っている。外部性も同様に，外部性自体の市場が成立すれば，外部不経済の出し手が受け手の費用負担の対価を支払い，外部経済の出し手であれば受け手より便益享受の対価を受け取ることができるようになるかもしれない。しかし，外部性は，その定義によって，そもそもその市場が存在していない。

外部不経済の出し手が負担する費用を**私的費用**，その増分率を**私的限界費用** (private marginal cost) と呼ぶ。外部不経済の出し手がその費用を負担すれば，私的限界費用は社会的限界費用に一致する。これに対し，空港が外部

不経済を負担しなければ，私的限界費用は SMC ではなく MC になる。市場均衡で総余剰が最大にならなかったのは，空港が外部不経済を負担していないからであると推理できそうである。

　一般に，外部性の対価が当事者間で授受されるとき，外部性は**内部化**されるという。例 8.1 (4) の空港の騒音被害の場合，外部性の出し手である空港側が，その受け手である住民側に外部不経済全額を補償すれば，空港の私的限界費用が社会的限界費用 (SMC) に一致するようにその外部性は適切に内部化されたように見えるはずである。ところが，このような考え方には，大きな間違いを含んでいることを **R. コース** (R. H. Coase, 1910–2013) が見抜いている。次に，R. コースの分析を見ることにしよう [2]。

8.4　R. コース (Coase) の分析

　R. コースの分析は，パレート改善可能であれば，当事者間で再交渉が発生するという経済原則に立脚している (cf. 2 章 2.4.2 補償原理 & 5 章 5.3.1 コアの特に「提携 C 改善」と「ブロック」の概念)。

　そもそも，なぜ，取引が発生するのであろうか。例えば，5 章 5.2.1 で見た純粋交換経済を振り返ってみよう。そこでは，交換の利益が発生するから，取引が起こることを見た。一般に，取引が起こるのは，取引によって主体が改善するから，すなわち，**取引便益**が生まれるからである。実は，同様のことが外部性でも成り立つのである。

8.4.1　外部性の取引便益：補償交渉とコースの定理

　例 8.1 (4) の空港の騒音被害を例に，外部性の取引便益を見てみよう。なお，取引便益が発生するということは，取引前では総余剰が最大ではなかったことになる。

　例えば，そもそも騒音被害を考慮して人家のないところに空港が建設され

---

[2]　[学史注] **R. コース**は，**取引費用の経済学**，**法と経済学**の分野の先駆者であり，1991 年にノーベル経済学賞を受賞している。従来の分析では，外部不経済の出し手がその費用を負担しないがために非効率になるのであって，外部性を内部化するには政府が出し手に適切に課税するしかないというものであった。これに対し，R. コースは，パレート効率になるよう市場が外部性を内部化できることを示した。

ていたとしよう。空港サービスは，図 8.1 の点 M で取引されていたことにな
る。騒音被害は，そもそも発生しておらず，総余剰も 1 日 2.16 億円で最大で
あったといえる。ところが，年数が経過するにつれ，近隣が住宅街になって
しまったとしよう。図 8.1 の点 M での取引では総余剰が 1 日 1.44 億円にな
り，最大値 1.62 億円より小さくなる。

　さて，このような場合，どのような取引が成り立つのであろうか。空港近
隣に住居を構えた人達は，着陸数を 400 回から 300 回に減らしてもらうこと
で，本来負担するはずの外部不経済の内，四角形 EAMF の面積 3,150 万円
分の負担を減らすことができる。400 回から 300 回への着陸数削減によって，
空港と航空会社の余剰は合計で三角形 EMF の面積 1,350 万円分減少するが，
近隣住民が本来負担するはずであった 3,150 万円から 1,350 万円を空港と航
空会社に補償すれば，空港と航空会社は 400 回から 300 回への着陸数削減に
合意するであろう。この結果，住民側の負担は 1,800 万円分減少し，この負
担減が外部性の取引便益になる。

　ここで注意したいのは，外部性の内部化は，必ずしも受益者負担になるわ
けではないことである。その土地や財産を所有し，その利用によって経済的
利益を生み出す権利，すなわち，**財産権** (property rights) が空港にある場合
には，外部不経済の受け手が費用負担する補償交渉が成り立つのである。

　今度は，逆に，元々住宅地域であった場所に空港建設を計画したとしよう。
この場合，該当の土地の財産権は，空港ではなく，住民側にあることを裁判
所も認めることになるであろう。住民側が提訴しなくとも，そのような判決，
あるいは，和解案になるであろうことを予測した空港側は，騒音被害の全金
額を住民に補償することで空港の建設を住民に認めてもらうことになるであ
ろう。空港の私的限界費用は社会的限界費用に一致し，取引便益は空港の利
潤 1 億 800 万円になる。

　このように，空港，住民いずれに土地の財産権があっても，財産権をもた
ない側がもつ側に適切に補償することで効率的な着陸数で交渉が妥結する。
すなわち，次の定理が成り立つ (Coase, 1960)。

定理 8.3 (コース) 対象の資産についての財産権がいずれの主体にあったとし

ても，取引費用がなければ，外部性を内部化する補償交渉がパレート効率な
資源配分に至るように成り立つ。

　ここで，**取引費用**とは，取引それ自体によって被る費用を指す。取引費用
は，契約前の**事前** (ex ante) と契約後の**事後** (ex post) によって分類すること
ができる。取引相手，取引条件の探索に要する**サーチ・コスト**，契約内容が当
事者の間でまとまるまでの**交渉費用**は，事前の取引費用になる。契約通りに
履行されているか否かを監視するための費用である**モニタリング・コスト**は，
事後の取引費用に属す。空港の騒音問題における補償交渉においても，サー
チ・コスト，交渉費用，モニタリング・コストなどの取引費用が，補償交渉
が成り立たないほど大き過ぎてはならないわけである [3]。

　コースの定理 (定理 8.3) は，「法」との関連において，次のような含蓄をも
つ。空港の近隣住民が空港に対して損害賠償請求訴訟を起こしたとしよう。
このとき，裁判所が第一に判断すべきは，損害賠償額ではなく，空港，住民，
いずれの財産権を認めるかである。空港側に財産権を認めようが，住民側に
財産権を認めようが，取引費用がなければ，パレート効率な資源配分に至る
補償交渉が当事者間で成り立つからである。

8.4.2　外部性の取引費用と企業形成による内部化

　ここまでの分析では，取引費用がない，あっても十分小さいことを前提と
していた。ところが，理論的にも，現実的にも，取引費用がないと想定するこ
とは難しいかもしれない。空港の騒音被害の場合，航空会社の需要曲線，空
港の限界費用曲線，住民側の外部不経済は，すべて，各主体が各々にもつ**私
的情報**である。私的情報下の交渉については，妥結に至らないとする研究成
果も存在する [4]。すなわち，交渉費用が無限大になり得るわけである。更に
は，仮に補償交渉が妥結に至っても，契約通りに履行させるための費用が取

---

　[3]　［用語注］R. コース自身は，上記の「取引費用」を "the costs of using the price mechanism" (Coase, 1937) や "the cost of market transactions" (Coase, 1960) と言及しており，「取引費用」という用語を使用しているわけではない。サーチ・コスト，交渉費用，モニタリング・コスト以外の概念も含めた取引費用の分類法，用語法については，例えば，Dahlman (1979) などを参照。

　[4]　［発展］例えば，私的情報下での買手と売手の間の 1 対 1 交渉を取り扱った文献として Cramton (1984), Chatterjee and Samuelson (1987), Watson (1998) などがある。

引便益を上回るほど過大なため，最初から補償交渉自体が成立しないかもしれない。

　取引費用を伴わない方法としては，航空会社が需要曲線，空港が限界費用曲線，住民が外部不経済を報告し，それらの報告に応じて補償金額を決める仕組み，ルールを予め用意しておくことも考えられる。もちろん，仕組み次第では虚偽の報告を誘発するかもしれない。主体が戦略的に報告するとしても，すべての主体が自らの私的情報について真の内容を報告する仕組みは**誘因両立的** (incentive compatible) であると呼ばれる。誘因両立的な仕組みの設計については「第 IV 部 制度設計」で見る。ここでは，R. コースの分析の続きを見てみることにしよう。

　取引費用を削減する方法として，関係主体との市場取引ではなく，当事者間の交渉を不要とする企業内取引に変えて行く方法がある (Coase, 1937)。外部性の場合でいえば，取引費用が大きいとき，市場取引ではなく，関係主体が個別にもつ権利を一つの企業に集約させ，当事者間の直接の交渉を無くしながら取引費用を縮小させて，企業に集約した権利をどのように使うべきかを企業の経営者が判断して，外部性を内部化させる方法である (Coase, 1960)。

　例えば，空港の騒音被害の場合にこれを応用すると，どのようになるのであろうか。取引費用を発生させない方法として，住民が空港の所有者 (株主) になる方法がある。外部不経済の受け手が出し手を買収するわけである。空港が航空会社との需給均衡で着陸回数を決めてしまうのは，空港が着陸回数の選択権をもっているからである。そこで，住民が空港の株主になれば，住民は，空港の経営陣の選出権を得ることができる。住民は，外部不経済と空港の利益の合計を最大化するように空港の経営陣に求めることが可能になり，結果，空港の私的限界費用曲線を社会的限界費用曲線に一致させることができる。このようにして，住民が空港の所有権をもつことで，外部性を効率的に内部化させることができるというわけである。市場均衡は，図 8.1 の点 E となって，住民が空港の所有者になることで，パレート効率な資源配分が実現する。住民が得る余剰は，空港がないときよりも 1 日当たり $72 \times 300 \div 2 = 10{,}800$ 万円増えることになる。

　以上を整理すると，次の定理のようになろう。

定理 8.4 外部性の当事者全体の余剰合計を最大化すれば，市場均衡での資源配分がパレート効率になるように外部性が内部化される。したがって，資源配分がパレート効率になる当事者上の所有権の再配分が存在する。

外部不経済の場合，外部不経済の受け手が，出し手がもつ権利をすべて取得する形での，もし出し手が企業であれば出し手を買収する形での，所有権再配分が機能する。この場合，買収側の余剰最大化は，余剰合計の最大化と同値になる。もし当事者がすべて企業であれば，企業合併という形での所有権の再配分も機能する。というのは，合併すれば，それら企業の利潤合計 (**共同利潤**という) を最大化することが，合併後の企業の株主の利益最大化になるからである。

　外部性の当事者が取引費用を無くすために企業を形成すれば，外部性は効率的に内部化される。しかし，R. コースは，当事者同士による企業形成，あるいは，それによる解決策が，現実的であるとは必ずしも述べているわけではない。企業内取引には，経営コストがかかる。関係する主体や活動の種類が多く，複雑になればなるほど，経営コストが増えて行き，取引費用の削減額を上回ってしまうかもしれない。こうした場合，外部性の解決には，政府による規制が現実的であると R. コースは述べている (Coase, 1960, p.17)。

　空港の騒音被害の場合，住民が空港の株主になれば解決できるわけであるが，所有と経営が分離している場合，経営者側の属性，あるいは，選択について，所有者側が経営者側より情報が少ないという**情報の非対称性**が認められることも少なくない。情報の非対称性についての分析は，10 章で詳しく見る。

8.5　政府による内部化：ピグー税

　政府による解決策として，ここでは，規制等ではなく，市場に代わって，政府が外部性を内部化する方法を見ることにしよう。

　非効率性が発生するのは，私的限界費用と社会的限界費用が一致しないこと，すなわち，外部不経済の出し手が外部性の費用を負担しないことに由来すると考えることができる。この考えに従えば，出し手に外部不経済を負担させれば，効率性を実現できると予想できる。その手段として，外部不経済

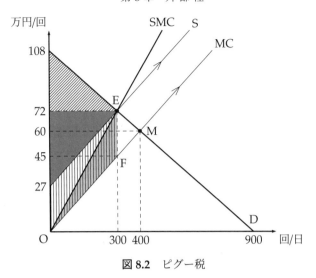

図 8.2　ピグー税

の出し手に課税し，税でもって外部不経済を負担させ，税収を外部不経済の
受け手に一括式で補助することで外部性を内部化する政策がある。特に，効
率的生産水準となる従量税を**ピグー税**と呼ぶ。

　図 8.1 の場合，ピグー税は着陸 1 回当たり 27 万円の従量税になる。政府
は，これを空港に課税するのみで，あとは一切を市場に任せるのみである。
ピグー税を課せられた空港の供給曲線は，図 8.2 の MC 曲線から S 曲線へと
上方に平行移動する。この結果，市場均衡は点 M から点 E へと変化し，総
余剰は最大になる。

　総余剰の分配は，次の通りである。航空会社の余剰は，斜線部の大きさ 5,400
万円になる。空港の収入は 72 万円/回 × 300 回/日 = 21,600 万円/日，空港へ
の税が縦縞部の大きさ 8,100 万円，空港の生産費用が生産量ゼロから 300 回
までの MC 曲線下部領域の面積 (6,750 万円) になるので，空港の余剰は塗り
つぶされた三角形の大きさ (6,750 万円) になる。外部不経済は三角形 OEF の
面積 4,050 万円であり，空港が負担する税金 8,100 万円を政府が住民に一括
式で補助することで，住民の余剰が 4,050 万円になる。住民は，騒音被害が
なくなる上にお金が余ることになる。余らないように政府が住民に一括式で
補助すると，空港が外部不経済の大きさを丁度負担したことになる。

練習問題

問題 8.1 バイオエタノールの開発は，大豆の市場価格を上昇させ，結果として，大豆を原料とする商品の市場価格を上昇させたという。これは，非効率性を生み出すのであろうか。議論しなさい。

問題 8.2 空港への着陸に対する航空会社の需要量を 1 日当たり D 回，着陸料を 1 回当たり p 万円としたとき，航空会社の需要曲線が $D = 100\{9 - (p/12)\}$，また，1 日当たり着陸数が S 回のとき空港の費用が $0.075S^2$ 万円，住民が被る外部不経済が $0.045S^2$ 万円となる騒音被害問題を考えよう。

(1) 航空会社の需要曲線，空港の限界費用曲線を図示しなさい。

(2) 住宅のないところに空港があったとしよう。

   (a) 次の各ケースについて (i) 私的限界費用曲線，(ii) 社会的限界費用曲線，(iii) 市場均衡，(iv) パレート効率な着陸数，及び (v) 厚生損失を示しなさい。

      ［ケース 1］住宅が一切建たないとき

      ［ケース 2］住宅が建ったとき

   (b) 住宅が建つとき，補償交渉のインセンティブは，どのような理由から住民側，空港側のいずれがもつのか，また，その主体は，相手にどのような提案 (補償金額，着陸数) を行うのか，説明しなさい。

(3) 住宅地域に空港が建設されようとしているとしよう。補償交渉のインセンティブは，どのような理由から住民側，空港側のいずれがもつのか，また，その主体は，相手にどのような提案 (補償金額，着陸数) を行うのか，説明しなさい。

(4) コースの定理 (定理 8.3，p. 200) が成り立つことを説明しなさい。

(5) 住民が空港を買収すると非効率性が一切起こらないことを説明しなさい。

(6) ピグー税を求め，(a) 課税後の空港の供給曲線，(b) 市場均衡，(c) 各主体の余剰，及び (d) 厚生損失を計算しなさい。

問題 8.3 2 人の酪農家 A と B が同一の牧草地を利用しようとしている。酪農家 $j\,(j = A, B)$ の放牧数を 1 日当たり k_j 頭，牧草地に放牧されている乳牛総数を $K = k_A + k_B$ とすると，各酪農家 $j\,(j = A, B)$ の牛乳の生産量 (単位：1 日

当たりリットル) は,

$$y_j = \begin{cases} \frac{1}{6}(240 - K)k_j & \text{if } K \leq 240 \\ 0 & \text{otherwise} \end{cases} \tag{8.2}$$

となる。利用可能な乳牛が全部で 60 頭であるとき, 次に答えなさい。

(1) どのような外部性が認められるか, 説明しなさい。

(2) 牛乳の総生産量が最大となる組 (k_A, k_B) をすべて求めなさい。

(3) **私的所有** 酪農家 A が牧草地を所有しており, 牧草地を排他的に利用するとしよう。牛乳 1 リットル当たりの市場価格を p 円, 乳牛 1 頭当たりのレンタル・コストを r 円としたとき, (a) 酪農家 A の利潤, (b) 乳牛のレンタル市場での需要曲線, (c) 乳牛のレンタル市場が均衡する r/p, (d) そのときの酪農家 A の牛乳生産量, (e) アダム・スミスの定理 (命題 6.5, p. 155) の成立・不成立を示しなさい。

(4) **優先権** 牧草地には私的所有権がなく, 酪農家 A が元々利用していたところに酪農家 B がやってきたとする。酪農家達は協議の末, 酪農家 A が最初に放牧し, その後に酪農家 B が放牧することで合意した。

　(a) 酪農家 A の放牧数 k_A を所与としたとき, 酪農家 B の放牧数 k_B を求めなさい。［ヒント］酪農家 B の利潤が最大となる k_B を求める。

　(b) 酪農家 A は, 酪農家 B がそのように放牧すると予想するであろう。その予想の下での酪農家 A の利潤を求め, 利潤最大化となる k_A を求めなさい。

　(c) 次を示しなさい。(i) 乳牛のレンタル市場が均衡する r/p, (ii) そのときの各酪農家の牛乳生産量, (iii) アダム・スミスの定理の成立・不成立

(5) **共有** いずれにも優先権がなく, 酪農家 A と B が牧草地を共同利用するとしよう。

　(a) 互いに相手の放牧数を所与として, 自らの利潤が最大になる放牧数を選ぶであろう。各酪農家について, 相手の放牧数を所与としたときの放牧数を求めなさい。

　(b) 次を示しなさい。(i) 乳牛のレンタル市場が均衡する r/p, (ii) そのと

きの各酪農家の牛乳生産量

(c) 共有地の場合，非効率な利用になると言われている (**共有地の悲劇**)。ところが，アダム・スミスの定理が成り立つことを示しなさい。

(6) 所有権が私的，共同であろうが，優先的な利用権が付与されていようが，アダム・スミスの定理が成り立つ。なぜなのか，議論しなさい。

問題 8.4：外部性の一般均衡分析 (♣) 二つの産業 A と B があり，産業 j (j = A, B) の生産水準を y_j，労働投入量を L_j としたとき，各産業の生産関数が次のように与えられているとする。

$$y_A = f(L_A) \quad \& \quad y_B = g(L_B, y_A) \tag{8.3}$$

労働資源を $\overline{L}$，賃金を w，商品 j (j = A, B) の市場価格を p_j として，次に答えなさい。

(1) 限界変形率が次になることを示しなさい。但し，$g_L = \partial y_B / \partial L_B$，$g_y = \partial y_B / \partial y_A$ である。［ヒント］154–155 頁を参考にすると良い。

$$MRT = \frac{g_L}{f'} - g_y \tag{8.4}$$

(2) 生産可能性集合内で総生産額が最大となるとき，次の条件が成り立つことを示しなさい。［ヒント］ラグランジュ乗数法を用いる。

$$MRT = p_A / p_B \tag{8.5}$$

(3) 各産業の利潤最大化の 1 階条件が次になることを示しなさい。

$$p_A f' = w \quad \& \quad p_B g_L = w \tag{8.6}$$

(4) アダム・スミスの定理 (命題 6.5, p. 155) が成り立たないことを説明しなさい。

(5) 労働の資源配分が (L_A, L_B) のときの各産業 j (j = A, B) の利潤を $\pi_j(L_A, L_B)$ で示すことにしよう。所与の市場価格の組 (p_A, p_B) の下で生産フロンティア上の生産を与える労働の資源配分を (L_A^*, L_B^*) とする。

(a) 産業 A が最初に生産しており，そこに産業 B が発生したとしよう。(i) いずれの産業が補償交渉のインセンティブをもち，(ii) その産業がどのような提案 (補償金額と労働資源配分) を行うであろうか。［ヒ

ント］補償金額の計算には，$L_B = 0$ のときの産業 A の利潤の最大値が基準
となる。

(b) 逆に，産業 B が最初に生産しており，そこに産業 A が発生したとし
よう。(i) いずれの産業が補償交渉のインセンティブをもち，(ii) その
産業がどのような提案 (補償金額と労働資源配分) を行うであろうか。
［ヒント］補償金額の計算には，$L_A = 0$ のときの産業 B の利潤の最大値が基
準となる。

(c) コースの定理 (定理 8.3, p. 200) が成り立つことを説明しなさい。

(d) 共同利潤 $\pi_A(L_A, L_B) + \pi_B(L_A, L_B)$ を最大化すれば，限界変形率が相
対価格 p_A / p_B に等しくなることを示しなさい。

(e) 合併 (いずれかの産業が他方を買収) すれば，生産フロンティア上の
生産になることを示しなさい。この結果は，定理 8.4 (p. 203) が成り
立つことを示しているのか，議論しなさい。

(f) 政府が産業 A の生産水準に従量税 t を課したとき，t がいくらであれ
ば，生産フロンティア上の生産となるであろうか。t を求めなさい。

第9章 公共財

　外部性以外にも，厚生経済学の第1基本定理の反例が存在する。本章では，その中でも「公共財」と呼ばれる商品について見ることにしよう。

9.1 私的財 対 公共財

　パンやリンゴは，その生産者がその所有権をもち，生産者が売却することで買手に所有権が譲渡される。消費，生産，あるいは廃棄 (負の生産) など，その処分は，所有者の管理下にある。同様のことは，資本の利用についてもいえる。例えば，オフィス・ビルは，それを建設した建設会社が当初，その所有権をもつが，売買によって所有権が購入者に移転され，所有者が賃貸することで賃借人が空間サービスを享受する。所有者にその対価を支払わずに，他者がオフィス空間を利用することはできない。このように，市場で取引される商品では，受益者負担の原則が成り立っている。

　受益者負担の原則が成り立つためには，受益者に対価を支払わせるための費用，すなわち，**排除費用**が小さいことが必要である。パンやリンゴの場合，排除費用の大半は，窃盗や万引きを防ぐ費用で構成され，市場が成り立たないほど，大きくはない。これに対し，排除費用が大きいことを消費の**非排除性** (non-excludability) という [1]。海辺や河川で開かれる花火大会や美しい富士山の景観，放送サービスなどは，非排除的である。道路の場合，一般道は非排除的，有料道路は排除的である。

　富士山の景観は，同時にたくさんの人々が楽しむことができる。このように，供給された数量を同時に**等量消費**できる性質を消費の**非競合性** (non-rivalry)

---

[1] ［用語注］外部性は，出し手が経済活動を行うと受け手が費用または便益を受動的に受ける。これに対し，非排除性は，受益者が能動的に便益を享受することを排除するには大きな費用が必要なことを指す。

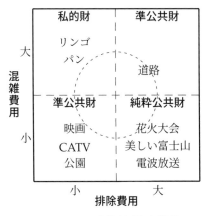

図 9.1　私的財 対 公共財

という。パンやリンゴなどの通常の商品は，だれかが消費すれば，他人が同じ品物を消費することはできない。消費する主体数，あるいは消費量が増加することで残りの主体の便益が減少する。この減少分を**混雑費用**と呼ぶ。有料道路でも，料金が低すぎれば混雑が起こり，すべての利用者が同じサービスを享受できなくなってしまう。これに対し，テレビ放送は，だれかが視聴すると他人が視聴できなくなるわけではなく，だれもが同じ番組を同時に視聴できる。非競合性とは，混雑費用が発生しない性質であり，道路も又混雑が起こらなければ，非競合性をもつ。

　消費の非排除性と非競合性をもつ商品を**純粋公共財** (pure public goods)，いずれか一方の性質をもつ商品を**準公共財** (quasi public goods)，そして，いずれも満たさない商品を**私的財** (private goods) という (図 9.1 参照)。「第 I 部 競争市場」の諸章で分析対象としてきた商品は，すべて，私的財になる。

9.2　非競合性

　排除費用の大小の効果については，後程考察することにし，先ずは，排除費用が十分小さいと想定して，非競合性のある準公共財について，効率的な資源配分のための条件と，厚生経済学の第 1 基本定理がどのようにして成り立たないのか，分析してみることにしよう。

9.2.1　効率性の 1 階条件：サミュエルソン条件

道路は，混雑費用がなければ，非競合性を満たす。そこで，次のような実験的な例を作成して，考察してみよう。

例 9.1　ある町の地点 A から東西 x km ずつ道路を建設するとき，$C(x) = 60x$ 単位の費用がかかるとしよう (単位：千万円)。地点 A の東側住民が東西 x_E km 利用するとき，東側住民全体の便益は，

$$v_E(x_E) = 100x_E - x_E^2 \tag{9.1}$$

地点 A の西側住民が東西 x_W km 利用するとき，西側住民全体の便益は，

$$v_W(x_W) = 68x_W - \tfrac{1}{2}x_W^2 \tag{9.2}$$

単位になるとしよう。

道路を東西 x km ずつ建設すれば，非競合性より，すべての住民が等量消費できるので，

$$x_E = x_W = x \tag{9.3}$$

となる。したがって，総余剰は x の 2 次関数

$$v_E(x) + v_W(x) - C(x) = 108x - \tfrac{3}{2}x^2 \tag{9.4}$$

になるから，総余剰が最大となる道路延長は東西 36 km である。

このことは，次のように求めることもできる。住民の需要価格は，東側，西側，各々，

$$v_E'(x) = 100 - 2x \quad \& \quad v_W'(x) = 68 - x \tag{9.5}$$

になる (2 章 2.1 節参照)。非競合性より，道路延長 x の各値に対し，需要価格和 $v_E' + v_W'$ をとれば，需要価格和の下側面積が総便益 $v_E + v_W$ になる。例えば，$x = 36$ のとき，東側住民の便益は図 9.2 (次頁) の斜線部面積 $v_E(36)$，西側住民の便益はその下側面積 $v_W(36)$ になる。建設の限界費用 (MC) は 1 km 当たり 60 千万円であるから，図 9.2 の水平線 MC になる。建設費は，MC 曲線の下側の面積に等しいから，総余剰が最大となるのは，需要価格和と限界費用が等しいとき，すなわち，次が成り立つときである。

$$v_E' + v_W' = \mathrm{MC} \tag{9.6}$$

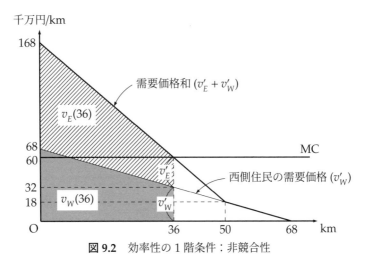

図 9.2　効率性の 1 階条件：非競合性

ファクト 9.2 (非競合性下の効率性の 1 階条件) 非競合性を有する商品におい
て総余剰が最大となるとき，次の**サミュエルソン条件**が成り立つ[2]。

$$\text{需要価格の総和} = \text{限界費用} \tag{9.7}$$

9.2.2　私的財の場合との比較

非競合性下の効率性の 1 階条件 (9.7) は，私的財のそれとは異なる。このこ
とを確認するために，例 9.1 の道路利用が競合的になる場合を想定してみよう。
もし道路が私的財になれば，東西両側の住民各々の利用距離の総和 $x_E + x_W$
が道路の総利用距離になる。このため，(9.3) 式とは異なり，道路の建設距離
x km に対し，

$$x_E + x_W = x \tag{9.8}$$

が成り立つときに完全利用になる。競合的であるとは，一方が利用した距離
を他方が利用できなくなることを意味する。総余剰が最大になるように距離

---

[2]　[発展] (♠) 私的財と公共財の間の一般均衡分析では，サミュエルソン条件は，

$$\text{限界代替率の総和} = \text{限界変形率} \tag{fn.2}$$

になる (練習問題 9.6 参照)。**サミュエルソン** (P. A. Samuelson, 1915–2009) は，経済分析の発展への貢献が認
められ，1970 年にノーベル経済学賞を受賞している。

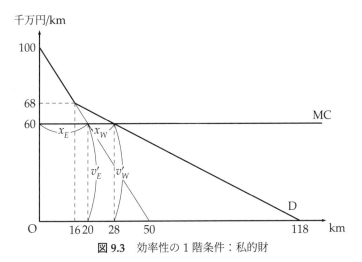

図 9.3 効率性の 1 階条件：私的財

x km を東西両側住民に配分すれば，需要価格の高い順に配分することになる (2 章 2.4.3 項参照)。図 9.3 の屈折した太線 D は，道路が私的財のときの市場需要曲線である。総余剰が最大となるのは 28 km のときであり，このとき東西両側の需要価格 v'_E と v'_W の各々が限界費用 (MC) に一致する[3]。すなわち，

$$v'_E = v'_W = \text{MC} \tag{9.9}$$

9.2.3 均等料金の非効率性

私的財の場合，すべての買手が同一価格で商品を購入する。私的財では，同一価格で取引することで効率的な資源配分が実現する (厚生経済学の第 1 基本定理)。

非競合性のある準公共財の場合も，同じ結果が成り立つのであろうか。そこで，例 9.1 の道路において東西両側の住民が同じ人口比率であるとして，すべての住民に同一の建設費を負担させるケースを考えよう。東西両側に 1 km 当たり 30 千万円，計 60 千万円を負担させるわけである。東側住民の需要価格より，東側住民は東西 35 km の道路を望む。同様に，西側住民は東西 38 km の道路を望む。35 km の場合，西側住民の需要価格は 1 km 当たり 33 千

---

[3] ［注意］一般均衡分析でいえば，私的財のパレート効率な資源配分では，すべての消費者について，各々の限界代替率が限界変形率に等しくなる (定理 6.8, p. 161 参照)。また，発展注 2 (p. 212) とも比較せよ。

万円であるから，西側住民が 1 km 当たり 30 千万円を負担することに不満がない。東西いずれの住民も 1 km 当たり 30 千万円で負担するのに不満がないのは最大で 35 km になる。

　これに対し，効率的な道路延長は 36 km である。均等負担にすると，負担者全員が受益者となるには過少供給となり，この結果，非効率になる。

9.2.4　リンダール均衡

　市場が非競合性をもつ公共財の負担を内生的に決め，しかも効率的な生産水準をもたらす能力を持ち合わせていれば，均等負担という人為的な手段に頼る必要はない。それでは，市場は，そのような能力を持ち合わせているのであろうか。その可能性を示したのが**リンダール** (E. R. Lindahl, 1891–1960) である。

　例 9.1 において，道路の建設価格を 1 km 当たり p 千万円としよう。建設価格に対する東側住民の負担比率を 100 h ％とすれば，西側住民の負担比率は 100 $(1 - h)$ ％になる。このとき，東西両側住民の各々の余剰は，

$$U_E = v_E(x_E) - hpx_E \quad \& \quad U_W = v_W(x_W) - (1 - h)px_W \tag{9.10}$$

となる。更に，道路の生産者の余剰 (利潤) は，建設距離を x km とすれば，

$$\pi = px - C(x) \tag{9.11}$$

になる。このとき，**リンダール均衡**とは，(1) 各主体は自らの余剰を最大にする数量を選択し (主体的均衡)，かつ (2) 需給均衡が成り立つ組 (x, p, h) を指す。「第 I 部 競争市場」で定義された市場均衡では，すべての買手について負担比率が 100 ％であるが，リンダール均衡は買手の負担比率の合計が 100 ％になる市場均衡といえる。

　例 9.1 についてリンダール均衡を求めてみよう。非競合性の下での需給均衡は (9.3) 式である。また，各主体の選択より，

$$v'_E = hp \tag{9.12a}$$
$$v'_W = (1 - h)p \tag{9.12b}$$
$$p = MC \tag{9.12c}$$

が成り立つ。この結果，サミュエルソン条件 (9.7) が成り立つように供給量 x が定まり，リンダール均衡は，$(x, p, h) = (36, 60, 7/15)$ になる。生産の限界費用 60 千万円に対し，各住民は各々の需要価格 v'_E と v'_W に応じて費用負担する。リンダール均衡では，このように，各主体が享受する便益に応じて費用を負担する**受益者負担の原則**，**応益原則** (benefit principle) が成り立っている[4]。

9.3 非排除性

これまで，排除費用が小さく，したがって，市場が成り立つと想定して分析した。ここでは，排除費用が大きいため，市場が成り立たない場合を考察しよう。例 9.1 の道路でいえば，排除費用を含めた建設費全体における限界費用 (図 9.2 の MC 曲線) が 168 千万円を超えるようなケースである。排除費用を含めれば，効率的な生産水準は 0 km になる。有料道路にすれば，利用者はまったく現れないことになる。

もちろん，排除費用を受益者に負担させなければ，利用者は現れる。ただこの場合，利用者が生産費用 (道路でいえば，道路自体の建設費) を負担せずに利用できてしまう**ただ乗り問題 (フリーライダー問題)** が発生してしまう。したがって，排除費用を発生させずに生産費用を回収する仕組みが求められる。

非排除性を有する商品の場合，国や地方自治体が租税でもってその生産費用を回収し，供給する例が見られる。例えば，道路，貯水・水害対策用ダム，消防，国防などである。排除費用を伴わないこの供給方法は，供給しないときに比べ，利用者の便益が改善することに間違いはない。

しかしながら，いくつかの問題に留意しなければならない。第 1 に，納税者と利用者が同一とは限らないことである。特定の道路の建設に費やされた税を収めた人達がその道路を利用するとは限らない。受益者負担の原則が成り立たないのである。この場合，納税者から利用者への所得移転が起こることになる。第 2 に，仮に納税者と受益者が同一であったとしても，同額の税負

---

[4] ［用語注］これに対し，負担の能力 (例えば，所得水準や純資産) に応じて費用を負担することを**応能原則** (ability principle) という。これは公平性の観点から主張されることが多いが，応益原則の計算基礎となっている需要価格は，そもそも負担の能力が反映されていることに注意しよう (3 章参照)。

担であれば，9.2.3項で見たように，効率的な生産水準になるとは限らない。

　以上のことから，排除費用を発生させずに公共財を供給するには，利用者に真の需要価格 (あるいは便益の関数 v_E や v_W) を報告させ，受益者負担させる仕組みが必要になる。しかしながら，利用者に需要価格を報告させるとしても，仕組み次第では虚偽の報告をするかもしれない。したがって，誘因両立的な仕組みを設計する必要がある。そのような仕組みの設計は「第IV部 制度設計」で見る。

練習問題

問題 9.1 次の商品について消費の非排除性，非競合性が成り立つか否か，論じなさい。

(1) 国防サービス　　(2) 自衛隊による航空ショウ　　(3) 消防サービス
(4) 防犯サービス　　(5) ダムや堤防による水害対策　　(6) 橋

問題 9.2 民放会社は，どのように生産費用 (番組制作費や放送費など) を回収しているのであろうか。それは，受益者負担になっているのであろうか。フリーライダー問題は，発生していないのであろうか。議論しなさい。

問題 9.3 鎌倉時代の元寇では，国防サービスの生産費用を使役の武士が自ら負担して行なっていた。

(1) フリーライダー問題が発生している。誰が，ただ乗りしているか，指摘しなさい。
(2) 所得分配は，パレート効率ではない。パレート効率性のためには，国防サービスの生産費用を，誰にどれだけ負担させなければならないか，議論しなさい。

問題 9.4 例9.1の道路建設では，地点A付近住民 (主体C)，その東側住民 (主体E)，その西側住民 (主体W) に分けることができ，主体EとWの便益は例9.1の通りであったが，主体Cの便益が主体Cの道路利用距離 x_C に対し，

$$v_C(x_C) = 32x_C - x_C^2 \tag{9.13}$$

となり，主体EやWの便益とは異なることが判明した。

(1) 主体 C の需要価格の式と最大利用距離を求め，図 9.2 を描き直しなさい。

(2) 効率的な道路延長は東西何 km であろうか。そのとき，主体 C の需要価格は 1 km 当たり何千万円であろうか。その結果，この道路は，いずれの主体のために建設されるべきものといえるであろうか。

(3) 各主体に建設費を均等負担させると，すべての主体に不満が出ない道路延長は東西何 km になるであろうか。

(4) 道路建設の市場価格 p に対する主体 C の負担比率を h_C，主体 E の負担比率を h_E，主体 W の負担比率を h_W としよう。このとき，(a) 負担比率の合計，及び (b) リンダール均衡での各主体の負担比率は，いくらになるであろうか。

問題 9.5 ある公園では利用者数が n 人のとき，各利用者の便益が $1{,}080/n^2$ 円となる (利用者の便益は，全員，同じ金額とする)。維持費は 1 人当たり 30 円である。(1) 利用者数が n 人のときの総余剰を求め，(2) 総余剰が最大となる利用者数を計算しなさい。また，(3) 入場料を 30 円としたとき，何人が利用するであろうか。(4) それは効率的であろうか。

問題 9.6：公共財の一般均衡分析 (♣) 私的財 X と公共財 Y の 2 商品に対し，2 人の消費者 A，B の各々の選好が効用関数

$$U_A = u^A(x_A, y_A) \quad \& \quad U_B = u^B(x_B, y_B) \tag{9.14}$$

で与えられている。ここで，x_i は消費者 i の私的財の消費量，y_i は公共財の消費量を示す ($i = A, B$)。私的財の初期付与量を $\bar{x}$，公共財の生産量を y，私的財の生産量を x としたとき，生産フロンティアは $x + g(y) = \bar{x}$ によって与えられる。私的財の市場価格を p_X，公共財の市場価格を p_Y とする。

(1) 各商品の需給均衡条件を示しなさい。

(2) パレート効率な資源配分では，次が成り立つことを示しなさい。但し，各消費者 $i = A, B$ に対し，$u_x^i = \partial U_i / \partial x_i$ 並びに $u_y^i = \partial U_i / \partial y_i$ である。
　　　［ヒント］161 頁を参考にすると良い。

$$\frac{u_y^A}{u_x^A} + \frac{u_y^B}{u_x^B} = g' \tag{9.15}$$

(3) 限界代替率の総和が限界変形率に等しいこと，すなわち，次のサミュエ

ルソン条件が成り立っていることを説明しなさい。

$$MRS_A + MRS_B = MRT \tag{9.16}$$

(4) 生産可能性集合内で総生産額が最大となるとき，次が成り立つことを示しなさい。［ヒント］ラグランジュ乗数法を用いる。

$$p_Y/p_X = g' \tag{9.17}$$

(5) 各消費者が市場価格で商品を需要するとき，(a) 最適消費計画の 1 階条件を求め，(b) ワルラス均衡での資源配分がパレート効率ではないことを示しなさい。

(6) 公共財に対する消費者 A の負担比率を $100\,h$ ％として，リンダール均衡での (a) 各消費者の最適消費計画の 1 階条件を示し，(b) 資源配分がパレート効率になることを示しなさい。

問題 9.7：リンダール均衡の一般均衡分析 (♣) 練習問題 9.6 において，次を想定して，以下の (1)(2) を示しなさい。

$$u^A(x_A, y_A) = x_A^2 y_A \ \& \ u^B(x_B, y_B) = x_B y_B^2 \ \& \ g(y) = y^2 \ \& \ \bar{x} = 50 \tag{9.18}$$

(1) $(x_A, x_B, y) = (24, 10, 4)$ がパレート効率な資源配分であること
(2) $p_Y/p_X = 8$ と $h = \frac{3}{8}$ がリンダール均衡での相対価格と消費者 A への負担率であること

［ノート］ $\sqrt{10}$ から 5 の範囲の y でパレート効率な資源配分が存在する。

第10章 情 報

　買手，売手の双方が商品の属性について同一の情報をもつとき，市場は**情報の対称性** (symmetric information) を満たす。その反例として，所有と経営が分離している場合について8章で触れた。本章では，より一般的に，情報の非対称性が，厚生経済学の第1基本定理の反例になるのはなぜなのか，その仕組みと解決策について探っていく。

10.1　隠れた情報と逆選択

　商品の質やその他属性は，買手よりも売手の方がより詳しく知っていることが多い。この場合，売手が品質やその他属性についての**私的情報**をもち，売手の私的情報は買手にとって**隠れた情報** (hidden information)，あるいは，**隠れた知識** (hidden knowledge) になる。

> **例 10.1：隠れた情報**　(1) 中古車市場：売手は，売却する自動車について，利用経験より，買手よりも品質についてより多くの知識をもつ。
>
> (2) 経営と所有の分離：経営者が企業の特性に合った経営能力を持ち合わせているか否かを所有者 (株主) が見極められない。
>
> (3) 労働市場：特定の職種に対し，求職者がどの程度，適しているかを採用 (企業) 側が把握していない。
>
> (4) 金融市場：借手がもつ投資プロジェクトの収益性を貸手が知らない。
>
> (5) 保険市場：保険会社が，加入者のリスクを見定められない。

　例 10.1 (2) から (5) は，収益を生み出すプロジェクトをもった主体 (**プリンシパル**，依頼人) が他の主体 (**エージェント**，代理人) にそのプロジェクトを依頼するとき，依頼側が相手の生産性や費用構造を知らないという**プリンシパ**

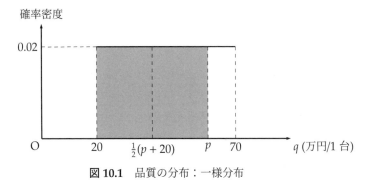

図 10.1　品質の分布：一様分布

ル・エージェント問題，あるいは**エージェンシー問題** (agency problem) とし
て一般化できる [1]。例えば，例 10.1 (2) の場合，企業の所有者 (株主) をプリ
ンシパル，経営者をエージェントと見做すことができる。本章では，例 10.1
(1) を分析した後に，例 10.1 (3) を取り上げて，隠れた情報の下でのエージェ
ンシー問題を分析していくことにしよう。

10.1.1　レモン市場と逆選択

例 10.1 (1) の中古車市場において，型式は同一で，外見的には差のない中
古車が多数あるとしよう。品質を金額で評価すると，最低 20 万円から最高 70
万円になっているとする。単純化のために，図 10.1 のように，品質は一様分
布に従うとしよう [2]。売手は売却しようとしている中古車の品質を知ってお
り，品質が q 万円のとき，供給価格は q 万円であるとする。これに対し，品
質 q 万円の中古車に対する買手の需要価格は θq 万円であるとしよう。但し，
取引便益 (交換の利益) が発生するよう，$\theta > 1$ とする。

対称情報のケース

先ずは，情報の対称性が成り立つ場合を考察しよう。

---

[1]　［発展］例 10.1 (1) も又，エージェンシー問題として記述できる。練習問題 10.3 参照。
[2]　［数学注］**一様分布** (uniform distribution) とは，図 10.1 のグラフのように，ある区間のみで確率密度
関数が正で一定となる分布である。例えば，品質 q が 20 万円以上 p 万円以下になる確率は，塗られた領域の
面積になる。**確率密度関数**とは，連続型確率変数 X において，$\mathrm{Prob}\,\{X \leqq x\} = \int_{-\infty}^{x} f(t)dt$ となる関数 f を指
す。ここで，$\mathrm{Prob}\,\{X \leqq x\}$ は，確率変数 X (必ずしも連続型に限らず) が実数 x 以下の値をとる確率を表す。

売手のみならず買手も又，取引しようとしている中古車の品質を知っている。この結果，各品質 q について，一つの市場が成立する。各品質 q の中古車が N_q 台存在し，もし買手が無数に存在すれば，品質 q の中古車市場の市場均衡は，取引価格 $p = \theta q$，取引量 N_q 台になる。この結果，情報が対称であれば，厚生経済学の第 1 基本定理が成り立つことを確認できる。

非対称情報のケース

次に，売手のみが取引しようとしている中古車の品質を知っているケース，すなわち，品質が売手側の私的情報となって，買手側にとって隠れた情報になる場合を考察しよう。このように情報が非対称になると，厚生経済学の第 1 基本定理は成り立たない。それは，次の通りである。

買手は品質を知らないのであるから，品質を平均的に，すなわち，期待値を考えて需要価格を形成することになる。取引価格が p 万円のとき，売手の供給価格を予測した買手は，品質 p 万円までの中古車が供給されるであろうと推測する。この結果，取引価格が p 万円のとき，品質の期待値は，図 10.1 の $\frac{1}{2}(p + 20)$ 万円になる [3]。買手は，品質の θ 倍まで支払っても良いと考えているので，取引価格が p 万円のとき，需要価格は $\frac{1}{2}\theta(p + 20)$ 万円になる。供給価格が需要価格を超えない範囲で取引が成立するので，$\theta < 2$ であれば，品質

$$q^* = \frac{20\theta}{2 - \theta} \tag{10.1}$$

までの中古車が取引されることになる。例えば，$\theta = 1.5$ であれば，品質が 60 万円 ($q^* = 60$) までの中古車が取引される。特に，$\theta \to 1$ とすれば $q^* \to 20$ となり，市場が成立する品質は最低の 20 万円のみになる。

一般に，品質の高い商品が取引されず，質の悪い商品 (**レモン**) のみが取引されることを**逆選択** (adverse selection) という [4]。買手への隠れた情報が買

---

[3] ［数学注］20 から p までの一様分布は，確率密度が $1/(p - 20)$ になる。したがって，期待値は，

$$\int_{20}^{p} \frac{q}{p - 20} dq = \frac{p + 20}{2} \tag{fn.3}$$

[4] ［用語注］「悪貨は良貨を駆逐する (Bad money drives out good)」という**グレシャムの法則**も逆選択の例であるが，グレシャムの法則は，情報が対称でないと発生しない。いずれの硬貨が悪貨であるかを民間部門

手による過小評価を生み出し，良質の商品が取引されなくなる原理を**レモンの原理**などと呼ぶことがある[5]。中古車市場が「レモン市場」と化す逆選択が発生し，厚生経済学の第 1 基本定理は成り立たない。

10.1.2　ジョブ・マーケットと逆選択

隠れた情報があれば，労働市場も「レモン市場」と化し得る。スペンス (Spence, 1973, 2002) に基づく次の例を考えよう。

> **例 10.2**　ある職業への求職者は，生産性がどの企業にとっても 1 単位 (単位：300 万円/年) のグループ 1 と，生産性が 2 単位のグループ 2 に分かれる。求職者はいずれのグループに属すかを理解しており，グループ 1 の供給価格 $\overline{w}_1$ とグループ 2 の供給価格 $\overline{w}_2$ は，条件
>
> $$0 < \overline{w}_1 \leqq 1 < \overline{w}_2 \leqq 2 \tag{10.2}$$
>
> を満たすとしよう。求職者全体に占めるグループ 1 の割合は $100\,\alpha\,\%$ であり，すべての企業が各グループの比率を知っている。求職者全体で見ると，求職者数よりも企業数の方が多い。

対称情報のケース

この例でも，情報が対称であれば，厚生経済学の第 1 基本定理が成り立つ。もし企業が目の前の求職者について，グループ 1，グループ 2 のいずれに属す求職者なのかを費用ゼロにて判別できるのであれば (情報の対称性)，各グループに異なる報酬 (年俸) を設定することが可能になる。グループ 1 に属する求職者には w_1 単位，グループ 2 には w_2 単位の報酬を支払うとすれば，典型的な企業の利潤は，グループ 1 の求職者を採用したとき $1 - w_1$ 単位，グループ 2 の求職者を採用したとき $2 - w_2$ 単位になる。求職者よりも企業の方が多いので $w_1 = 1$，$w_2 = 2$ で市場均衡になり，総余剰が最大になる。

も知っているからこそ起こるのが，グレシャムの法則である。

[5]［学史注］中古車市場におけるレモンの原理を示したのは**アカロフ** (G. A. Akerlof, 1940–) である (Akerlof, 1970)。アカロフやスペンス (A. M. Spence, 1943–)，**スティグリッツ** (J. E. Stiglitz, 1943–) は，**情報の経済学**への功績が認められ，2001 年にノーベル経済学賞を受賞している。

非対称情報のケース

　これに対し，求職者がいずれのグループに属すかが求職者の私的情報になっており，求職者の生産性が企業にとって隠れた情報になる場合は，どうであろうか。企業が支払う報酬 w が $w \geqq \overline{w}_2$ であったとしよう。いずれのグループの労働者も求職してくるので，生産性の期待値は $\alpha \cdot 1 + (1-\alpha) \cdot 2 = 2 - \alpha$，よって，企業の需要価格は $2 - \alpha$ 単位になる。もしグループ 2 の供給価格 $\overline{w}_2$ が企業の需要価格より高ければ (すなわち，$\overline{w}_2 > 2 - \alpha$)，$w \leqq 2 - \alpha$ より，グループ 2 に属す労働者は求職しなくなる。このとき，企業はグループ 1 のみが求職してくると予想できるので，需要価格は $2 - \alpha$ から 1 単位に下落する。この結果，グループ 1 の求職者のみが採用されるという逆選択が発生し，厚生経済学の第 1 基本定理は成り立たなくなる。

10.1.3　スクリーニング

　買手側が商品の属性を知らないという隠れた情報の結果として逆選択が発生するとき，買手，売手双方がパレート改善する取引を模索するインセンティブを持ち合わせている。ここでは，買手側が売手側のもつ私的情報を探る「スクリーニング」を見ることにしよう。

　スクリーニング (screening) とは，私的情報をもたない側が資格審査などを通じて，相手の私的情報を探る方法である。ここでは，例 10.2 の場合のスクリーニングを考察することにしよう[6]。

　グループ 1 の求職者が e 単位の費用を被るとき，グループ 2 はその半分の $\frac{1}{2}e$ 単位の費用で済む教育 (学位や資格の取得，実務経験など) があるとしよう。但し，分析を単純化するために，その「教育」は，求職者の生産性を変化させないとしよう。給与が w 単位，教育水準が e のとき，グループ 1 とグループ 2 の便益は，各々，

$$U_1 = w - e \tag{10.3a}$$

$$U_2 = w - \frac{1}{2}e \tag{10.3b}$$

---

[6]　[発展] 中古車市場におけるスクリーニングについては，練習問題 10.3 を参照。

になる。企業は，求職者の教育費用の負担が e_L のときに給与 w_L 単位を支払う「一般職コース」と，費用負担 e_H のときに給与 w_H 単位を支払う「上級職コース」を用意する。求職者には，いずれかのコースに応募してもらい，その応募状況から求職者の私的情報を探るのがスクリーニングである。

　スクリーニングの流れを整理すると，例 10.2 の場合，次のようになろう。

段階 1：企業が二つの給与コース (e_L, w_L) と (e_H, w_H) を設定する。

段階 2：求職者が応募するか否かを決める。

段階 3：応募する場合には，給与コースを選ぶ。

段階 4：求職者はコースに応じた教育経験を積む。

　このように流れが明らかなときは，起こり得る最後の時点から現時点に向かって，各時点での主体の最適な意思決定を予測しながら時間軸を遡り，現時点での最適な選択を決める**後方帰納法** (backward induction) に基づく意思決定が合理的である。そこで，先ず，段階 4 から分析を始めよう。

　段階 4 は，求職者が段階 3 で選んだ給与コースに依存する。そこで，求職者が段階 3 で選んだ給与コースを (e, w) で表そう。ここで，e は教育費用，w は給与である。求職者が段階 4 で契約して，給与コース (e, w) に応じた教育経験を積めば，求職者は，自らが属すグループがグループ 1 であれば (10.3a) 式の便益 U_1 を，グループ 2 であれば (10.3b) 式の便益 U_2 を受け取る。

　段階 3 では，この結果を織り込んで，求職者は給与コースを選択する。グループ 1 の求職者に，上級職コース (e_H, w_H) でなく，一般職コース (e_L, w_L) を選ばさせるには，二つの給与コース (e_L, w_L) と (e_H, w_H) は，次の条件を満たす必要がある。

$$w_L - e_L > w_H - e_H \tag{10.4}$$

同様に，グループ 2 の求職者に (e_L, w_L) でなく (e_H, w_H) を選ばさせるには，二つの給与コース (e_L, w_L) と (e_H, w_H) は，グループ 2 の便益が (10.3b) 式であることを考えれば，次の条件を満たす必要がある。

$$w_H - \tfrac{1}{2}e_H > w_L - \tfrac{1}{2}e_L \tag{10.5}$$

私的情報をもつ側が自らをグループ化する条件を**自己選択条件** (self-selection condition) という。条件 (10.4), (10.5) は，自己選択条件になる。

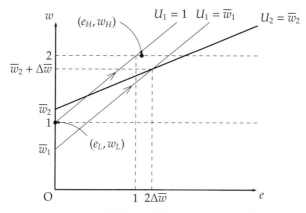

図 10.2　逆選択の回避：スクリーニング

　段階 3 での求職者の最適選択を見たところで，次に段階 2 に遡ろう。段階 2 では，求職者が応募するか否か，すなわち，取引に参加するか否かを決める。一般に，主体が取引に参加するための条件を**参加条件** (participation condition)，あるいは，**個人合理性** (individual rationality) という。例 10.2 の場合，求職者が取引に参加するためには，供給価格以上の便益，すなわち，非負の余剰を受け取る必要がある。したがって，教育費用 e と給与 w の組 (e, w) があったとき，グループ 1 とグループ 2 の個人合理性は，各々，

$$U_1 = w - e \geqq \overline{w}_1 \tag{10.6a}$$
$$U_2 = w - \tfrac{1}{2}e \geqq \overline{w}_2 \tag{10.6b}$$

になる。以上の条件の下で，企業は段階 1 において二つの給与コース (e_L, w_L) と (e_H, w_H) を決める。

　グループ 1 の個人合理性 (10.6a) を満たす組 (e, w) は，図 10.2 の直線 $U_1 = \overline{w}_1$ の上方領域になる。ここで，$\Delta\overline{w}$ は，供給価格の差 $\overline{w}_2 - \overline{w}_1$ を示す。直線 $U_1 = \overline{w}_1$ は，(10.3a) 式のグループ 1 の便益 U_1 が供給価格 $\overline{w}_1$ に一致する (e, w) の全体である [7]。同様に，グループ 2 の個人合理性 (10.6b) を満たす組 (e, w) は，直線 $U_2 = \overline{w}_2$ の上方領域になる。

---

[7] ［用語注］3 章の用語を使えば，直線 $U_1 = \overline{w}_1$ は，効用水準 U_1 が $\overline{w}_1$ の「無差別曲線」である。直線 $U_1 = \overline{w}_1$ 上の任意の二つの組は**無差別**，すなわち，同じ効用水準を与える。

　例 10.2 の場合，求職者より企業の方が多かった。いわゆる「売手市場」である。このような場合，買手間で価格競争が働くため，w_L, w_H は可能な限り高くなり，売手への負担 e_L, e_H は可能な限り低くなっていく。企業の利潤が負にならない範囲で w_L, w_H が上がっていくので，w_L はグループ 1 の生産性 1 に，そして，w_H はグループ 2 の生産性 2 まで上昇することになる。

　e_L は図 10.2 の $w = w_L$ ($w = 1$) の水平線上で低下するので，$e_L = 0$ になる。e_H も又，図 10.2 の $w = w_H$ ($w = 2$) の水平線上で低下していく。しかし，段階 3 でグループ 1 に (e_L, w_L) を，グループ 2 に (e_H, w_H) を選択させるように給与コースを設計するので，(e_L, w_L) と (e_H, w_H) は，各グループの自己選択条件 (10.4) 式と (10.5) 式を満たさなければならない。グループ 1 が $(e_L, w_L) = (0, 1)$ を選択すれば，グループ 1 の便益は $U_1 = 1$ になる。図 10.2 には，$U_1 = 1$ を満たす組 (e, w) の全体が直線 $U_1 = 1$ で示されている。グループ 1 の自己選択条件 (10.4) 式より，(e_H, w_H) は直線 $U_1 = 1$ の下側に位置しなければならない。$w = 2$ の水平線上で e_H を最小にすれば，$e_H = 1 + \epsilon$ (ϵ は小さな正の実数) になる。このようにして設計した給与コース (e_L, w_L) と (e_H, w_H) は，グループ 2 の自己選択条件 (10.5) 式，参加条件 (10.6b) 式を満たしている。もとより，$(e_L, w_L) = (0, 1)$ は，グループ 2 の参加条件を満たしていないので，(e_H, w_H) がグループ 2 の参加条件を満たせば，給与コース (e_L, w_L) と (e_H, w_H) は，グループ 2 の自己選択条件 (10.5) 式を自動的に満たすことになる。

　このようにして得られた 1 組の給与コースは，スクリーニングとして機能し，逆選択の回避に成功する [8]。但し，スクリーニングは，グループ 2 に費用 $e_H = 1 + \epsilon$ を負担させるので，総余剰が最大なわけではない [9]。

　私的情報をもつ側が私的情報に応じて異なる選択肢を選ぶ均衡を**分離均衡** (separating equilibrium)，同じ選択肢を選ぶ均衡を**一括均衡** (pooling equilibrium) と呼ぶ。スクリーニングが逆選択の回避法として機能するのは，分離均衡のときになる。

---

[8]　［発展］グループ 1 とグループ 2 の無差別曲線が，図 10.2 の直線 $U_1 = \overline{w}_1$ と $U_2 = \overline{w}_2$ のように，1 点で交差する条件を**単一交差条件** (single-crossing condition) という。無差別曲線の交差は，逆選択の回避のための必要条件になる。

[9]　［発展］効率性の条件に追加の条件が一つ加わる場合，**次善** (second best) という。スクリーニングが**最善** (first best) でないのは，教育が生産性を改善させないからかもしれない。興味のある読者は，分析してみよ。

10.1.4　シグナリング

例 10.2 で起こる逆選択を回避するためのスクリーニングでは，買手である企業側が給与コースを用意し，求職者にコースを選んでもらった。しかしながら，仮に企業側がスクリーニングをしなくても，グループ 2 に属す人達は，就職しないまま座して待つのではなく，何かしらの行動に出るかもしれない。例えば，求職活動をする以前に教育を受け，取得した教育水準によって自らがグループ 2 に属す人材であることを企業側にアピールし，より高額の報酬を受け取ろうといった行動である。

一般に，契約以前に私的情報をもつ側が，その私的情報を相手側に伝達するためにとる行動をその私的情報の**シグナリング** (signaling) と呼ぶ。ここでは，例 10.2 のスクリーニングで登場した「教育」を取り上げ，その「教育」がシグナリングとなって，求職者の私的情報が企業に正しく伝達するのは，いつなのか，探ることにしよう [10]。

例 10.2 の「教育」でのシグナリングの流れは，次のようになる。

段階 1：企業は，求職者の教育水準 e の大きさに応じて報酬 w が決まる報酬体系 $w = \mathsf{w}(e)$ を設定する。

段階 2：求職者は，応募 (但し，段階 3，4 と続く) するか否かを決める。

段階 3：求職者は，報酬体系 $w = \mathsf{w}(e)$ を知った上で教育水準 e を選択する。

段階 4：企業は，求職者の教育水準を観察して，e の大きさに応じて求職者が各グループに属す確率を再計算し，契約するか否かを決める。

スクリーニングのときと同様，後方帰納法を使って解く。段階 4 での確率の再計算は，段階 3 で求職者が選んだ教育水準に依存する。そこで，段階 3 で求職者が選んだ教育水準を e_L と e_H で示そう。このとき，グループ 1 の求職者が e_L を選ぶ確率を $\beta_1(e_L)$，グループ 2 が e_L を選ぶ確率を $\beta_2(e_L)$ とすれば，e_L を選んだ求職者がグループ 1 に属す確率は，

$$\mathrm{Prob}\{\text{グループ 1} \mid e = e_L\} = \frac{\alpha\beta_1(e_L)}{\alpha\beta_1(e_L) + (1-\alpha)\beta_2(e_L)} \qquad (10.7)$$

---

[10]　[学史注] 労働市場において教育が私的情報のシグナリングになることを示したのは，**スペンス** (A. M. Spence, 1943–) である (Spence, 1973)。

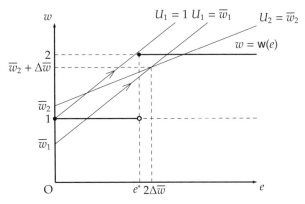

図 10.3　逆選択の回避：シグナリング

と計算できる。初期時点での確率分布を**先験確率**，あるいは**事前確率** (prior probability) という。これに対し，ある事象が発生した後に，その事象の情報を考慮して再計算し，事前確率の精度を上げた確率を**事後確率** (posterior probability) という。事後確率の計算には**ベイズ・ルール** (Bayes' rule) を用いる。(10.7) 式は，元々，グループ 1 の事前確率が $100\,\alpha$ % であったものを，教育水準の選択という新たな事象が加わったことでグループ 1 の事後確率を再計算するベイズ・ルールになる [11]。

次に，段階 3 に遡ろう。段階 3 の選択は，段階 1 で企業が選んだ報酬体系に依存する。報酬体系 $w = \mathsf{w}(e)$ を所与としたとき，グループ 1 の求職者は，自らの便益 $U_1 = \mathsf{w}(e) - e$ を最大化する教育水準 e を選ぶ。このときの教育水準を e_L，報酬を $w_L = \mathsf{w}(e_L)$ で示そう。同様に，グループ 2 の求職者も，自らの便益 $U_2 = \mathsf{w}(e) - \frac{1}{2}e$ を最大化する教育水準 e を選ぶ。このときの教育水準を e_H，報酬を $w_H = \mathsf{w}(e_H)$ としよう。

段階 2 は，求職者の属すグループごとに，段階 3 で選んだ教育水準が e，報酬体系が $w = \mathsf{w}(e)$ のとき，(e, w) が個人合理性 (10.6a)，または (10.6b) を満たさなければならないことを意味する。

---

[11]　［応用］**ベイズ・ルールの応用：天気の例**　例えば，ある地域のある日の天候は，60 % で晴れ，30 % で曇り，10 % で雨であることが前の日の予報でわかっていたとする。ところが，その地域に近づくにつれ，晴れ模様ではなくなってきたとしよう。このとき，その地域が曇りであることの事後確率は 0.3/(0.3 + 0.1) = 0.75 になり，元々の 30 % から 75 % に上がる。

　以上を予想して，段階1において，企業は，報酬体系 $w = \mathsf{w}(e)$ を選択する。段階4において教育水準 e_L と e_H が求職者の私的情報の正しいシグナリングとなるには，$\beta_1(e_L) = 1$，$\beta_2(e_L) = 0$ でなければならない。実際，このとき，ベイズ・ルール (10.7) より，事後確率が

　Prob｛グループ 1 | $e = e_L$｝= 1 　＆　 Prob｛グループ 2 | $e = e_H$｝= 1 　(10.8)

となって，e_L を選んだ求職者は 100%の確率でグループ 1，e_H を選んだ求職者は 100%の確率でグループ 2 であると，企業は予測できることになる。このような選択を求職者にさせるには，二つの組 (e_L, w_L) と (e_H, w_H) が自己選択条件 (10.4) と (10.5) を満たす必要がある。更に，個人合理性も考慮すると，スクリーニングにおける図 10.2 を応用して，報酬体系 $w = \mathsf{w}(e)$ を設計すれば良いことが理解できる。図 10.3 には，そのような報酬体系 $w = \mathsf{w}(e)$ が太線で描かれている。図 10.3 の報酬体系 $w = \mathsf{w}(e)$ の下では，段階3において，グループ 1 は $e_L = 0$，グループ 2 は $e_H = e^* = 1 + \epsilon$ を選択することが最適になる。シグナリングが発生し，逆選択は回避される。

　シグナリングの発生する均衡は，スクリーニングと同様，分離均衡であり，特に，**シグナリング均衡**と呼ばれる。

10.2　隠れた行動とモラル・ハザード

　前節では，「隠れた情報」に基づく市場の失敗とその回避法を見てきた。情報の非対称性には，「隠れた情報」以外に，「隠れた行動」もある。

　契約後の売手の行動が買手の便益を左右し，買手が売手の行動を監視するための費用，**モニタリング・コスト**が大きいとき，売手側の契約後の行動は買手にとって**隠れた行動** (hidden action, hidden behavior) になる。

　例 10.3：隠れた行動 (1) 経営と所有の分離：株主が観察できない，企業の収益を左右する経営者の行動

(2) 労働市場：企業が観察できない従業員の仕事内容

(3) 金融市場：貸手が観察できない，借手がもつ投資プロジェクトの収益性を左右する借手の行動

(4) 保険市場：保険会社が観察できないリスクを左右する加入者の行動

　いずれの例も，依頼主がもつプロジェクトの収益がそのプロジェクトの請負人の行動に依存するとき，依頼主がその請負人の行動を観察できない**プリンシパル・エージェント問題**，あるいは**エージェンシー問題**と一般化できる(練習問題 10.1)。以下では，エージェンシー問題の単純なモデルを用いて，隠れた行動が厚生経済学の第 1 基本定理の反例になり得ること，そして，モニタリング・コストをかけずに，パレート効率な所得分配を回復させる方策があるのか否かを探っていこう。

10.2.1　エージェンシー問題

　エージェンシー問題を最も単純化すると，次のようになろう。プリンシパルがもつプロジェクトは，R_1, R_2 のいずれかの収益を生み出す ($R_1 < R_2$)。収益を R，エージェントに支払う報酬を w とすれば，プリンシパルの余剰は，次になる。

$$\pi = R - w \tag{10.9}$$

　エージェントは，プリンシパルがもつプロジェクトを請け負うにあたり，留保効用 $\overline{U}$ をもつ。**留保効用**とは，該当の取引への参加の機会費用であり，特に，労働の供給価格を**留保賃金**と呼ぶ。

　エージェントがプロジェクトを請け負ったとき，エージェントは L か H のいずれかの行動を選択する。但し，エージェントの行動 e には費用 $C(e)$ が伴う ($e = L, H$)。より具体的には，$e = L$ のとき $c_L = C(L)$, $e = H$ のとき $c_H = C(H)$ の費用が伴う ($0 \leq c_L < c_H$)。エージェントがプリンシパルから受け取る報酬を w とすれば，行動 e のときのエージェントの効用水準は，次になる。

$$U = w - C(e) \tag{10.10}$$

　エージェントの行動 e とプリンシパルの収益 R の間には，確定的な関係がなく，両者は，次のように，確率分布によって関係付けられている。収益 R は，エージェントが $e = L$ を選ぶと，確率 p_{1L} で R_1 に，確率 $p_{2L} = 1 - p_{1L}$ で R_2 になる。そして，収益 R は，エージェントが $e = H$ を選ぶと，確率 p_{1H} で R_1 に，確率 $p_{2H} = 1 - p_{1H}$ で R_2 になる。次は，以上の数値例である。

例 10.4 $R_1 = 7.5, R_2 = 15, c_L = 0.5, c_H = 2.5, \overline{U} = 3.5$ (単位：100 万円)

	$R_1 = 7.5$	$R_2 = 15$
$e = L$	$p_{1L} = 0.8$	$p_{2L} = 0.2$
$e = H$	$p_{1H} = 0.4$	$p_{2H} = 0.6$

例 10.4 では，$e = L$ のときのプリンシパルの期待収益 (収益の期待値) は，

$$E[R|L] = 0.8 \times 7.5 + 0.2 \times 15 = 9 \tag{10.11}$$

また，$e = H$ のときは，

$$E[R|H] = 0.4 \times 7.5 + 0.6 \times 15 = 12 \tag{10.12}$$

となるため，プリンシパルはエージェントに行動 $e = H$ を望むことが理解できる[12]。

これに対し，行動 $e = H$ のときの費用 $c_H = 2.5$ の方が行動 $e = L$ のときの費用 $c_L = 0.5$ より大きいため，エージェントは行動 H よりも行動 L を潜在的には好む傾向にある。すなわち，プリンシパルとエージェントでは，望む行動が異なるのである。このため，エージェントの行動は，双方にとって**努力** (effort) といえ，行動 e の大きさを**努力水準**と呼ぶ。なお，

$$E[R|H] - c_H = 9.5 > E[R|L] - c_L = 8.5 \tag{10.13}$$

であるため，総余剰が最大になる努力水準は，$e = H$ になる。

10.2.2 モニタリング・コスト ゼロの場合：厚生経済学の第 1 基本定理

プリンシパルがエージェントの行動を費用なしで観察できるのであれば，プリンシパルはエージェントの行動 e に応じて報酬を設定することができる。エージェントの行動が $e = L$ のときに報酬 w_L を，$e = H$ のときに報酬 w_H を

---

[12] ［数学注］(♣) $F(x) < G(x)$ となる実数 x があり，しかも，すべての実数 x に対し $F(x) \leqq G(x)$ となるとき，分布関数が F の確率変数 X は，分布関数が G の確率変数 Y に対して **1 次確率優越** (first-order stochastic dominance) をもつという。確率変数 X の**分布関数**，あるいは，**累積分布関数**とは，任意の実数 x に対し，確率変数 X がその値以下となる確率を与える関数 $F(x) = \text{Prob}\{X \leqq x\}$ をいう。例 10.4 の場合，$e = H$ のときの確率変数は，$e = L$ のときの確率変数に対して 1 次確率優越をもつ。期待値は，1 次確率優越をもつ側が大きい (練習問題 10.6)。

プリンシパルがエージェントに支払うとすれば，次の条件を満たす報酬体系
(w_L, w_H) で需給均衡するであろう (実際に定まる w_H と w_L は，プリンシパル
数とエージェント数の間の大小関係に依存する)。

$$w_H - c_H > w_L - c_L \quad \& \quad w_H - c_H \geqq \overline{U} \tag{10.14}$$

「隠れた行動」がなければ，厚生経済学の第 1 基本定理は成り立つのである。

10.2.3　モラル・ハザード

　プリンシパルがエージェントの行動を観察できないとき，すなわち，エー
ジェントの行動がプリンシパルにとって「隠れた行動」になるとき，プリン
シパルはエージェントの行動 e に応じた報酬体系を設定できなくなってしま
う。それでは，このとき，どのような報酬体系が想定できるであろうか。「第
I 部 競争市場」で考察した商品の場合，買手は売手に数量無関係に同一の価
格を支払う。例えば，リンゴであれば，1 kg 当たりの単価を支払う。同様の
ことは，労働サービスについてもいえる。そこで，エージェントが提供する
サービスへの対価として一定の報酬 $\overline{w}$ をプリンシパルがエージェントに支払
う場合を考察してみよう。

　エージェントの効用水準は，$e = L$ のとき $\overline{w} - c_L$，$e = H$ のとき $\overline{w} - c_H$ に
なる。$c_L < c_H$ であったから，エージェントは行動 L を選択する。この結果，
通常の商品のように，買手が数量無関係に一定の単価を売手に支払う場合，
「隠れた行動」の下では厚生経済学の第 1 基本定理が成り立たない。「隠れた
行動」の結果，エージェントが非効率な行動をとることを**モラル・ハザード**
(moral hazard)，あるいは**道徳的危険**と呼ぶ。

10.2.4　インセンティブ・スキーム

　モラル・ハザードを回避する方法は，何かないのであろうか。モニタリン
グ・コストが大きくなければ，エージェントの行動を監視し，行動 e に応じ
た報酬体系 (w_L, w_H) を設定することもできよう。しかしながら，プリンシパ
ルがモニタリング・コストを負担すれば，厚生損失が発生する。したがって，
モニタリング・コストを伴わない方法を探したい。

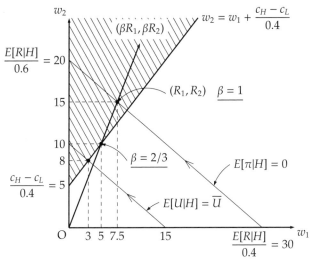

図 10.4 インセンティブ・スキーム

　そこで，エージェントのサービスに対し一定の報酬 (**固定給**) を支払うのではなく，成果に応じた支払いを考えよう。例 10.4 の場合，「成果」はプロジェクトの収益になる。収益 R が R_1 のときにエージェントに支払う報酬を w_1，R_2 のときに支払う報酬を w_2 としよう。報酬体系 (w_1, w_2) を**インセンティブ・スキーム** (incentive scheme) と呼ぶ。エージェントに行動 L ではなく H を選択させるには，報酬の期待値から費用を控除した効用水準が L のときよりも H のときの方が下回ってはならない。すなわち，

$$0.4 \times w_1 + 0.6 \times w_2 - c_H \geqq 0.8 \times w_1 + 0.2 \times w_2 - c_L \qquad (10.15)$$

条件 (10.15) は，エージェントに行動 L ではなく，行動 H をとらせる**インセンティブ制約** (incentive constraint) になる。インセンティブ制約を満たす報酬体系 (w_1, w_2) は，図 10.4 の斜線領域になる。

　成果に対して一定率 (100 β %) の報酬を支払う**歩合制**では，報酬体系は $(w_1, w_2) = (\beta R_1, \beta R_2)$ になる。報酬体系が歩合制のとき，インセンティブ制約を満たす歩合率は $\beta \geqq 2/3$ になる。図 10.4 には，歩合制の報酬体系がベクトル $(\beta R_1, \beta R_2)$ で示されており，インセンティブ制約を満たす範囲は $(5, 10)$ から $(7.5, 15)$ の間になる。

　以上から，インセンティブ・スキーム (w_1, w_2) の均衡組は，次のようになろう。先ず，同一のプロジェクトをもったプリンシパルの方が，同一の能力をもったエージェントより多い場合を考えよう。この場合，プリンシパル側の期待利潤 (利潤の期待値)

$$E[\pi|H] = E[R|H] - (0.4 \times w_1 + 0.6 \times w_2) \tag{10.16}$$

がゼロになるまで w_1，w_2 は上がるであろうから，歩合率 β が 1 になるときに均衡すると考えられる。エージェントが取引便益のすべてを稼得するケースであり，効率的結果になる。

　これに対し，プリンシパルよりもエージェントの方が多い場合，例えば，プリンシパルが独占の場合は，どうであろうか。エージェントの参加条件

$$E[U|H] = 0.4 \times w_1 + 0.6 \times w_2 - c_H \geqq \overline{U} \tag{10.17}$$

とインセンティブ制約 (10.15) を満たす範囲で w_1 と w_2 は下がるであろう。この結果，報酬体系 (w_1, w_2) は，図 10.4 の直線 $E[U|H] = \overline{U}$ 上の $(3, 8)$ になる。プリンシパルが取引便益のすべてを稼得し，効率的結果になる。この報酬体系を歩合制に変換するには，基本給 F を組み込んだ報酬体系 $w = F + \beta R$ にする必要がある。次の連立方程式

$$3 = F + \beta \times 7.5 \quad \& \quad 8 = F + \beta \times 15 \tag{10.18}$$

を解くと，$F = -2$，$\beta = 2/3$ を得る。負の基本給 $F = -2$ とは，成果無関係にエージェントがプリンシパルに 2 単位支払うことを意味する。フランチャイズ契約や芸能プロダクションとの契約などでは，負の基本給が見られる。

練習問題

問題 10.1 例 10.1 と例 10.3 の各々をエージェンシー問題として説明しなさい。

問題 10.2 取引しようとしている車の品質が売手の (ア) 情報，買手にとって (イ) 情報になっているとき，すべての品質について (ウ) が成り立つことはなくなるため，買手は需要価格を平均的に見積もることになる。この結果，品質の高い車が取引されない (エ) が発生する。(オ) は最大にはならず，(カ) 定理は成り立たなくなる。空欄を埋めなさい。

問題 10.3 ある特定車種の中古車市場では，故障確率が 80 ％の車が半分存在する (残り半分は，故障確率 0 ％)。故障しないのであれば，需要価格は 1 台 66 万円であるが，故障すると修理代に 20 万円かかる。売手は，自らが売却しようとしている車の故障確率を知っており，故障確率 0 ％の車の供給価格は 1 台 60 万円，故障確率 80 ％の車の供給価格は 1 台 42 万円である。

(1) 故障の可能性があるタイプをタイプ L，ないタイプをタイプ H としよう。買手も品質がわかるとき情報は (ア) である。このとき，タイプ L と H の各々に対し (イ) が成り立ち，タイプ L の車は 1 台 (ウ) 万円から (エ) 万円の間で取引され，タイプ H の車は 1 台 (オ) 万円から (カ) 万円の間で取引される。空欄を埋めなさい。

(2) 買手が品質を知らないものとしよう。

   (a) 売手は品質について (ア) 情報をもち，それは買手にとって (イ) 情報になる。空欄を埋めなさい。

   (b) 買手の需要価格を計算しなさい。

   (c) レモン原理について説明し，この中古車市場でも逆選択が発生することを説明しなさい。

   (d) 買手側は，品質を確かめるために，修理保証を売手につけてもらうことにした。より具体的には，取引価格 p と保証金額 I の組 (p, I) を用意する。(i) $(p, I) = (50, 0)$ と $(p, I) = (66, 21)$ の二つのプランがあったとき，タイプ L の売手はプラン $(50, 0)$ を，タイプ H の売手はプラン $(66, 21)$ を選択すること，(ii) 買手が無数のとき，それら二つのプランで均衡することを示しなさい。

問題 10.4 例 10.2 において，求職者の方が企業より多いとしよう。

(1) スクリーニングにおける均衡給与コースが $(e_L, w_L) = (0, \overline{w}_1)$ と $(e_H, w_H) = (2\Delta\overline{w} + \epsilon, \overline{w}_2 + \Delta\overline{w} + \frac{1}{2}\epsilon)$ になることを説明しなさい。但し，ϵ はゼロに近い正の実数である。

(2) シグナリング均衡での報酬体系 $w = \mathsf{w}(e)$ を図示しなさい。

問題 10.5 (♣) 品質 q (単位：万円) が実数上の累積分布関数 F に従う中古車市場を考えよう。但し，品質がゼロ万円以下 ($q \leq 0$) では $F(q) = 0$ とする。品

質 q 万円の車に対する需要価格は θq 万円，供給価格は q 万円である。売手
は売却しようとしている車の品質を知っているものとする。

(1) 図 10.1 の一様分布の累積分布関数が次になることを示しなさい。

$$F(q) = \begin{cases} 0 & \text{if } q < 20 \\ (q-20)/50 & \text{if } 20 \leqq q \leqq 70 \\ 1 & \text{if } 70 < q \end{cases} \tag{10.19}$$

(2) 取引便益発生の必要条件は $\theta > 1$ であることを説明しなさい。

(3) 情報が対称のとき，各品質 q の取引価格 p が $q \leqq p \leqq \theta q$ になること，そ
して，厚生経済学の第 1 基本定理が成り立つことを説明しなさい。

(4) 買手が購入しようとしている車の品質を知らないとしよう。取引価格が p
万円のとき，品質の期待値を $\mu(p)$ で示すことにしよう。但し，$\mu(p) < p$
が成り立つ [13]。

(a) 取引価格が p 万円のとき，需要価格が $\theta\mu(p)$ 万円になることを説明
しなさい。

(b) 次を満たす q^* 以下の品質のみが取引されることを説明しなさい。

$$\theta\mu(q^*) = q^* \tag{10.20}$$

(c) θ が 1 に近づくと，市場が消滅していくことを示しなさい。

(d) F が 0 から 100 万円までの一様分布，かつ，$\theta < 2$ であれば，市場が
全く成立しないことを示しなさい。

問題 10.6 (♣) 実数 a から b の範囲 (但し，$a < b$) で定義されている二つの累
積分布関数 F, G において，F が G を 1 次確率優越すれば，次が成り立つこ
とを示しなさい。 ［ヒント］部分積分法を応用すると良い。

$$\int_a^b xF'(x)dx \geqq \int_a^b xG'(x)dx \tag{10.21}$$

---

[13]　［数学注］ $\mu(p) = \dfrac{1}{F(p)} \displaystyle\int_0^p q dF$ である。$\mu(p) < p$ であること，また，以下の設問 (c) は，**部分積分法**，す
なわち，$(qF(q))' = qF'(q) + F(q)$ を利用すれば示せる。

第11章　非凸性

　市場の失敗を惹き起こし得る特性として，外部性，公共財，情報の非対称性を見てきた。しかしながら，これらのケースでは，市場それ自体が効率性を回復させる力を持ち合わせていないというよりも，むしろ，回復させる力を内在していることを見てきた[1]。これに対し，本章で扱う技術の「非凸性」は，主体が価格受容者として選択するという競争市場の条件と両立しないため，厚生経済学の第1基本定理が成り立たない例になる。

　競争市場が成り立たないとき，市場は**不完全競争**になる。企業は，自らの選択が取引価格に直接，間接のいずれにせよ，影響を与えることのできる**価格設定者(プライス・セッター)**になるのである。特に，企業がその商品の唯一の売手となる**独占**であれば，買手はその企業の商品をその企業のみから買わざるを得ないため，独占企業は，自然と価格設定者になる。

　企業数の多寡を問わず，不完全競争は，様々な戦略的行動の起因になる。ただ単に価格や生産量を戦略的に決めようとするだけでなく，他社の参入を阻止しようとしたり，他社との差別化を図ったりしようとする。こうした戦略的意思決定については「第III部 戦略的行動」で見ることにし，本章では，技術の「非凸性」が競争市場と両立しないこと，そして，企業が独占であれば，市場が成り立つこと，しかしながら，効率性は担保されないことを確認する。

11.1　技術の非凸性

　先ずは，次の例を考えよう。

---

[1]　[発展] 消費の非排除性をもつ商品の場合，排除費用を含めれば，効率的な生産水準はゼロである。そこで，排除費用を発生させずに供給できれば，経済厚生が生まれる。そのような力を市場が持ち合わせているか否かについては，今後の研究課題かもしれない。

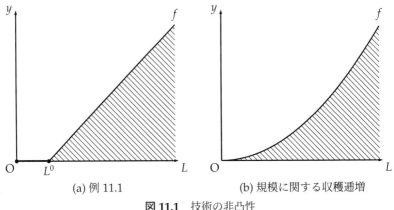

(a) 例 11.1　　　　　　　　(b) 規模に関する収穫逓増

図 11.1　技術の非凸性

> **例 11.1**　(1)　お米の生産には，田畑を種蒔きのできる状態にするまで労働投入量 L^0 を必要とする。その労働投入のみでは収穫できない。
> (2)　そば屋は，蕎麦を打ち，つゆを仕込むまで労働投入量 L^0 を必要とする。

図 11.1 (a) には，例 11.1 において，労働投入量 L が L^0 を超えれば，生産量 y が労働投入量 L に比例するときの生産曲線 f が示されている。労働投入量 L が L^0 以下であれば，生産量 y はゼロである。技術的に選択可能な生産計画の全体，すなわち，生産可能領域は，原点 O から L^0 の横軸部分と斜線領域になる。このように，企業の生産可能領域が凸集合 (数学注 9，p. 54) にならないことを技術の**非凸性** (non-convexity) と呼ぶ。左図 (a) の生産曲線を「滑らか」にした右図 (b) の生産曲線の場合も，技術の凸性を満たさない。技術が規模に関して収穫逓増であれば，技術は非凸になる [2]。

図 11.1 (a) の生産曲線から得られる費用曲線は，費用を C としたとき，次のようになる。

$$C = \begin{cases} 0 & \text{if } y = 0 \\ F + cy & \text{if } y > 0 \quad (F > 0, \, c > 0) \end{cases} \tag{11.1}$$

図 11.2 左図 (a) には (11.1) 式の費用曲線，右図 (b) にはそれより得られる限

---

[2]　［発展］消費者の場合は，選好の凸性を満たさないときが「非凸性」になる。消費者の場合，非凸性の下でも消費者数が増加するとワルラス均衡が存在することを示せる (Aumann, 1966)。この結果，選好の非凸性は，市場の失敗の原因にはならない。

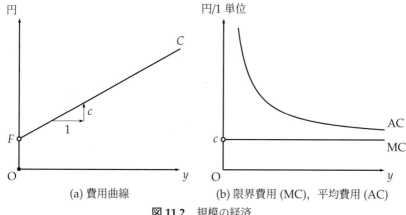

(a) 費用曲線　　　(b) 限界費用 (MC), 平均費用 (AC)

図 11.2　規模の経済

界費用曲線 (MC) と平均費用曲線 (AC) が図示されている。生産量 y が増加するにつれて，平均費用 $AC = C/y$ は下がっている。このように，平均費用が逓減することを**規模の経済** (economies of scale) が働くという[3]。技術の非凸性は，規模の経済が働く要因の一つである。

　規模の経済が働く他の例として，大規模設備を必要とする商品生産，例えば，電力や鉄道による輸送サービスの生産，また，大量生産などが指摘されることがある。固定費用が大きな埋没費用 (サンク・コスト) になるとき，規模の経済が働く状態で，市場需要曲線が限界費用曲線と交差する可能性が高い。

　なお，(11.1) 式の F は，固定費用ではないことに注意しよう。(11.1) 式で働く規模の経済は，あくまでも，技術の「非凸性」に起因する。

11.2　市場均衡の非存在

　技術が凸性を満たさないとき，すなわち，非凸であるとき，その生産者が競争市場の条件である価格受容者になり得ないことを示そう。

---

[3]　［用語注］類似の概念として，複数の生産物を個別に生産するよりも，同一企業によって生産 (**結合生産**) することで費用が下がる**範囲の経済** (economies of scope) がある。生産物 1 の数量 y_1 での費用が $C_1(y_1)$，生産物 2 の数量 y_2 での費用が $C_2(y_2)$，結合生産したときの費用が $C(y_1, y_2)$ のとき，

$$C(y_1, y_2) \leqq C_1(y_1) + C_2(y_2) \tag{fn.3}$$

となるのであれば，範囲の経済が認められる。

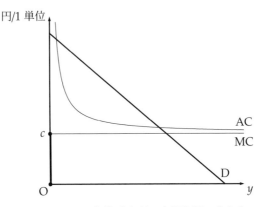

図 11.3　価格受容者：市場均衡の非存在

　(11.1) 式の費用曲線に直面する生産者の生産物の市場価格を 1 単位当たり p 円としよう。生産者の利潤 π は，

$$\pi = \begin{cases} 0 & \text{if } \ y = 0 \\ py - (cy + F) & \text{if } \ y > 0 \end{cases} \tag{11.2}$$

になる。生産者が価格受容者として行動する場合，$p > c$ であれば $y \to \infty$，$p \leqq c$ であれば $y = 0$ のとき，利潤が最大になる。生産物の供給曲線は，図 11.3 の原点 O から c までの太線部となって，市場需要曲線が曲線 D のとき，市場均衡は存在しない。

11.3　独占

　技術が凸性を満たさないとき，生産者が価格受容者として行動すれば，市場均衡は存在しない。そこで，生産者が価格設定者として行動する場合を考察してみよう。

　価格を操作できる最も単純なケースは，その商品の売手がその生産者のみ，しかも，一社のみとなる**独占**の場合である [4]。独占の場合，その企業が設定する価格で，買手は買わざるを得ない。すなわち，設定した取引価格を買手に強要できる。

---

[4] ［用語注］「独占」といった場合，**売手独占** (monopoly) を指す。**買手独占** (monopsony) の場合には「買手独占」と断るのが慣例である。

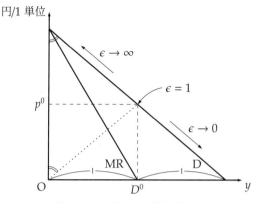

図 11.4 需要の価格弾力性と限界収入

11.3.1 需要価格付け

取引価格を強要できるのであれば，可能な限り高い価格を付けるのが得策である。目標となる生産量があったとき，その数量のすべてを買手が需要する中で買手が最大限支払える価格を付ければ良い。その価格は，その数量の需要価格に他ならない。例えば，図 11.4 の数量 D^0 が目標生産量であれば，その数量での市場需要曲線 D 上の需要価格 p^0 で価格付けすれば，数量 D^0 を販売可能な価格の中で最高値を付けたことになる。

このような需要価格付けが可能となるのは，もちろん，独占企業が市場需要曲線を何かしらの方法で観察できたときである。買手は可能な限り低い価格で購入したいと考えているから，買手から真の需要価格を探るなど，不可能なように見える。ところが，「第 IV 部 制度設計」で見るオークションの中には，買手達に真の需要価格を報告させるものがある。仮に真の市場需要曲線を観察できなかったとしても，買手達に可能な限り高い値段で買わせたいのであれば，目標生産量のすべてを一括で競りにかければ良いわけである。

11.3.2 需要価格付けの下での限界収入

独占企業が需要価格付けをしているとしよう。その企業が生産量 y を増加させると，その企業の収入 R の変化額 ΔR は，取引価格 p に比例的に増加す

る部分と，需要価格付けした取引価格の下落分 Δp に応じて減少する部分から構成される [5]。

$$\Delta R = p \times \Delta y + \Delta p \times y \qquad (11.3)$$

生産量 y での需要価格が取引価格になるのであるから，生産したものすべてが需要される $(y = D)$。したがって，

$$\frac{\Delta R}{\Delta y} = p \times \left(1 + \frac{D}{p} \times \frac{\Delta p}{\Delta D}\right) \qquad (11.4)$$

一般に，生産量 1 単位増に対する収入の増加率を**限界収入** (Marginal Revenue, MR) と呼ぶ。(11.4) 式の右辺は，需要価格付けをする独占企業の限界収入を表している。

　需要価格付けが可能な企業の限界収入は，需要の反応に依存していることが理解できる。取引価格の 1 ％上昇に対する需要量のパーセンテージ減少率，すなわち，

$$\epsilon = -\left(\frac{\Delta D}{D}\right) \div \left(\frac{\Delta p}{p}\right) = -\left(\frac{\Delta D}{\Delta p}\right) \div \left(\frac{D}{p}\right) \qquad (11.5)$$

を**需要の価格弾力性**と呼ぶ。需要の価格弾力性 ϵ を使って (11.4) 式を書き直せば，限界収入は，次のように表すことができる。

ファクト 11.2 (需要価格付けの下での限界収入)　需要価格付けが可能な企業の限界収入 (MR) は，設定する取引価格を p とすれば，

$$MR = p\left(1 - \frac{1}{\epsilon}\right) \qquad (11.6)$$

　需要価格付けが可能な企業の限界収入は，需要の価格弾力性 ϵ が 1 より大きいときに正，1 に等しいときにゼロ，1 より小さいときに負の値になる。

　一般に，弾力性は，1 より大きいと**弾力的** (elastic)，1 より小さいと**非弾力的** (inelastic) と呼ばれる。図 11.4 の需要曲線 D の場合，価格 p^0 のとき需要

---

[5] ［数学注］正確には，次になる。

$$\Delta R = p \cdot \Delta y + \Delta p \cdot y + \Delta p \cdot \Delta y \qquad (\text{fn.5.1})$$

例えば，$p = 100, y = 300, \Delta y = 5,\ \Delta p = -10$ であれば，$\Delta R = 90 \cdot 305 - 100 \cdot 300 = -2{,}550$ であるが，

$$p \cdot \Delta y + \Delta p \cdot y + \Delta p \cdot \Delta y = 100 \cdot 5 + (-10) \cdot 300 + (-10) \cdot 5 = -2{,}550 \qquad (\text{fn.5.2})$$

となって，ΔR と一致する。$\Delta p \cdot \Delta y$ は -50 であり，全体の $-2{,}550$ に比べ小さい。Δy を 0 に近づけると，Δp も又，0 に収束し，この結果，$\Delta p \times \Delta y$ は 0 に収束する。以下では，Δy を 0 に収束させたときを想定する。

量は D^0 となって需要の価格弾力性は 1，価格がそれよりも上がれば弾力的に，下がれば非弾力的になっていく。この結果，縦軸に限界収入を測れば (単位は価格と同じ 1 単位当たり円)，価格が p^0 のときに限界収入はゼロとなって横軸を切る。生産量 対 限界収入の関係を示す**限界収入曲線**は，図 11.4 の曲線 MR のように，数量上，縦軸と需要曲線の中間を通ることが理解できる。

この結果は，次のようにして求めることもできる。図 11.4 の需要曲線 D の場合，市場需要量を D とすれば，需要価格 (=独占企業の取引価格) は，

$$p = \begin{cases} 0 & \text{if } D > a/b \\ a - bD & \text{otherwise} \quad (a > c,\ b > 0) \end{cases} \tag{11.7}$$

と書き表せる。需要曲線の因果関係は，p 対 D であった (2 章)。これに対し，(11.7) 式では，D 対 p の関係になっている。これを**逆需要関数**といい，そのグラフを**逆需要曲線**と呼ぶ。逆需要曲線は，数量が D のときの需要価格を与えるグラフになる。独占企業の収入 R は，需要価格 × 生産量であったから，$y \leqq a/b$ のとき，

$$R = (a - by)y \tag{11.8}$$

したがって，限界収入は，$y \leqq a/b$ のとき，

$$MR = a - 2by \tag{11.9}$$

限界収入曲線の勾配は，逆需要曲線 (11.7) 式の勾配の倍になるわけである。

11.3.3　独占の均衡

利潤は，独占であろうが競争的企業であろうが，収入から費用を控除した大きさに等しい。利潤を最大化すれば，生産量を 1 単位増加させたとき，収入の増分率 (限界収入) が費用の増分率 (限界費用) に一致する。

ファクト 11.3 (利潤最大化の 1 階条件) 利潤を最大化する生産量では，

$$限界収入 (MR) = 限界費用 (MC) \tag{11.10}$$

この結果，需要価格付けする独占企業の場合，ファクト 11.2 が成り立つので，次の結果を得る [6]。

---

[6]　［発展］競争的企業の場合，価格受容者のため，限界収入は生産物の市場価格に等しい ($MR = p$)。したがって，ファクト 11.3 より，4 章で得た利潤最大化の 1 階条件 (ファクト 4.15, p.108) を得る。

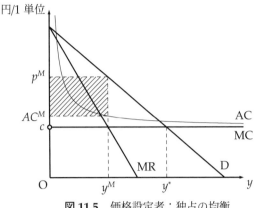

図 11.5　価格設定者：独占の均衡

ファクト 11.4 (独占企業の利潤最大化の 1 階条件) 需要価格付けする独占企業の利潤最大化の 1 階条件は,

$$p\left(1 - \frac{1}{\epsilon}\right) = MC \tag{11.11}$$

　独占企業の生産量は, 限界収入曲線 MR と限界費用曲線 MC の交点での数量 y^M になる (図 11.5)。取引価格は, 需要価格付けであったから, 数量 y^M のときの需要価格 p^M になる。生産量 1 単位当たり $p^M - AC^M$ の利潤が発生する。利潤の大きさは, 図 11.5 の斜線部の面積に等しい。

11.3.4　独占の非効率性

　技術が非凸であっても, 独占であれば利潤が発生し, したがって, 市場が成り立つことが理解できる。もちろん, 市場が成り立たないよりは独占の方が経済厚生は改善している。しかしながら, 総余剰が最大になっているわけではないことに注意しよう。例えば, 費用曲線が (11.1) 式, 逆需要曲線が (11.7) 式のとき, 総余剰が最大となる取引量は需要価格と限界費用が一致する数量 $(a-c)/b$ になる。図 11.5 でいえば, 効率的な生産水準は y^* になる。独占の場合, 生産水準は効率的なときに比べ過少といえる $(y^M < y^*)$。

　それだけではない。市場が競争的であれば取引価格は限界費用に一致したが, 独占の場合, 取引価格が限界費用より高い。限界費用からの取引価格の

乖離率

$$\lambda = \frac{p - MC}{p} \tag{11.12}$$

を**ラーナーの独占度**と呼ぶ。需要価格付けを行う独占企業の場合，利潤最大化の1階条件 (ファクト11.4) より，ラーナーの独占度は，

$$\frac{p - MC}{p} = \frac{1}{\epsilon} \tag{11.13}$$

となって，需要の価格弾力性 ϵ の逆数に等しい。D 対 p 平面において，市場需要曲線が垂直に近づけば近づく程，同一の数量において需要の価格弾力性は低下していく。この場合，ラーナーの独占度は，上昇していくことになる。

逆に，D 対 p 平面において，市場需要曲線が水平になっていくと，需要の価格弾力性が無限大になっていく。このとき，ラーナーの独占度はゼロに近づいていき，独占の均衡も競争市場の均衡 (市場均衡) で成り立つ「需要価格=限界費用」の状態に近づいていく。このことは，独占企業の利潤最大化の1階条件において，需要の価格弾力性を無限大にすれば，企業が価格受容者のときの利潤最大化の1階条件に一致することからも理解できる。企業が価格受容者であるとは，需要の価格弾力性が無限大の市場需要曲線，すなわち，D 対 p 平面において，水平の市場需要曲線に直面している状態を指しているわけである。

規模の経済が独占を内生的に発生させるという意味で**自然独占** (natural monopoly) の原因であるといわれることがある。実際，技術が非凸のとき，独占であれば利潤が発生するだけでなく，複数の企業が費用効率の最も良い一つの生産設備で生産しようとするインセンティブをもつことを示せる。技術の非凸性は，費用関数の**劣加法性** (subadditivity)

$$C(y_1 + y_2) \leqq C(y_1) + C(y_2) \tag{11.14}$$

を意味する。例 11.1 の費用関数も，劣加法性を満たしていることを容易に確認できる。劣加法性を満たすとき，2社の内，1社が生産量 y_1，もう1社が y_2 で生産するよりも，一つの生産設備を利用して合計 $y_1 + y_2$ の生産量を生産した方が費用が低い。このため，技術の非凸性は，複数の企業が参入して

も，生産設備を一つにするような合併が起こると考えられ，この結果，自然に独占化していくと指摘されることがある。

　しかしながら，合併が戦略的に支持されるか否かについては，様々な分析を行った上で答えを出さなければならないであろう。実際，「第 III 部 戦略的行動」では，カルテルが戦略的には支持されないことや，不完全競争でも新規企業による参入が市場均衡と同一の状態に導くことを見るであろう。合併によって独占状態になっても，新規企業が参入可能な限り，私的独占は独占の利益を享受し続けることはできないのである。効率的な生産水準より過少になり，取引価格や利潤が競争的なときよりも高くなるといった独占の弊害が起こるのは，新規参入企業が参入のために必要になる費用 (**参入障壁**という) が余りにも大きいときや，独占企業が新規参入を阻止しようと自らの価格や生産量を絶妙に操作しているときなのかもしれない。

　競争を抑制する政策，例えば，参入規制や産業の参入企業数を管理・統制する政策などは，独占の弊害を生み出しかねない政策である。まして国有化は，国自ら独占の弊害を生み出していくことを意味する。**ハイエク** (F. A. von Hayek, 1899–1992) が指摘するように，企業も私的独占であれば，潜在的競争を無視することはできないが，国家による独占であれば，潜在的競争から保護されてしまう (Hayek, 1994, p. 216)。逆に，競争を促す政策は，独占の弊害を取り除く方向に作用していくであろう。カルテルなどの協調行動といった非競争的な活動や，産業を独占化していく企業の合併・買収 (**M&A**) などを禁止し，公正かつ自由な競争を促進する法制度は，必要不可欠である。日本では，公正取引委員会が**独占禁止法**違反がないか，監視に努めている。

練習問題

問題 11.1　平均費用曲線が U 字形をしているが，平均費用が逓減している状態で市場需要曲線が限界費用曲線と交わっているとしよう。

(1) 市場供給曲線を示しなさい。

(2) 市場均衡が存在するか否かを調べなさい。

(3) 仮に操業中止価格で市場需要量が決まったとして，その数量での利潤を

調べなさい。

(4) 企業は価格受容者として行動可能か否か，論じなさい。

問題 11.2 ある商品の生産には生産量 1 単位当たり 100 円の費用がかかる。また，別途 F 円の費用をかけなければ生産できないという。その商品の市場需要量を D，市場価格を 1 単位当たり p 円としたとき，市場需要曲線は，

$$D = \begin{cases} 0 & \text{if } p > 900 \\ 450 - \frac{1}{2}p & \text{otherwise} \end{cases} \tag{11.15}$$

(1) 次を図示しなさい。(a) 限界費用曲線 (b) 平均費用曲線

(2) 総余剰が最大となる生産水準を求めなさい。

(3) 企業が価格受容者のとき，商品の市場価格が次の値のときに何単位の商品を供給しようとするであろうか。

　　　［ケース 1］1 単位 100 円以下

　　　［ケース 2］1 単位 100 円超

(4) A 社のみがこの商品の市場に参入しようとしているとしよう。

　(a) A 社が市場需要曲線を知っているとすれば，生産量が 200 単位のとき，いくらの価格を付けるであろうか。

　(b) A 社が市場需要曲線を知らないとき，どのような販売方法を使えば，最も高い値段で売ることができるであろうか。

　(c) (a) あるいは (b) のように取引価格が決まるときに，A 社の収入は生産量に対しどのような動きを示すであろうか。A 社の収入 R を生産量 y の式で表し，図示しなさい。

　(d) 限界収入曲線を描きなさい。

　(e) 利潤が最大となる生産量を探しなさい。そのとき，限界収入と限界費用が一致していることを確認しなさい。

　(f) そのときの取引価格と A 社の利潤を調べなさい。

　(g) A 社がこの商品市場に独占として参入する F の範囲を求めなさい。

　(h) A 社が独占として参入すれば，(i) 厚生損失はいくら発生するであろうか。また，(ii) 参入しないときに比べ，厚生損失はいくら減少するであろうか。

問題 11.3　費用曲線が (11.1) 式，逆需要曲線が (11.7) 式の産業を考えよう。

(1) 総余剰が最大となる生産水準を求めなさい。このとき，需要価格と限界費用が一致することを説明しなさい。

(2) 市場需要量が D のとき，需要の価格弾力性が $\dfrac{a - bD}{bD}$ となることを示しなさい。

(3) 需要価格付けする独占企業の利潤が次になることを示しなさい。

$$\pi = \begin{cases} 0 & \text{if } y = 0 \\ (a - c - by)y - F & \text{if } 0 < y < a/b \\ -(cy + F) & \text{otherwise} \end{cases} \qquad (11.16)$$

(4) その独占企業が参入すれば，生産水準を $(a - c)/2b$，取引価格を $(a + c)/2$ に設定することを導出しなさい。

(5) $(a - c)^2/4b > F$ であれば，その独占企業が参入することを示しなさい。

(6) 参入時のラーナーの独占度と厚生損失を $a,\ b,\ c,\ F$ で表しなさい。

問題 11.4　例 11.1 の費用関数が，劣加法性を満たすことを示しなさい。

第 III 部

戦略的行動

第12章　ゲーム理論

　「第 II 部 市場の失敗」において，技術の非凸性が不完全競争を生み出すことを見た。企業は，価格に直接的，または間接的に影響を与えることのできる価格設定者になるとき，価格や生産量のみならず，参入阻止や差別化といった戦略的行動をとるインセンティブを持ち合わせることになる。「第 III 部 戦略的行動」では，そのような企業の戦略的行動を分析する。

　戦略的意思決定の分析には，1944 年に**フォン・ノイマン**と**モルゲンシュテルン**が著書『ゲームの理論と経済活動』(von Neumann and Morgenstern, 1944) を発表して以降，大きく発展してきた**ゲーム理論** (game theory) がある。ゲーム理論は，複数の主体間において，互いの選択が互いの利益に影響を及ぼし合うときの戦略的意思決定にかかわる数学的研究である。経済問題に限定した理論ではないが，本書の中では「第 III 部 戦略的行動」のみならず，他の諸章での分析にも応用可能である。本章では，そうした応用のための分析道具の一部である，主体間の協力を想定しない**非協力ゲーム** (noncooperative games) の分析を見ることにしよう[1]。

12.1　戦略形ゲーム

　ゲーム理論では，意思決定主体を**プレイヤー**，プレイヤーがプレイする選択肢の全体計画を**戦略** (strategy) と呼ぶ。プレイヤーの戦略の組に対し，各プレイヤーの利得を与える対応関係を**利得関数** (payoff function) という。プレイヤーの集合，各プレイヤーの戦略全体の集合である**戦略集合**，そして，利得関数を与えると，一つの**戦略形ゲーム** (strategic-form game)，あるいは，

---

[1]　［発展］ゲーム理論の上級教科書として，Osborne and Rubinstein (1994) や Myerson (1997) などがある。

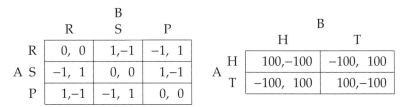

表 12.1　ジャンケン (左) とコイン合わせ (右)

標準形ゲーム (normal-form game) が出来上がる。

例 12.1：戦略形ゲームの例

(1) **ジャンケン**：A さんと B さんは，ジャンケンをしようとしている。勝者は利得 1，敗者は利得 –1，引き分けならば両者とも利得 0 を得る。

(2) **コイン合わせ** (Matching Penny)：A さんと B さんは 100 円玉を使い，表 (Head) か裏 (Tail) を出す。同じ面が出れば A さんが B さんから，そうでなければ B さんが A さんから 100 円をもらう。

ジャンケンの場合，プレイヤーの集合は N = {A, B} となり，各プレイヤー $i \in N$ は，グー (Rock)，チョキ (Scissors)，パー (Paper) の三つの戦略をもつ。したがって，各プレイヤー $i \in N$ に対し，戦略集合は $S_i = \{R, S, P\}$ となる。利得関数は，A さんの戦略 $s_A \in S_A$ と B さんの戦略 $s_B \in S_B$ の組 (s_A, s_B) に対し，A さんの利得 π_A と B さんの利得 π_B を与える関数である。すなわち，利得関数は，次の対応関係になる [2]。

$$(s_A, s_B) \mapsto (\pi_A, \pi_B) \tag{12.1}$$

例えば，$(s_A, s_B) = (S, P)$ のとき，$(\pi_A, \pi_B) = (1, -1)$ を与える関数である。このような対応関係を一覧表にすると，表 12.1 左表になる。多くの戦略形ゲームでは，このように，利得関数を一つの表で表すことができる。

このようにして，プレイヤーの集合 N，各プレイヤー $i \in N$ について戦略集合 S_i と利得関数 π_i が与えられると，一つの戦略形ゲームが出来上がる。コ

---

[2] ［数学注］$x \mapsto y$ は，x を y に写す (maps to) という意。$y = f(x)$ であれば，関数 f を表す。x の定義域が集合 X，f の値域が集合 Y であれば，$f : X \to Y$ とも表記する。

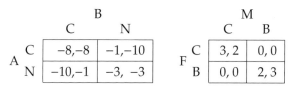

表 12.2 囚人のジレンマ (左) と逢い引きのジレンマ (右)

イン合わせも同様に一つの戦略形ゲームとして表現できる。利得関数を表で表せば，表 12.1 右表になる。

すべてのプレイヤーの戦略集合が有限なとき，**有限戦略形ゲーム**と呼ぶ[3]。例 12.1 は，いずれも，有限ゲームである。また，ジャンケンにしてもコイン合わせにしても，すべての戦略の組でプレイヤーの利得合計がゼロになっている。このように，利得合計がすべての戦略の組に対し一定になるゲームを**定和ゲーム**と呼ぶ。特に，利得合計がつねにゼロになるゲームを**ゼロ和ゲーム** (zero-sum game) と呼ぶ。

定和ゲームの場合，だれかの利得が上がれば，利得の下がるプレイヤーが必ず存在する。したがって，すべての戦略の組は，パレート効率である。定和ゲームでプレイされる戦略の組を予測できる理論があれば，パレート効率な状態のいずれがプレイヤー達によって淘汰されるかを予測できることになる。

ただ，ゲーム理論は，定和ゲームのみを分析対象にしているわけではない。

例 12.2：定和ゲームではない例

(1) **囚人のジレンマ** (Prisoner's Dilemma)：2 人の囚人 A，B が軽い刑で捕まり，余罪について別個の部屋で取り調べを受けている。2 人とも余罪を白状しなければ (Not Confess) 刑は 3 年で済む。ところが，一方が白状 (Confess) して他方が白状しない場合，白状した方は減刑されて 1 年，しなかった方は 10 年の刑となる司法取引が行われる。しかし，2 人とも白状すれば，2 人とも 8 年の刑になる。

(2) **逢い引きのジレンマ** (Battle of Sexes)：ある男女が，週末，コンサート (Concert) か野球観戦 (Baseball) に行く。女性 (Female) は野球観戦よ

---
[3] ［数学注］集合 S の要素数が自然数になるとき，S は有限 (finite) である。

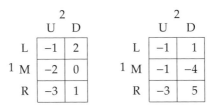

表 12.3 定和ゲーム：支配戦略均衡：存在 (左) と非存在 (右)

> りもコンサートに，男性 (Male) はコンサートよりも野球観戦へ行き
> たいと思っている。ところが，事前に連絡を取り合うことができない。
> もちろん，逢えないより，逢える方が良い。

　刑への服役年数にマイナスを付したものを利得としたとき，囚人のジレン
マの利得関数は表 12.2 左表で表される。逢い引きのジレンマは，利得の基準
をゼロとして，逢えれば 2，しかも行きたい方であればプラス 1 される利得
のときの利得関数が表 12.2 右表で表されている。

12.1.1　支配戦略均衡

　ゲーム理論における解概念は，一つだけではない。先ずは，プレイヤー 1
とプレイヤー 2 の 2 人定和ゲームを用いて，相手の選択無関係に最善の選択
肢を見いだせる場合の解概念から見ることにしよう。

　2 人定和ゲームでは，プレイヤー 2 の利得は，所与の定数からプレイヤー 1
の利得を差し引いた値になっている。したがって，プレイヤー 1 の利得のみ
で利得関数を表現することができる。表 12.3 のいずれも，プレイヤー 1 の戦
略集合が $\{\underline{\text{L}}\text{eft}, \underline{\text{M}}\text{iddle}, \underline{\text{R}}\text{ight}\}$，プレイヤー 2 の戦略集合が $\{\underline{\text{U}}\text{p}, \underline{\text{D}}\text{own}\}$ の
ときのプレイヤー 1 の利得を示している。左表の場合，プレイヤー 1 の利得
が最大となる戦略の組は (L, D) であるが，プレイヤー 2 の利得が最大となる
のは (R, U) である。したがって，両者が同意する戦略の組は存在しない。

　しかしながら，表 12.3 左表のゲームの場合，各プレイヤーは相手が選択す
る戦略無関係に，自らが選ぶべき戦略を見いだすことができる。プレイヤー
1 の戦略 L と M に着目すると，プレイヤー 2 の戦略が U，D のいずれであろ

うが，L のときの利得の方が高い。このように，一方の戦略から他方の戦略に変えることで，他のプレイヤーの戦略無関係に利得が改善するとき，後者の戦略は前者の戦略を**強支配**するといい，前者の戦略を**強被支配戦略** (strictly dominated strategy) と呼ぶ。表 12.3 の左のゲームの場合，プレイヤー 1 の L は M を強支配するため，M は強被支配戦略となる。利得最大化を考える限り，強被支配戦略を選ぶことはない。同様に，L は R を強支配する。この結果，L は，他の戦略 M，R のすべてを強支配する。

　一般に，他の戦略すべてを強支配する戦略を**強支配戦略** (strictly dominant strategy) と呼ぶ。表 12.3 左表の場合，L はプレイヤー 1 の強支配戦略である。すべてのプレイヤーが強支配戦略をもつとき，強支配戦略の組を**強支配戦略均衡**と呼ぶ。表 12.3 左表の場合，U はプレイヤー 2 の強支配戦略になっている。したがって，(L, U) は，強支配戦略均衡になる。

　戦略間の支配関係の考え方は，定和ゲームのみならず，すべてのゲームに適用できる。例えば，囚人のジレンマの場合，強支配戦略均衡が存在している (いずれの戦略の組なのか，確認しよう)。

　しかしながら，すべてのゲームに強支配戦略均衡が存在するわけではない。例えば，ジャンケンやコイン合わせ，逢い引きのジレンマや表 12.3 右表の 2 人定和ゲームでは，強支配戦略均衡は存在しない。

　ただ，表 12.3 右表の 2 人定和ゲームでは，プレイヤー 1 の戦略 L は，戦略 M を「弱」支配している。一般に，ある戦略が他の戦略を**弱支配**するとは，後者の戦略から前者の戦略に変えたとき，他のプレイヤーのすべての戦略に対し利得が悪化せず，他のプレイヤーの少なくとも一つの戦略に対し利得が改善するときをいう。弱支配される戦略を**弱被支配戦略** (weakly dominated strategy) という。他の戦略すべてを弱支配する戦略を**弱支配戦略** (weakly dominant strategy) といい，すべてのプレイヤーが弱支配戦略をもつとき，弱支配戦略の組を**弱支配戦略均衡**と呼ぶ。

ファクト 12.3 強支配戦略均衡は，弱支配戦略均衡である。

　表 12.3 右表の 2 人定和ゲームでのプレイヤー 1 の戦略 L は，M を弱支配しているが，R を弱支配していない。もし R が L を弱支配していれば，R が

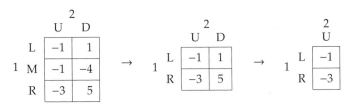

表 12.4　定和ゲーム：弱被支配戦略の繰り返し削除

弱支配戦略になるが，そのようにもなっていない。よって，表 12.3 右表には，弱支配戦略均衡は存在しない。

12.1.2　支配可解性

　弱支配戦略は，もし存在すれば，相手の利得関数や選択を推測する必要がない。この意味で，弱支配戦略の存在は，プレイヤーの知識や意思決定に負荷がない。ただ，負荷がない分，均衡が存在しないゲームも多い。

　そこで，プレイヤーにいくつか負荷をかけることにしよう。第 1 に，各プレイヤーは，プレイしようとしているゲームのルールを知っている**完備情報**(complete information) を想定しよう。戦略形ゲームの場合，プレイヤーが互いの利得関数を知っていれば，完備情報になる。第 2 に，互いがもつ知識を互いが知っており，そのことを互いに了解しているという**共有知識** (common knowledge) を想定しよう。

　以上の仮定に，相手の推測に対する仮説を加えて，新たな解概念を構築していく。しかしながら，あまり大きな負荷をプレイヤーに課さないために，最も単純な推測を想定したい。上記の弱支配戦略均衡で用いた考え方である「弱被支配戦略を選ばない」といった推測は，そのような仮説として相応しいであろう。例えば，表 12.3 右表の 2 人定和ゲームの場合，プレイヤー 1 の L はM を弱支配するので，プレイヤー 2 はプレイヤー 1 が M を選ばないと予測するといった仮説である。

　プレイヤー 2 のこの予測により，表 12.3 右表のゲームは，表 12.4 の真ん中の表となる。この結果，プレイヤー 2 の U と D の間に，元々はなかった支配関係が生まれる。すなわち，D は，弱被支配戦略になる。このことより，プレ

イヤー1は，プレイヤー2がDを選ぶことはないと予測するであろう。ゲームは更に縮小して，表 12.4 の一番右側へと変化する。最後は，プレイヤー1の利得最大化より，戦略の組 (L, U) のみが残る。

このような**弱被支配戦略の繰り返し削除** (iterated elimination of weakly dominated strategies) は，プレイヤーがプレイするであろう戦略の組を残す。しかしながら，削除の順序次第で最後に残る戦略の組が変わるゲームを作成できることに注意しよう (試しに，作成してみよう)。このため，削除の各段階において弱被支配戦略をすべて削除し，最後に残った戦略の組がすべてのプレイヤーにとって無差別なとき，その戦略形ゲームは**支配可解** (dominance solvable) であるという。定義によって，次が成り立つ。

ファクト 12.4 もし弱支配戦略均衡が存在すれば，ゲームは支配可解である。

例えば，囚人のジレンマや表 12.3 左表のゲームでは，強支配戦略均衡が存在したので，ゲームは支配可解である。

12.1.3 ゼロ和ゲームとゲームの値

ジャンケンやコイン合わせは，支配可解ではない。そこで，先ずは，2人ゼロ和ゲームに限定して，新たな解概念を更に構築することにしよう[4]。

2人ゼロ和ゲームでは，一方のプレイヤーが利得を大きくしようとすれば，もう一方のプレイヤーの利得は下がる。プレイヤー1から見ると，プレイヤー2はプレイヤー1の利得を最小化しようとしている。そこで，プレイヤー1は，自らの戦略の各々に対し，最悪の事態を想定すれば，利得の保証水準を見いだすことができる。例えば，表 12.3 右表の場合，L のときは –1，M のときは –4，R のときは –3 が利得の最低値になる。これら最低値の中で最大となるのは戦略が L のときであり，そのときの利得 –1 はプレイヤー1の利得の保証水準といえる。

---

[4] ［発展］利得関数を正の1次変換しても解が変わらないという性質を**正の1次変換からの独立性**と呼ぶ。例えば，表 12.3 右表の定和ゲームにおいて，すべてのプレイヤーの利得を3倍し，–1 を加えて新しい定和ゲームを作成したとき，新しいゲームも支配可解で (L, U) が均衡となる。支配可解性は，正の1次変換からの独立性を満たすことを示せるのである。

定和ゲームは，正の1次変換によってゼロ和ゲームに変換できることに注意しよう。したがって，解概念が正の1次変換からの独立性を満たすのであれば，ゼロ和ゲームに適用可能な解概念は，定和ゲーム全体に応用可能となる。本章で見るゲーム理論の解概念は，すべて，正の1次変換からの独立性を満たす。

　最悪の中で最善となる戦略を**マックスミニ戦略**と呼ぶ。表 12.3 右表の場合，プレイヤー 1 のマックスミニ戦略は L になる。

　プレイヤー 1 がマックスミニ戦略を選ぶのであれば，プレイヤー 2 も同様に，プレイヤー 2 の利得関数におけるマックスミニ戦略を選択するとプレイヤー 1 は予測するであろう。このことをプレイヤー 1 の立場から見ると，次のようになる。プレイヤー 2 の利得の最低値は，プレイヤー 1 の利得が最大になっているときである。例えば，表 12.3 右表がゼロ和ゲームであれば，プレイヤー 2 の利得の最低値は，U のとき 1，D のとき −5 になる。その中で，プレイヤー 2 の利得が最大，すなわち，プレイヤー 1 の利得が最小となるのは，戦略 U のときであり，そのときの利得 1 がプレイヤー 2 の利得の保証水準になる。このように，プレイヤー 2 は，プレイヤー 1 から見れば，最善の中で最悪となる戦略を選ぼうとしており，そのようなプレイヤー 2 の戦略を**ミニマックス戦略**と呼ぶ[5]。

　表 12.3 右表の場合，プレイヤー 1 のマックスミニ戦略 L とプレイヤー 2 のミニマックス戦略 U の組 (L, U) は，弱被支配戦略の繰り返し削除によって得られる戦略の組と一致している。

ファクト 12.5 2 人ゼロ和ゲームが支配可解であれば，弱被支配戦略の繰り返し削除によって残る均衡は，プレイヤー 1 のマックスミニ戦略とプレイヤー 2 のミニマックス戦略の組に等しい。

　マックスミニ，ミニマックスの解き方は，これまで見てきた解概念と同じ解を与えることが理解できる。

　ゼロ和ゲームでは，マックスミニ戦略におけるプレイヤー 1 の利得を**マッ**

---

[5]　［数学注］(♣♣) プレイヤー i ($i = 1, 2$) の戦略集合を S_i，利得関数を π_i としよう。定和ゲームでは，$\pi_2 = c - \pi_1$ となる定数 c が存在するので，

$$\max_{s_2 \in S_2} \min_{s_1 \in S_1} \pi_2 = \max_{s_2 \in S_2} \min_{s_1 \in S_1} (c - \pi_1) \tag{fn.5a}$$

$$= c + \max_{s_2 \in S_2} \min_{s_1 \in S_1} (-\pi_1) \tag{fn.5b}$$

$$= c + \max_{s_2 \in S_2} \left(-\max_{s_1 \in S_1} \pi_1 \right) \tag{fn.5c}$$

$$= c - \min_{s_2 \in S_2} \max_{s_1 \in S_1} \pi_1 \tag{fn.5d}$$

となって，プレイヤー 2 のマックスミニ戦略はプレイヤー 1 の利得に対するミニマックス戦略となる。

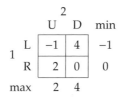

表 12.5 max min = 0 < min max = 2

クスミニ値，プレイヤー 2 のミニマックス戦略におけるプレイヤー 2 の損失
を**ミニマックス値**と呼ぶ。表 12.3 右表のゲームでは，マックスミニ値とミニ
マックス値は一致する。一般に，ゼロ和ゲームにおいてマックスミニ値とミ
ニマックス値が一致するとき，その値を**ゲームの値** (game value) と呼ぶ。

12.1.4 混合拡大とミニマックス定理

表 12.5 の 2 人ゼロ和ゲームを見よう。ミニマックス値は 2，マックスミニ
値は 0 となって，ゲームの値が存在しない。ジャンケンやコイン合わせも，
ゲームの値を見いだすことができない。

実は，戦略を次の「混合拡大」すれば，ゲームの値が必ず存在する。**混合
拡大**とは，元々の戦略を**純粋戦略** (pure strategy) と呼んだときに，純粋戦略
を確率的に選び出す仕組みを用意して，純粋戦略を決めることをいう。例え
ば，表 12.5 の 2 人ゼロ和ゲームのプレイヤー 1 の純粋戦略は L と R である
が，L の出る確率が $100\,p$ %，R の出る確率が $100\,(1-p)$ %のルーレットを
作成し，作成したルーレットを回して出た純粋戦略をプレイするといった具
合である。このとき，確率分布 $(p, 1-p)$ をプレイヤー 1 の**混合戦略** (mixed
strategy) と呼ぶ。プレイヤー 2 の混合戦略も同様に，純粋戦略 U，D 上の確
率分布 $(q, 1-q)$ になる [6]。

混合戦略は，純粋戦略を次のように含むという意味で，戦略集合の拡大になっ
ていることに注意しよう。表 12.5 のプレイヤー 1 の混合戦略が $(p, 1-p) = (1, 0)$

---

[6] ［発展］混合拡大すると，利得は 7 章で見た「くじ」になる。このことより，利得関数は，vNM 効用
(p. 179) になる。付言すれば，期待効用 (7.7) 式 (p. 178) は，vNM 効用を正の 1 次変換しても，くじ上に対
して，同一の選好を与える (**正の 1 次変換からの独立性**)。

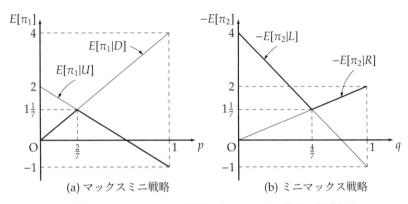

図 12.1　マックスミニ戦略，ミニマックス戦略：混合拡大

であれば，純粋戦略 L が 100 ％の確率で出るルーレットを作成してプレイす
る純粋戦略を決めることになる。これは，純粋戦略 L それ自体を選ぶことに
他ならない。このようにして，混合戦略は，純粋戦略を含むのである。

　プレイヤー 1 の最適な混合戦略は，マックスミニによって求めることがで
きる。表 12.5 の 2 人ゼロ和ゲームのプレイヤー 1 の混合戦略 $(p, 1-p)$ を与
えたとき，プレイヤー 2 が U を選べば，プレイヤー 1 の利得の期待値である
期待利得は，

$$E[\pi_1|U] = p \cdot (-1) + (1-p) \cdot 2 = 2 - 3p \tag{12.2}$$

もしプレイヤー 2 が戦略 D をとれば，

$$E[\pi_1|D] = p \cdot 4 + (1-p) \cdot 0 = 4p \tag{12.3}$$

にそれぞれなる。p の各値に対し，プレイヤー 2 はプレイヤー 1 の期待利得
を最小化するように選択すると想定される。このことを図を用いて求めてみ
よう。図 12.1 (a) には，プレイヤー 2 の戦略が U のときのプレイヤー 1 の期
待利得 $E[\pi_1|U]$ と，プレイヤー 2 の戦略が D のときの期待利得 $E[\pi_1|D]$ が示
されている。プレイヤー 1 が最悪な事態を想定すれば，プレイヤー 1 の混合
戦略の p が 2/7 以下であればプレイヤー 2 は戦略 D を，p が 2/7 以上であれ
ばプレイヤー 2 は戦略 U をとるとプレイヤー 1 は推測する。これは，図 12.1
(a) の山型の太線部を与えるが，その中でプレイヤー 1 の期待利得 $E[\pi_1]$ が最

大となる p が混合拡大におけるプレイヤー1のマックスミニ戦略を与える。それは，$p = 2/7$ であることが理解できる。

プレイヤー2の最適な混合戦略も同様にミニマックスによって解くことができる。プレイヤー2の期待損失は，プレイヤー1がLを選べば，

$$-E[\pi_2|L] = q \cdot (-1) + (1 - q) \cdot 4 = 4 - 5q \tag{12.4}$$

プレイヤー1がRを選べば，

$$-E[\pi_2|R] = q \cdot 2 + (1 - q) \cdot 0 = 2q \tag{12.5}$$

にそれぞれなる。このとき，プレイヤー1はプレイヤー2の期待損失を最大化するように選ぶとプレイヤー2は予想するので，プレイヤー2の混合戦略の q が4/7以下であればプレイヤー1は戦略Lを，q が4/7以上であればプレイヤー1は戦略Rをとるとプレイヤー2は推測する。これは，図12.1 (b)のV字形の太線部を与えるが，その中で期待損失が最小となる $q = 4/7$ がプレイヤー2のミニマックス戦略になる。

マックスミニ値は図12.1 (a) より $1\frac{1}{7}$，ミニマックス値は右図 (b) より $1\frac{1}{7}$ となって一致する。すなわち，混合拡大すれば，ゲームの値が定まる。この命題が次の「ミニマックス定理」である。

定理 12.6 (ミニマックス定理) 有限2人ゼロ和ゲームにおいて混合拡大すれば，マックスミニ値とミニマックス値は一致する。

例えば，ジャンケンではグー，チョキ，パーを3分の1の確率で出すのが，そして，コイン合わせでは，表，裏を2分の1の確率で出すのが各プレイヤーの最適戦略となり，ゲームの値が定まる (練習問題 12.2)。

12.1.5 ナッシュ均衡

ミニマックス定理は，有限2人ゼロ和ゲームで成り立つ。有限，無限，定和，非定和，プレイヤー数にかかわらず均衡が存在し，かつ，支配戦略均衡が存在するときには支配戦略均衡を誘導し，ゲームの値が定まる有限2人ゼロ和ゲームのときにはマックスミニ戦略，ミニマックス戦略を誘導する解概念が存在すれば，それはより一般的，かつ強力な解概念といえよう。そのよ

うな解概念として 1950 年に**ナッシュ** (J. F. Nash, Jr., 1928–2015) が示したのが「ナッシュ均衡」である (Nash, 1950)[7]。

ナッシュ均衡とは，各プレイヤーが独自に (unilaterally) その戦略から逸脱するインセンティブをもたない，すなわち，その戦略に対して**自己拘束的** (self-enforcing) になっている戦略の組をいう。自己拘束的，すなわち，独自に**逸脱**するインセンティブがないとは，他のプレイヤーがその戦略の組での各自の戦略を選んでいるときに，そのプレイヤーはその戦略の組での自らの戦略を選ぶことで自己の利得が最大になっているときである。例えば，表 12.3 右表の 2 人定和ゲームの (L, U) は，ナッシュ均衡である。というのは，プレイヤー 2 が戦略 U を選んでいるとき，プレイヤー 1 の利得が最大となるプレイヤー 1 の戦略は L と M であり，プレイヤー 1 が戦略 L を選んでいるとき，プレイヤー 2 の利得が最大となるプレイヤー 2 の戦略は U になっているからである。このように，ナッシュ均衡は，各プレイヤーが自らの戦略に自己拘束的になっている戦略の組になる[8]。

ナッシュ均衡は，他のプレイヤーの戦略を所与としたとき，自己の利得が最大となる戦略を選んでいることがすべてのプレイヤーについて成り立つ戦略の組である。このことは，次のように言い換えることができる。他のプレイヤーの戦略の組に対し，自らの利得が最大になる戦略が対応する関係をそのプレイヤーの**最適反応** (best response)，あるいは**最適応答** (best reply) と呼ぶことにしよう。このとき，各プレイヤーにとって最適反応同士となる戦略の組がナッシュ均衡になる。

最適反応を利用すれば，表 12.5 の 2 人ゼロ和ゲームでのナッシュ均衡がマックスミニ戦略とミニマックス戦略の組に等しくなることを示すことがで

---

[7] ［学史注］ナッシュ，**ハルサニ** (J. C. Harsanyi, 1920–2000)，**ゼルテン** (R. Selten, 1930–2016) は，ゲーム理論への功績が認められ 1994 年にノーベル経済学賞を受賞している。ナッシュ均衡の考え方自体は，1838 年のクールノーの著書にあったため，「クールノー・ナッシュ均衡」と呼ばれるときがある。

[8] ［数学注］**ナッシュ均衡の定義** (♠) n 人のプレイヤーがいて，各プレイヤー i $(i = 1, \dots, n)$ に対し，戦略集合が S_i, n 人の戦略の各組 $s = (s_1, \dots, s_n)$ に対しプレイヤー i の利得を与える利得関数が π_i で与えられている戦略形ゲーム Γ を考えよう。ここで，便宜上，各プレイヤー i に対し，戦略の組 $s = (s_1, \dots, s_n)$ を (s_i, s_{-i}) と書き表すことにしよう。s_{-i} とは，プレイヤー i 以外のプレイヤーの戦略の組 $s_{-i} = (s_1, \dots, s_{i-1}, s_{i+1}, \dots, s_n)$ を指す。(s_i, s_{-i}) と書き表しても，それは $s = (s_1, \dots, s_n)$ と同じものであると考えるのである。このとき，**ナッシュ均衡**とは，すべてのプレイヤー i $(i = 1, \dots, n)$ に対し，次が成り立つ戦略の組 $s^* = (s_1^*, \dots, s_n^*)$ である。

$$\pi_i(s^*) \geq \pi_i(s_i, s_{-i}^*) \quad (\forall s_i \in S_i) \tag{fn.8}$$

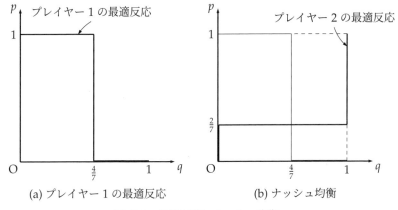

(a) プレイヤー 1 の最適反応　　　　　　(b) ナッシュ均衡

図 12.2 最適反応とナッシュ均衡

きる。混合戦略の組 $((p, 1-p), (q, 1-q))$ が与えられたとき，プレイヤー 1 の期待利得は，

$$E[\pi_1] = pq \cdot (-1) + p(1-q) \cdot 4 + (1-p)q \cdot 2 + (1-p)(1-q) \cdot 0$$
$$= p(4-7q) + 2q \tag{12.6}$$

になる。プレイヤー 2 の q の各値に対し，プレイヤー 1 の期待利得 $E[\pi_1]$ が最大となる p を求めれば，プレイヤー 1 の最適反応を求めることができる。プレイヤー 1 の最適反応は，

$$p = \begin{cases} 1 & \text{if } q < 4/7 \\ \text{区間 } [0,1] \text{ 内の任意の値} & \text{if } q = 4/7 \\ 0 & \text{if } q > 4/7 \end{cases} \tag{12.7}$$

となり，これを図示すると図 12.2 (a) のグラフになる。

プレイヤー 2 の最適反応も同様に求めることができる。混合戦略の組 $((p, 1-p), (q, 1-q))$ が与えられたとき，プレイヤー 2 の期待利得は，

$$E[\pi_2] = pq \cdot 1 + p(1-q) \cdot (-4) + (1-p)q \cdot (-2) + (1-p)(1-q) \cdot 0$$
$$= q(7p-2) - 4p \tag{12.8}$$

である。プレイヤー 1 の p の各値に対し，プレイヤー 2 の期待利得 $E[\pi_2]$ が最大となる q を求めれば，プレイヤー 2 の最適反応は図 12.2 (b) の太線になる。

このようにして求めた最適反応同士の戦略の組がナッシュ均衡である。図 12.2 (a) のプレイヤー 1 の最適反応を図 12.2 (b) に埋め込むと，2 人の最適反応の交点が得られる。交点は最適反応同士の p 対 q なので，ナッシュ均衡はマックスミニ戦略とミニマックス戦略の組

$$((p^*, 1-p^*), (q^*, 1-q^*)) = ((\tfrac{2}{7}, \tfrac{5}{7}), (\tfrac{4}{7}, \tfrac{3}{7})) \tag{12.9}$$

に等しいことが理解できる。

ナッシュ均衡は，上の議論より，次の性質を満たすことが理解できよう。

ファクト 12.7 次が成り立つ。

(1) 弱支配戦略均衡は，ナッシュ均衡である。

(2) 有限 2 人ゼロ和ゲームのマックスミニ戦略とミニマックス戦略の組は，ナッシュ均衡である。

ナッシュ均衡の解概念としての「強み」は，この結果のみではない。実は，ナッシュ均衡は，プレイヤー数，定和，非定和，支配可解性無関係に存在するのである [9]。例えば，逢い引きのジレンマは，支配可解ではない非定和ゲームであるが，ナッシュ均衡が存在するのである。F さんの純粋戦略 C，B 上の混合戦略を $(p, 1-p)$，M さんの純粋戦略 C，B 上の混合戦略を $(q, 1-q)$ とすれば，逢い引きのジレンマのナッシュ均衡は，混合戦略の組 $((p, 1-p), (q, 1-q))$ において，次の三つになる。

$$((1,0),(1,0)) \quad \& \quad ((\tfrac{3}{5}, \tfrac{2}{5}),(\tfrac{2}{5}, \tfrac{3}{5})) \quad \& \quad ((0,1),(0,1)) \tag{12.10}$$

12.1.6　ナッシュ均衡の留意点と発展

ナッシュ均衡が強力な解概念であることを見たが，留意すべき点が皆無なわけではないことに注意しよう。例えば，

(I) ナッシュ均衡は，パレート効率な戦略の組とは限らない。

(II) ナッシュ均衡は，一意 (unique) とは限らない。

(III) ナッシュ均衡は，弱被支配戦略を伴っているかもしれない。

---

[9]　［数学注］**ナッシュ均衡の存在定理 (♣♣)** ナッシュは，1950 年の論文 (Nash, 1950) でナッシュ均衡の存在を証明している。存在のための条件は，数学注 8 (p. 262) の記号を用いれば，各プレイヤー i $(i = 1, \ldots, n)$ に対し，戦略集合 S_i が非空，凸，閉かつ有界な実数空間の部分集合であること，そして，利得関数 π_i が連続，かつ，準凹であることになる。なお，実数空間の部分集合は，球の部分集合であるとき，**有界**である。

第 1 の留意点は，例えば，囚人のジレンマのナッシュ均衡が (C, C) のみであることからも確認ができる。ナッシュ均衡がパレート効率になるとは限らないことは，厚生経済学の第 1 基本定理の結果とは対照的であるといえよう。

　パレート効率でなければ，プレイヤー全体が提携を組むインセンティブをもつことを意味している [10]。分析対象としているゲームの状況次第では，もちろん，そもそも提携形成が不可能な場合がある。囚人のジレンマなどがそうである。しかしながら，提携形成が可能であるとき，提携によってブロックされるナッシュ均衡は，予測上，弱いといわざるを得ない [11]。そこで，ブロックする提携が存在しないナッシュ均衡を**強ナッシュ均衡** (strong Nash equilibrium) と呼ぶ。強ナッシュ均衡は，提携形成に免疫性がある (immune to) ばかりでなく，各プレイヤーは自らの戦略に自己拘束的である。

　ナッシュ均衡が一意でないという第 2 の留意点は，例えば，逢い引きのジレンマが三つのナッシュ均衡 (12.10) をもつことからも理解できる。複数の均衡が存在すれば，予測性が弱くなると感じるかもしれないが，複数均衡はナッシュ均衡がとらえていない何かしらの背景，あるいは現象が潜んでいると想像する方が創造的である。例えば，逢い引きのジレンマでは，そもそも，野球に行きたい男性とコンサートに行きたい女性がデートで一緒でないのは辛いというジレンマであった。もしデート当日にデートの場所を 2 人で決めることができないのであれば，そのようなことがあっても大丈夫なように事前に何かしらの取り決めをしておけば良いのかもしれない。例えば，「晴れたら野球，そうでなければコンサート」と予め決めておく，といった具合である。

　混合戦略は均衡において内生的に決まる確率機構であるが，天候やサイコロなどは外生的である。外生的な確率機構に選択を委ねるときに，各プレイヤーがその選択から逸脱するインセンティブのない確率機構を**相関均衡** (correlated equilibrium) と呼ぶ。例えば，逢い引きのジレンマにおいて「晴れたら野球，そうでなければコンサート」と予め決めておいたとしよう。天候が確率機構

---

10)　[発展] これに対し，ワルラス均衡では，いかなる提携をも組むインセンティブを主体は持ち合わせていない。定理 5.7 (p. 142) 参照。ワルラス均衡とナッシュ均衡の間には，大きな隔たりがあるわけである。

11)　[用語注] 5 章で見たように，**提携**とは主体 (ゲーム理論では「プレイヤー」) の集合の部分集合のこと，また，提携 C が**ブロック**するとは，提携 C に属さないプレイヤーの戦略を所与として，提携 C に属すすべてのプレイヤーが改善するような戦略を提携 C に属すプレイヤーがもつときとなる。

であれば，天候は相関均衡になる。というのは，天候が「野球に行きなさい」
と示せば，示された人は相手も野球に行くと確信 (事後確率を 1 と計算) する
ので，その人の期待利得は戦略 B で最大になるからである。

　ナッシュ均衡が弱被支配戦略を伴うかもしれないという第 3 の留意点は，そ
のような例を作成すれば確認できる。弱被支配戦略をプレイしないという考
え方によれば，弱被支配戦略を伴うナッシュ均衡は排除される。一般に，複
数のナッシュ均衡があるときに，予測性を高めるため，あるいは，何かしら
の問題点を含む場合にはそれを伴わないようにして，均衡を絞り込むことを
均衡の精緻化 (equilibrium refinement) と呼ぶ。ナッシュ均衡の中で弱被支
配戦略を一切伴わないナッシュ均衡を**支配されないナッシュ均衡**，あるいは
非被支配ナッシュ均衡 (undominated Nash equilibrium) と呼ぶ。「非被支
配ナッシュ均衡」も又，均衡の精緻化に応用可能な解概念である。

12.2　展開形ゲーム

　戦略形ゲームでは，各プレイヤーはお互いの選択を知らずに意思決定する。
例え時間上，だれかが先手であっても，後手が先手の選択を知らなければ，互
いに相手の選択を知らずに意思決定していることと同じなため，そのような
状況は戦略形ゲームで分析可能である。しかしながら，もし後手が先手の選
択を知った上で意思決定するのであれば，手番はプレイヤーが持ち得る情報
を左右し，そして，情報は意思決定を左右するかもしれない。例えば，逢い引
きのジレンマにおいて，一方が先に野球観戦かコンサートに行き，他方がそ
れを知った上で選択するのであれば，ジレンマなど起こらないかもしれない。

　手番と持ち得る情報，そして情報と意思決定の関係がどのようになってい
るのか，このような問題意識に答える分析道具として「展開形ゲーム」があ
る。本節では，その「展開形ゲーム」の構成要素と解き方について見ていく。

12.2.1　ゲームの木

　プレイヤーの集合が与えられたとき，手番と選択肢の構造を「ゲームの木」
と呼ばれる順序を用いて表現する。**ゲームの木** (game tree) は，**ノード**と呼

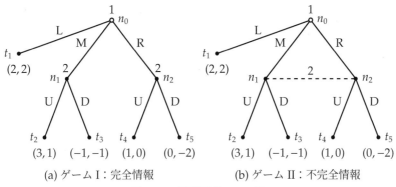

(a) ゲーム I : 完全情報　　　　　(b) ゲーム II : 不完全情報

図 12.3 展開形ゲームの例

ばれる点からなる集合と，ノードの各組に対し，いずれのノードが先に位置するかを示す順序から構成される。例えば，次の例を考えよう。

例 12.8 プレイヤー 1 (P1) と 2 (P2) がおり，P1 が最初に L，M，R のいずれかを選ぶ。L を選べばゲームは終了し，利得の組 (2,2) が発生する。もし P1 が M か R のいずれかを選べば，P2 の手番となり，P2 は U か D を選ぶ。プレイの履歴が (M,U) であれば利得の組は (3,1)，(M,D) であれば (−1,−1)，(R,U) であれば (1,0)，(R,D) であれば (0,−2) となる。

この例のゲームの木は，8 つのノードの集合 $\{n_0, n_1, n_2, t_1, t_2, t_3, t_4, t_5\}$ と，n_0 の後に t_1，n_1，n_2 が続き，n_1 の後に t_2 と t_3，n_2 の後に t_4 と t_5 が続くというノード同士の順序によって構成される。図 12.3 (a)(b) のいずれも，そのような同一のゲームの木を示している。

先行するノードをもたないノード n_0 がゲームの始まりを示す**初期ノード**，あるいは**始点**である。本書では，初期ノードを白抜きの丸で表すことにする。また，続くノードをもたないノード t_1，t_2 などは，ゲームの**終点** (terminal node) を表す。

ノード同士を結ぶ枝が，選択肢を表す。図 12.3 の場合，n_0 と t_1 を結ぶ枝は選択肢 L を示す。終点以外のノードは，このように，選択肢を与えるため，一つの**手番** (move) を表すことになる。選択肢の点列を与えると一つのノードが得られ，逆に，ノードを与えると選択肢の点列が一意に与えられる。例

えば，選択肢の点列 (M, U) は，ノード t_2 と 1 対 1 で対応している。選択肢の点列を**履歴** (history) と呼べば，履歴とノードは 1 対 1 で対応している。

展開形ゲームでは，履歴が無限の場合か，終点に至る場合に，利得が発生する。したがって，展開形ゲームにおける利得関数は，無限の履歴，あるいは終点上に定義される。例えば，図 12.3 の場合，終点 t_4 に至れば，プレイヤー 1 に利得 1 が，プレイヤー 2 に利得 0 が発生する [12]。

12.2.2 情報集合

手番のない戦略形ゲームと異なり，手番を導入すれば，後手が選択するときに持ち得る情報を明示的に扱うことになる。例 12.8 の場合，プレイヤー 2 が選択する段階でプレイヤー 2 がもつ情報は，次の内のいずれかである。

ケース I：プレイヤー 1 が M，R のいずれを選択したかを知っている。

ケース II：プレイヤー 1 の選択をまったく知らない。

ケース I の場合，プレイヤー 2 はノード n_1 と n_2 のいずれで選択しているのかを区別できるが，ケース II の場合にはその区別ができない。

一般に，いずれで選択しているのかを区別できないノード同士の集合を**情報集合** (information set) と呼ぶ。情報集合は，次の条件を満たすように，終点以外のノードの全体を互いに素となる部分集合に分割することで出来上がる。

(I.1) 一方のノードが他方のノードに直接，間接のいずれにしても続くようなノードの組が同一部分集合内に存在しない。

(I.2) 同一の部分集合内にあるすべてのノードは，同一の選択肢をもつ。

例えば，図 12.3 において，これらの条件を満たす，終点以外のノードの全体 $\{n_0, n_1, n_2\}$ の分割は，次の 2 種類である。

	P1 の情報集合	P2 の情報集合	
族 I	$I_1 = \{n_0\}$	$I_{21} = \{n_1\}, I_{22} = \{n_2\}$	(12.11a)
族 II	$I_1 = \{n_0\}$	$I_2 = \{n_1, n_2\}$	(12.11b)

族 I (12.11a) がケース I に，族 II (12.11b) がケース II のときの情報集合の族

---

[12] ［発展］無限の履歴を有する展開形ゲーム，例えば，交互提案ゲームについては，練習問題 12.5 を参照。

となる。情報集合が一つのノードからなるときには，そのノードに位置していることを知った上で意思決定することを意味する。

　情報集合を図上で表す方法は，いくつか存在する。本書では，次の表記法を使用することにする。

表記法 12.9：情報集合

(1) 一つのノードからなる情報集合には，そのノードにプレイヤー記号を付す。
(2) 複数のノードからなる情報集合の場合には，その情報集合内のノードのすべてを点線で結び，点線上にプレイヤー記号を付す。

　例えば，図 12.3 (a) は，ノード n_0 の上にプレイヤー番号 1，ノード n_1 と n_2 の上にプレイヤー番号 2 が打たれており，ケース I での情報集合の族，族 I (12.11a) を表す。これに対し，ケース II での情報集合の族，族 II (12.11b) の場合，プレイヤー 2 の情報集合 I_2 は n_1 と n_2 の二つのノードを含むため，図 12.3 (b) のように，n_1 と n_2 を点線で結びプレイヤー番号 2 を打つ [13]。

　すべての情報集合が，各々，一つのノードのみをもつのであれば，**完全情報** (perfect information)，そうでない場合には**不完全情報**のゲームになる。図 12.3 (a) は完全情報，図 12.3 (b) は不完全情報のゲームである。また，すべてのプレイヤーが過去にとった自らの選択肢を記憶しているとき**完全記憶**，そうでないときは**不完全記憶**のゲームになる。完全情報であれば完全記憶になるが，不完全情報でありながら完全記憶の例も存在する (cf. 練習問題 12.4)。

　このようにして，プレイヤーの集合，ゲームの木，利得関数，情報集合の族を与えれば，一つの**展開形ゲーム** (extensive-form game) が出来上がる。

12.2.3　標準化と展開形ゲームのナッシュ均衡

　展開形ゲームのナッシュ均衡を求めてみよう。我々は既に戦略形ゲームのナッシュ均衡の求め方を知っている。したがって，展開形ゲームを戦略形ゲームに変換できれば，ナッシュ均衡を求めることができる。

　展開形ゲームを戦略形ゲームに変形することを**標準化**と呼ぶ。標準化には，すべての情報集合について，何を選ぶかのプランを示す**行動戦略** (behavioral

---

[13] ［参考］一つの情報集合に含まれるノードの全体を丸で囲み，一つの情報集合を表現する方法もある。

		2						2	
		(U,U)	(U,D)	(D,U)	(D,D)			U	D
	L	2, 2	2, 2	2, 2	2, 2		L	2, 2	2, 2
1	M	3, 1	3, 1	−1,−1	−1,−1	1	M	3, 1	−1,−1
	R	1, 0	0,−2	1, 0	0,−2		R	1, 0	0,−2

表 12.6　展開形ゲームの標準化：ゲーム I (左) とゲーム II (右)

strategy) を用いる。各情報集合における選択肢を**局所戦略** (local strategy) と呼べば，行動戦略は情報集合の族上の局所戦略の組合せになる。

　例えば，図 12.3 (a) の展開形ゲームの場合，プレイヤー 2 はプレイヤー 1 が M，R のいずれを選択したのかを知った上で選択する。したがって，情報集合 $\{n_1\}$ のときに U，D のいずれを選び，情報集合 $\{n_2\}$ のときに U，D のいずれを選ぶかを計画できる。例えば，情報集合 $\{n_1\}$ で U，情報集合 $\{n_2\}$ で D をとるのであれば，行動戦略は局所戦略の組合せ (U,D) で表すことができる。

　行動戦略の組は，各々，一つの終点に至る一つの履歴を与える。例えば，図 12.3 (a) ゲーム I の場合，プレイヤー 1 の行動戦略 R とプレイヤー 2 の行動戦略 (U,D) の組 (R,(U,D)) は，履歴 (R,D) を生み出し，終点 t_5 に至る。このように，行動戦略の各組に対し，一つの終点が対応，よって，利得が対応する。このようにして，表 12.6 左表の戦略形ゲームが出来上がる。

　同様に，図 12.3 (b) のゲーム II を標準化すれば，表 12.6 右表になる。ゲーム II では，プレイヤー 2 がプレイヤー 1 の選択を知らずに選択しなければならないため，情報集合 $I_2 = \{n_1, n_2\}$ 上で U を選べば，n_1 でも U，n_2 でも U になる。このため，標準化すると，3×2 の戦略形ゲームになる。

　標準化すれば，ナッシュ均衡を求めることは容易であろう。ナッシュ均衡は，純粋戦略に限定しても，ゲーム I では (L,(D,U))，(L,(D,D))，(M,(U,U))，(M,(U,D)) の 4 点，ゲーム II では (L,D) と (M,U) の 2 点が存在する。

12.2.4　部分ゲーム完全性

　図 12.3 (a) ゲーム I のナッシュ均衡の一つ (L,(D,D)) を考えよう。プレイヤー 2 が行動戦略 (D,D) を選ぶと，なぜ，プレイヤー 1 は L を選ぶのであろ

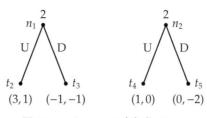

図 12.4 ゲーム I の真部分ゲーム

うか。実は、「あなたが M を選べば、あなたの利得が –1 になる D を、R な
ら利得 0 になる D を選ぶつもりです。ですから、L を選んでください。L な
ら利得 2 になって、あなたにとって得なのです。」と、プレイヤー 2 がプレイ
ヤー 1 に密かに脅しをかけているのである。このような脅しは、プレイヤー
1 が納得できる場合とできない場合がある。行動戦略 (D, D) の場合、プレイ
ヤー 2 がノード n_1 や n_2 で D を選ぶのは利得最大化に反する。したがって、
プレイヤー 2 の脅しは、**信憑性のない脅し** (incredible threat) である。

これに対し、行動戦略 (U, U) でも、プレイヤー 2 からプレイヤー 1 に脅し
がかかっているが (どのような脅しか、述べよ)、その脅しは、プレイヤー 1
にとって信憑性がある。

信憑性のない脅しに支えられたナッシュ均衡を排除する解概念として、「部
分ゲーム完全性」がある。**部分ゲーム** (subgame) とは、元の展開形ゲームか
ら次の条件を満たすように抜き出した展開形ゲームをいう。

(S.1) 元のゲームの情報集合を維持し、

(S.2) 一つのノードからなる情報集合を初期ノードにもち、

(S.3) その初期ノードから続くすべてのノードをもつ。

元の展開形ゲーム自体もその部分ゲームとなるので、それ以外を**真部分ゲー
ム** (proper subgame) と呼ぶことがある。例えば、図 12.3 (a) のゲーム I は、
図 12.4 に示された二つの真部分ゲームをもつ。これに対し、図 12.3 (b) の
ゲーム II は、真部分ゲームを一切もたない (なぜであろうか)。

このように元の展開形ゲームから部分ゲームを抜き出してきたとき、元の
ゲームのナッシュ均衡が、すべての部分ゲームにおいて、その部分ゲームの
ナッシュ均衡を誘導するとき、元のゲームのナッシュ均衡は**部分ゲーム完全**

(subgame perfect) であるという[14]。図 12.3 (a) のゲーム I の場合, $(M, (U, U))$ のみが, 部分ゲーム完全性を満たすことが確認できよう。

部分ゲーム完全ナッシュ均衡は, 終点から初期ノードにむかって, 最小の部分ゲームでのナッシュ均衡を逐次的に求める**後方帰納法**によって求めることができる。図 12.3 (a) のゲーム I の場合, 後方帰納的に, 部分ゲーム完全ナッシュ均衡を求めると, 次のようになる。図 12.3 (a) のゲーム I の終点から初期ノード方向に遡ったとき, 最初に現れる意思決定可能なノードは, 図 12.4 の真部分ゲームの n_1 と n_2 になる。n_1 でプレイヤー 2 は利得最大化するので, n_1 で選択する局所戦略は U になる。同様に, n_2 でもプレイヤー 2 は U を選択することが理解できる。すなわち, プレイヤー 2 は, 行動戦略 (U, U) を選ぶ。元のゲーム, 図 12.3 (a) のゲーム I において, 行動戦略 (U, U) のみが選ばれると予測したプレイヤー 1 は, 自らの利得が最大となる M を選択する。かくして, 後方帰納法によって, 部分ゲーム完全ナッシュ均衡 $(M, (U, U))$ を求めることができる。

12.2.5 完全ベイジアン・ナッシュ均衡

図 12.3 (b) のゲーム II にも, プレイヤー 2 からプレイヤー 1 への信憑性のない脅しを伴っているナッシュ均衡 (L, D) が存在する。しかしながら, ゲーム II の部分ゲームは, 元のゲームのみであるから, 部分ゲーム完全性によってナッシュ均衡 (L, D) を排除することはできない。そこで, 不完全情報ゲームにおける信憑性のない脅しを伴うナッシュ均衡を取り除き, しかも, 完全情報ゲームであれば部分ゲーム完全性に帰着する解概念があると良い。実は, そのような解概念に「逐次合理性」がある。

逐次合理性

逐次合理性は, 各情報集合に対し, 情報集合内のノード上の確率分布である**信念 (belief)** を導入するところから出発する。信念は, その情報集合内の

---

[14] ［発展］部分ゲーム完全性より強力な均衡の精緻化 (refinement) として, **ゼルテン** (R. Selten, 1930–2016) が提示した**完全均衡**がある (Selten, 1975)。完全均衡は, 展開形ゲームであれば部分ゲーム完全性を満たす。

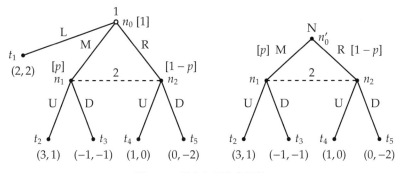

図 12.5 信念と逐次合理性

各ノードに至る確率を表現している。例えば，図 12.3 (b) のゲーム II であれば，情報集合 $I_1 = \{n_0\}$ 上に確率分布を打つとすれば，ノードは n_0 の一つしか存在しないため，n_0 に確率 1 を打つことになる。すなわち，ノード n_0 に 100 % 至るという予測である。これを図 12.5 左図のノード n_0 上に [1] と表記している。プレイヤー 2 の情報集合 $\{n_1, n_2\}$ 上の信念は，n_1 に 100 p %，n_2 に 100 $(1-p)$ % 至ると予測すれば，確率分布 $(p, 1-p)$ となる。これを図 12.5 左図のノード n_1，n_2 上に $[p]$，$[1-p]$ と表記している。

このように各情報集合に信念を打てば，確率機構を初期ノードとする部分ゲームを作成することができる。例えば，図 12.5 左図のプレイヤー 2 の情報集合 $\{n_1, n_2\}$ 上の信念 $(p, 1-p)$ は，図 12.5 右図のようにノード n_0' を初期ノードとして，確率 p でノード n_1，確率 $(1-p)$ で n_2 に至る手番が導入され，真部分ゲームが存在していなかったゲームでも，部分ゲームのような小ゲームを適切に誘導することができる。

一般に，確率機構が選択する手番を**自然** (nature)，あるいは**偶然手番**という。偶然手番は，サイコロやコイントス，天候などを含む。しかしながら，図 12.5 右図の手番 N は，そういった外生的確率機構を意味しているわけでないことに注意しよう。あくまでも，プレイヤーが予想している信念である。

図 12.5 右図に直面したプレイヤー 2 は，信念 $(p, 1-p)$ の下で期待利得が最大となる行動戦略を選ぶ。行動戦略 U での期待利得は $p \cdot 1 + (1-p) \cdot 0 = p$，行動戦略 D では $p \cdot (-1) + (1-p) \cdot (-2) = -2 + p$ となるから，いかなる p に

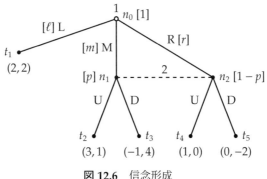

図 12.6 信念形成

対しても期待利得は行動戦略 U で最大となる。したがって，プレイヤー 2 は，行動戦略 U を選ぶ。

　所与の信念の下で誘導されるすべての小ゲームにおいてナッシュ均衡となる元のゲームのナッシュ均衡は，**逐次合理的** (sequentially rational) であるという。ゲーム II における逐次合理的なナッシュ均衡は，(M, U) のみであり，この結果，信憑性のない脅しを伴うナッシュ均衡 (L, D) は排除される。

　逐次合理性は，不完全情報における信憑性のない脅しを伴うナッシュ均衡を排除できるだけでなく，完全情報であれば部分ゲーム完全性を意味することに注意しよう。

信念形成：ベイズ・ルール

　逐次合理性は，何かしらの信念を与えたときに適用できる。すると，信念が変われば，逐次合理的なナッシュ均衡も変わってしまうのではなかろうかといった疑問が残る。

　例えば，図 12.3 (b) のゲーム II の終点 t_3 での利得の組が $(-1, -1)$ から $(-1, 4)$ に変わった図 12.6 のゲームを考えよう。ナッシュ均衡は (L, D) の一つのみである。ところが，プレイヤー 2 の情報集合 $\{n_1, n_2\}$ 上の信念 $(p, 1-p)$ が $p < 0.4$ のとき，ナッシュ均衡 (L, D) は逐次合理性と整合的ではなくなってしまう (なぜか)。このような問題に対処でき，しかも，逐次合理性本来の効能が生かされる信念形成はないのであろうか。

信念形成の仮説の中でも，最も単純といえるのが次である。

(B.1) 行動戦略の組から計算される確率が正となるノードをもつ情報集合については，その情報集合に至ったという条件の下で信念形成する。

(B.2) 行動戦略の組から計算される確率がゼロとなるノードのみからなる情報集合上の信念形成は，任意とする。

図 12.6 を用いて各条件を考察しよう。プレイヤー 1 の行動戦略を混合戦略 (ℓ, m, r) で表せば (但し，$\ell + m + r = 1$)，情報集合 $\{n_1, n_2\}$ は $m : r$ で至ることになる。したがって，もし $m + r > 0$ であれば，情報集合 $\{n_1, n_2\}$ に至ったという情報の下で信念形成をするというのが (B.1) の条件になる。信念形成は，この場合，事後確率を計算する**ベイズ・ルール**にしたがって，

$$p = \frac{m}{m + r} \quad \& \quad 1 - p = \frac{r}{m + r} \tag{12.12}$$

になる。例えば，もし $m = 1$ であれば $p = 1$ になり，もし $m = 0.3$ かつ $r = 0.1$ であれば，$p = 0.75$ になる。

　ベイズ・ルール (12.12) 式に基づく信念形成は，情報集合 $\{n_1, n_2\}$ に至る確率 $m + r$ が正でなければ適用できない。そこで，情報集合 $\{n_1, n_2\}$ に至ることがないときは，信念形成は任意であるというのが条件 (B.2) になる。

　信念と行動戦略の組が逐次合理性，かつ，条件 (B.1)(B.2) を満たすとき，**完全ベイジアン・ナッシュ均衡**と呼ぶ。図 12.6 のゲームの完全ベイジアン・ナッシュ均衡は，$p \geq 0.4$ の信念 $(p, 1 - p)$ と行動戦略の組 (L, D) の組になる。また，図 12.3 (b) のゲーム II であれば，信念 $(p, 1 - p) = (1, 0)$ と行動戦略の組 (M, U) の組が完全ベイジアン・ナッシュ均衡になる。

12.3　不完備情報

　これまで完備情報のゲームを扱ってきた。実際の分析対象，応用では，不完備情報であることが多い。

> **例 12.10** 逢い引きのジレンマに至る以前の男女，例えば，互いにメールアドレスの交換もできないほど，まだ距離があるような，出会ったばかりの男女を想像しよう。男性が女性に想いを寄せていることを互いに知る出来

	M C	M B
F C	3, 2	0, 0
F B	0, 0	2, 3

(a) ゲーム L

	M C	M B
F C	–1, 2	1, 0
F B	0, 0	–2, 3

(b) ゲーム H

表 12.7　二つのゲーム：不完備情報

事があったが，女性の気持ちを男性は知らない。

例 12.10 において，女性が男性に想いを寄せている場合と，遇うのも嫌な場合の両極端を想定しよう。表 12.7 の左表 (a) のゲーム L は，女性 (F) が男性 (M) に想いを寄せている場合のゲームを，そして，右表 (b) のゲーム H はその反対の場合のゲームを表している。ゲーム L が「逢い引きのジレンマ」ゲームである。もし男性が女性の気持ちを知っており，互いの気持ちが共有知識となれば，ゲーム L とゲーム H のいずれをプレイするのかを理解していることになり，この場合，完備情報になる。これに対し，例 12.10 のように，男性が女性の気持ちを知らないのであれば，男性はゲーム L，H のいずれをプレイするのかを知らないことになり，不完備情報になってしまう。

12.3.1　ベイジアン・ゲーム

ハルサニ (J. C. Harsanyi, 1920–2000) は，プレイヤーが共有する先験確率を導入し，不完備情報を完備化することを提示した (Harsanyi, 1967, 1968a,b)。**先験確率**とは，ベイズ・ルールの計算元となる事前確率のことであった。例えば，表 12.7 でいえば，先験確率は，プレイヤー達が先験的に考えているゲーム L とゲーム H の発生確率であり，女性が男性に想いを寄せている可能性を表すことになる。

先験確率の導入は，不完備情報であったものを，完備情報の不完全情報ゲームに変形させる。変形後のゲームを**ベイジアン・ゲーム**と呼ぶ。例えば，表 12.7 の不完備情報は，偶然手番 N が最初に確率 100α% でゲーム L を，確率 $100(1-\alpha)$% でゲーム H を選ぶという先験確率の下で，図 12.7 の完備情報の不完全情報ゲームに変形される。

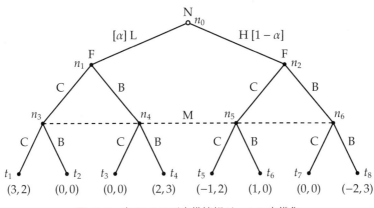

図 12.7 表 12.7 の不完備情報ゲームの完備化

ベイジアン・ゲームにおけるナッシュ均衡を**ベイジアン・ナッシュ均衡**と呼ぶ。図 12.7 の展開形ゲームを解いて，表 12.7 の完備化後のベイジアン・ゲームのナッシュ均衡を求めてみよう。

先ず，各プレイヤーの行動戦略を確認しよう。F の行動戦略は，情報集合 $\{n_1\}$ と $\{n_2\}$ の各々での局所戦略 $s_F(L)$ と $s_F(H)$ の組 $(s_F(L), s_F(H))$ になる。F の行動戦略 $(s_F(L), s_F(H))$ は，純粋戦略で (C,C)，(C,B)，(B,C)，(B,B) の 4 種類がある。例えば，(C,B) は，ノード n_1 で C，ノード n_2 で B を選択する行動戦略である。

これに対し，M は情報集合 $\{n_3, n_4, n_5, n_6\}$ 上での選択となるので，M の行動戦略 s_M は C と B の 2 種類である。例えば，M の行動戦略 C は，n_3，n_4，n_5，n_6 のいずれでも C を選択せざるを得ない行動戦略になる。

次に，各プレイヤーの最適反応を求めてみよう。F の最適反応を求めると，

$$(s_F(L), s_F(H)) = \begin{cases} (C, B) & \text{if } s_M = C \\ (B, C) & \text{if } s_M = B \end{cases} \tag{12.13}$$

という，極めて自然な結果になる。$s_M = C$ の場合，F の利得は，$s_F(L) = C$ ならば 3，$s_F(L) = B$ ならば 0 なので，自身の利得最大化より，$s_F(L) = C$ を得る。また，F の利得は，$s_F(H) = C$ ならば -1，$s_F(H) = B$ ならば 0 なので，$s_F(H) = B$ を得る。かくして，$s_M = C$ のとき，F の最適反応は，$(s_F(L), s_F(H)) = (C, B)$ になる。$s_M = B$ の場合も，同様に，F の最適反応を求めることができる。

　次に，M の最適反応を求めてみよう。ただ，F の最適反応 (12.13) より，F の行動戦略が (C, B) と (B, C) のときの M の最適反応を求めれば十分である。F の行動戦略が (C, B) のときは，ベイズ・ルールによって，n_3 に至る事後確率が α，n_4，n_5 に至る事後確率が 0，n_6 に至る事後確率が $1 - \alpha$ になる。したがって，M の期待利得は，

$$E[\pi_M] = \begin{cases} \alpha \cdot 2 + (1 - \alpha) \cdot 0 = 2\alpha & \text{if } s_M = C \\ \alpha \cdot 0 + (1 - \alpha) \cdot 3 = 3(1 - \alpha) & \text{if } s_M = B \end{cases} \tag{12.14}$$

となる。この結果，M の最適反応は，F の行動戦略が (C, B) のとき，$\alpha \geqq 0.6$ ならば $s_M = C$，$\alpha \leqq 0.6$ ならば $s_M = B$ になる。同様に，F の行動戦略が (B, C) のときには，M の最適反応は，$\alpha \leqq 0.4$ のとき $s_M = C$，$\alpha \geqq 0.4$ のとき $s_M = B$ になることを確認できる。M の最適反応は，女性の気持ちの可能性の高い方の局所戦略に合わせる傾向がある。

　表 12.7 のベイジアン・ナッシュ均衡は，上記の最適反応より，先験確率 α の値に応じて，次のようになる。

$$\begin{cases} \alpha < 0.4 & \Longrightarrow \quad 純粋戦略では存在しない \\ 0.4 \leqq \alpha < 0.6 & \Longrightarrow \quad ((B, C), B) \\ 0.6 \leqq \alpha & \Longrightarrow \quad ((B, C), B),\ ((C, B), C) \end{cases} \tag{12.15}$$

ゲーム H (表 12.7 右表) は，それ自体がプレイされるのであれば，純粋戦略でのナッシュ均衡はそもそも存在しない。したがって，α が小さくなると，ゲーム H の性質が現れて，純粋戦略でのベイジアン・ナッシュ均衡がなくなる。逆に，α が上がると，ゲーム L の性質が現れ，均衡が複数になる。女性が男性のことを好きなのか嫌いなのかが五分五分の場合，女性が好意をもつときは野球観戦で一緒になり，そうでないときには男性は野球観戦，女性はコンサートに行くことになる。

12.3.2　シグナリング・ゲーム

　互いの選択を互いに知らずに野球観戦，コンサートのいずれに行くかを決める場合，女性が男性に想いを寄せている可能性が半々であれば，男性は週末に野球観戦に行くことで女性の気持ちを知ることになる (なぜか，説明せ

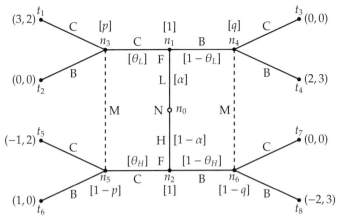

図 12.8 シグナリング・ゲーム：一括均衡のみ

よ)。これに対し，女性が男性よりも先に選択し，男性が女性の選択を観察した後に選択する場合，女性は自らの選択によって自分の気持ちを男性に知らせることができるかもしれない。10 章での専門用語を使えば，女性の行動が女性の気持ち (私的情報) の**シグナリング**になるかもしれない。

女性が先手，男性が後手となり，男性が女性の選択を観察できれば，表 12.7 の二つの戦略形ゲームは，各々，展開形ゲームに変わる。図 12.8 は，それらを完備化して得た不完全情報ゲームである。図 12.8 のような展開形ゲームを**シグナリング・ゲーム**と呼ぶ。

一括均衡

図 12.8 の展開形ゲームの完全ベイジアン・ナッシュ均衡を求めてみよう。

先ずは，各プレイヤーの行動戦略を確認しよう。F の情報集合は，$\{n_1\}$ と $\{n_2\}$ の二つである。したがって，F の行動戦略は，L のときの局所戦略 $s_F(L)$ と，H のときの局所戦略 $s_F(H)$ の組 $(s_F(L), s_F(H))$ になる。これに対して，M は，$\{n_3, n_5\}$ と $\{n_4, n_6\}$ の二つの情報集合をもつ。したがって，M の行動戦略は，F が C を選んだときの局所戦略 $s_M(C)$ と，F が B を選んだときの局所戦略 $s_M(B)$ の組 $(s_M(C), s_M(B))$ になる。

次に，逐次合理的な行動戦略の組を探そう。情報集合 $\{n_3, n_5\}$ 上に信念 $(p, 1-$

p) を与えたとき，M の期待利得最大化より，任意の p に対し，M は局所戦略 C を選ぶ。また，情報集合 $\{n_4, n_6\}$ 上に信念 $(q, 1-q)$ を与えたとき，M の期待利得最大化より，任意の q に対し，M は局所戦略 B を選ぶ。かくして，逐次合理的な M の行動戦略は，$(s_M(C), s_M(B)) = (C, B)$ になる。このことより，F は，タイプ L のとき，すなわち，情報集合 $\{n_1\}$ では，F の利得最大化より，局所戦略 C を，タイプ H のとき (情報集合 $\{n_2\}$ で) も局所戦略 C を選ぶ。すなわち，F の最適反応は，行動戦略 $(s_F(L), s_F(H)) = (C, C)$ になる。かくして，逐次合理性 (SQ) は，

$$(SQ) \quad 0 \leqq p \leqq 1 \,\&\, 0 \leqq q \leqq 1 \quad \Longrightarrow \quad ((C, C), (C, B))$$

逐次合理性が求まったところで，次に，条件 (B.1)(B.2) に基づく信念形成を見よう。条件 (B.1) は，ベイズ・ルールに基づいた信念形成である。そこで，F の情報集合 $\{n_1\}$ での純粋局所戦略 C，B の混合拡大を $(\theta_L, 1-\theta_L)$，情報集合 $\{n_2\}$ のときの混合拡大を $(\theta_H, 1-\theta_H)$ とすれば，

$$p = \frac{\alpha\theta_L}{\alpha\theta_L + (1-\alpha)\theta_H} \quad \& \quad q = \frac{\alpha(1-\theta_L)}{\alpha(1-\theta_L) + (1-\alpha)(1-\theta_H)} \tag{12.16}$$

となる。もし p の分母 $\alpha\theta_L + (1-\alpha)\theta_H$ が 0 であれば，p に対し条件 (B.2) が適用される。同様に，もし $\alpha(1-\theta_L) + (1-\alpha)(1-\theta_H) = 0$ であれば，q に対し条件 (B.2) が適用される。(SQ) の行動戦略の組は，$\theta_L = \theta_H = 1$ であるので，信念形成 (B) は，

$$(B) \quad ((C, C), (C, B)) \quad \Longrightarrow \quad p = \alpha \,\&\, 0 \leqq q \leqq 1$$

上記の (SQ) と (B) を同時に満たす行動戦略の組と信念の組が完全ベイジアン・ナッシュ均衡 (PBNE) になる。すなわち，

$$(PBNE) \quad p = \alpha, \, 0 \leqq q \leqq 1, \, ((C, C), (C, B)) \tag{12.17}$$

女性は，男性のことに想いを寄せようがいまいが，コンサートに行く。すなわち，私的情報の内容にかかわらず選択が同一の**一括均衡**になる。女性の選択は，自身の想いのシグナリングにはならないのである。

分離均衡

女性が自らの選択で自らの気持ちを男性に伝えることができない，すなわち，シグナリングが発生しないのは，なぜであろうか。実は，図 12.8 のゲー

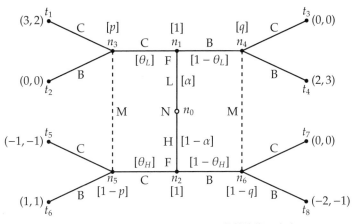

図 12.9　シグナリング・ゲーム：分離均衡も存在

ムでは，男性は，女性の気持ちとは無関係に，女性が行く場所に行きたいと
考えている。この結果，女性は，男性を好きであろうが嫌いであろうが，よ
り行きたい場所，コンサートに行くのである。そこで，女性が男性のことを
嫌いなときは，男性は女性と同じ場所に行くのが本望ではない場合を考えて
みよう。図 12.8 の利得は，図 12.9 の利得のように変化するであろう。

　図 12.9 の展開形ゲームの完全ベイジアン・ナッシュ均衡を求めてみよう。
先ずは，逐次合理的な戦略の組である。情報集合 $\{n_3, n_5\}$ 上に信念 $(p, 1-p)$
を与えたとき，M は，M の期待利得最大化より，$p \geqq 0.5$ であれば局所戦略 C
を選び，$p \leqq 0.5$ であれば B を選ぶ。また，情報集合 $\{n_4, n_6\}$ 上に信念 $(q, 1-q)$
を与えたとき，M は，M の期待利得最大化より，$q \leqq 0.25$ であれば局所戦
略 C を選び，$q \geqq 0.25$ のときには B を選ぶ。M の行動戦略 (C, C), (C, B),
(B, C), (B, B) の各々に対し，F の最適反応を求めれば，逐次合理的な行動戦
略の組は，次のように整理できる。

$$
\text{(SQ)} \begin{cases}
p \geqq 0.5, \; q \leqq 0.25 & \Longrightarrow \quad ((C, B), (C, C)) \\
p \geqq 0.5, \; q \geqq 0.25 & \Longrightarrow \quad ((C, C), (C, B)) \\
p \leqq 0.5, \; q \leqq 0.25 & \Longrightarrow \quad ((*, C), (B, C)) \\
p \leqq 0.5, \; q \geqq 0.25 & \Longrightarrow \quad ((B, C), (B, B))
\end{cases}
$$

ここで，$*$ は，C，B のいずれも，F にとって最適反応であることを示す。

　逐次合理的な行動戦略の組が求まったところで，次に，条件 (B.1)(B.2) に基づく信念形成を求めよう。逐次合理的な F の行動戦略 (C, B) に条件 (B.1)(B.2) を適用すれば，ベイズ・ルール (12.16) 式より，$p = 1$，$q = 0$ になる。したがって，

$$\text{(PBNE I)} \quad p = 1,\ q = 0,\ ((C, B), (C, C))$$

は，完全ベイジアン・ナッシュ均衡の一つである。

　次に，逐次合理的な F の行動戦略 (C, C) に条件 (B,1)(B.2) を適用すると，$p = \alpha$，$0 \leqq q \leqq 1$ を得る。この結果，先験確率 α の値に応じて，次の二つの可能性のいずれか一つが，二つ目の完全ベイジアン・ナッシュ均衡になる。

$$\text{(PBNE II)} \quad \begin{cases} \alpha \geqq 0.5 \implies p = \alpha,\ q \geqq 0.25,\ ((C, C), (C, B)) \\ \alpha \leqq 0.5 \implies p = \alpha,\ q \leqq 0.25,\ ((C, C), (B, C)) \end{cases}$$

　最後に，逐次合理的な F の行動戦略 (B, C) に条件 (B.1)(B.2) を適用すると，$p = 0$，$q = 1$ を得る。この結果，次も完全ベイジアン・ナッシュ均衡の一つになる。

$$\text{(PBNE III)} \quad p = 0,\ q = 1,\ ((B, C), (B, B))$$

　以上の 3 種類の均衡の中で，(PBNE II) は，一括均衡である。これに対し，(PBNE I) と (PBNE III) は，女性が私的情報の内容に応じて選択を変更する**分離均衡**になっている。分離均衡では，後手の男性側の信念形成が $p = 1$，$q = 0$，あるいは $p = 0$，$q = 1$ となって，男性は女性の気持ちを女性の選択によって完全に推測できる**シグナリング均衡**になっている。

練習問題

問題 12.1 表 12.1，12.2，12.3 の各ゲームについて，次を調べなさい。(1) パレート効率な純粋戦略の組 (2) 支配可解性 (3) 弱支配戦略均衡の存在 (4) ナッシュ均衡 (5) ナッシュ均衡のパレート効率性

問題 12.2 表 12.1，12.2，12.3 の各ゲームについて，次を調べなさい。(1) ゼロ和ゲームか否か (2) ゼロ和ゲームでない場合には，定和ゲーム，特にゼロ和ゲームに変換可能か否か；ゼロ和ゲームに変換可能であれば，変換後，(3)

純粋戦略においてマックスミニ戦略とミニマックス戦略 (4) 純粋戦略でゲームの値が定まるか否か；定まらない場合には (5) 混合拡大したときのマックスミニ戦略とミニマックス戦略 (6) ミニマックス定理が成り立つか否か (7) マックスミニ戦略とミニマックス戦略の組がナッシュ均衡となるか否か

問題 12.3 表 12.6 右表 (p. 270) の利得関数で表される戦略形ゲームについて，(1) 弱被支配戦略を伴うナッシュ均衡があること，そして (2) 支配されないナッシュ均衡は (M, U) であることを示しなさい。

問題 12.4 プレイヤー P1 と P2 がおり，P1 が最初に L か R を選ぶ。P2 はそれを知らずに In か Out を選ばなければならない。履歴が (L, Out) のとき利得の組は (0,0)，(R, Out) のときは (1,1) となってゲームは終了する。もし P2 が In を選べば，P1 は L か R かを再度，選択する。このとき，P1 は最初に自らが選択した戦略を記憶しているとする。履歴が (L, In, L) のとき利得の組は (0,0)，履歴が (L, In, R) のときは (0,1)，履歴が (R, In, L) のときは (2,1)，そして，履歴が (R, In, R) のときは (1,0) となってゲームは終了する。以上を (1) 展開形ゲームで表現し，(2) 完全情報か否か，(3) 完全記憶か否かを調べ，(4) 戦略形ゲームに直し，(5) ナッシュ均衡，(6) 部分ゲーム完全ナッシュ均衡，そして (6) 完全ベイジアン・ナッシュ均衡を求めなさい。

問題 12.5：ルービンシュタイン (Rubinstein, 1982) の交互提案交渉ゲーム
プレイヤー P1 と P2 が，一定の余剰の分配について交互に提案する状況を想像しよう。最初，P1 が P1 への分配率 x を P2 に提案する。P2 がそれを受諾すれば，利得の組が $(x, 1-x)$ で交渉は妥結する。もし P2 がその提案を拒否すれば，交渉は第 2 ステージに移り，今度は，P2 が P1 への分配率 y を P1 に提案する。もし P1 がその提案を受諾すれば，利得の組は $(\delta y, \delta(1-y))$ となって交渉は終わる。但し，δ は，$0 < \delta < 1$ の定数である。もし P1 がその提案を拒否すれば，交渉は第 3 ステージに入り，再び，P1 が P1 への分配率 x を P2 に提案する。

一般に，交渉が奇数のステージであれば P1 が分配率を P2 に提案し，偶数のステージであれば P2 が分配率を P1 に提案する。第 T ステージで提案された P1 への分配率が z であり，交渉が第 T ステージで妥結すれば利得の組は

$(\delta^{T-1}z, \delta^{T-1}(1-z))$ になるが，永遠に妥結に至らなければ $(0,0)$ になる。

(1) 展開形ゲームで表しなさい。

(2) (a) P1 の提案で始まる部分ゲームと，(b) P2 の提案で始まる部分ゲーム
を示し，(c) 元のゲームの部分ゲーム完全ナッシュ均衡は，それらの部分
ゲームで部分ゲーム完全ナッシュ均衡であり，その逆も成り立つことを
説明しなさい。

(3) P1 の提案で始まる部分ゲームの部分ゲーム完全ナッシュ均衡での利得の
組を (u_1, u_2)，P2 の提案で始まる部分ゲームの部分ゲーム完全ナッシュ均
衡での利得の組を (v_1, v_2) で表そう。

    (a) P1 の提案で始まる部分ゲームを (v_1, v_2) を用いて単純化し，その部
分ゲームの部分ゲーム完全ナッシュ均衡での利得の組を求めなさい。

    (b) P2 の提案で始まる部分ゲームを (u_1, u_2) を用いて単純化し，その部
分ゲームの部分ゲーム完全ナッシュ均衡での利得の組を求めなさい。

(4) 元のゲームの部分ゲーム完全ナッシュ均衡での利得の組が $(\frac{1}{1+\delta}, \frac{\delta}{1+\delta})$ にな
ることを示しなさい。

問題 12.6：チェーンストア・パラドックス　K 箇所にチェーン展開している
チェーンストアがある。各地点 $k = 1, \dots, K$ では，各々独立に参入しようと
している店舗 k があるが，参入しなければその地点でのチェーンストアの利
益は 5 単位，店舗 k の利益は 0 単位となる。参入すれば，チェーンストアは
対抗戦略，協調戦略のいずれかをとり，対抗すればチェーンストアの利益は
1 単位，店舗 k の利益は -1 単位となるが，協調すれば利益はお互い 2 単位と
なる。店舗 1 から参入するか否かの意思決定が始まり，チェーンストアの意
思決定後，店舗 2 の番となり，チェーンストアが意思決定するといった繰り
返しが店舗 K まで起こる。

(1) $K = 2$ として，展開形ゲームで表しなさい。

(2) K の大きさ無関係に，部分ゲーム完全ナッシュ均衡では，チェーンスト
アはいずれの地点でも協調戦略をとることを示しなさい。

(3) $K = 1,000$ としよう。チェーンストアが 1 から 999 地点まで対抗戦略を
とり続けたとき，1,000 地点目での店舗は，チェーンストアがどのような

戦略をとると予想するであろうか。その予想は，部分ゲーム完全性と矛盾するであろうか。議論しなさい。

問題 12.7 図 12.3 を考えよう。

(1) ゲーム I において，(a) プレイヤー 2 の行動戦略 (U, U) はプレイヤー 1 にとって信憑性のある脅しとなっていることを説明しなさい。また，(b) 部分ゲーム完全ナッシュ均衡，(c) 逐次合理的なナッシュ均衡を求め，(d) 後者が前者に一致することを示しなさい。

(2) ゲーム II において，(a) 弱被支配戦略 D を含むナッシュ均衡 (L, D) がプレイヤー 2 からプレイヤー 1 への信憑性のない脅しを伴っていることを説明しなさい。また，(b) 逐次合理的なナッシュ均衡が (M, U) のみであることを示しなさい。

問題 12.8 図 12.6 の展開形ゲームについて，(1) 標準化し，(2) ナッシュ均衡を求めなさい。また，(3) そのナッシュ均衡が逐次合理的となるプレイヤー 2 の情報集合 $\{n_1, n_2\}$ 上の信念 $(p, 1-p)$ は条件 $p \geq 0.4$ を満たさなければならないことを示し，(4) 完全ベイジアン・ナッシュ均衡を求めなさい。また，図 12.3 (b) のゲーム II についても，(1)，(2)，(4) について答えなさい。

問題 12.9 例 12.10 (p. 275) を考えよう。

(1) 女性は男性を好きでも嫌いでもないとしよう。完備情報を前提にして，(a) 戦略形ゲームを作成し，(b) 支配可解であるが強支配戦略均衡は存在しないこと，(c) ナッシュ均衡を求め，(d) ナッシュ均衡が弱被支配戦略の繰り返し削除によって求まる均衡と同じであることを示しなさい。

(2) 表 12.7 のゲーム H となったとき，(a) 純粋戦略でナッシュ均衡が存在しないことを示し，(b) 混合戦略でのナッシュ均衡を求めなさい。

(3) 女性が先にいずれに行くかを決め，それを男性が観察した後に意思決定する場合を考えよう。このとき，女性が男性に想いを寄せているときの展開形ゲームと，そうでないとき (遇うのも嫌なとき) の展開形ゲームを作成しなさい。また，完備化したときに，図 12.8 になることを説明しなさい。

問題 12.10 練習問題 8.3 (p. 205) の優先権，共有の各ケースについて，(1) 戦

略形ゲーム，あるいは，展開形ゲームで表現し，(2) ナッシュ均衡 (展開形ゲームの場合には部分ゲーム完全性を満たす) を求め，(3) 練習問題 8.3 の答えと比較しない。

問題 12.11　10 章例 10.2 (p. 222) のジョブ・マーケットについて，企業がスクリーニングによって逆選択を回避しようとする場合を考えよう。(1) どのような展開形ゲーム上の不完備情報であるのかを説明し，(2) 完備化後の展開形ゲームを示し，(3) 完全ベイジアン・ナッシュ均衡を求めなさい。また，シグナリングによって逆選択を回避しようとする場合は，どうであろうか。(2), (3) に答えよ。

問題 12.12　10 章例 10.4 (p. 231) のエージェンシー問題について，企業がインセンティブ・スキーム (10 章 10.2.4，p. 232) を導入してモラル・ハザードを回避しようとしている場合を考えよう。(1) 展開形ゲームで表現し，(2) 部分ゲーム完全ナッシュ均衡を求めなさい。

第13章 寡占

　11章では，技術が凸性を満たさなければ，企業は価格受容者として行動することはないこと，そして，価格設定者となる独占であれば参入のインセンティブを持ち合わせていることを見た。しかしながら，技術の非凸性が直ぐさま独占を意味するわけではない。というのは，正の利潤は参入を招き，技術が非凸であっても，企業は競争にさらされるからである。それでは，どのような条件が成り立つまで，参入は起こるのであろうか。参入の結果，市場均衡と同じ状態になるのであろうか。それは，企業の戦略によって異なるのであろうか。本章では，独占ではなく，数社によって市場が占有される**寡占** (oligopoly) を考え，これらの疑問への答えを探ることにしよう。

13.1　クールノー均衡

　寡占市場でも独占と同様に，企業は自らの供給量を変化させることで市場価格に影響を及ぼすことが可能である。この結果，企業は，市場全体における供給量の比率である**市場占有率**(マーケット・シェア) を戦略として持ち合わせていることになる。企業が各々の供給量を戦略とする寡占市場モデルとして**クールノー**や**シュタッケルベルグ**の理論がある。本節では，クールノー・モデルを中心に，本章の問題意識を解いてみることにしよう。

　前章「ゲーム理論」の用語を使えば，クールノー・モデルは，取引価格が需要価格になるという想定の下で，プレイヤーを企業，各プレイヤーの戦略を各々の生産量，利得関数を利潤とした戦略形ゲームになる。クールノー・モデルにおけるナッシュ均衡を**クールノー均衡**と呼ぶ。取引価格が需要価格になるという想定は，企業が同時に生産量を供給し，総生産量を一括で競りにかけるような流通市場を想像すれば良い。

　単純な産業を想定してクールノー・モデルを見てみよう。市場需要量を D，取引価格を p としたとき，市場需要曲線が次の式で与えられているとする。

$$D = a - bp \quad (a > 0,\ b > 0) \tag{13.1}$$

但し，$p > a/b$ のとき $D = 0$ である。また，市場には n 社の企業が参入しており，各企業 j ($j = 1, \ldots, n$) の生産量を y_j とすれば，企業 j の費用 C_j は，11章 (11.1) 式のように，

$$C_j = \begin{cases} 0 & \text{if } y_j = 0 \\ F + cy_j & \text{if } y_j > 0 \end{cases} \quad (F \geqq 0,\ 0 < c < a/b) \tag{13.2}$$

になるとしよう。ここで，$F > 0$ であれば，技術は非凸であるが，$F = 0$ であれば平均費用は限界費用に等しくなり，平均費用は一定になることに注意しよう。また，$n = 1$ であれば独占，$n = 2$ であれば**複占** (duopoly) になる。複占は，寡占の特殊ケースである。

　上記の産業があったとき，クールノー・モデルでは，各企業は，産業全体の総生産量

$$S = \sum_{j=1}^{n} y_j = y_1 + y_2 + y_3 + \cdots + y_n \tag{13.3}$$

に対し，取引価格が数量 S での需要価格になると予測する。すなわち，取引価格 p は，市場需要曲線 (13.1) を数量対価格の関係で見たとき (逆需要曲線) の S での値になる。すなわち，$S > a$ のとき $p = 0$，そして，$S \leqq a$ のとき，

$$p = \frac{a - S}{b} \tag{13.4}$$

になる。この結果，各企業 j ($j = 1, \ldots, n$) の利潤

$$\pi_j = py_j - C_j \tag{13.5}$$

は，$S \leqq a$ のとき，

$$\pi_j = \begin{cases} 0 & \text{if } y_j = 0 \\ \frac{1}{b}\left\{(a - bc - S)\,y_j - bF\right\} & \text{if } y_j > 0 \end{cases} \tag{13.6}$$

と書き表すことができる。このように，企業が需要価格で取引できると予測することで，各企業 j ($j = 1, \ldots, n$) の利潤 π_j は，参入している企業の戦略の組 $(y_1, y_2, y_3, \ldots, y_n)$ の関数になり，その関数を利得関数とした戦略形ゲームがクールノー・モデルになる。

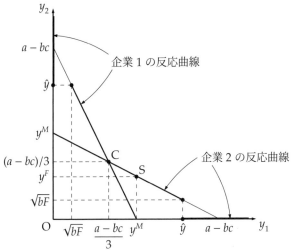

図 13.1　複占市場におけるクールノー均衡とシュタッケルベルグ均衡

13.1.1　複占市場におけるクールノー均衡

　複占市場 ($n = 2$) のときのクールノー均衡を求めてみよう。戦略形ゲームのナッシュ均衡は，最適反応同士の戦略の組であった。そこで，各企業の最適反応を求めてみよう。

　企業 1 の最適反応は，企業 2 の生産量 y_2 を所与として，自らの利潤 π_1 を最大化する生産量 y_1 になる。

$$\hat{y} = a - bc - 2\sqrt{bF} \tag{13.7}$$

とすれば，企業 1 の最適反応は [1]，

$$y_1 = \begin{cases} 0 & \text{if } y_2 \geqq \hat{y} \\ \frac{1}{2}(a - bc - y_2) & \text{if } y_2 \leqq \hat{y} \end{cases} \tag{13.8}$$

---

[1]　[数学注] **最適反応の求め方** $y_1 = 0$ であれば，$\pi_1 = 0$ である。したがって，$\pi_1 > 0$ でなければ，$y_1 > 0$ とはならない。$y_1 > 0$ のとき，π_1 は，

$$\pi_1 = \frac{1}{b}\left\{ -\left(y_1 - \frac{a - bc - y_2}{2}\right)^2 + \left(\frac{a - bc - y_2}{2}\right)^2 - bF \right\} \tag{fn.1}$$

となるので，本文中の企業 1 の最適反応を得る。

と表せる。企業 2 の最適反応も，同様に求めれば，

$$
y_2 = \begin{cases} 0 & \text{if } y_1 \geqq \hat{y} \\ \frac{1}{2}(a - bc - y_1) & \text{if } y_1 \leqq \hat{y} \end{cases} \tag{13.9}
$$

を得る。これらの最適反応を図示すると，図 13.1 の太線部になる。クールノー・モデルでの最適反応を**反応関数**，そのグラフを**反応曲線**という。相手企業の生産量がゼロのとき独占になるため，反応曲線は独占時の生産量 $y^M = \frac{1}{2}(a - bc)$ より始まる。相手の生産量が増えるにつれ，自らの利潤が最大になる生産量は次第に減少する。クールノー均衡は，このような反応曲線の交点である点 C，すなわち，戦略の組 $(y_1^C, y_2^C) = (\frac{1}{3}(a - bc), \frac{1}{3}(a - bc))$ になる。

クールノー均衡における総生産量 $S = \frac{2}{3}(a - bc)$ は，独占のときの生産量 $y^M = \frac{1}{2}(a - bc)$ より大きい。このため，取引価格は独占時よりも下がり，総余剰も改善する。マーケット・シェアによる競争は，独占時よりも，各企業の利潤を減少させる。

13.1.2 長期クールノー均衡

一般に，n 社が参入しているときのクールノー均衡を各企業 $j\,(j = 1, \ldots, n)$ の反応関数より求めると，各企業 $j\,(j = 1, \ldots, n)$ の生産量と利潤は，

$$
y_j^C = \frac{1}{n + 1}(a - bc) \tag{13.10a}
$$

$$
\pi_j^C = \frac{1}{b}\left(\frac{a - bc}{n + 1}\right)^2 - F \tag{13.10b}
$$

になる。長期的には，既存企業が正の利潤を得ている限り，新規参入企業が現れる。この結果，次の命題を得る。

命題 13.1 長期クールノー均衡では，次が成り立つ。

(1) 需要価格 (p^D) = 平均費用 (AC)

(2) 技術が非凸 $(F > 0)$ の場合，参入企業数の上限は，次の n^* になる。

$$
n^* = \frac{a - bc}{\sqrt{bF}} - 1 \tag{13.11}
$$

$n^* < 1$ であれば，独占ですら利潤を得ることができない。産業は，$1 \leqq n^* < 2$ であれば独占，$2 \leqq n^* < 3$ であれば複占，$n^* \geqq 3$ であれば3社以上の寡占になる。

13.1.3　競争市場に対するクールノー・アプローチ

5章において，競争市場における均衡分析へのアプローチとして，マーシャル，ワルラス，エッジワースの分析を見た。本項では，技術の非凸性の下での寡占市場分析から暫時離れ，競争市場における均衡分析への一つのアプローチであるクールノーの分析を見ることにしよう。

11章で見たように，価格受容者の必要条件は $F = 0$ であった。命題13.1において $F \to 0$ とすれば，新規参入は際限なく発生していき，個別企業の利潤 (13.10b) はゼロに収束していく。この結果，次の収束定理が成り立つ。

定理 13.2 (クールノー) $F \to 0$ とすれば，クールノー均衡での取引価格，取引量は，長期的には，市場均衡の水準に収束する。この結果，次が成り立つ。

$$需要価格 (p^D) = 限界費用 (MC) \tag{13.12}$$

産業が独占から複占，複占から次第に競争的になるような発展段階を経るとき，いずれは市場均衡に近づくことを意味している。クールノーの分析は，2章で見た市場モデルへの一つの妥当性を示しているといえよう。

13.2　ベルトラン均衡

クールノーの分析では，企業数が増加することで市場均衡と同じ状態に近づく。この結果に対し，**ベルトラン** (J. L. F. Bertrand, 1822–1900) は，1883年，価格競争であれば，複占でも市場均衡での条件 (13.12) 式が成り立つと批判した。本節では，この批判の妥当性を調べてみよう。

クールノーの定理 (定理13.2) が成り立つときの市場需要曲線 (13.1)，費用曲線 (13.2)，及び，$F = 0$ を想定したとき，ベルトランの指摘をモデル化すれば，次のようになる。ベルトランのモデルは，複占 ($n = 2$) を想定し，各企業 $j = 1, 2$ は，価格 p_j を戦略とする。企業2が p_2 を選択しているとき，企業

1 の利得関数が，

$$
\pi_1 = \begin{cases} 0 & \text{if } p_1 > p_2 \\ \frac{1}{2}(p_1 - c)D(p_1) & \text{if } p_1 = p_2 \\ (p_1 - c)D(p_1) & \text{if } p_1 < p_2 \end{cases} \tag{13.13}
$$

となる戦略形ゲームといえる。ここで，$D(p) = a - bp$ である。(13.13) は，企業 1 が企業 2 より高い価格を設定すれば，相手企業のマーケット・シェアが100 ％ になって，自らの利潤がゼロになり，同じ価格を設定すれば半々のマーケット・シェア，低い価格を設定すれば 100 ％ のマーケット・シェアを企業 1 が得られると想定している。

　企業 2 の利得関数も又，(13.13) 式と同様の形をしている。このようなベルトラン・モデルにおけるナッシュ均衡である**ベルトラン均衡**を求めてみよう。

　先ずは，各企業の最適反応である。但し，限界費用 c より低い価格を設定しても，利潤は正になることはないので，戦略を限界費用 c 以上に限定してみよう。利得関数 (13.13) より，企業 1 の最適反応は，

$$
p_1 = \begin{cases} c \text{ 以上の任意の価格} & \text{if } p_2 = c \\ p_2 - \epsilon & \text{if } c < p_2 \leqq p^M \\ p^M & \text{if } p^M < p_2 \end{cases} \tag{13.14}
$$

となる。ここで，ϵ はゼロに近い正の実数，また，p^M は $(p - c)D(p)$ を最大化する価格であり，独占利潤を与える価格 $p^M = (a + bc)/2b$ である。企業 2 の最適反応も同様になるので，ベルトラン均衡では，$p_1 = p_2 = c$ となる。この結果，ベルトランの批判が正しいことが理解できる。複占市場で価格設定者であれば正の利潤が得られそうであるが，二つの企業が参入して価格競争すれば，市場は，市場均衡と同一の状態を成り立たせる力を十分持ち合わせているといえる。

　ベルトランの指摘は，それ自体正しいことを理解できたが，新たにいくつかの疑問も投げている。先ず，利得関数 (13.13) 式は，買手が示した需要量 $\frac{1}{2}D(p_j)$ や $D(p_j)$ の大きさに応じて，企業が受身的に生産すると想定している。受注生産であれば，この想定は正しいであろう。ところが，もし受注生産ではなく，企業が予め生産量を決める必要があるのであれば，利得関数 (13.13)

式は当てはまらない [2]。第2に，複占のような少数の企業間競争であれば，利潤がゼロになるまで価格競争するよりも，独占利潤を共同で享受できるよう企業同士がカルテルを結ぶインセンティブを持ち合わせているかもしれない。カルテルについては，後に 13.4 節において分析する。

13.3 シュタッケルベルグ均衡

クールノー・モデルでは，各企業は他社の生産量を知らずに数量競争をする。しかしながら，寡占市場の場合，産業を先導する企業とそれに追随する企業に分かれる場合がある。ここでは，そのような**シュタッケルベルグ** (H. von Stackelberg, 1905–1946) のモデルを見よう。

複占市場を想定し，企業1が先に生産量を決める**先導者** (leader)，企業2は企業1の選択を観察した後に生産量を決める**追随者** (follower) であるとする。このとき，ゲームは展開形ゲームに変化し，その部分ゲーム完全ナッシュ均衡を**シュタッケルベルグ均衡**と呼ぶ。

履歴の長さが有限の展開形ゲームの部分ゲーム完全均衡は，後方帰納法によって求めることができる。後手である企業2は，企業1の生産量 y_1 を所与として，自らの利潤を最大化する。したがって，企業2の生産量 y_2 は，クールノー・モデルで見た最適反応 (13.9) 式で決まる。先手である企業1は，企業2がそのように生産量を決めることを予測して，自らの利潤を最大化する生産量 y_1 を選ぶ。企業2の生産量が正のとき，企業1の利潤は，

$$\pi_1 = \frac{1}{2b}(a - bc - y_1)y_1 - F \tag{13.15}$$

になる。したがって，企業1は，図13.1の横軸の $y^M = \frac{1}{2}(a - bc)$ の生産量を選ぶ。企業2の生産量は，企業2の反応曲線上であるから，$y^F = \frac{1}{4}(a - bc)$ になる。シュタッケルベルグ均衡は，図13.1の点Sであり，クールノー均衡に比べ，先導者の生産量，及び，利潤は大きく，追随者の方は生産量，利潤ともに小さくなる。そして，取引価格は低く，総余剰は大きくなる。

---

[2] ［発展］ベルトラン均衡の結果の頑健性 (robustness) に対するこの疑問への答えとして Kreps and Scheinkman (1983) などの文献がある。期間 0 において**供給能力** (capacity constraint) を決め，期間 1 において価格競争を行う 2 段階ゲームの場合，部分ゲーム完全均衡の中にクールノー均衡が存在することが示されている。

13.4　カルテル

前々節のベルトラン均衡では，複占にある企業同士は，価格競争ではなく，カルテルを形成する可能性があるのではないか，といった疑問が残った。本節では，この疑問を戦略的な視点から探ってみよう。

市場需要曲線が (13.1) 式，各企業 j ($j = 1, 2$) の費用曲線が (13.2) 式に従うとしよう。但し，$F = 0$ とする。2 企業の共同利潤

$$\pi_1 + \pi_2 = \{P(S) - c\} S \tag{13.16}$$

は，2 企業の総生産量 $S = y_1 + y_2$ のみに依存している。ここで，関数 P は逆需要関数 D^{-1}，すなわち，$P(S) = (a - S)/b$，(13.4) 式である。したがって，2 企業が共同利潤を最大化するカルテルを組めば，総生産量 S は独占のときと同じ大きさ $\frac{1}{2}(a - bc)$，取引価格は独占価格 $\frac{1}{2b}(a + bc)$ となり，2 企業は独占利潤 $\frac{1}{4} \cdot \frac{(a-bc)^2}{b}$ を共同で稼得できる。独占利潤 $\frac{1}{4} \cdot \frac{(a-bc)^2}{b}$ を互いに均等に分配すれば，価格競争，数量競争のいずれのときよりも，互いに改善する。

このことは，いくつかの含蓄を生み出す。第 1 に，ベルトラン均衡やクールノー均衡は，2 企業から見れば，強ナッシュ均衡ではない。2 企業が提携することで，両企業が改善する戦略の組が存在するのである。第 2 に，独占よりもクールノー均衡，クールノー均衡よりもベルトラン均衡の方が総余剰は大きく，取引価格は低くなる。このため，カルテル形成を禁止する法的措置が必要であることが理解できる。日本の場合，独占禁止法がこれに該当する。

13.4.1　数量カルテル

カルテルによって両企業はベルトラン均衡やクールノー均衡のときよりも改善するが，はたしてカルテルは自己拘束的なのであろうか。というのは，もし自己拘束的でなければ，カルテルから離反する企業が現れるからである。この疑問を次に考察してみよう。

元々，数量競争 (マーケットシェア競争) を行っており，クールノー均衡であったとする。そこで，両企業は，独占利潤を共同で得るため，各々，独占時の生産量の半分を生産するという**数量カルテル**を結ぼうとしているとしよ

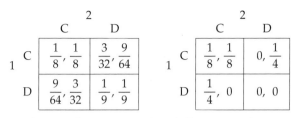

表 13.1 数量カルテル (左) と価格カルテル (右)

う。ところが，一方の企業が生産量 $\frac{1}{4}(a-bc)$ を選ぶとき，他方の利潤は，生産量が y のとき，

$$\pi = \frac{1}{b}\left\{a - bc - \frac{1}{4}(a - bc) - y\right\} y \tag{13.17}$$

になる。カルテルから離反した企業の利潤が最大になる生産量は $\frac{3}{8}(a-bc)$，そのときの利潤は $\frac{9}{64} \cdot \frac{(a-bc)^2}{b}$ になる。カルテルから離反された側の利潤は，$\frac{3}{32} \cdot \frac{(a-bc)^2}{b}$ に落ちる。

　以上を戦略形ゲームで表せば，表 13.1 左表が示す利得関数になる。表 13.1 の利得は，利潤における $(a-bc)^2/b$ の係数を表す。各企業には，カルテルでの生産量を選ぶとき (戦略 C) とその生産量から離反するとき (戦略 D) があり，双方がカルテルでの生産量から離反したとき，クールノー競争 (マーケットシェア競争) に戻る。(D, D) が強支配戦略均衡であり，数量カルテルは自己拘束的ではないことが理解できる。

13.4.2　価格カルテル

　今度は，元々，価格競争を行っており，ベルトラン均衡であったとしよう。利潤ゼロの状態から双方が改善するために，双方が独占価格 $\frac{1}{2} \cdot \frac{a+bc}{b}$ を付ける**価格カルテル**を結ぼうとしているとしよう。ところが，一方がカルテルでの価格を付け，もう一方がカルテルから離反し，独占価格 $\frac{1}{2} \cdot \frac{a+bc}{b}$ より微小に低い価格を付ければ，離反者は独占利潤 $\frac{1}{4} \cdot \frac{(a-bc)^2}{b}$ に近い金額の利潤を得ることができる。

　この状況を戦略形ゲームで表すと，表 13.1 右表が示す利得関数になる。右表の戦略 C は価格カルテルでの価格を選んだ場合を意味し，戦略 D は価格カ

ルテルから離反して独占価格より微小に低い価格を選んだときを表す。ナッシュ均衡は純粋戦略で (C, D), (D, D), (D, C) の三つが存在するが，支配されないナッシュ均衡は (D, D) のみである。このようにして，価格カルテルは，自己拘束的ではないことが理解できる。

13.4.3　暗黙の共謀

　数量カルテル，価格カルテルのいずれの場合も，自己拘束的ではないことが理解できたが，現実ではカルテルは絶えない。特に，公共事業などでの入札では，しばしばカルテルが表面化する。もしかすると，同一の参加者による入札が 1 回限りではなく，何回も繰り返されるからかもしれない。

　例えば，表 13.1 左表の戦略形ゲームが無限に繰り返される状況を想定しよう。**繰り返しゲーム**での利得は，各段階 t での利得 $\pi(t)$ の割引現在価値総額

$$\Pi = \pi(1) + \delta\pi(2) + \delta^2\pi(3) + \cdots + \delta^{t-1}\pi(t) + \cdots \quad (0 < \delta < 1) \quad (13.18)$$

になろう。ここで，δ は，割引因子である。繰り返しゲームも又，展開形ゲームである。したがって，各企業の行動戦略は，各履歴に対し C か D を対応させる関数になる。

　もちろん，履歴無関係にすべての段階において D をとるのも，一つの行動戦略である。実は，次が成り立つことを証明できる。

ファクト 13.3 元のゲームのナッシュ均衡での戦略を履歴無関係にとる行動戦略の組は，繰り返しゲームのナッシュ均衡である。

　しかしながら，繰り返しゲームのナッシュ均衡は，元のゲームのナッシュ均衡が繰り返されるだけではない。初期段階で C をとり，相手が D をとった段階があれば，その次の段階以降，永遠に D をとるが，そうでなければ C をとり続ける行動戦略を**トリガー戦略** (trigger strategy) という。このとき，次が成り立つ [3]。

---

3)　[用語注] 元のゲームでのナッシュ均衡よりパレート改善する利得の組は，繰り返しゲームのナッシュ均衡で達成できる δ の範囲が存在するとする定理を**フォーク定理** (Folk Theorem) という。ゲーム理論の研究者の間では，囚人のジレンマも繰り返しによって，協力解 (黙秘で協調) が非協力的に成り立つという伝承が古くからあったため，「フォーク」定理と呼ばれるようになったという。

定理 13.4 (フォーク定理) δ が 1 に十分近いとき，トリガー戦略の組は，繰り返しゲームのナッシュ均衡になる。

企業 2 がトリガー戦略をとっていたとする。企業 1 もトリガー戦略をとれば，すべての段階 t において，t 段階目で見た企業 1 の利得は，

$$\frac{1}{8}\left(1 + \delta + \delta^2 + \delta^3 + \cdots\right) = \frac{1}{8} \cdot \frac{1}{1-\delta} \tag{13.19}$$

になる。これに対し，企業 1 がトリガー戦略でなく，しかも，履歴無関係に C をとる行動戦略以外の戦略をとれば，D を選ぶある段階 t が存在する。すると，$t+1$ 段階以降，企業 2 は D を選ぶので，t 段階目で見た企業 1 の利得は，

$$\frac{9}{64} + \delta \cdot \frac{1}{9} + \delta^2 \cdot \frac{1}{9} + \cdots = \frac{9}{64} + \frac{1}{9} \cdot \frac{\delta}{1-\delta} \tag{13.20}$$

になる。したがって，$\delta > \frac{9}{17}$ であれば，互いにトリガー戦略を選ぶことが最適反応同士，すなわち，ナッシュ均衡になる。独占時の総生産量の均等配分となる数量カルテルと同じ状況が永遠に続く均衡が存在するのである。

カルテルの場合，両企業が事前に協議して何かしらの取り決めを行う。ところが，繰り返しゲームであれば，その必要はない。繰り返しゲームでは，カルテルと同じ状況が非協力で発生，すなわち，**暗黙の共謀** (tacit collusion) が起こり得るのである。

練習問題

問題 13.1 クールノーは，産業が独占ではなく (ア) になったとき，(イ) 競争が起こり，(ウ) 均衡が成り立つと考えた。既存企業が正の利潤を得る限り，(A)需要 (エ) と限界 (オ) が等しくなるところまで新規参入が進む。この結果より，競争的な状態を下線部 (A) と特徴化した。これに対し，ベルトランは，例え複占であっても，(カ) 競争であれば下線部 (A) の状態になる (キ) 均衡を示した。空欄を埋めなさい。

問題 13.2 市場需要量を D，市場価格を p としたとき，市場需要曲線が

$$D = 110 - 25p \tag{13.21}$$

である産業を考えよう。産業には，n 社の企業が参入しており，各企業 j ($j =$ 1,..., n) の費用曲線は，生産量を y_j とすると，

$$C_j = \begin{cases} 0 & \text{if } y_j = 0 \\ 1 + 3y_j & \text{if } y_j > 0 \end{cases} \tag{13.22}$$

(1) 複占のとき，(a) 各企業の反応曲線，(b) クールノー均衡，(c) クールノー均衡での取引価格，総余剰，企業の利潤を求めなさい。

(2) 複占を想定し，企業 1 が先導者，企業 2 が追随者のときの (a) シュタッケルベルグ均衡，(b) シュタッケルベルグ均衡での取引価格，総余剰，企業の利潤を求め，(c) クールノー均衡と比較しなさい。

(3) 長期クールノー均衡での参入企業数，総生産量，取引価格，総余剰を求めなさい。また，取引価格が平均費用に等しいことを示しなさい。

問題 13.3 市場需要曲線が (13.1) 式，n 社の企業の各々 j ($j = 1,..., n$) の費用曲線が (13.2) 式であるとしよう。このとき，以下を示しなさい。

(1) 独占よりもクールノー均衡のときの取引価格は低く，総余剰が大きくなり，企業の利潤が減少すること

(2) $n = 2$ として，企業 1 が先導者，企業 2 が追随者のとき，クールノー均衡に比べシュタッケルベルグ均衡では，(a) 先導者の利潤は増加，追随者の利潤は減少し，(b) 取引価格が下がり，(c) 総余剰が増加すること

(3) n 社が参入しているときのクールノー均衡での各企業の生産量と利潤が，各々，(13.10a) 式と (13.10b) 式になること

問題 13.4 表 13.1 右表が無限に繰り返される繰り返しゲームについて，次を示しなさい。

(1) 履歴無関係に D をとる戦略の組が，ナッシュ均衡，すなわち，最適反応同士になること

(2) 履歴無関係に C をとる戦略の組は，ナッシュ均衡にはならないこと

(3) トリガー戦略の組がナッシュ均衡となる δ の範囲

第14章　差別化

　企業が価格に直接，間接のいずれにせよ影響を与えることのできる不完全競争では，企業は様々な戦略を用いて利潤を稼得しようとする。そのような中で，前章では，企業が価格や数量を戦略とする場合の不完全競争市場を分析した。本章では，差別化という視点からの戦略的行動を見る。

　差別化戦略は，対顧客 (対買手) と対競争相手の二つに大別できる。これらの戦略が，潜在的に参入がある状況下で，企業の利潤追求にいつ，どの程度，貢献するのか，そして，効率的資源配分をもたらす市場の機能をどの程度阻害するのか，このような疑問を念頭におきながら，対顧客の差別化戦略を 14.1 節，対競争相手の差別化戦略を 14.2 節において分析していこう。

14.1　価格差別化

　対顧客への差別化戦略は，様々な側面から可能である。生年月日，性別，所得，居住地といった顧客固有の属性，更には顧客の購入履歴などのデータは，顧客のニーズに合わせた販売戦略を組み立てる上で利用できる。ただ，一人一人のニーズに合わせた戦略を，費用ゼロで組むことはできないであろう。一人一人のニーズに対応しにくい程，費用が大きいようであれば，単純に顧客をグループ化して，グループによって販売価格に差をつけることでも，十分，利益を増やすことができる。学割や早割，本の装丁などの**価格差別化** (price discrimination) 戦略である。

　単純化のために，ある企業への買手を二つのグループに分類できたとしよう。取引価格を p，各グループ $i = 1, 2$ の市場需要量を x_i とすれば，次のようにグループごとに市場需要曲線が存在する。

$$x_i = D_i(p) \quad (i = 1, 2) \tag{14.1}$$

需要価格付けを想定すれば，各グループ $i = 1, 2$ に対し，逆需要関数

$$p_i = P_i(x_i) \quad (i = 1, 2) \tag{14.2}$$

に沿って企業はグループ i への販売価格 p_i を付ける ($P_i = D_i^{-1}, i = 1, 2$)。生産量が y のときの企業の費用を $C(y)$ としよう。買手のすべてがこの企業から商品を購入するとすれば，

$$x_1 + x_{2\cdot} = y \tag{14.3}$$

となるので，企業の利潤は，

$$\pi = P_1(x_1)x_1 + P_2(x_2)x_2 - C(x_1 + x_2) \tag{14.4}$$

になる。各グループ $i = 1, 2$ に対し $R_i = P_i(x_i)x_i$ とすれば，R_i はグループ i からの企業の収入になる。その増加率は，グループ i への販売の限界収入である。利潤 π を x_1 と x_2 の各々で最大化するので，次が成り立つ。

ファクト 14.1 (価格差別化の下での利潤最大化の 1 階条件) 価格差別化の下で利潤を最大化すれば，買手の各グループ i ($i = 1, 2$) の限界収入 MR_i が限界費用 MC ($= C'$) に等しい。すなわち，

$$MR_i = MC \quad (i = 1, 2) \tag{14.5}$$

各グループ $i = 1, 2$ に対して，企業はグループ i の需要価格で販売するため，各グループ $i = 1, 2$ への販売の限界収入 MR_i は，ファクト 11.2 (p. 242) より，

$$MR_i = P_i(x_i)\left(1 - \frac{1}{\epsilon_i}\right) \tag{14.6}$$

となる。ここで，ϵ_i はグループ i の需要の価格弾力性，すなわち，

$$\epsilon_i = -\left(\frac{p_i}{x_i}\right)D_i'(p_i) \quad (i = 1, 2) \tag{14.7}$$

である。したがって，ファクト 14.1 より，次が成り立つ。

ファクト 14.2 企業は，需要の価格弾力性の低いグループには需要の価格弾力性の高いグループより高い価格を付ける。すなわち，

$$p_1 > p_2 \quad \iff \quad \epsilon_1 < \epsilon_2 \tag{14.8}$$

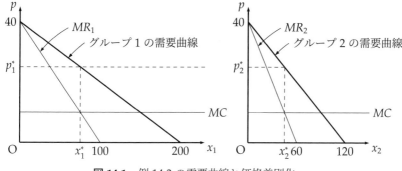

図 14.1 例 14.3 の需要曲線と価格差別化

例えば，所得が高いほど，需要の価格弾力性が低いとしよう。この場合，低所得者層に割引制度を設ければ，企業は利潤を増やすことができる。

ここで，価格差別化が企業の利潤を増加させるのは，需要の価格弾力性ごとに買手をグループ化できるときであることに注意しよう。例えば，次の例は，需要曲線の勾配は異なるが，需要の価格弾力性は同じである (示してみよ)。

例 14.3：需要の価格弾力性が等しい例

$$x_1 = 200 - 5p \quad \& \quad x_2 = 120 - 3p \tag{14.9}$$

グループ1の方がグループ2より価格への反応が高いが，需要の価格弾力性に差はない。このため，買手をグループ分けしても，価格差別化が最適戦略になることはない。実際，逆需要関数は，

$$P_1(x_1) = 40 - 0.2x_1 \quad \& \quad P_2(x_2) = 40 - \tfrac{1}{3}x_2 \tag{14.10}$$

となって，利潤最大化の1階条件は，

$$MR_1 = 40 - 0.4x_1 = MC \quad \& \quad MR_2 = 40 - \tfrac{2}{3}x_2 = MC \tag{14.11}$$

となる。限界費用 MC がどのような値であったとしても，利潤最大化の価格 p_i^* と数量 x_i^* $(i = 1, 2)$ は，図 14.1 のように，$p_1^* = P_1(x_1^*) = P_2(x_2^*) = p_2^*$ となって，価格差別化は起こらないのである。

需要の価格弾力性に差がある買手がいれば，価格差別化は企業の利潤を増加させる。しかしながら，いくつか留意しなければならない。

　第1に，異なる価格で販売するのであるから，高い価格で購入しなければ
ならない買手は，低い価格で購入できる買手から，商品を購入しようとする
インセンティブをもつ。例えば，$p_1 > p_2$ の場合，グループ1の買手は $p < p_1$
なる価格 p であれば，グループ2の買手から商品を転売してもらうことで改
善する。グループ2の買手も $p > p_2$ なる価格 p で転売できれば利益になる。
両者の交渉力が同じであれば $\frac{1}{2}(p_1 + p_2)$ の価格で転売が成立し，グループ1
の買手は企業から商品を購入しなくなってしまう。このように，価格差別化
が機能するには，買手間の転売が不可能でなければならない。

　第2に，同質的な商品を生産する競争相手が現れれば，価格競争の結果，価
格差別化の維持が難しくなってしまう。価格差別化が可能なのは，その企業
が供給しようとしている商品と完全代替となる他社商品が存在しないときな
のである。これは，独占のときか，あるいは他社との差別化が機能している
ことを要求する。後者の問題はそもそも次節の論題であったので，次に他社
との差別化について検討することにしよう。

14.2　商品差別化

　他社との差別化は，品質や供給する商品の種類，接客や店舗 (外装，内装，
立地など)，宣伝による企業イメージ形成など，様々な側面で行われる。本節
では，そのような手段によってブランドが形成されたときの分析と，特定の
差別化戦略，例えば，品質によって他社商品と差別化するときの**商品差別化**
(commodity differentiation) 戦略について分析することにしよう。

14.2.1　独占的競争

　同質的な商品を生産するよりも，様々な手段を使ってブランド化すれば，
他社との競争から完全に逃れることはできなかったとしても，一定の独占力
を得ることができる。**チェンバリン** (E. H. Chamberlin, 1899–1967) は，こ
のような，純粋競争と完全な独占の中間の状況を**独占的競争** (monopolistic
competition) と呼び，マーシャル的な短期，長期の分析を展開した。先ずは，
短期均衡分析から見ることにしよう。

短期均衡

マーシャルの分析 (5 章) と同様に，短期では参入企業数が一定になる。ここでは最も単純なケース，2 社の企業が各々のブランドを形成している場合を想定しよう。

ブランド j ($j = 1, 2$) への需要量を x_j，取引価格を p_j とすれば，各ブランド j ($j = 1, 2$) への需要関数は，すべてのブランドの取引価格の関数

$$x_j = D_j(p_1, p_2) \quad (j = 1, 2) \tag{14.12}$$

になっており，ブランド j への需要量 x_j は，自社のみならず他社商品の取引価格にも依存する。二つの需要関数 (14.12) は，各ブランド j ($j = 1, 2$) に対し，逆需要関数

$$p_1 = P_1(x_1, x_2) \quad \& \quad p_2 = P_2(x_1, x_2) \tag{14.13}$$

を定義でき，ブランドの独占力によって，各企業は，需要価格付けが可能になると想定する[1]。

このような想定の下で，各企業 j ($j = 1, 2$) の費用関数を C_j とすれば，各企業の利潤は，

$$\pi_1 = P_1(x_1, x_2)x_1 - C_1(x_1) \quad \& \quad \pi_2 = P_2(x_1, x_2)x_2 - C_2(x_2) \tag{14.14}$$

になる。各企業 j ($j = 1, 2$) は自らの利潤を最大化する数量 x_j を選択する。利潤最大化の 1 階条件は，いかなるときでも限界収入と限界費用が等しい (ファクト 11.3, p. 243)。したがって，需要価格付けが可能なときの限界収入への法則 (ファクト 11.2, p. 242) より，各企業の利潤最大化の 1 階条件は，ブランド j ($j = 1, 2$) への需要の価格弾力性を ϵ_j とすれば，

$$P_1(x_1, x_2)\left(1 - \frac{1}{\epsilon_1}\right) = C_1'(x_1) \tag{14.15a}$$

$$P_2(x_1, x_2)\left(1 - \frac{1}{\epsilon_2}\right) = C_2'(x_2) \tag{14.15b}$$

---

[1] ［発展］(♣) (14.13) 式のような逆需要関数が必ず存在するわけではない。例えば，効用関数が完全補完のときの普通需要関数 (例 3.13, p. 64) を参照。より一般的には，効用関数が CES 型のとき，各ブランドに対し逆需要関数が存在する ρ の範囲が存在する (cf. 練習問題 3.21)。

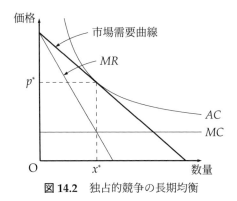

図 14.2　独占的競争の長期均衡

となる。各企業は自らの限界収入と限界費用が一致する数量を選択し，その数量での需要価格を取引価格に設定するという意味で，数量と価格決定は独占企業 (11 章) と同じになる。ブランド形成による独占力は，独占企業と同じ数量，価格決定を生み出すわけである。

長期均衡

　独占的競争でも，長期では，利潤がゼロになるところまで，新しいブランドが参入する。このため，次が成り立つ [2]。

ファクト 14.4 (独占的競争における長期均衡) 独占的競争の長期均衡では，
(1) 限界収入 (MR) = 限界費用 (MC)
(2) 需要価格 (p^D) = 平均費用 (AC)

　図 14.2 は，技術が非凸の場合の，あるブランドにおける長期均衡での取引価格 p^* と取引量 x^* を示している (技術が凸の場合については，練習問題 14.2 参照)。各ブランドに対し，限界収入 (MR) と限界費用 (MC) は，長期でも一致するので，取引量は図 14.2 の x^*，取引価格はその数量での需要価格 p^* になる。長期では，利潤がゼロになるところまで新しいブランドが参入してくるため，自社ブランドへの需要が減少し，市場需要曲線は平均費用曲線 (AC)

---

[2]　[用語注] チェンバリンが想像していた独占的競争 (**チェンバリン型独占的競争**) では，ファクト 14.4 の性質のみならず，各企業の選択が長期的には他の企業に影響を与えないといった性質も存在する。この性質は，チェンバリン型の独占的競争が単純な寡占理論の応用やその延長線上にはないことを意味している。興味のある読者は，Dixit and Stiglitz (1977) や Hart (1985a,b) の研究を参照。

図 14.3 ホテリングのモデル

に接するところまで左下方へシフトする。このようにして，独占的競争では，市場需要曲線が平均費用に接するところで長期均衡となるのである。

14.2.2 ホテリングの線形市場

上記の独占的競争の理論は，ブランド形成が所与であり，はじめから商品差別化が行われていると想定している。しかしながら，そもそも商品の差別化を行うこと自体が企業にとって最適戦略なのであろうか。本章の残りでは，この疑問への答えを探ってみよう。

本項では，チェンバリンが独占的競争を提示した 1933 年よりも前の 1929 年に，**ホテリング** (H. Hotelling, 1895–1973) が別の論題で示したモデルを応用して，その答えを探ってみる [3]。

品質を 0 から 1 までの数値にコード化できるとしよう。0 から 1 までの各品質に対し最も好む買手が存在し，区間 $[0,1]$ 上に買手の人口分布を示したとき，一様分布であったとしよう。各買手は，商品を 1 単位需要したいが，最も好む品質から d 単位異なる品質を購入すれば，$\Phi(d)$ 円の費用 (不効用) を被るとする。本章では，最も好む品質からの差が d のときに，費用 (不効用) $\Phi(d)$ は，次で与えられると想定しよう。

$$\Phi(d) = td \quad (t > 0) \tag{14.16}$$

t は，差 d の 1 単位増に対する不効用の増分率である買手の**限界不効用**になる。

2 企業 (企業 1 と企業 2) がおり，各企業は期間 0 において品質を決め，期間 1 において価格競争を行うものとする。期間 0 で企業 j ($j = 1, 2$) が決める品質を θ_j としたとき，$\theta_1 < \theta_2$ であるとしよう。図 14.3 の品質 x は，$\theta_1 < x < \theta_2$ である。品質 x を最も好む買手は，企業 1 と 2 のいずれから購入するであろうか。効用最大化を考えれば，費用 (不効用) の低い方から購入すると予想される。

---

[3] ［発展］ホテリングの元々のモデル (Hotelling, 1929) は，町が 1 本の道路で表されるような場合を考察し，2 企業が町のいずれの場所に店舗を構えることが均衡であるかを示そうとした**立地モデル**である。図 14.3 の直線を道路とすれば，最適な立地を示すモデルになる。

企業 j が設定する価格が p_j 円のとき $(j = 1, 2)$, $p_1 + \Phi(x - \theta_1) < p_2 + \Phi(\theta_2 - x)$ であれば企業 1 から商品を購入し, そうでない場合には企業 2 から購入するであろう。したがって,

$$p_1 + \Phi(x^* - \theta_1) = p_2 + \Phi(\theta_2 - x^*) \tag{14.17}$$

となる人口比率 x^* で企業 1 への需要量 x_1 が発生し, $1 - x^*$ の人口比率で企業 2 への需要量 x_2 が発生することになる。買手が最も好む品質からの差 d への不効用 $\Phi(d)$ が (14.16) 式であれば,

$$x_1 = \frac{p_2 - p_1}{2t} + \frac{\theta_1 + \theta_2}{2} \quad \& \quad x_2 = \frac{p_1 - p_2}{2t} + 1 - \frac{\theta_1 + \theta_2}{2} \tag{14.18}$$

となるわけである。$\frac{1}{2}(\theta_1 + \theta_2)$ は, 企業が選ぼうとしている品質の平均であり, 企業 1 への需要量はその平均に価格差 (相対価格) の効果を加えた大きさになっている。

　各企業の限界費用が c で一定であるとすれば, 各企業の利潤は,

$$\pi_1 = (p_1 - c)x_1 \quad \& \quad \pi_2 = (p_2 - c)x_2 \tag{14.19}$$

になる。企業をプレイヤー, 期間 0 での局所戦略を品質, 期間 1 での局所戦略を価格, 利得関数を利潤とすれば, 我々はそのようにして定義される 2 段階ゲームの部分ゲーム完全ナッシュ均衡を求めたい。部分ゲーム完全性は, 履歴の長さが有限であれば, 後方帰納法を使って求めれば良い。そこで, 先ずは, 期間 1 でのナッシュ均衡を求め, そのナッシュ均衡での戦略を利得関数に代入して期間 0 でのナッシュ均衡を求めていけば良い。以下では, 単純化のために, $\Phi(d)$ は (14.16) 式に従うとして均衡を求めることにしよう。

価格競争 (期間 1) のナッシュ均衡

　期間 1 での価格競争でのナッシュ均衡 (ベルトラン均衡) を求めよう。需要量の決定 (14.18) 式より, 各企業の最適反応を求めると,

$$p_1 = c + \frac{1}{2}\Big\{p_2 - c + t(\theta_1 + \theta_2)\Big\} \tag{14.20a}$$

$$p_2 = c + \frac{1}{2}\Big[p_1 - c + t\big\{2 - (\theta_1 + \theta_2)\big\}\Big] \tag{14.20b}$$

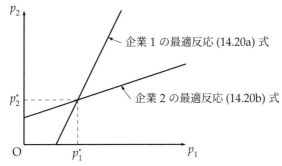

図 14.4 ホテリングのモデルにおける価格の決定

これらの最適反応は，図 14.4 のようにグラフ化することができる。交点が
ナッシュ均衡になるので，期間 1 での価格競争の結果，各企業の価格は，

$$p_1^* = c + \frac{t}{3}\left(2 + \theta_1 + \theta_2\right) \quad \& \quad p_2^* = c + \frac{t}{3}\left\{4 - (\theta_1 + \theta_2)\right\} \tag{14.21}$$

になる。価格決定は，商品が完全代替でないときのベルトラン均衡といえる。

均衡差別化戦略

部分ゲーム完全ナッシュ均衡となる差別化戦略を求めよう。このために，期
間 1 での価格競争におけるナッシュ均衡を予測して，期間 0 での利潤を求め
なければならない。

先ず，期間 1 での価格競争の結果，各企業への需要量は，

$$x_1 = \frac{1}{6}(2 + \theta_1 + \theta_2) \quad \& \quad x_2 = \frac{1}{6}\{4 - (\theta_1 + \theta_2)\} \tag{14.22}$$

になる。この結果，各企業の利潤は，

$$\pi_1 = \frac{t}{18}(2 + \theta_1 + \theta_2)^2 \quad \& \quad \pi_2 = \frac{t}{18}\{4 - (\theta_1 + \theta_2)\}^2 \tag{14.23}$$

になる。企業 1 は，品質 θ_1 を上げることで自らの利潤 π_1 を増加させること
ができる。また，企業 2 の利潤 π_2 は，$4 > \theta_1 + \theta_2$ なので，θ_2 の減少関数に
なる[4]。$\theta_1 < \theta_2$ である限り，企業 1 は品質 θ_1 を上げ，企業 2 は θ_2 を下げ

---

[4]　［数学注］（♣）π_2 を θ_2 で偏微分すれば，

$$\frac{\partial \pi_2}{\partial \theta_2} = -\frac{t}{9}\{4 - (\theta_1 + \theta_2)\} \tag{fn.4}$$

$4 > \theta_1 + \theta_2$ なので，π_2 は θ_2 の減少関数であることが理解できる。

る。θ_1 と θ_2 が近づくにつれ，同一商品における価格競争を期間 1 で行うことを両企業は予測することになる。両企業が同一商品を販売する場合の価格競争では，13 章 13.2 節で見たベルトラン・モデルのように，低い価格を付けた企業がすべての市場需要量を獲得でき，両企業が同じ価格を付けた場合には市場需要量の半分を販売できる。(14.21)，(14.22) 式が，同一価格・同一販売量といった均衡に収束するには，元々，$\theta_1 < 0.5 < \theta_2$ であったことが必要十分であることになる。すなわち，企業 1 は自らの品質 θ_1 を 0.5 に上げていき，企業 2 は θ_2 を 0.5 に下げて行く場合である。

　以上を整理すると，次のようになろう。

定理 14.5 (ホテリング) 期間 0 において品質を決め，期間 1 において価格競争を行うときの部分ゲーム完全均衡では，

(1) **ホテリングの法則**：各企業は，品質における買手の人口分布の中心に位置する品質に，各々の品質を収束させる。この結果，差別化は一切，発生しない。すなわち，$\theta_1^* = \theta_2^* = 0.5$ が成り立つ。

(2) 取引価格は，社会的限界費用に等しい。すなわち，$p_1^* = p_2^* = c + t$ が成り立つ。

　企業は差別化をしないため，価格競争は前章で見たベルトラン均衡と同じように，市場均衡と同じ取引価格まで取引価格を下げる力をもつ。

　企業が選ぶ品質が，品質で見た買手の人口分布の中心に集まるというホテリングの法則は，様々な応用をもつ。例えば，町が 1 本の道路によって表現できるとき (脚注 3，p. 305)，品質を店舗の立地点とすれば，町の中心に店舗が集中していくことを意味する (産業集積)。また，品質を政策として政党政治に応用すれば，二つの政党は中道政策を目指すことを意味する。

14.2.3　サロップの円環市場

　ホテリングの線形市場モデルでは，差別化は起こらず，この結果，独占的競争自体がそもそも起こり得るのか，疑問として残る。本項では，ホテリングのモデルのように，品質の多様性が区間によって表現される，あるいは，表現してしまう場合ではなく，円で表現できるときの分析である**サロップ** (S. C.

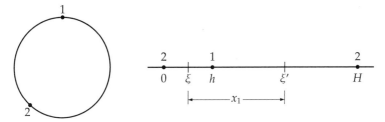

図 14.5 サロップのモデル

Salop, 1946–) のモデル (Salop, 1979) を応用して再考してみよう[5]。

　ホテリングのモデルとサロップのモデルの差異は，品質が区間上で指数化されるのか，それとも，円上で指数化されるのかの 1 点のみである。期間 0 で品質を決め，期間 1 で価格競争を行うといった 2 段階ゲームのゲームの木に変化はない。しかしながら，品質を表す空間が，区間から円に変化するのみで，需要関数に変化が現れる。このため，利得関数 (利潤) がホテリングのモデルのときとは異なるのである。このことを，先ずは，単純な 2 企業の場合で確認してみよう。

2 企業の場合

　円周が H の円によって品質の多様性が表現できるとしよう。ホテリングのモデルと同様，円上の各点 (品質) に対して，最も好む買手が存在し，円上に買手の人口分布を描くと，一様分布になるとする。各買手は，商品を 1 単位のみ欲し，最も好む品質から d 分の差がある商品を購入する場合，(14.16) 式 (p. 305) に従い，td 円の費用を被るとする。

　企業 1 と企業 2 の 2 社がおり，期間 0 において，図 14.5 左図の円上のように，企業が品質を選んだとする。企業 1 に着目すると，企業 1 の左隣に企業 2，右隣に企業 2 が位置する (図 14.5 右図)。左隣の企業 (企業 2) の位置を 0 と正規化すれば，右隣の企業 (これも同じ企業 2) の位置は H になる。企業 1 は期間 0 で区間 $[0, H]$ 上のいずれかの品質，例えば，h を選んでいることになる。期間 1 において企業 1 が選ぼうとしている価格を p_1，企業 2 の価格を

---

[5] ［発展］サロップのモデルは，品質ではなく，店舗などの立地問題を考えるのであれば，環状線のようなつながった道路によって町が構成される場合の**立地モデル**になる。

p_2 で表せば，企業 1 と左隣の企業 (企業 2) の間で買手を分け合う境界 ξ は，

$$p_2 + t\xi = p_1 + t(h - \xi) \tag{14.24}$$

を満たす。同様に，企業 1 と右隣の企業 (この場合も企業 2) の間で買手を分け合う境界 ξ' は，

$$p_1 + t(\xi' - h) = p_2 + t(H - \xi') \tag{14.25}$$

を満たす。企業 1 への需要量 x_1 は，ξ から ξ' までとなるので，

$$x_1 = \frac{p_2 - p_1}{t} + \frac{H}{2} \tag{14.26}$$

となって，企業 1 が選ぶ品質 h にまったく依存しない。企業 2 も同じ状況に直面しているので，企業 2 が選ぶ品質無関係に，企業 2 への需要量 x_2 は，

$$x_2 = \frac{p_1 - p_2}{t} + \frac{H}{2} \tag{14.27}$$

となるであろう。各企業の費用が (11.1) 式 (p. 238) に従うとすれば，各企業の利潤は，

$$\pi_1 = (p_1 - c)x_1 - F \quad \& \quad \pi_2 = (p_2 - c)x_2 - F \tag{14.28}$$

となる。但し，$F = 0$ であれば，技術は凸性を満たし，$F > 0$ であれば，凸性を満たさなくなる。需要関数 (14.26)，(14.27) を考慮に入れて，期間 1 での価格競争における各企業の最適反応を求めれば，

$$p_1 = c + \frac{1}{2}\left(p_2 - c + \frac{tH}{2}\right) \quad \& \quad p_2 = c + \frac{1}{2}\left(p_1 - c + \frac{tH}{2}\right) \tag{14.29}$$

となることを示せる。この結果，期間 1 でのナッシュ均衡 (ベルトラン均衡) での各社の取引量，取引価格，利潤は，

$$x = \frac{H}{2} \quad \& \quad p = c + \frac{tH}{2} \quad \& \quad \pi = t\left(\frac{H}{2}\right)^2 - F \tag{14.30}$$

になる。かくして，部分ゲーム完全ナッシュ均衡となる期間 0 での品質選択は，任意であることが理解できる。この結果，次の命題が成り立つ。

命題 14.6 サロップの円環市場モデルでは，部分ゲーム完全ナッシュ均衡が，複数，存在する。特に，次の二種類の均衡が存在する。

(1) すべての企業が，同一の品質を選択する「集積型 (同質化)」均衡

(2) すべての企業が，等間隔で品質を選択する「分散型 (差別化)」均衡

　品質選択が任意になるのは，第 3 の企業による参入を考慮に入れていない
からのように見える。ところが，この推測は，無条件に成り立つわけではな
い (練習問題 14.5 参照)[6]。

参入と長期均衡

　もし利潤が正であれば，長期的には参入が起こる。そこで，現在，n 社が
参入しているとする。期間 0 で各社が品質を選び，期間 1 で価格競争が起こ
るとする。円環上に並んだ企業のいずれか一社を取り上げ，それを企業 1 と
しよう。時計回りに，次の企業を企業 2，その次を企業 3 とナンバリングす
る。n 番目の企業は，企業 1 から見たら 0 番目と考え，n 番目から見た企業
1 を $n+1$ 番目と考えることにしよう。企業 j $(j = 1, 2, \ldots, n)$ の左隣から右隣
までの円環上の長さを H_j で表せば，企業 j への需要関数は，次になる。

$$x_j = \frac{1}{2t} \left(p_{j-1} + p_{j+1} - 2p_j + tH_j \right) \qquad (14.31)$$

期間 1 での価格競争における企業 j の最適反応を求めると，

$$p_j = c + \frac{1}{4} \left(p_{j-1} - c + p_{j+1} - c + tH_j \right) \qquad (14.32)$$

この結果，すべての企業 j $(j = 1, 2, \ldots, n)$ について，

$$H_j = \frac{2H}{n} \qquad (14.33)$$

となる「分散型 (差別化)」均衡では，各企業の取引量，取引価格，利潤は，
各社とも，

$$x = \frac{H}{n} \quad \& \quad p = c + \frac{tH}{n} \quad \& \quad \pi = t \left(\frac{H}{n} \right)^2 - F \qquad (14.34)$$

になる。利潤の式より，参入企業数の上限は，技術が非凸であれば，

$$n^* = H \sqrt{t/F} \qquad (14.35)$$

の大きさになる。長期的には，取引価格は，平均費用 $c + (F/x) = c + \sqrt{tF}$ に
収束する。サロップの円環市場モデルにおける「分散型 (差別化)」の長期均
衡は，独占的競争の長期均衡の性質をもつといえる。

---

[6]　［発展］練習問題 14.5 では，第 3 の企業が参入する場合を考察するが，更に，第 4 の企業が第 3 の企業
の参入後に参入する場合，「分散型」均衡に近くなることを確認できる。興味ある読者は，是非，試みて欲しい。

練習問題

問題 14.1　ある独占企業の商品への買手が二つのグループに分けられ，各グループの需要曲線が，

$$x_1 = 200 - 4p \quad \& \quad x_2 = 200 - 5p \tag{14.36}$$

企業の費用曲線が生産量 y に対し $C(y) = \frac{1}{2}y^2$ であるとする。このとき，以下を求めなさい。

(1) 各グループ $i = 1, 2$ の逆需要関数 $P_i(x_i)$，及び，限界収入 MR_i の式

(2) 価格差別化を行うときの (a) 利潤最大化の 1 階条件の式，(b) 各グループへの価格付け

(3) 価格差別化を行わないときの (a) 企業が直面する需要曲線，(b) 限界収入，及び，(c) 利潤最大化となる生産量と価格

(4) 価格差別化による各グループの価格負担増，または軽減の幅

(5) 価格差別化による企業の増益額

問題 14.2　独占的競争の長期均衡で成り立つ性質 (ファクト 14.4, p. 304) が次のケースで成り立つか否か調べなさい。

(1) U 字形の長期平均費用

(2) 一定の長期平均費用

問題 14.3　ホテリングのモデルにおいて，次を導出しなさい。

(1) 各社への需要量

(2) 期間 1 での価格競争における各企業の最適反応

(3) 期間 1 でのナッシュ均衡 (ベルトラン均衡) での需要量

(4) 期間 0 での利潤

(5) ホテリングの定理 (定理 14.5)

問題 14.4　サロップのモデルにおいて 2 企業が参入しているとしよう。このとき，次を導出しなさい。

(1) 各社への需要量

(2) 期間 1 での価格競争における各企業の最適反応

(3) 期間 1 でのナッシュ均衡 (ベルトラン均衡) での各社の取引量, 取引価格, 利潤

(4) 均衡差別化戦略

問題 14.5 サロップの円環市場モデルを考えよう。期間 0 において, 企業 1 と企業 2 が品質選択を行う。その後, 期間 1 において企業 3 が参入するか否かを決める。もし企業 3 が参入しなければ, 期間 2 では企業 1 と企業 2 の間の価格競争となるが, 企業 3 が参入すれば, 期間 2 において企業 3 が品質を選択し, その後の期間 4 において 3 社で価格競争を行う。費用は, 各社とも同質的で, (11.1) 式 (p. 238) で与えられているとする。

(1) 期間 1 において企業 3 が参入し, 期間 2 において企業 3 が品質を選んだとする。品質の円上において, 企業 3 が参入した側の, 企業 1 の品質と企業 2 の品質の差を H_3 としたとき, 企業 3 への需要量が次になることを示しなさい。

$$x_3 = \frac{p_1 - p_3 + p_2 - p_3}{2t} + \frac{H_3}{2} \tag{14.37}$$

(2) 企業 3 が品質を選択した後の 3 社による価格競争において, (a) 各社の最適反応を求め, (b) ベルトラン均衡での企業 3 の価格と利潤が次になることを示しなさい。

$$p_3 = c + \frac{t}{5}\left(H + H_3\right) \quad \& \quad \pi_3 = \frac{t}{25}\left(H + H_3\right)^2 - F \tag{14.38}$$

(3) 期間 0 で企業 1 と企業 2 が選んだ品質の差は, 円上の長さで H_3' と H_3'' の二種類になる。このとき, 企業 3 は, 期間 2 において, H_3' と H_3'' の大きい側から品質を選ぶこと, すなわち, 次が成り立つことを示しなさい。

$$H_3 = \max\left\{H_3', H_3''\right\} \tag{14.39}$$

(4) 企業 3 が期間 2 で選択する自らの最適品質は, H_3 上の任意の品質になることを説明しなさい。

(5) 企業 1 と企業 2 の利潤が, 次になることを示しなさい。但し, $H_j\ (j = 1, 2)$ は, 企業 j の左隣の企業から右隣の企業までの品質の円上の長さを表す。

$$\pi_1 = \frac{t}{25}\left(H + H_1\right)^2 - F \quad \& \quad \pi_2 = \frac{t}{25}\left(H + H_2\right)^2 - F \tag{14.40}$$

(6) 期間2で企業3は(14.39)式を満たすH_3上の中点を選ぶとしよう。このとき，企業1と2が期間0で選択する最適品質を求めなさい。

第IV部

制度設計

第15章 メカニズム・デザイン入門

　本書「第I部 競争市場」では，市場が効率的に資源を配分し，所得を分配する機能を持ち合わせ，更には主体がいかなる提携をも組むインセンティブを持ち合わせていない資源配分，所得分配をもたらすことを見た。加えて，市場のそうした機能，効能を阻害し得る要因に対し，効率性を回復しようとする力が市場には内在していることを「第II部 市場の失敗」と「第III部 戦略的行動」で見た。実は，市場の機能，効能は，それらに留まらないのである。

　例えば，ワルラス均衡での資源配分を，市場ではなく，計画経済のように，人為的に実現しようとしたとしよう。スーパーコンピュータがあれば，ある特定の状況において，目標の資源配分，所得分配を算出すること自体，不可能ではないかもしれない[1]。ところが，そのような人為的な資源配分は，市場であれば起こり得ない問題 ——「情報効率性」と「誘因両立性」の達成の不可能性 —— を起こす。**情報効率性** (informational efficiency) とは，主体が私的情報としてもつ自らの属性 (選好や技術など) のみの情報に基づいて意思決定をする**情報分権的** (informationally decentralized) な場合に，資源配分などの決定に必要となる主体間の情報伝達量が最小になることをいう。市場が情報効率的であることは，1974 年にノーベル経済学賞を受賞した**ハイエク**が示唆し (Hayek, 1945)，2007 年に同賞を受賞した**ハーヴィッツ**が後に本格的な証明を試み始めている (Hurwicz, 1960)。**誘因両立性** (incentive compatibility) とは，主体が私的情報となっている各々の属性 (選好や技術など) を真に報告

---

[1] ［学史注］計画経済において，経済を方程式体系で記述し，効率的な生産や平等な所得分配の計算が可能か否かについての論争が，実際に繰り広げられた (**社会主義経済計算論争**)。市場経済を廃し計画経済を主張した**マルクス主義**に対し，オーストリア学派の**ミーゼス** (L. E. von Mises, 1881–1973) や**ハイエク** (F. A. von Hayek, 1899–1992) による否定派と，**ラーナー** (A. P. Lerner, 1903–1982) や**ランゲ** (O. R. Lange, 1904–1965) などの肯定派の間で論争が展開された。詳細は，「メカニズム・デザイン」の生みの親である**ハーヴィッツ** (L. Hurwicz, 1917–2008) の論文 (Hurwicz, 1973) を参照。

することが合理的 (互いに最適戦略) であることをいう。目標とする資源配分や所得分配の算出は，主体の真の属性を知らずにはできない。計画経済が誘因両立性を満たさないことは，ハーヴィッツが最初に指摘した (Hurwicz, 1972)。情報効率性と誘因両立性の問題は，その後，**メカニズム・デザイン** (mechanism design) という新分野を生み出していくのである。

メカニズム・デザインの分野は，市場の新たな機能，効能を明らかにしただけではない。メカニズム・デザインは，公共財の最適供給，社会的選択 (次章)，オークションなど，様々な分野での研究と相互作用しながら発展してきた。例えば，非競合性を有する公共財の場合，パレート効率な生産を実現するには，利用者に自らの真の需要価格を報告してもらう必要がある (9章)。すなわち，誘因両立性を満たさなければならないわけである。公共財の最適供給を実現する仕組みの探求は，メカニズム・デザインの領域なのである。

本章は，メカニズム・デザインの問題意識でも誘因両立性を中心とした分析の入門編になる。身近な例，しかも簡単な例を用いながら,「メカニズム・デザイン」の問題意識とその分析の枠組み，そして，誘因両立性の確保がいかに難しいのかを見ることにしよう。

15.1 メカニズム・デザインの問題意識

次の人材引き抜き問題を考えてみよう。

> **例15.1** Tさんは，現在，ある企業で月給18万円で働いている。ところが，彼女には，ある特定の職種について高い評判があり，現在，企業A，B，Cが雇用したいと望んでいる。企業A，B，Cは各々，彼女を雇用することで1ヶ月当たり54万円，48万円，そして45万円の売上増を稼得できる。

例15.1 では，Tさんの留保賃金 (供給価格) や企業の需要価格が具体的な金額で示されている。ところが，設計しようとしている資源配分・所得分配の決定の仕組みとは，具体的な場合にのみ所期の目的が果たされるような *ad hoc* な仕組みではないのである。このことをより詳しく理解するために，その「所期の目的」を考えるところから始めよう。

資源配分・所得分配の決定の仕組みを設計するといっても，その設計目標

がそもそも設定されていなければ，設計のしようがない。具体的な設計目標が設定されて，初めて，我々は具体的な仕組みの設計に着手することができる。例えば，次のような例である。

> **例 15.2：設計目標の例**
> **売手の収入最大化**：いかなるときでも，Ｔさんが受け取る金銭を最大化
> **総余剰最大化と「格差のない」所得分配**：いかなるときでも，総余剰を最大化し，かつ，各主体が受け取る余剰を均等化
> **市場均衡**：いかなるときでも，市場均衡での資源配分，所得分配に一致

　一つ目の設計目標は，Ｔさんの収入を最大化することであるが，二つ目は関係主体が受け取る金銭の総額を最大にし，その上で「格差のない」所得分配が設計目標になっている場合である。三つ目は，計画経済が市場均衡と同じ資源配分を実現できるのか否かの疑問をＴさん達の例で探ってみようという実験的な設計目標である。

　各主体に各々の私的情報を報告してもらい，設計目標それ自体に従って資源配分と所得分配を決める仕組みを**直接メカニズム**と呼ぶ。直接メカニズム以外の仕組みは，**間接メカニズム**と呼ばれる。間接メカニズムの設計も，もちろん，設計目標が最初にあり，その目標を果たしているか否かが問題になる。次は，メカニズムの例である。

> **例 15.3：資源配分，所得分配を決める仕組みの例**
> **均等割当**：Ｔさんの労働資源を各社に均等に割り当てる。各社は，Ｔさんと１対１の交渉を行い，Ｔさんに支払う月給を決める。
> **ジャンケン**：3 社がジャンケンを行い，勝者がＴさんを雇用する。勝者となった企業は，Ｔさんと１対１の交渉を行い月給を決める。
> **くじ引き (抽選)**：3 分の 1 の確率で勝者となるくじ引きによってＴさんの雇用者を決める。勝者となった企業は，Ｔさんと１対１の交渉を行い月給を決める。
> **オークション**：Ｔさんが月給を決めるオークションを開き，オークションの勝者を雇用者とする。

　設計目標次第では，均等割当やジャンケン，くじ引きなど，設計すべき仕組みは変わるかもしれない。ただ，設計目標がいずれの場合であっても，設計する仕組みは，特定の条件のみに適用されるものではないのである。改めて，このことを確認しておこう。

注意 15.4：資源配分・所得分配の仕組みの設計上の留意点

環境の変化への頑健性：例 15.1 では，T さんの留保賃金や各社の需要価格の具体的数値が与えられていたが，各社の技術革新や T さんの生産性の向上，あるいは，産業や経済状況の変化によって，T さんの留保賃金や各社の需要価格が変化するかもしれない。設計した資源配分・所得分配の仕組みは，T さんの留保賃金や各社の需要価格がどのように変化しても，所期の設計目標を達成できなければならない。

誘因両立性：T さんが知っていることは，T さんを雇用したいと望む企業 A 社，B 社，C 社があること，そして，現在 18 万円の月給を受け取っていることのみであり，A 社，B 社，C 社が T さんを雇用したことでいくらの売上を稼げるのかを T さんは知らない。A 社や B 社，C 社も，自らが稼得できる売上は知っているが，他社が T さんを雇用することでいくら稼ぐことができ，T さんが現在いくらの月給で働いているかを知らない。こうした情報分権的な場合に，直接メカニズムは，誘因両立性を満たさなければ，所期の設計目標を達成できない。

　「市場」であれば，**ハイエク**が 1945 年に示したように (Hayek, 1945)，環境の変化に対しても頑健である。例えば，ある地域に発生した災害が，その地域の特産物の生産に損害を与えたとしよう。「市場」であれば，その特産物の市場価格が上昇して，効率的な資源配分を達成する。

　また，「市場」であれば，そもそも，誘因両立性の問題は発生しない。市場価格があったとき，各主体は各々の主体的均衡となる売買量で取引するのみである。各主体は，「市場」に，留保賃金などの供給価格や，需要価格といった自らの私的情報を伝えなくても，「市場」は効率的な資源配分を達成する。

　「市場」とは異なり，ここで設計しようとしている資源配分・所得分配の仕組みとは，社会主義経済計算論争 (学史注 1，p. 317) において俎上に上っ

た，コンピュータのプログラムとして記述する仕組みになる。例 15.3 の仕組みも，実際は，コンピュータのプログラムとして記述し直すことになる。そもそも設計目標 (例えば，例 15.2) があるのであるから，その設計目標自体をコンピュータのプログラムとして記述しても良いわけである。いずれにしても，設計したプログラムが，いつ「環境の変化への頑健性」と「誘因両立性」を満たすのかが問題として残る。これらを解明するために開拓された研究領域が「メカニズム・デザイン」である。

15.2　メカニズム・デザインのフレームワーク

「メカニズム・デザイン」の分析の枠組みを例 15.1 の T さん達の例を用いて確認しよう。

15.2.1　設計の与件：帰結空間，環境空間，社会的選択関数

資源配分と所得分配を算出するコンピュータのプログラムが，これから設計する「メカニズム」である。ただ，その設計には目標があった。設計目標を表す関数を「目標関数 (goal function)」，または「社会的選択関数 (social choice function)」と呼ぶ。社会的選択関数へのインプットを**環境** (environment)，アウトプットを**帰結** (outcome) と呼ぶ。先ずは，アウトプット側から見よう。

T さんの 1 ヶ月分の労働資源の企業 j $(j = A, B, C)$ への配分比率を x_j，T さんが現在働いている企業への配分比率を x_T で示せば，資源配分は T さんの労働資源の配分比率の組

$$x = (x_A, x_B, x_C, x_T) \tag{15.1}$$

で表すことができる。例えば，$x = (0.5, 0.3, 0, 0.2)$ は，半月分を A 社で，1 ヶ月の内の 30 ％分を B 社で，残りを現在の企業で働く場合を表す。また，主体 i $(i = A, B, C, T)$ の余剰を月 π_i 万円で示せば，所得分配は主体の余剰の組

$$\pi = (\pi_A, \pi_B, \pi_C, \pi_T) \tag{15.2}$$

によって表すことができる。設計する「メカニズム」は，資源配分と所得分配を算出する何かしらのコンピュータ・プログラムであるので，資源配分 x

と所得分配 π の組

$$z = (x, \pi) \tag{15.3}$$

が，設計した「メカニズム」のアウトプットになる。社会的選択関数のアウトプットも同じであり，z が**帰結**になる。帰結全体の集合を**帰結空間**と呼び，帰結空間を集合 Z で表すことにしよう。

　次に，社会的選択関数のインプット側を確認しよう。各主体は，帰結空間 Z 上に選好をもっている。帰結空間 Z 上の主体 i の選好順序を $\succsim_i$ で示すことにしよう。例えば，例 15.1 の T さんが自らの稼得する金銭のみに関心がある場合では，T さんの選好順序 $\succsim_T$ は「メカニズム」が算出する月給の下での T さんの余剰 π_T の大小によって表現できることになる。T さんの供給価格を月 c 万円で表せば，T さんの選好順序 $\succsim_T$ と供給価格 c の組

$$e_T = (\succsim_T, c) \tag{15.4}$$

が，T さんの**環境**を構成する。

　同様に，各企業 j $(j = A, B, C)$ の**環境**は，各々の選好順序 $\succsim_j$ と需要価格 v_j (単位：万円/月) の組

$$e_j = (\succsim_j, v_j) \quad (j = A, B, C) \tag{15.5}$$

と表せる。各主体の属性 (選好順序，需要価格/供給価格) が各主体の「環境」になる。各主体の属性はその主体のみが知っている，すなわち，その主体の**私的情報**になっている**情報分権的**状況を想定することになる。「市場」は情報分権的なので，設計する「メカニズム」が「市場」より優れているのか否かを見定める上で，情報分権性は必要な想定である。

　主体の環境の組

$$e = (e_A, e_B, e_C, e_T) \tag{15.6}$$

が，社会的選択関数へのインプット，すなわち，**環境**になる。環境全体の集合を**環境空間**と呼び，集合 E で表すことにしよう。

　このようにして，設計する「メカニズム」の設計目標を表す**社会的選択関数** (social choice function) F とは，環境空間 E から帰結空間 Z への関数になる。

$$F : E \to Z \tag{15.7}$$

各環境 $e \in E$ に対して，帰結 $z = F(e) \in Z$ を与える関数 F が「メカニズム」の設計目標，すなわち，社会的選択関数というわけである。

> **例 15.5** 設計目標が総余剰最大化と「格差のない」所得分配 (例 15.2) のときの社会的選択関数 F：各環境 e に対して総余剰が最大となり，各主体の余剰が均等になる帰結 $z = (x, \pi)$ を与える対応関係

例えば，環境 e の需要価格，留保賃金が例 15.1 であれば，$v_A = 54$，$v_B = 48$，$v_C = 45$，$c = 18$ なので，帰結は，

$$x = (1, 0, 0, 0) \quad \& \quad \pi = (9, 9, 9, 9) \tag{15.8}$$

で構成される $z = (x, \pi)$ を与える関数 F となる。環境 e が変化し $v_A = 50$，$v_B = 68$，$v_C = 40$，$c = 20$ となれば，

$$x = (0, 1, 0, 0) \quad \& \quad \pi = (12, 12, 12, 12) \tag{15.9}$$

からなる帰結 $z = (x, \pi)$ を与える関数が例 15.5 の社会的選択関数 F になる。

15.2.2　メカニズム

今度は，実際に設計する「メカニズム」の構成要素を調べよう。「メカニズム」のアウトプットは，帰結空間 Z の一つになる。インプットは，主体の報告内容になるため，**メッセージ**と呼ばれる。但し，主体に何を報告させるかは，設計する「メカニズム」によって異なる。以下では，主体 i ($i = A, B, C, T$) のメッセージを s_i，その全体を S_i で示すことにしよう。そして，メッセージの組

$$s = (s_A, s_B, s_C, s_T) \tag{15.10}$$

の全体を**メッセージ空間** (message space) と呼び，集合 S で表すことにしよう。メッセージの組 $s \in S$ に対し，「メカニズム」が生み出す帰結を $g(s)$ で示すことにしよう。対応関係

$$g : S \to Z \tag{15.11}$$

を**帰結関数** (outcome function) と呼び，メッセージ空間 S と帰結関数 g の組 (S, g) を一つの**メカニズム**と呼ぶ。「メカニズム」は，主体に報告させる内容

とその選択範囲を規定したメッセージ空間 S と，主体が選択したメッセージに応じて帰結を算出するルール g から構成されるわけである。

例 15.6 例 15.3 のジャンケンをメカニズム (S, g) で表現してみよう。

各企業 j $(j = A, B, C)$ は，ジャンケンで出す純粋戦略 $\underline{R}$ock（グー），$\underline{S}$cissors（チョキ），$\underline{P}$aper（パー）上の混合戦略 $(p_R, p_P, 1 - p_R - p_P)$ と，ジャンケンにて勝者となったあとで T さんと月給について交渉するときの上限値 $\tilde{v}_j$ を報告する。ジャンケンで勝者が決まらない場合には，再度，ジャンケンをするものとする。T さんは，ジャンケンの勝者と交渉するときの月給の下限値 $\tilde{c}$ を報告する。T さんへの月給は，主体がメカニズムに報告した $\tilde{v}_j$ や $\tilde{c}$ に基づき，交渉力が企業と T さんの間で同じと想定して，メカニズムが自動計算する。交渉といっても「メカニズム」が算出するので，実際には交渉しない。但し，ジャンケンの勝者 j の $\tilde{v}_j$ が $\tilde{c}$ 未満の場合，ジャンケンで勝者になっても，企業 j は T さんを雇用できず，T さんは，現在の仕事を継続するものとする。

例えば，

$$(s_A, s_B, s_C, s_T) = ((1, 0, 0), \tilde{v}_A), ((1, 0, 0), \tilde{v}_B), ((0, 0, 1), \tilde{v}_C), \tilde{c}) \tag{15.12}$$

であれば，C 社がジャンケンの勝者になり，T さんへの月給は $\frac{1}{2}(\tilde{v}_C + \tilde{c})$ になる（但し，$\tilde{v}_C \geqq \tilde{c}$ の場合）。よって，このメカニズムが生み出す帰結 $z = (x, \pi)$ は，次の資源配分 x と所得分配 π から構成される。

$$x = (0, 0, 1, 0) \quad \& \quad \pi = \left(0, 0, v_C - \tfrac{1}{2}(\tilde{v}_C + \tilde{c}), \tfrac{1}{2}(\tilde{v}_C + \tilde{c}) - c \right) \tag{15.13}$$

もちろん，メカニズムは，v_C や c を知らないので，メカニズムが生成するのは，いずれの企業が T さんを雇用し，月給がいくらになるかのみである。

15.2.3 遂行：支配戦略遂行，ナッシュ遂行，ベイジアン遂行

各主体のメッセージ空間 S_A, S_B, S_C, S_T を各主体の戦略集合とすると，帰結関数 g は各環境 e に応じて一つの利得関数を与えることになる。このため，メカニズム (S, g) を**ゲーム形式** (game form) とも呼ぶ。メカニズム (S, g) を与えると，各環境 e ごとに一つのゲームを誘導し，誘導されたゲームにおけ

る意思決定が，環境空間 E からメッセージ空間 S への対応

$$\sigma : E \to S \qquad (15.14)$$

を生み出し，帰結関数 g によるメッセージ空間 S から帰結空間 Z への対応を経て，$E \to S \to Z$ といった連鎖を生み出す。ジャンケンのみならず，均等割当やオークションなど，すべてのメカニズムがこのような連鎖を生み出す。

例 15.7 例 15.6 のメカニズム (S, g) において，各企業は，他社の需要価格 v が $G_v(\underline{v}) = 0$，$G_v(\overline{v}) = 1$ となる累積分布関数 G_v に従った確率変数，また，T さんの供給価格 c が $G_c(\underline{c}) = 0$，$G_c(\overline{c}) = 1$ となる累積分布関数 G_c に従った確率変数と予想している。但し，$E[v] \geqq \overline{c}$ とする。なお，T さんの企業の需要価格に対する予想は，企業の予想と同じとする。

■ 例 15.7 における関数 (15.14) の σ の導出 (♣) すべての主体の選好順序が，稼得する金銭の大小によって表される環境に限定した導出を示す。

例 15.6 のメカニズム (S, g) では，ジャンケンの勝者が T さんと賃金交渉するので，後方帰納法より，先ず，ある企業 j がジャンケンの勝者になった状況から出発しよう。T さんの環境が (15.4) 式の e_T のとき，真の留保賃金 c に応じて，賃金交渉時の月給の下限値 $\tilde{c}$ を選択する。

$$\tilde{c} = \alpha(c) \qquad (15.15)$$

ジャンケンで勝者となった企業 j ($j = A, B, C$) も，j の環境が (15.5) 式の e_j のとき，真の需要価格 v_j に応じて，賃金交渉時の月給の上限値 $\tilde{v}_j$ を選択する。

$$\tilde{v}_j = \beta(v_j) \qquad (15.16)$$

ここで，対応関係 β が j に依存しない**対称均衡** (symmetric equilibrium) が存在すると想定している。例 15.6 のメカニズム (S, g) では，

$$\alpha(c) \leq \beta(v_j) \qquad (15.17)$$

のときに，賃金交渉が妥結して，企業 j と T さんの間の雇用関係が成立する。関数 α と β が単調増加であると想定すると，T さんは，自らの期待利得

$$E[\pi_T] = \int_{\beta^{-1}(\alpha(c))}^{\overline{v}} \left(\frac{\beta(v) + \alpha(c)}{2} - c \right) dG_v(v) \qquad (15.18)$$

を最大化する関数 α を選択する (β^{-1} は，関数 β の逆関数)。なお，期待利得 (15.18) 式を最大化する α は，β に依存する (T さんの最適反応)。同様に，ジャンケンの勝者 j 社も，自らの期待利得

$$E[\pi_j] = \int_{\underline{c}}^{\alpha^{-1}(\beta(v_j))} \left(v_j - \frac{\beta(v_j) + \alpha(c)}{2} \right) dG_c(c) \qquad (15.19)$$

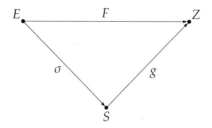

図 15.1　与件 E, Z, F とメカニズム (S, g)：マウント・ライター図

を最大化する関数 β を選択する（α^{-1} は，関数 α の逆関数）。なお，期待利得 (15.19) 式を最大化する β は，α に依存する（j 社の最適反応）。T さんと j 社の最適反応同士となる組 (α^*, β^*) がベイジアン・ナッシュ均衡になる。例えば，G_v と G_c が一様分布に従うときのベイジアン・ナッシュ均衡 (α^*, β^*) を求めれば，

$$\alpha^*(c) = \tfrac{1}{12}\left(3\bar{v} + \underline{c}\right) + \tfrac{2}{3}c \quad \& \quad \beta^*(v) = \tfrac{1}{12}\left(\bar{v} + 3\underline{c}\right) + \tfrac{2}{3}v \tag{15.20}$$

になるであろう（練習問題 15.4）。

　ベイジアン・ナッシュ均衡での期待利得を予測して，各社はジャンケンでの最適戦略を選択する。ナッシュ均衡での最適戦略は，R, S, P が 3 分の 1 の確率で出る確率機構，すなわち，混合戦略になる（練習問題 15.4）。かくして，(15.14) 式の対応 σ は，

$$\sigma_j(e_j) = \left(\left(\tfrac{1}{3}, \tfrac{1}{3}, \tfrac{1}{3}\right), \beta^*(v_j)\right) \quad (j = \mathrm{A, B, C}) \tag{15.21a}$$

$$\sigma_\mathrm{T}(e_\mathrm{T}) = \alpha^*(c) \tag{15.21b}$$

としたときの

$$\sigma = (\sigma_\mathrm{A}, \sigma_\mathrm{B}, \sigma_\mathrm{C}, \sigma_\mathrm{T}) \tag{15.22}$$

で構成されている。

　メカニズム (S, g) は，このように，環境 $e \in E$ の各々に対して，一つのゲーム（戦略形，展開形，ベイジアンなど）を誘導し，E から S への均衡戦略の対応 (15.14) の σ を生成する。そして，帰結関数 g を通じて，$E \to S \to Z$ という連鎖を生み出す。この連鎖が，設計目標となっている社会的選択関数 F の対応関係 $E \to Z$ と同じ対応になっているとき，すなわち，恒等式（数学注 21，p. 60）

$$g(\sigma(e)) \equiv F(e) \tag{15.23}$$

が成り立つとき，メカニズム (S, g) は社会的選択関数 F を**遂行** (implement) するという。特に，対応 (15.14) の σ が各環境 $e \in E$ に対してナッシュ均衡

メカニズム (例 15.3)	設計目標 (例 15.2)	
	売手の収入最大化	総余剰最大化，かつ，「格差のない」所得分配
均等割当	×	×
ジャンケン	×	×
くじ引き (抽選)	×	×
オークション	○	×

表 15.1　T さん達の場合 (例 15.1) における遂行可能性

を与えるときに，メカニズム (S, g) が社会的選択関数 F を遂行するのであれば，メカニズム (S, g) は社会的選択関数 F を**ナッシュ遂行**するという。同様に，対応 (15.14) の σ が各環境 $e \in E$ に対して支配戦略均衡を与える場合の遂行を**支配戦略遂行**という。また，各環境 $e \in E$ に対してベイジアン・ゲームが誘導される場合に，対応 (15.14) の σ が各環境 $e \in E$ に対してベイジアン・ナッシュ均衡を与える場合の遂行を**ベイジアン・ナッシュ遂行**，あるいは単に**ベイジアン遂行**という。いずれの遂行であっても，図 15.1 の**マウント・ライター図** (Mount-Reiter diagram) が成り立つとき，メカニズム (S, g) は社会的選択関数 F を遂行することになる [2]。

　社会的選択関数を遂行するメカニズムは，設計目標通りに設計されたメカニズムといえる。T さん達の場合，設計目標に対する各メカニズムの遂行可能性を示すと表 15.1 になる。売手の収入最大化に対する均等割当，ジャンケン，くじ引きの遂行不可能性については章末問題 15.4 に譲るとし，その他については本章の残りにおいてその理由を明らかにしていく。

15.3　誘因両立性と遂行可能性

　表 15.1 において，総余剰が最大となり，かつ「格差のない」所得分配を遂行するメカニズムが存在しない。本節では，その原因を明らかにする。

---

[2] ［用語注］対応 (15.14) の σ に，メカニズム (S, g) が誘導するゲームにおける均衡ではなく，何かしらの主体の行動仮説をおくこともできる。このときに，マウント・ライター図が成り立つのであれば，メカニズム (S, g) は目標関数 F を**実現** (realize) するという。本書では，メカニズムの遂行可能性を主に分析する。情報効率性を中心とした**実現理論**については，Hurwicz and Reiter (2006) を参照されたい。

15.3.1 直接メカニズム，間接メカニズム，誘因両立性

メッセージ空間 S を環境空間 E，帰結関数 g を社会的選択関数 F としたメカニズム (E, F) を**直接表明メカニズム**，あるいは単に**直接メカニズム**と呼ぶ。直接メカニズムは，各主体に私的情報となっている個々の属性そのものを報告してもらい，設計目標自体に照らして帰結を選び出すメカニズムである。直接メカニズム以外のメカニズムを**間接メカニズム**と呼ぶ。

誘因両立性は，間接メカニズムではなく，直接メカニズムに対する特性であることに注意しよう。T さん達を例にとれば，直接メカニズムにおいて，すべての環境 $e = (e_A, e_B, e_C, e_T)$ に対し，各主体 $i = A, B, C, T$ が真の環境 e_i を報告することが互いに最適反応，すなわち，ナッシュ均衡になっているとき，直接メカニズムは**誘因両立性**を満たすことになる。ここで，直接メカニズムも，間接メカニズムと同様，各環境に対しゲームを誘導することに注意しよう。

15.3.2 表明原理

直接，間接を問わず，社会的選択関数を遂行するメカニズムを探せれば良いわけであるが，実は，次の定理が成り立つことを**マイアソン** (R. B. Myerson, 1951–) が示している (Myerson, 1979, 1981)[3]。

定理 15.9 (表明原理，Revelation Principle) メカニズム (S, g) が社会的選択関数 F をナッシュ遂行するとしよう。このとき，直接メカニズム (E, F) は社会的選択関数 F をナッシュ遂行し，しかも，誘因両立性を満たす。

直感的な証明は，次のようになる。「環境空間 E からメッセージ空間 S への対応 (15.14) を代わりにしてあげます。もちろん，帰結関数 g に応じて帰結を決めます。ですから，あなたの環境を教えてください。」といえば，元々の間接メカニズム (S, g) が社会的選択関数 F を遂行しているので，直接メカニズム (E, F) において各主体は真の環境を報告すると推測できる。

表明原理 (定理 15.9) は，主張そのものの意味だけではない。対偶命題をとると，直接メカニズムにおいて誘因両立性を満たすようにナッシュ遂行でき

---

[3] ［学史注］マイアソンは，ハーヴィッツと共にノーベル経済学賞を受賞している。

なければ，間接メカニズムではナッシュ遂行不可能になってしまうことを意味する。実は，それが，表 15.1 において，「格差のない」所得分配がいかなる間接メカニズムによっても遂行できない理由なのである。

15.3.3 総余剰最大化，かつ，「格差のない」所得分配の遂行不可能性

Tさん達の例において，総余剰が最大となり，しかも「格差のない」所得分配がいかなる間接メカニズムによってもナッシュ遂行不可能なことを確認しよう。表明原理によって，直接メカニズムが誘因両立性を満たさないことを示せば十分である。

すべての主体の選好順序が，稼得する金銭の大小によって表される環境に絞ろう。そのような環境内で誘因両立性を満たさなければ，環境空間 E 全体で誘因両立性を満たすことはない。

さて，例 15.1 の需要価格，供給価格のとき，A社以外の企業が真の需要価格をメカニズム (E, F) に報告していたとする。このとき，A社は真の需要価格 $v_A = 54$ を報告することが最適であろうか。もしA社が真の需要価格を報告すれば，資源配分は $x = (1, 0, 0, 0)$，所得分配は $\pi = (9, 9, 9, 9)$ となる。ところが，真の需要価格ではなく，A社が需要価格を 49 万円であると報告したとしよう。このとき，資源配分は $x = (1, 0, 0, 0)$ のままとなり，メカニズムからの所得分配はA社の偽りの売上 49 万円からTさんの供給価格 18 万円を差し引いた金額の 4 等分となるので，所得分配は，

$$\pi = (54 - 49 + 7.75, 7.75, 7.75, 7.75)$$
$$= (12.75, 7.75, 7.75, 7.75) \tag{15.24}$$

になる。実際にA社が稼得する売上は 54 万円であるから，A社は 7 万 7,500 円に 5 万円が加わった 12 万 7,500 円の利益を得ることができる。このようにして，他社が真の需要価格を報告するときに，A社の最適反応は虚偽報告であり，真の報告がナッシュ均衡になることはない。すなわち，直接メカニズムは，誘因両立性を満たさないのである。

このようにして，直接メカニズムも，そして，表明原理より，いかなる間接メカニズムも，総余剰を最大にし，かつ，「格差のない」所得分配を生み出

すという設計目標をナッシュ遂行することはないのである。

15.4　オークションと遂行可能性

前節の終わりでは，総余剰最大化，かつ，「格差のない」所得分配という性質をもつ社会的選択関数は，ナッシュ遂行不可能であることを見た。また，例15.7 のジャンケン，その他，均等割当やくじ引きも，売手 (T さん) の収入最大化という設計目標をベイジアン遂行不可能であることを確認できる (練習問題 15.4)。

ところが，表 15.1 では，メカニズムの設計目標が T さんの収入最大化であれば，オークションが遂行可能であるとなっている。実は，オークションによる売手の収入最大化という設計目標の遂行可能性には，ナッシュ遂行とベイジアン遂行の可能性がある。本節では，このことを確認しよう。

15.4.1　イギリス式オークションとヴィクリ式オークション

複数の買手から 1 人を選ぶオークションは，いくつか知られている。最終的に 1 人の買手が残るまで価格を競り上げる**イギリス・オークション** (English auction) は，その一つである[4]。

イギリス・オークションを展開形ではなく戦略形ゲームを誘導するメカニズムで表現すると次のようになる。各買手のメッセージを「買い」の意志を示す上限価格，すなわち，需要価格とする。落札者は，需要価格が 1 位の買手，落札価格は第 2 位の需要価格である。これは，イギリス・オークションでは，第 1 位の需要価格をもつ買手が第 2 位の需要価格の大きさで呼値を出せば，第 2 位の需要価格をもつ買手は呼値を出さないからである。各環境に対しこのメカニズムが誘導する戦略形ゲームでは，各買手の戦略は提示する需要価格の値，利得関数は，提示した需要価格が 1 番であれば，真の需要価格から 2 番目の需要価格の差額の利得，提示した需要価格が 1 番でなければ

---

[4]　[用語注] **競り上げ式**オークション (ascending auction) には，買手が価格を互いに呼び合い 1 人の買手が残るまで競り合う方式や，競り人が提示した価格に対して買手が買う意思を表明していきながら買手が 1 人になるまで競り人が価格を引き上げる方式などがある。イギリス・オークションといった場合，前者の方式を指し，後者の方式は**ジャパニーズ・オークション**と呼ばれる。

ゼロの利得を与える関数となる。

利得関数より, 真の需要価格を提示することが弱支配戦略となる (練習問題 15.3)。マウント・ライター図 (図 15.1) の環境空間 E からメッセージ空間 S への対応 σ は, 各環境 e に対し, 各買手の真の需要価格が対応することになる。弱支配戦略の組でナッシュ均衡となり, 買手の真の需要価格の中で 2 番目の需要価格で取引価格が決まる。

ファクト 15.10 m 人の買手の真の需要価格を高い順に並べ,

$$v^{(m)} > v^{(m-1)} > \cdots > v^{(2)} > v^{(1)} \tag{15.25}$$

としたとき, イギリス・オークションでの落札価格は $v^{(m-1)}$, 落札者は $v^{(m)}$ の需要価格をもつ買手である。

イギリス・オークションを上記のようなメカニズムで表現すれば, イギリス・オークションは, 各買手に封印した書面によって需要価格を提示してもらう**封印入札**において, 最高値の入札者を落札者とするものの, 取引価格自体は入札された価格の中で 2 番目に高い価格となる**第 2 価格封印入札** (second-price sealed-bid auction) と同じメカニズムといえる。

第 2 価格封印入札は, 1996 年にノーベル経済学賞を受賞した**ヴィクリ** (W. Vickrey, 1914–1996) が発案したオークションであるため, **ヴィクリ・オークション**とも呼ばれる。ヴィクリ・オークションは, 特定の商品を n 単位売却するときに, m 人の買手 $(m > n)$ に同時に封印入札させ, 上位 n 番目までの価格を入札した買手を落札者とするが, 取引価格は $n + 1$ 番目の価格となるオークションである。$n = 1$ のときが第 2 価格封印入札である。

ファクト 15.11 ヴィクリ・オークションでは, すべての買手について, 自らの真の需要価格に等しい価格で入札するのが弱支配戦略になる。この結果, 取引価格は, 真の需要価格において $n + 1$ 番目の価格になる。

ヴィクリ・オークションは, イギリス・オークションと同じ戦略形ゲームを誘導するため, このファクトが成り立つ。

オークションには, イギリス・オークション以外の形式のオークションも存在する。次に, 他の形式のオークションを取り上げ, その後に, いずれのオークションが売手の収入を最大化するのか, 考察していこう。

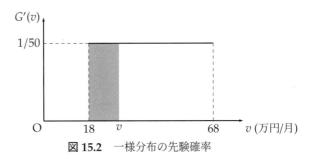

図 15.2　一様分布の先験確率

15.4.2　オランダ式オークションと第 1 価格封印入札

　オークションには，買手が全く現れないような高い価格から出発して，買手が現れるまで価格を競り下げる**オランダ・オークション** (Dutch auction)や，最高値で取引することを前提に封印入札し，最高値を入札した買手を落札者とする**第 1 価格封印入札** (first-price sealed-bid auction) も存在する。

　だれも購入の意思を表明しないときに購入の意思を表明する価格を決めることは，他の買手の入札価格を知らずに入札価格を決めるのと同じである。したがって，次の結果を得る。

ファクト 15.12 オランダ・オークションと第 1 価格封印入札は，同一メカニズムである。

　イギリス・オークションやヴィクリ・オークションとは異なり，オランダ・オークションや第 1 価格封印入札は，各環境に対して，他の買手の真の需要価格への先験確率を導入したベイジアン・ゲームを誘導する。

　他の買手の真の需要価格に対する予測は，先験確率を表す確率分布によって表現することができる。他の買手の需要価格が v 以下となる確率を $G(v)$ で表そう。m 人すべての買手が同じ予想を抱き，同じように入札価格を決めているとすれば，ベイジアン・ナッシュ均衡での入札価格は，自らの真の需要価格が v のとき，次の関数の値となる (導出方法は，下記 15.4.4 項参照)。

$$\beta(v) = v - \frac{\int_{-\infty}^{v} \{G(t)\}^{m-1}\, dt}{\{G(v)\}^{m-1}} \tag{15.26}$$

マウント・ライター図 (図 15.1) の環境空間 E からメッセージ空間 S への対応 (15.14) は，各買手とも関数 β となる。例えば，T さん達の問題 (例 15.1) の場合，各企業 $j = A, B, C$ について，$\sigma_j = \beta$ になる。

T さん達の問題 (例 15.1) において，各企業は互いに，他社の需要価格が月 18 万円から 68 万円の範囲上の一様分布に従う確率変数であると予測しているとしよう (図 15.2)。このとき，先験確率は，次の累積分布関数

$$G(v) = \begin{cases} 0 & \text{if } v < 18 \\ \dfrac{v - 18}{68 - 18} & \text{if } 18 \leqq v < 68 \\ 1 & \text{if } 68 \leqq v \end{cases} \tag{15.27}$$

によって与えられる。したがって，(15.26) 式より，各社は，

$$b = 6 + \tfrac{2}{3} v \tag{15.28}$$

に従って入札価格 b を決める。例えば，真の需要価格が例 15.1 の場合，A 社が $b = 6 + \tfrac{2}{3} \times 54 = 42$ 万円で入札して落札者となる。

真の需要価格が高いほど，入札価格は高くなることが理解できる。したがって，オランダ・オークションと第 1 価格封印入札は，イギリス・オークションやヴィクリ・オークションと同じように，最も高い需要価格をもつ買手が落札する。

しかしながら，落札価格は 2 番目の需要価格になるわけではない。実際，T さんを雇用しようとしている A 社は，例 15.1 の需要価格のとき，42 万円で落札するが，これは，B 社の真の需要価格より低い。

15.4.3 ヴィクリ収入等価定理

イギリス・オークションと第 2 価格封印入札は，売手の収入最大化という社会的選択関数をナッシュ遂行するのであろうか。あるいは，オランダ・オークションと第 1 価格封印入札は，売手の収入最大化という社会的選択関数をベイジアン遂行するのであろうか。最後に，本節の問題意識への答えを探ってみよう。

オークションを実施した後 (**事後**, ex post) の取引価格は，買手の真の需要価格次第で，イギリス・オークションと第 1 価格封印入札では異なる。しか

しながら，売手の立場になったとき，いずれの方式のオークションが収入最大化となるかは，オークションを実施する以前 (**事前**, ex ante) のメカニズムの設計段階での評価となるため，落札価格の期待値が問題となる。それでは，いずれのオークションが売手の収入の期待値を最大化するのであろうか。ヴィクリは，これまで見てきた 4 種類のオークションについて，次の定理が成り立つことを示している (Vickrey, 1961)。

定理 15.13 (ヴィクリ収入等価定理) イギリス，オランダ，第 1 価格封印入札，第 2 価格封印入札のいずれも，事前における売手の余剰は等しい。

　　[証明] ファクト 15.10 とファクト 15.11 より，イギリス・オークションと第 2 価格封印入札は，同一の落札価格となる。また，オランダ・オークションと第 1 価格封印入札の落札価格は等しい (ファクト 15.12)。$E[v^{(m-1)}]$ と (15.26) 式の期待値が一致するため (証明は 15.4.4 次項参照)，ファクト 15.10 より，すべてのオークションにおいて売手の収入の期待値は等しい。‖

　収入等価定理によれば，いずれのオークションでも売手の収入の期待値は等しい。この結果，売手の収入最大化という社会的選択関数を，イギリス・オークションと第 2 価格封印入札はナッシュ遂行し，オランダ・オークションと第 1 価格封印入札はベイジアン遂行すると推測できる[5]。

15.4.4　オークション：数学付録 (♣)

　本項では，(15.26) 式の導出と，イギリス・オークションでの落札価格の期待値が (15.26) 式の期待値に一致することを示す。

■ **(15.26) 式の導出**：買手 i 以外の買手が $b = \beta(v)$ にしたがって入札価格 b を決めているとしよう。但し，関数 β は増加関数であるとする。買手 i が b_i で入札したとき，買手 i が落札するには，$b_i > \beta(v_j)$ $(j \neq i)$ でなければならない。この結果，買手 i が勝者となる確率は，$G(\beta^{-1}(b_i))^{m-1}$ になる。ここで，β^{-1} は，関数 β の逆関数である。したがって，買手 i の余剰の期待値は，真の需要価格が v_i のとき，

$$E[\pi_i] = G(\beta^{-1}(b_i))^{m-1}(v_i - b_i) \tag{15.29}$$

---

[5]　[発展] 本章では四つの方式のオークションを見たが，逆に，売手の収入を最大にするメカニズムは，他には存在しないのかが疑問として残るであろう。この疑問への答えについては，マイアソンの研究成果 (Myerson, 1981) を参照すると良い。

になる。余剰の期待値 $E[\pi_i]$ を最大化する入札価格では，包絡線定理 (数学注 23，p. 66) より，

$$\frac{dE[\pi_i]}{dv_i} = G(\beta^{-1}(b_i))^{m-1} \qquad (15.30)$$

買手 i も又，他の買手と同じ $b = \beta(v)$ にしたがって入札価格 b_i を決めている とすれば，

$$\frac{dE[\pi_i]}{dv} = G(v)^{m-1} \qquad (15.31)$$

両辺を $-\infty$ から v_i まで定積分して b_i について求めれば，(15.26) 式を得る。

■ イギリス・オークションと第 1 価格封印入札の事前での収入等価：第 1 価 格封印入札での落札価格の標本は，需要価格の第 m 順序統計量 $v^{(m)}$ での関数 (15.26) の値になっている [6]。その期待値は，

$$E\left[\beta(v^{(m)})\right] = \int_{-\infty}^{\infty} \beta(v)m\,\{G(v)\}^{m-1}\,G'(v)dv \qquad (15.32\text{a})$$

$$= E\left[v^{(m)}\right] - m \int_{-\infty}^{\infty} G'(v)\left(\int_{-\infty}^{v} \{G(t)\}^{m-1}\,dt\right)dv \qquad (15.32\text{b})$$

$$= E\left[v^{(m)}\right] - m \int_{-\infty}^{\infty} \{G(v)\}^{m-1}\,(1 - G(v))dv \qquad (15.32\text{c})$$

$$= E\left[v^{(m-1)}\right] \qquad (15.32\text{d})$$

となる。ここで，(15.32c) 式は，

$$\lim_{v \to -\infty} G(v) = 0 \quad \& \quad \lim_{v \to \infty} G(v) = 1 \qquad (15.33)$$

及び，

$$\left[G(v)\int_{-\infty}^{v} \{G(t)\}^{m-1}\,dt\right]' = G'(v)\int_{-\infty}^{v} \{G(t)\}^{m-1}\,dt + \{G(v)\}^{m} \qquad (15.34)$$

---

[6] ［数学注］m 個の標本 $s_1,\ldots,s_m$ を低い順に並べたとき，k 番目に低い値となる確率変数を第 k **順序統計 量** (kth order statistics) といい，$s^{(k)}$ で表す。元の確率変数が分布 G に従う場合，$s^{(k)}$ の確率密度関数は次に よって与えられる。

$$g_{s^{(k)}}(s) = \frac{m!}{(k-1)!(m-k)!}\,\{G(s)\}^{k-1}\,\{1 - G(s)\}^{m-k}\,G'(s) \qquad (\text{fn.6})$$

より従う。また，(15.32d) 式は，(15.33) 式と

$$\left[v \{G(v)\}^{m-1} (1 - G(v)) \right]' = \{G(v)\}^{m-1} (1 - G(v))$$
$$+ (m-1)v \{G(v)\}^{m-2} (1 - G(v))G'(v)$$
$$- v \{G(v)\}^{m-1} G'(v) \quad (15.35)$$

より従う。ファクト 15.10 より，需要価格の第 $(m-1)$ 順序統計量 $v^{(m-1)}$ は，イギリス・オークションの落札価格の標本であるから，第 1 価格封印入札とイギリス・オークションのいずれも，落札価格の期待値は同じである。

練習問題

問題 15.1 空欄を埋めなさい。

(1) 主体の選好や技術などの属性が (ア) 情報となっており，各主体が各々の (ア) 情報のみに基づいて意思決定する情報 (イ) 的状況では，各主体に属性を報告してもらう (ウ) メカニズムによって設計目標を果たそうとすると，(エ) と (オ) の問題が起こる。(エ) は，報告してもらう情報量が最小となることをいうが，(ウ) メカニズムは市場の場合よりも (エ) が悪化する。(オ) は，真の属性を報告することが合理的な選択となっていることをいうが，これも市場であれば発生しない問題である。

(2) (ア) メカニズムにおいて (イ) 可能なとき，(ウ) メカニズムも (イ) 可能であり，しかも (エ) を満たす。この原理を (オ) という。(オ) に従えば，(エ) を満たす (ウ) メカニズムで (イ) 可能でなければ，いかなるメカニズムでも設計目標となっている (カ) 関数を遂行することはできない。

(3) 四つの方式のオークション，(ア)，(イ)，(ウ)，(エ) での (オ) における売手の収入が (カ) という定理を (キ) 定理という。

問題 15.2 練習問題 2.4 (p. 43) において，T さんと U さんの 2 人が共同でヴィクリ・オークションを開くとき，(1) 落札価格と落札者，資源配分と所得分配を求め，(2) 市場均衡と比較しなさい。

問題 15.3 T さん (例 15.1) が月給を決めるオークションを開くとする。

(1) イギリス・オークションと第 2 価格封印入札の各々について，(a) 各企業

は真の需要価格を表明することが弱支配戦略になること，(b) 各社の真の需要価格が例 15.1 のときに，メカニズムが生み出す帰結 (資源配分と所得分配) を示しなさい。

(2) 各社の需要価格が例 15.1 のときを想定しよう。オランダ・オークションと第 1 価格封印入札の各々について，各企業が他社の需要価格について 20 万円から 100 万円の間の一様分布に従うと予想しているときに，(a) 各社の入札価格と (b) メカニズムが生み出す帰結 (資源配分と所得分配) を示しなさい。

問題 15.4 (♣) 例 15.1 の T さん達について，例 15.3 (p. 319) の均等割当，ジャンケン，くじ引きを考えよう。但し，すべての主体の選好順序が，稼得する金銭の大小によって表される環境に限定する。

(1) 均等割当，ジャンケン，くじ引きのいずれの場合も，例 15.7 (p. 325) のベイジアン・ゲームであれば，ベイジアン・ナッシュ均衡は，G_v と G_c が一様分布のとき，(15.20) 式になることを示しなさい。

　［ヒント］関数 (15.15) と関数 (15.16) を一次関数とおいて，定数項，係数についての最適反応を求める。

(2) 例 15.7 を想定しよう。以下の (a) から (e) の手順で，次の不等式 (15.36) を示しなさい。なお，不等式 (15.36) は，T さんと月給について交渉権のある企業の需要価格の標本の期待値で評価した月給 (右辺) が，イギリス・オークションでの月給の期待値 (左辺) より小さいことを示している。

$$E\left[v^{(2)}\right]$$
$$> \frac{1}{2}\left[\alpha^*(c) + \frac{1}{3}\int_{(\beta^*)^{-1}(\alpha^*(c))}^{\overline{v}}\left\{\beta^*(v^{(1)}) + \beta^*(v^{(2)}) + \beta^*(v^{(3)})\right\}dG_v(v)\right] \quad (15.36)$$

但し，$v^{(k)}$ ($k = 1, 2, 3$) は v の第 k 順序統計量 (数学注 6, p. 335)，また，関数 α^* と β^* は (15.20) 式の α^* と β^* である。

(a) 任意の累積分布関数 G_v に対して，次が成り立つことを示しなさい。
$$\frac{1}{3}E\left[v^{(1)} + v^{(2)} + v^{(3)}\right] = E[v] \quad (15.37)$$

(b) この結果，任意の累積分布関数 G_v に対して，
$$\frac{1}{3}E\left[\beta^*(v^{(1)}) + \beta^*(v^{(2)}) + \beta^*(v^{(3)})\right] = E\left[\beta^*(v)\right] \quad (15.38)$$

(c) G_v が一様分布に従うとき,

$$E\left[v^{(2)}\right] = E[v] \tag{15.39}$$

(d) $E[v] \geqq \bar{c}$ のとき,

$$\frac{\alpha^*(c) + E[\beta^*(v)]}{2} \leqq E[v] \tag{15.40}$$

(e) 以上の結果と次を結合する。

$$\int_{(\beta^*)^{-1}(\alpha^*(c))}^{\bar{v}} \left\{\beta^*(v^{(1)}) + \beta^*(v^{(2)}) + \beta^*(v^{(3)})\right\} dG_v(v)$$
$$< E\left[\beta^*(v^{(1)}) + \beta^*(v^{(2)}) + \beta^*(v^{(3)})\right] \tag{15.41}$$

(3) 期待利得で見たとき，均等割当，ジャンケン，くじ引きのいずれも，すべての主体にとって同じ帰結といえることを示しなさい。

(4) 帰結関数が与える所得分配における各主体の余剰の vNM 効用を考えたとき，(i) すべての主体が危険中立的であれば，くじ引きは均等割当とパレート基準で同位であるが，(ii) 危険回避的な主体が存在すれば，くじ引きは均等割当よりパレート基準において悪化することを示しなさい。

第16章　社会的選択

　メカニズム・デザインでは，設計目標となっている社会的選択関数は所与
である。すなわち，設計依頼者，あるいは設計者は，社会的選択関数の作成
方法を知っていなければならない。

　それでは，どのように作成すれば良いのであろうか。この問題は，きわめ
て難しい，しかし，とても興味深い論点を含む。例えば，2人の主体がいて，
各々は帰結上に主観的評価を表す選好順序をもっている。異なる二つの主観
的評価から，2人全体での評価 — 社会的評価 — を表す「社会的順序」を作
成して，その社会的順序で最適な帰結を探してみる。その帰結を社会的選択
関数が与える帰結とすれば，2人全体での最適な設計目標になるといえるで
あろう。となれば，各主体の主観的評価からどのような手続きを経れば，社
会的評価を作成できるのかが問題となる。あるいは，どのような手続きなら
ば，主体の選好順序を社会的順序に集計できるのか，この問題を扱う分野が
社会的選択理論 (social choice theory) である [1]。

16.1　主観的評価，社会的順序

　主観的評価と社会的評価の表現方法を定めるところから始めよう。

　各主体が帰結上にもつ主観的評価は，選好順序によって表現することがで
きる。二つの帰結 z と z' を任意にとったとき，「z よりも z' を好む」という主
体 i の主観的評価を，選好順序 $>_i$ を用いて $z' >_i z$ で表す。我々は，「社会的評
価」についても，各主体の主観的評価と同じように，「順序」を用いて表現す

---

[1]　［学史注］社会的選択理論の端緒は，1972 年ノーベル経済学賞受賞者 K. アローの『社会的選択と個人的
評価』(Arrow, 1963, 1951 年初版) である。1998 年に同賞受賞の**アマルティア・セン** (Amartya K. Sen, 1933–)
による教科書『集合的選択と社会的厚生』(Sen, 1970) は，社会的選択理論の学習に最適であろう。

ることにしよう。すなわち，二つの帰結 z と z' があったとき，「z よりも z' が社会的に望ましい」とする社会的評価を順序 $>_S$ を用いて $z' >_S z$ で表し，順序 $>_S$ を**社会的選好順序**，または単に**社会的順序**と呼ぼうというわけである。

　強選好順序 $>_i$ や $>_S$ は，**弱選好順序** $\succsim_i$ や $\succsim_S$ と次のように関係している。

$$z' > z \iff z' \succsim z \text{ かつ } \neg (z \succsim z') \tag{16.1}$$

$z' \succsim_i z$ であれば，「主体 i は，z' を z よりも少なくとも同程度選好する」となり，$z' \succsim_S z$ であれば「z' は，社会的には，z よりも少なくとも同程度選好される」となる。

　主体の選好順序 $\succsim_i$ にせよ，社会的順序 $\succsim_S$ にせよ，帰結空間 Z 上に順序を与えている。そこで，帰結空間 Z 上の任意の順序 $\succsim$ があったとき，いくつかの満たすべき性質があると考えられる。

　一つ目は，いかなる二つの帰結をとってきても，いずれを少なくとも同程度選好するかを判別できるという「完備性」である。

完備性 (completeness)：任意の二つの帰結 z と z' に対し，$z' \succsim z$ または $z \succsim z'$ が成り立つ。

二つ目は，順序の無矛盾性を表す「推移性」である。

推移性 (transitivity)：任意の三つの帰結 z, z', z'' に対し，$z' \succsim z$ かつ $z'' \succsim z'$ であるならば，$z'' \succsim z$ が成り立つ。

弱選好順序 $\succsim$ が推移性を満たせば，強選好順序 $>$ も又，推移性を満たす (練習問題 3.11, p. 84)。

　例えば，帰結が 3 種類のとき，完備性と推移性を満たす強選好順序は全部で 6 種類ある。

　例 16.1 三つの帰結 a, b, c からなる帰結空間 $Z = \{a, b, c\}$ 上の論理的に可能な強選好順序 $>$ の全体は，

$$\mathscr{P} = \{abc, acb, bac, bca, cab, cba\} \tag{16.2}$$

　ここで，「論理的に可能」とは，完備性と推移性を満たすという意味である。また，例えば，bac は，「帰結 c よりも帰結 a を，帰結 a よりも帰結 b を好む」

	ケース1	ケース2	ケース3
$>_A$	abc	cab	abc
$>_B$	bac	bac	bca
$>_C$	acb	cab	cab
$>_S$	abc	cba	?

表 16.1 単記投票による社会的順序

という意味である。選好順序は，あくまでも二つの帰結に対する比較になる
ことに注意しよう。例えば，$b > a$，$a > c$，$b > c$ のように，三つの帰結 a，b，
c 間の比較では三つの順序を与える。推移性は，それら三つの順序が矛盾し
ないための性質であり，例えば，$cbac$ などを排除する。このことと完備性を
あわせると，三つの帰結上の強選好順序は全部で6種類になる [2]。

16.2 アローの社会的厚生関数

各主体の主観的評価 (選好順序) から社会的評価 (社会的順序) を形成する手
続きとは，各主体の選好順序を与えたときに社会的順序を与える対応ルール
といえる。この対応ルールを**アローの社会的厚生関数**と呼ぶ。例えば，主体
A と主体 B の2人の主体から構成される「社会」であれば，

$$\succsim_S = f(\succsim_A, \succsim_B) \tag{16.3}$$

といったように，主体 A の選好順序 $\succsim_A$ と主体 B の選好順序 $\succsim_B$ に対し，社
会的順序 $\succsim_S$ を与えるルール f が，アローの社会的厚生関数である。

例 16.2：単記投票方式 各主体が1人1票を投票して，得票順に社会的順
序 $\succsim_S$ を定める。

3種類の帰結 (例 16.1) に対し3人の主体 (主体 A，B，C) がいるとき，単記
投票を適用して社会的順序を求めてみよう。表 16.1 には，各主体の強選好順
序が与えれたとき，それらの選好に対応する社会的順序が示されている。ケー

---
[2] ［発展］弱選好順序であれば論理的に可能な順序は何種類になるか，確かめてみよう。

ス 1 では，主体 A の強選好順序 $>_\text{A}$ が abc，主体 B が bac，主体 C が acb であり，帰結 a の得票数が 2，帰結 b の得票数が 1，帰結 c の得票数が 0 となって，社会的順序 $>_\text{S}$ は abc になる。アローの社会的厚生関数を用いて示せば，

$$abc = f(abc, bac, acb) \tag{16.4}$$

と表せる。ケース 2 も，(16.4) 式のように表現することができる。ケース 3 では，いずれの帰結も得票数が 1 となって，順位が定まらない。社会的順序を強選好順序に限定した場合，完備性を満たさないことになる。

> **例 16.3：ボルダ方式**　各主体は帰結上の順位を知らせる。但し，1 位には 5 点，2 位には 2 点，3 位には 1 点が付与される。各主体が示した順位に対しそのように点数を与え，各帰結の総得点を計算し，得点数の高い順に社会的順序を形成する。

　ボルダ方式は，主体の選好順序を点数化して集計したものを社会的順序とする方法である。単記投票方式と異なり，ボルダ方式は各主体の主観的評価自体を知らせる仕組みになっていることに注意しよう。ところが，ボルダ方式も単記投票方式と同じように，強選好順序では完備性を満たさないケースがある (cf. 表 16.1 ケース 3)。

　理論的には，社会的に同位となることが必ずしも不合理なわけではない。弱選好順序であれば，単記投票方式もボルダ方式も完備性を満たす社会的順序を与えるかもしれない。

　しかしながら，例えば，複数の候補者から 1 人の代表者を選出する場合には，決選投票やくじ引きなどによって，順位を確定しなければならなくなってしまう。そうであるならば，最初から総当たり戦によって順位を確定すれば良いかもしれない。次は，そのような方式である。

> **例 16.4：コンドルセ方式**　二つの帰結ごとに，得票数の多い側を選ぶ**単純多数決**によって順位を決め，敗者同士も含めた総当たり戦によって帰結間の社会的順序を定める。

　主体の選好順序が表 16.1 のときに，コンドルセ方式を適用して社会的順序を決めると表 16.2 になる。ケース 3 を見ると，帰結 a と帰結 b の二つの間は，

	ケース1	ケース2	ケース3
$>_A$	abc	cab	abc
$>_B$	bac	bac	bca
$>_C$	acb	cab	cab
$>_S$	abc	cab	循環

表 16.2 コンドルセ方式による社会的順序

Aさんがbよりもaを，Bさんがaよりもbを，そして，Cさんがbよりもaを好むので，2対1で$a >_S b$となる。同様に，帰結bと帰結cも2対1となるので，社会的順序はabcになるかと思えば，帰結aと帰結cでは1対2であるから，$c >_S a$となる。したがって，$\cdots cabcabc \cdots$と循環してしまう。単純多数決による社会的順序付けが推移性を満たさない，すなわち，社会的順序が循環するという矛盾は，**投票のパラドックス**と呼ばれている。

16.3　アローの一般可能性定理

　各主体の主観的評価から社会的評価を集計する手続きとして，どのような条件を満たす社会的厚生関数が存在するのであろうか。ノーベル経済学賞受賞者ケネス・アローは，主観的評価への「自由」を認め，だれ1人も特別扱いしないという意味ですべての主体を「公平」に扱い，コンドルセ方式に見られた欠陥のない手続きは，存在しないことを示した。逆に言えば，どれか一つの条件を満たさなければ，主体の主観的評価を社会的評価に集計することのできる最小条件群を探したといえる。そこで，先ずは，それらの条件を順次，見てみよう。

　「社会」の構成員の選好順序について，何かしらの制限があっては「自由」や「公平」であるとは言い難い。例えば，例16.1において，「帰結aは帰結bの上位である。」とか「帰結aは最下位である。」ことを特定の主体，あるいはグループに強要した上で社会的評価を形成しようとすれば，主観的評価の形成が「自由」かつ「公平」であるとはいえないであろう。社会的厚生関数が満たすべき第1の条件として，社会的厚生関数の定義域の構成要素となっ

ている主体の選好順序の組合せに，制限を設けないことが指摘できる。

定義域の非限定性 (Unrestricted Domain)：各主体の選好順序の全体は，帰
　　　結空間 Z 上の論理的に可能なすべての順序から構成され，社会的厚生
　　　関数の定義域は，主体の選好順序のすべての組合せで構成される。

　第 2 は，全員改善は，社会的に改善しているという性質である。

パレート原理 (Pareto Principle)：すべての主体が帰結 z よりも帰結 z' を選
　　　好すれば，社会的にも帰結 z' が帰結 z よりも望ましい。

単記投票方式もコンドルセ方式も，パレート原理を満たすことに注意しよう。

　第 3 に，誰 1 人も特別扱いをしないことは，当然，特定の主体の主観的評
価が社会的評価となるようであってはならないことを意味する[3]。

非独裁性 (Non-Dictatorship)：自らの選好順序が，いかなるときでも，社会
　　　的順序となる主体は存在しない。

自らの主観的評価が，常に社会的評価となる主体を**独裁者** (dictator) と呼ぶ。
非独裁性は，独裁者が存在しないという条件である。

　以上の三つの性質を満たす社会的厚生関数は，複数，存在するであろう。実
際，単記投票方式もボルダ方式も以上の三つの性質のすべてを満たす。そこ
で，「民主主義」の原点に立ち戻り，二つの帰結間での単純多数決による順序
付けがもつ「強み」を抽出してみることにしよう。

　二つの帰結間で単純多数決を行うと，その他の帰結が加わって選好順序が
変化しても，それら二つの帰結間での変化以前と変化後の主観的評価が全員
同じであれば，社会的評価は変わることはない。例えば，表 16.2 のケース 1
とケース 2 を見よう。ケース 1 とケース 2 では主体の選好順序は異なるもの
の，主体 A が $a >_A b$，主体 B が $b >_B a$，主体 C が $a >_C b$ となっており，ケー
ス 1 でもケース 2 でも帰結 a と帰結 b の二つの間では全員の主観的評価が同
じである。コンドルセ方式では，この場合，帰結 a と帰結 b の間の社会的評
価もケース 1 とケース 2 で同じになっている。単純多数決のもつこの性質を

---

[3]　［用語注］Dictatorship を政治体制としての**独裁制**ではなく，社会的厚生関数の性質としての**独裁性**と訳
す方が適切なのかもしれない。オークションが売手の期待収入最大化を遂行することを前章で見たが，これは
「独裁制」ではなく「独裁性」という性質を社会的選択関数が満たしていたからといえよう。

一般化したのが，次の条件である。

無関係選択肢からの独立性 (Independence of Irrelevant Alternatives)：任意の二つの帰結に対し，それら二つの帰結の間の主観的評価が，主体の選好順序の変化前，変化後で同じであれば，二つの帰結間での社会的評価は，主体の選好順序の変化前，変化後も同じである。

単記投票方式とボルダ方式は，「無関係選択肢からの独立性」を満たさない (cf. 表 16.1, p. 341)。それでは，以上の四つの条件を満たす社会的厚生関数は存在するのであろうか。その答えが「アローの一般可能性定理」である。

定理 16.5 (アローの一般可能性定理) 帰結が三つ以上であれば，次の条件を同時に満たす社会的厚生関数は存在しない。

(U) 定義域の非限定性；(P) パレート原理；(I) 無関係選択肢からの独立性；(D) 非独裁性

　この定理は，四つの条件を同時に満たす社会的厚生関数が存在しないことから**不可能性定理**とも呼ばれている。帰結が三つ以上であることが必要条件となるのは，帰結が二つのみであれば条件 (U), (P), (I), (D) を満たす社会的厚生関数が存在するからである (例を挙げよ)。以下では，アローの定理がどのように成り立っているのかを確認できるよう，主体数を 2 (主体 A と主体 B)，帰結数を 3 (帰結 a, b, c)，帰結空間 $Z = \{a, b, c\}$ 上の順序を強選好順序 $>$ に限定して証明を与えてみよう [4]。

　［証明］完備性と推移性より，帰結空間 Z 上の論理的に可能な強選好順序は，例 16.1 (p. 340) の集合 $\mathscr{P}$ の 6 個の要素になる。また，社会的厚生関数の定義域は，条件 (U) より，全部で 36 組からなる。表 16.3 (次頁) は，各主体の選好順序のすべてを書き記して，社会的厚生関数の定義域の各点を各セルで表現している。そして，各セルに，社会的厚生関数の値を入れることで，表 16.3 自体が社会的厚生関数 f を表現することになる。

　先ず，主体 A も主体 B も選好順序が abc のときを考えよう。条件 (P) によって，社会的順序も又，abc とならなければならない。表 16.3 の対角は，すべて，主体の選好順序と同じ順序が社会的順序になる。また，対角以外のセルに条件 (P) を適用

---

[4] ［発展］2 主体，三つの帰結のときに，弱選好順序へ拡大したときの証明は，練習問題 16.7 を参照。2 人以上の任意の主体数，三つ以上の任意の帰結数に対するより一般的な証明については，アマルティア・センによる証明 (Sen, 1986, 1995) などを参照すると良いであろう。

主体 B

	abc	acb	bac	bca	cab	cba
abc	abc	ab, ac	ac, bc	bc	ab⁺	
acb	ab, ac	acb	ac		ab, cb	cb
bac	ac, bc	ac	bac	ba, bc		ba*
bca	bc		ba, bc	bca	ca	ba, ca
cab	ab	ab, cb		ca	cab	ca, cb
cba		cb	ba	ba, ca	ca, cb	cba

（左側のラベル：主体 A）

表 16.3　社会的厚生関数

すると，表 16.3 のようになる。例えば，∗ の付してあるセルでは，社会的には ba である。ここで，$b \succ_S a$ を ba と略記している (他も同様)。

さて，条件 (D) より，表 16.3 の対角以外のセルに，主体 A の選好順序と異なる社会的な順序が入っている。それが，∗ の付してあるセルであったとしよう (他のセルであったとしても，以下と同じように，矛盾が起こることを示せる)。社会的順序は主体 A の選好順序と異なるのであったから，社会的順序は bca か cba のいずれかになる。先ずは，社会的順序を bca と想定してみよう。

セル ∗ での社会的順序が bca であることに条件 (I) を適用すると，

(I.1) 主体 A が ac, 主体 B が ca のとき，社会的には ca

(I.2) 主体 A が bc, 主体 B が cb のとき，社会的には bc

このとき，主体 A の選好順序が abc, 主体 B の選好順序が cab (+ が付されたセル) では，条件 (P) によって，社会的には ab になっている。したがって，条件 (I.2) と推移性より，社会的には ac である。しかし，これは，条件 (I.1) に矛盾する。故に，∗ が付されたセルでの社会的順序は，bca ではなく，cba でなければならない。

よって，∗ が付されたセルでの社会的順序が cba であったとしよう。条件 (I) より，条件 (I.1) と次が成り立つ。

(I.3) 主体 A が bc, 主体 B が cb のとき，社会的には cb

表 16.3 に条件 (I.1) と条件 (I.3) を適用したときの社会的厚生関数を示したのが，表 16.4 である。表 16.4 において † が付された二つの社会的順序に条件 (I) を適用すると，次が成り立つ。

(I.4) 主体 A が ab, 主体 B が ba のとき，社会的には ba

(I.5) 主体 A が ba, 主体 B が ab のとき，社会的には ab

この結果，‡ と付されたセルの社会的順序が bac となり，§ と付されたセルの社会的順序が abc となる。これらの社会的順序に条件 (I) を適用すると，次の条件を得る。

(I.6) 主体 A が cb, 主体 B が bc のとき，社会的には bc

(I.7) 主体 A が ca, 主体 B が ac のとき，社会的には ac

主体 B

	abc	acb	bac	bca	cab	cba
abc	abc	acb	ac, bc	bca†	cab	ca, cb
acb	ab, ac	acb	ac‡	ca	cab	ca, cb
bac	ac, bc	acb†	bac	bca	ca, cb	cba
bca	bc§	cb	ba, bc	bca	ca, cb	cba
cab	ab	ab, cb		ca	cab	ca, cb
cba		cb	ba	ba, ca	ca, cb	cba

主体 A の表記は表左側の縦ラベルである。

表 16.4 社会的厚生関数：(I.1)(I.3) 適用後

条件 (I.4) から (I.7) を表 16.4 に適用すると，主体 B が独裁者になる。‖

アローの定理は，(U) 定義域の非限定性，(P) パレート原理，(I) 無関係選択肢からの独立性を満たす社会的厚生関数は独裁的，すなわち，独裁者が存在することを意味していることに注意しよう[5]。

練習問題

問題 16.1 空欄を埋めなさい。

(1) 「(ア) のパラドックス」は，単純多数決による (イ) 的順序付けが (ウ) 性を満たさないために，(イ) 的順序が循環してしまい，(イ) 的に (エ) となる帰結が存在しないという逆理である。

(2) 「アローの一般 (ア) 定理」とは，定義域の (イ)，(ウ) 原理，非 (エ)，無関係選択肢からの (オ) の四つの条件を満たす (カ) 関数が存在しないという命題である。

問題 16.2 表 16.1 のケース 2 を，方程式 (16.4) のように，アローの社会的厚生関数を用いて表しなさい。

---

[5] ［発展］逆に，(P) パレート原理，(I) 無関係選択肢からの独立性，(D) 非独裁性を満たすには，定義域を制限すれば良いことを意味する。このことは，(P)，(I)，(D) を満たす社会的厚生関数が存在する定義域が何であるのかの興味を抱かせる。例えば，人々の価値観の分布次第では，「不可能」ではなく「可能」になるかもしれない。興味のある読者は，センのサーベイ論文 (Sen, 1986) などから読み始めると良いかもしれない。

問題 16.3　例 16.1 において，1 位を 2 点，2 位を 1 点，3 位を 0 点としたボルダ方式を適用したとき，表 16.1 の各ケースでの社会的順序を示しなさい。

問題 16.4　三つの帰結 a, b, c について，A さんは帰結 c よりも帰結 b，帰結 b よりも帰結 a を好み，B さんは帰結 a よりも帰結 c，帰結 c よりも帰結 b を好み，C さんは帰結 b よりも帰結 a，帰結 a よりも帰結 c を好むとする。

(1) コンドルセ方式によって社会的順序を与えなさい。

(2) その社会的順序が循環することを示しなさい。

問題 16.5　単記投票方式，ボルダ方式，コンドルセ方式の各々について，次が成り立つか否か，調べなさい。(1) 社会的順序の完備性と推移性 (2) 定義域の非限定性 (3) パレート原理

(4) 非独裁性 (5) 無関係選択肢からの独立性

問題 16.6　帰結数が二つのみのとき，アローの定理 (定理 16.5) の条件 (U), (P), (I), (D) のすべてを満たす社会的厚生関数が存在することを例示しなさい。

問題 16.7　帰結空間を $Z = \{a, b, c\}$ としよう。

(1) 論理的に可能な弱選好順序をすべてあげなさい。

(2) 2 主体，弱選好順序を想定して，アローの定理 (定理 16.5) を証明しなさい。

第17章　遂行

　「第15章 メカニズム・デザイン入門」では，制度の作用における情報効率性と誘因両立性がメカニズム・デザインという分野を形成させたこと，そして，人材引き抜き合戦の例 (例15.1，p. 318) を用いて，総余剰が最大となり，かつ「格差のない」所得分配を設計目標にすればナッシュ遂行可能なメカニズムが存在しないのに対し，売手の収入最大化を設計目標にすればナッシュ遂行，ベイジアン遂行できるメカニズムが存在することを見た。売手が実際に文字通りの「独裁者」になっているわけではないが，いかなるときも特定の主体の余剰を最大化するという意味で「独裁性」を有する社会的選択関数ならば，誘因両立性を満たしつつナッシュ遂行する直接メカニズムが存在する例であったといえる (cf. 前章用語注 3，p. 344)。

　それでは，直接メカニズムが誘因両立性を満たしナッシュ遂行可能であるならば，社会的選択関数は必ず「独裁性」を有するのであろうか。これは，前章の議論から次の疑問を連想させる。社会的厚生関数についてのアローの定理 (定理 16.5，p. 345) のように，社会的選択関数の遂行可能性についても同じような結果が成り立つのであろうか[1]。本章では，このような疑問に対し，例ではなく，より一般的に，遂行可能な社会的選択関数を特徴化していく**遂行理論** (implementation theory) を見ることにしよう。

17.1　社会的厚生関数と整合的な社会的選択関数

　アローの定理における社会的厚生関数とメカニズムの設計目標である社会

---

[1]　［学史注］アローの定理は，戦略的意思決定を考慮に入れていない。このため，誘因両立性が満たされるか否かの見地からアローの定理の頑健性を考察する研究が盛んとなり，メカニズム・デザインの発展に大きく貢献してきた。

	ケース1	ケース2	ケース3
$>_A$	abc	cab	abc
$>_B$	bac	bac	bca
$>_C$	acb	cab	cab
e	(abc, bac, acb)	(cab, bac, cab)	(abc, bca, cab)
$>_S = f(e)$	abc	cba	無差別
$F(e)$	a	c	Z の中から一つ

表 17.1　合理的な社会的選択関数：単記投票方式の場合

的選択関数は，次のように関係している。

　社会的選択関数 F が，すべての環境 e に対し，ある社会的厚生関数 f が与える社会的順序 $\succsim_S = f(e)$ 上で最上位となる帰結を与えるとき，社会的選択関数 F は**合理的** (rational) であるという。このとき，社会的選択関数 F は，社会的厚生関数 f と整合的になっているわけである。

> **例 17.1**　主体 A，B，C の 3 主体がいて，各主体 i $(i = A, B, C)$ の環境空間 E_i を帰結空間 $Z = \{a, b, c\}$ 上の論理的に可能な強選好順序の全体
>
> $$E_i = \{abc, acb, bac, bca, cab, cba\} \tag{17.1}$$
>
> としよう。社会的選択関数 F が単記投票方式 (例 16.2, p. 341) における最上位のとき，社会的選択関数 F は合理的である。

　表 17.1 には，主体の選好が前章の表 16.1 (p. 341) と同じ場合の環境 e，社会的厚生関数の値 $f(e)$，そして，それと整合的な社会的選択関数の値 $F(e)$ が記されている。社会的選択関数の値 $F(e)$ が，各環境 e に対し，社会的厚生関数 f が与える社会的順序 $>_S$ における最上位の帰結になっている[2]。したがって，社会的選択関数 F は合理的である。逆に，合理的な社会的選択関数であ

---

[2]　[数学注] (♠) 表 17.1 のケース 3 では，社会的順序を強選好順序に制限したとき，社会的厚生関数の値 $f(e)$ は完備性を満たさない。そこで，弱選好順序を考えれば完備性を満たすことになるが，この場合，社会的選択関数の値 $F(e)$ は帰結空間 $Z = \{a, b, c\}$ それ自体を与える関数になる。一般に，集合を値にとる関数 (**集合値関数，多価関数**) を経済学では**対応** (correspondence) と呼ぶ。社会的選択関数を対応 (集合値関数) に拡張すれば，強選好順序ではなく弱選好順序まで扱うことができる。

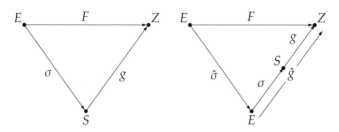

図 17.1 マウント・ライター図：ナッシュ遂行と表明原理

れば，表 17.1 のような社会的厚生関数 f が存在することになる。

17.2　遂行不可能性 — ギバード・サタースウェイトの定理 —

　設計目標になっている社会的選択関数 F をナッシュ遂行する間接メカニズム (S, g) を探せれば遂行可能なわけであるが，その考察の際に，表明原理 (定理 15.9, p. 328) が重要な位置を占めていた。ここで，再掲しておこう。

定理 17.2 (表明原理，Revelation Principle) メカニズム (S, g) が社会的選択関数 F をナッシュ遂行するとしよう。このとき，直接メカニズム (E, F) は社会的選択関数 F をナッシュ遂行し，しかも，誘因両立性を満たす。

注意 17.3 表明原理は，「ナッシュ遂行」を「支配戦略遂行」に置き換えても成り立つ。

　図 17.1 を使って，表明原理の証明のアイデアを再確認しよう。左図のメカニズム (S, g) から環境対メッセージの対応ルール σ と帰結関数 g の合成関数 $z = g(\sigma(e))$ を一つの帰結関数 $z = \hat{g}(e)$ とすれば，すなわち，

$$\hat{g}(e) = g(\sigma(e)) \quad (\forall e \in E) \tag{17.2}$$

とすれば，右図の直接メカニズム $(E, \hat{g})$ が出来上がる。このとき，もし $\hat{g}$ が F に等しいとすれば，すべての環境 e に対し $\hat{\sigma}(e)$ はナッシュ均衡，しかも，すべての環境 e に対し $\hat{\sigma}(e) = e$ になり (誘因両立性)，恒等式 $\hat{g}(\hat{\sigma}(e)) \equiv F(e)$ が成り立つ (F を遂行する) であろう，というのが表明原理の着想になる。

　表明原理は，対偶命題をとると，直接メカニズムが誘因両立性を満たしながらナッシュ遂行できなければ，ナッシュ遂行できるメカニズムは存在しな

	真に報告	主体 B が虚偽報告
$s = (s_A, s_B, s_C)$	(abc, bac, abc)	(abc, bca, abc)
$>_S = f(s)$	abc	bac
$F(s)$	a	b

表 17.2 ボルダ方式の戦略操作性：$e = (abc, bac, abc)$ のケース

いことを意味する。

例 17.4 例 17.1 の 3 主体，帰結空間 Z，環境空間 E において，各環境 e に対し，1 位に 5 点，2 位に 3 点，3 位に 0 点を付与するボルダ方式に基づく社会的厚生関数と整合的な社会的選択関数 F は，誘因両立性を満たさない。

表 17.2 は，真の環境が $e = (abc, bac, abc)$ のときに，すべての主体が真の選好順序を報告するか否かを示している。真の選好順序をすべての主体が報告すれば（メッセージ s が真の環境 e に一致），社会的厚生関数 f の値である社会的順序 $>_S$ は abc となって，社会的選択関数 F の値 $F(s)$ は帰結 a になる。ところが，主体 B にとって最上位の帰結は，a ではなく b である。そこで，主体 B が bca と虚偽報告すれば，このボルダ方式によって最上位となる帰結が b となって，主体 B が最も望む結果になる。

一般に，ある環境 e において，他の主体が真の報告をしているときに，ある主体が虚偽報告をすることで，その主体にとって，より望ましい帰結に変わるとき，その主体は環境 e において社会的選択関数を**操作可能** (manipulable) であるという。表 17.2 の場合，主体 B は，環境 $e = (abc, bac, abc)$ において社会的選択関数 F を操作可能である。

逆に，すべての環境において，すべての主体が操作可能でないとき，社会的選択関数は**戦略的に操作不能** (non-manipulable)，あるいは**耐戦略的** (strategy-proof) であるという。「耐戦略性」は，「誘因両立性」と同義である。すなわち，すべての環境に対して，すべての主体が真の報告をすることがナッシュ均衡になっているとき，社会的選択関数は耐戦略的である。

表明原理（定理 17.2）によって，社会的選択関数が耐戦略的でなければ，い

かなるメカニズムもナッシュ遂行不可能になる。例 17.4 のボルダ方式は，ナッシュ遂行不可能なのである。逆に，次の社会的選択関数は，耐戦略性を満たすことを容易に確認できよう。

例 17.5：耐戦略的な社会的選択関数の例

賦課：z^0 を帰結空間 Z 内のある帰結としたとき，すべての環境 $e \in E$ に対し，$F(e) = z^0$

独裁性：独裁的なアローの社会的厚生関数と整合的な社会的選択関数 F

帰結数 2 の下での多数決：$Z = \{a, b\}$，各環境 $e \in E$ に対し，$a >_i b$ なる主体数が $b >_i a$ なる主体数より多い場合には $F(e) = a$，そうでない場合には $F(e) = b$

帰結数 3 の下で定義域を制限：$Z = \{a, b, c\}$，各主体 i に対し環境空間 E_i を $\{acb, bca\}$ に制限し (例 17.1 の E_i と比較せよ)，帰結 a と b の間で多数決を適用して選び，もし a と b が多数決において同位であれば，帰結 c を選ぶ社会的選択関数 F

賦課は，定義域の非限定性を想定すれば，パレート効率性を満たさない。社会的選択関数がパレート効率性を満たすとは，各環境 $e \in E$ に対し，$F(e)$ は環境 e においてパレート効率なときをいう。他の例は，独裁性，帰結数 2，帰結数は 3 以上であるが定義域を制限している場合になる。この結果，パレート効率性，非独裁性，帰結数 3 以上で定義域の非限定性を満たすときに，耐戦略的な社会的選択関数が存在するか否かが疑問になる。この疑問に対する答えを与えるのが次の定理である [3),4)]。

定理 17.6 (ギバード・サタースウェイト，Gibbard-Satterthwaite) 帰結が三つ以上のとき，次の条件を同時に満たす社会的選択関数は存在しない。

(U) 定義域の非限定性；(P) パレート効率性；(S) 耐戦略性；(D) 非独裁性

[3)]　［発展］帰結空間が有限であれば，定義域の非限定性とパレート効率性によって，社会的選択関数は全射になる。これに対して，ギバードとサタースウェイトの論文 (Gibbard, 1973; Satterthwaite, 1975) では，定義域の非限定性とパレート効率性によって，社会的選択関数が全射にならないケースも想定している。このため，ギバードとサタースウェイトの論文では，社会的選択関数が全射であることも条件に加わっている。また，関連の研究成果として，Moore (1992) や Barberà (2001), Serrano (2004) などを参照。

[4)]　［数学注］(♠) 一般に，ある関数 $f : X \to Y$ が**全射**であるとは，$f(X) = Y$ のときをいう。ここで，$f(X) = \{y \in Y \mid y = f(x), x \in X\}$ である。

　ギバード・サタースウェイト定理は，主体数を 2 人，帰結数を三つ，帰結空間上の選好順序を論理的に可能な強選好順序の全体としたとき，アローの定理の証明 (16 章) のように表を使って証明することができる (練習問題 17.3)。

　ギバード・サタースウェイト定理は，社会的選択関数が主体の主観的評価の自由 (定義域の非限定性)，全員一致の原則 (パレート原理)，耐戦略性を満たすための必要条件が独裁性であることを意味する。

　更に，合理的な社会的選択関数を考えれば，ギバード・サタースウェイト定理はアローの定理の頑健性を示している。アローの定理では，戦略的意思決定を考慮に入れていなかったが，ギバード・サタースウェイト定理は戦略的意思決定を考慮しても不可能性定理が成り立つことを意味している。

17.3　遂行可能性 — マスキンの定理 —

　上記ではナッシュ遂行の不可能性を見てきたが，今度は，遂行可能性について考察することにしよう。ナッシュ遂行の可能性については，**マスキン** (E. S. Maskin, 1950–) が必要条件，十分条件を同定化している [5]。ここでは，その必要条件である「マスキン単調性」について確認してみよう。

　主体 i の選好順序が $\succsim_i$ のときに，主体 i が帰結 z より悪化，または，せいぜい同程度選好する帰結の全体を帰結 z の**下位集合**といい，$L(z, \succsim_i)$ で表そう [6]。

マスキン単調性 (Maskin monotonicity)：環境 e のときの各主体 i の選好順序が $\succsim_i$ であり，環境 e' での各主体 i の選好順序が $\succsim_i'$ であったとする。このとき，すべての主体 i について，

$$L(F(e), \succsim_i) \subset L(F(e), \succsim_i') \tag{17.3}$$

であれば，$F(e') = F(e)$ が成り立つ。

マスキン単調性は，下位集合が拡大するような環境の変化であれば，望ましくない帰結が増えるように主体の選好順序が変化したのであるから，社会的選

---

[5]　[学史注] マスキンは，ナッシュ遂行の可能性に対する一般的分析の先駆者であり (Maskin, 1999)，ハーヴィッツやマイアソンと共に 2007 年にノーベル経済学賞を受賞している。付言すると，マスキンの 1999 年の論文は，元々，1977 年に学会発表されている。

[6]　[数学注] (♣) 数学的には，$L(z, \succsim_i) = \{a \in Z \mid z \succsim_i a\}$ になる。**劣位集合**とも呼ばれる。

択関数の値は変化しないはずであろうことを意味している。次の定理は，マスキン単調性がナッシュ遂行の必要条件であることを示す[7]。

定理 17.7 (マスキン) 社会的選択関数は，ナッシュ遂行可能であれば，マスキン単調性を満たす。

　　[証明] 二つの環境 e と e' において，すべての主体 i に対し，条件 (17.3) が成り立っているとする。また，メカニズム (S, g) が F をナッシュ遂行しているとしよう。よって，$g(s_i^*, s_{-i}^*) = F(e)$ となるメッセージの組 (s_i^*, s_{-i}^*) があって，組 (s_i^*, s_{-i}^*) が環境 e の下でナッシュ均衡である。ここで，s_{-i} は，主体 i 以外の主体のメッセージの組を表す。主体 i が s_i^* 以外のメッセージ s_i に逸脱すれば，$g(s_i, s_{-i}^*) \in L(F(e), \succsim_i)$ が成り立つ。条件 (17.3) より，$g(s_i, s_{-i}^*) \in L(F(e), \succsim_i')$ が任意の s_i について成り立つので，組 (s_i^*, s_{-i}^*) は，環境 e' の下でナッシュ均衡になる。(S, g) は F をナッシュ遂行するのであるから，$F(e') = g(s_i^*, s_{-i}^*)$ を得る。∥

　マスキン単調性がナッシュ遂行の必要条件であることを例を見ながら確認してみよう。

例 17.8：ソロモン王の審判 紀元前 10 世紀のイスラエルにおいて，2 人の女性 A と B が 1 人の子供を巡り，いずれも自身が真の母親であると争った。ソロモン王は，両名が自分の子供であると訴え続けるのであれば，子供を二つに切って半々ずつ両名に渡すと審判する。ソロモン王の真の狙いは，真の母親に子供を手渡すことである。子供が，女性 A に手渡される帰結を a，女性 B に手渡される帰結を b，切られる帰結を c とすれば，環境と社会的選択関数は，次のようになる。

真の母親	$e = (\succ_A, \succ_B)$	$F(e)$
女性 A	(abc, bca)	a
女性 B	(acb, bac)	b

---

[7] ［発展］マスキンの定理自体は，次のように，必要条件と十分条件から構成される。

　　マスキンの定理：社会的選択関数は，ナッシュ遂行可能であれば，マスキン単調性を満たす。主体数が 3 以上のときは，社会的選択関数がマスキン単調性と拒否権の不在を満たせば，ナッシュ遂行可能である。

ここで，ある主体が**拒否権** (veto power) をもつとは，その主体以外のすべての主体が最上位であると評価しているにもかかわらず，その主体の評価によって社会的選択関数の値が決まるときをいう。逆に，いずれの主体も拒否権をもたないとき，社会的選択関数は**拒否権の不在** (no veto power) を満たすという。マスキンの論文 (Maskin, 1999, 1985) を参照。

例 17.8 の社会的選択関数 F は，マスキン単調性を満たさない。女性 A が真の母親の場合，$F(abc, bca) = a$ である。このとき，環境 e が (abc, bca) から (acb, bac) に変化すると，女性 A について，

$$L(a, abc) = \{a, b, c\} \subset L(a, acb) = \{a, b, c\} \tag{17.4}$$

また，女性 B について，

$$L(a, bca) = \{a\} \subset L(a, bac) = \{a, c\} \tag{17.5}$$

が成り立つ。すなわち，環境が，女性 A が真の母親である環境から，女性 B が真の母親である環境に変化したとき，すべての主体について条件 (17.3) を満たす。したがって，$F(acb, bac) = a$ であれば，社会的選択関数 F はマスキン単調性を満たすことになるが，例 17.8 の場合，$F(acb, bac) = b$ であるから，社会的選択関数 F はマスキン単調性を満たさないのである。

　マスキンの定理によれば，例 17.8 の社会的選択関数 F は，ナッシュ遂行不可能なはずである。伝承では，真の母親であれば，自らが母親であると訴えなくなるとソロモン王は予見した上で，新たな帰結 c を導入し，その予見通り，真の母親は訴えなくなり，見事，真の母親に子供を手渡すことができたとなっている。そこで，次のようなメカニズム (S, g) を考えてみよう。

例 17.9 M=「真の母親であると主張」，N=「そのように主張しない」として，各主体 i $(i = A, B)$ について，$S_i = \{M, N\}$ とする。このとき，

$$g(s_A, s_B) = \begin{cases} a & \text{if } (s_A, s_B) = (M, N) \\ b & \text{if } (s_A, s_B) = (N, M) \\ c & \text{otherwise} \end{cases} \tag{17.6}$$

このメカニズム (S, g) の下で，ナッシュ均衡を求めると，次のようになる。

　(I) $e = (abc, bca)$ のとき，ナッシュ均衡は $\sigma(e) = (N, M)$

　(II) $e = (acb, bac)$ のとき，ナッシュ均衡は $\sigma(e) = (M, N)$

すなわち，ソロモン王の予見通りの結果になる。ただ，予見通りということは，このメカニズム (S, g) 自体は，例 17.8 の社会的選択関数 F をナッシュ遂行できないことを意味する。実は，例 17.8 の社会的選択関数 F をナッシュ遂行するメカニズム (S, g) は存在しないことを確認できる (練習問題 17.4)。

このようにして，マスキン単調性がナッシュ遂行可能性の必要条件になっていることを窺い知ることができる。伝承は，真の母親もそうでない母親も虚偽報告をすることを暗示しているが，マスキン単調性と耐戦略性の間には，何かしらの関係があるのであろうか。次の例は，二人共，虚偽報告することがナッシュ均衡になることを示す。

> **例 17.10** 例 17.8 の社会的選択関数の女性 A と B の環境空間は，それぞれ，
>
> $$E_A = \{abc, acb\} \quad \& \quad E_B = \{bac, bca\} \tag{17.7}$$
>
> であり，例 17.8 に示す二つの環境以外の環境 e では $F(e) = c$ である。直接メカニズム (E, F) では，次の (I) と (II) が成り立つ。
> (I) $e = (abc, bca)$ のとき，ナッシュ均衡は $\sigma(e) = (acb, bac)$
> (II) $e = (acb, bac)$ のとき，ナッシュ均衡は $\sigma(e) = (abc, bca)$

一般的には，マスキン単調性と耐戦略性の間には，次の定理が成り立つ[8]。

定理 17.11 (ミュラー・サタースウェイト，Muller–Satterthwaite) 帰結空間が有限であり，各主体の環境空間が論理的に可能な強選好順序の全体であれば，マスキン単調性と耐戦略性は同値である。

例 17.4 (p. 352) のボルダ方式は，耐戦略性を満たさなかった。よって，定理 17.11 より，マスキン単調性を満たさない。実際，表 17.2 (p. 352) より，そのことを容易に確認できよう。

逆に，例 17.5 (p. 353) の各々は，定理 17.11 に従えば，定義域を制限したケースを除き，マスキン単調性を満たすことになる。実は，例 17.5 の定義域を制限したケースも，マスキン単調性を満たすことを示せる (練習問題 17.6)。この他に，各環境 e に対し，$F(e)$ が環境 e においてパレート効率な帰結の全体となる**パレート対応**もマスキン単調性を満たす (練習問題 17.7)。

ファクト 17.12 パレート対応は，マスキン単調性を満たす[9]。

---

[8]　[発展] 証明は，Muller and Satterthwaite (1977) を参照。ミュラー・サタースウェイトの論文では，マスキン単調性を 'Strong Positive Association' と呼んでいる。

[9]　[用語注] (♣) F が「対応」(数学注 2, p. 350) の場合の**マスキン単調性**は，次になる (cf. p. 354)。

　　(MM) $z \in F(e)$，かつ，すべての主体 i について $L(z, \succsim_i) \subset L(z, \succsim_i')$ であれば，$z \in F(e')$

　どのような社会的選択関数がマスキン単調性を満たすのか，あるいは，逆に満たさないのか，興味のある読者は，遂行理論のサーベイ論文 Maskin and Sjöström (2002) などから読み進めると良いかもしれない。

17.4　経済問題におけるメカニズム・デザイン

　これまで本章で見たきた遂行可能性，または，不可能性の定理は，例えば，9 章で残された課題となっていた公共財の負担問題に直接，分析を与えているわけではない。また，メカニズム・デザインのモティベーションとなった社会主義経済計算論争 (学史注 1，p. 317) についても，それらの定理は直接的な答えを与えているわけではない。そこで，本節では，公共財の負担問題と純粋交換経済の二つを取り上げて，遂行可能性を考察してみることにしよう。

17.4.1　公共財の最適供給と負担問題

　排除費用が取引便益より大きい公共財の場合，排除費用を含めればパレート効率な供給水準はゼロになる。しかしながら，排除費用を発生させずに生産費用を回収できるのであれば，最適供給は正の水準になる。実際，道路や国防などは，税金によって生産費用を回収することで排除費用を伴わないように供給している。

　しかしながら，消費を排除しなければ，だれもが自由に利用できてしまうのであるから (フリー・ライダー問題)，利用者は公共財の供給主体に真の需要価格を知らせるインセンティブを持ち合わせていない。最適水準で公共財を供給するには，利用者の真の需要価格を知る必要があるが，どのようにすれば利用者の真の需要価格を探ることができるであろうか。

　公共財の最適供給と負担の問題は，排除費用が大きくない次のような例でも見ることができる。

> **例 17.13** 建設予定の小橋の利用者が A さん，B さん，C さんの 3 人であるとしよう。1,050 万円の建設費に対し，A さんの真の評価額 (A さんにもたらされる「経済効果」) は 600 万円，B さんは 400 万円，C さんは 300 万円である。但し，主体は，互いに橋の真の評価を知らない。

　全体の効果が費用より大きければ，橋を建設すべきであるが，主体は互い
に橋の真の評価を知らないため，建設すべきか否かの判断ができない。真の
評価を他人に教えると，大きな負担を強いられると予測するかもしれない。
そこで，建設費を 350 万円ずつ均等に負担させれば良いように見えるが，損
失を被る主体 (C さん) は，橋の利用をあきらめても建設費の負担をしないで
あろう。それでは，どのように主体に負担してもらえば良いのであろうか。

定式化 (♣)

　公共財の最適供給と負担問題を定式化してみよう。m 人の消費者，私的財
と公共財の 2 商品からなる経済を考えよう。ここでの「私的財」は，公共財
以外の何かしらの商品 (例えば，労働やお米) になるが，例 17.13 へ応用する
のであれば「貨幣」と考えれば良い。

　各主体 i $(i = 1, \ldots, m)$ の選好は，主体 i の私的財の消費量を x_i 単位，公共
財の消費量を y 単位としたとき，準線形効用関数

$$u^i(x_i, y) = v(y, t_i) + x_i \tag{17.8}$$

で表されるとする。ここで，t_i は，公共財の評価を左右する主体 i の属性を
示す指標であり，主体 i の**タイプ**と呼ぶことにしよう。$v(y, t_i)$ は，主体 i の
タイプが t_i のとき，y 単位の公共財に対する私的財の単位で表した評価にな
る。このため，いかなるタイプ t_i でも，$v(0, t_i) = 0$ になると想定できる。

　公共財の生産費用は，私的財の単位で $C(y)$ 単位であるとする。ここで，公
共財の生産量がゼロであれば生産費用はゼロ，すなわち，$C(0) = 0$ である。
また，$C'(y)$ は，私的財の単位で表した公共財の限界費用を表す。

　各主体 i $(i = 1, \ldots, m)$ の私的財の初期付与量を ω_i 単位としよう。このと
き，資源配分 $(x_1, \ldots, x_m, y)$ の**実行可能性**は，次のように表すことができる。

$$\sum_{i=1}^{m} x_i + C(y) \leqq \sum_{i=1}^{m} \omega_i \tag{17.9}$$

以上の経済において，公共財の最適供給と負担の問題をメカニズム・デザイ
ンに落とし込むと，次のようになろう。先ず，タイプ t_i に応じて主体 i の公

共財の評価が決まっている。すなわち，主体 i の環境空間 E_i は，t_i の全体である。これに対し，帰結 z は，資源配分 $(x_1, \ldots, x_m, y)$ になる。このとき，公共財の生産費用に対する主体 i の私的財で表した負担の大きさを p_i とすれば，

$$x_i = \omega_i - p_i \tag{17.10}$$

であり，主体 i の私的財の消費量 x_i には，公共財の生産費用に対する主体 i の負担の大きさが反映されている。社会的選択関数 F は，すべての環境 $t = (t_1, \ldots, t_m)$ に対して，パレート効率な資源配分 $(x_1^\star(t), \ldots, x_m^\star(t), y^\star(t))$ を与える関数になる。

ファクト 17.14 タイプの組が $t = (t_1, \ldots, t_m)$ のときにパレート効率な資源配分 $(x_1^\star(t), \ldots, x_m^\star(t), y^\star(t))$ では，

(1) 資源配分の実行可能性 (17.9) が等式で満たされ，かつ，

(2) $v_y = \partial v / \partial y$ としたとき，次のサミュエルソン条件が成り立つ。

$$\sum_{i=1}^{m} v_y(y^\star(t), t_i) = C'(y^\star(t)) \tag{17.11}$$

　［証明］主体 i $(i = 1, \ldots, m)$ の余剰は，

$$u^i(x_i, y) - u^i(\omega_i, 0) = v(y, t_i) + x_i - \omega_i \tag{17.12}$$

になる。主体 i の余剰は，私的財の消費量 x_i について増加的であるから，資源配分の実行可能性 (17.9) が等式でなければ，資源配分はパレート効率ではない。この結果，総余剰は，

$$W(y, t) = \sum_{i=1}^{m} \{v(y, t_i) + x_i - \omega_i\} \tag{17.13a}$$

$$= \sum_{i=1}^{m} v(y, t_i) - C(y) \tag{17.13b}$$

になる。y で最大化すれば，サミュエルソン条件 (17.11) を得る。∥

■ **一般均衡でのサミュエルソン条件**　$\dfrac{\partial u^i}{\partial x_i} = 1$ であるから，$v_y = \dfrac{\partial u^i}{\partial y} \Big/ \dfrac{\partial u^i}{\partial x_i}$ となって，ファクト 3.10 (p. 59) より，v_y は公共財 1 単位当たりの私的財の限界代替率になる。

　私的財の生産量を x 単位とすれば，$x = \sum_{i=1}^{m} \omega_i - C(y)$ となる。この式は，横軸に y，縦軸に x を測った平面に生産フロンティアを定義する。したがって，C' は限界変形率に等しいことが理解できる。(17.11) 式は，かくして，限界代替率の総和が限界変形率に等しいことを表す。9 章［発展注］2 (p. 212)，練習問題 9.6 (p. 217) 参照。

17.4.2 VCG メカニズム (♣)

　サミュエルソン条件を満たす公共財の供給を可能とするメカニズムの探求は，メカニズム・デザインの発展に大きく貢献した分野の一つである。その中でも，**クラーク** (E. H. Clarke) と**グローヴス** (T. Groves) は，誘因両立性とサミュエルソン条件を満たし，弱支配戦略遂行可能なメカニズムのデザインに成功している (Clarke, 1971; Groves, 1973)。

　タイプの組が $t = (t_1, \ldots, t_m)$ のとき，(17.13b) 式の総余剰 $W(y, t)$，すなわち，

$$W(y, t) = \sum_{i=1}^{m} v(y, t_i) - C(y) \tag{17.14}$$

を最大にする公共財の生産水準を $y^*(t)$ で示そう。これに対し，各主体 i ($i = 1, \ldots, m$) について，$t_{-i} = (t_1, \ldots, t_{i-1}, t_{i+1}, \ldots, t_m)$ と記したとき，主体 i の評価を除いた余剰総和は，

$$W_{-i}(y, t_{-i}) = \sum_{j \neq i} v(y, t_j) - C(y) \tag{17.15}$$

になる。各主体 i ($i = 1, \ldots, m$) について，主体 i の評価を除いた余剰総和 (17.15) 式を最大にする公共財の生産水準を $\hat{y}(t_{-i})$ で示そう。このとき，各主体 i ($i = 1, \ldots, m$) の負担 p_i が，次になっているとき，

$$p_i = -W_{-i}(y^*(t), t_{-i}) + W_{-i}(\hat{y}(t_{-i}), t_{-i}) \tag{17.16}$$

メカニズム (E, g) は**クラーク・メカニズム** (Clarke mechanism)，あるいは**ピボタル・メカニズム** (pivotal mechanism) と呼ばれる。負担決定式 (17.16) の右辺第 2 項が t_i を変数にもたない関数 $h(t_{-i})$ になっているメカニズム (E, g) を**グローヴス・メカニズム** (Groves mechanism) と呼ぶ。クラーク (ピボタル) メカニズムは，グローヴス・メカニズムの特殊形といえる。

　公共財ではなく，一つの商品に対し複数の買手が参加して行うオークションにピボタル・メカニズムを応用すると，ヴィクリ・オークション (第 2 価格封印入札) を得る (練習問題 17.9 参照)。このため，一般的に，準線形効用関数の下でのピボタル・メカニズムを**ヴィクリ・クラーク・グローヴス (VCG) メカニズム** (Vickrey-Clarke-Groves mechanism) と呼ぶ。

例 17.16：例 17.13 の橋建設におけるピボタル・メカニズム 主体 i $(i = \mathrm{A}, \mathrm{B}, \mathrm{C})$ が申告する橋の評価額を $v_i = v(1, t_i)$ 万円で表そう。$y^*(t)$ と $\hat{y}(t_{-i})$ の定義より，$v_\mathrm{A} + v_\mathrm{B} + v_\mathrm{C} < 1{,}050$ であれば，すべての主体 i $(i = \mathrm{A}, \mathrm{B}, \mathrm{C})$ について $y^*(t) = \hat{y}(t_{-i}) = 0$ となって橋は建設されず，(17.16) 式より，各主体の負担額もゼロ円になる。もし $v_\mathrm{A} + v_\mathrm{B} + v_\mathrm{C} \geq 1{,}050$ であれば $y^*(t) = 1$ となって橋は建設され，A さんの負担額 p_A 万円は，(17.16) 式より，次になる。

$$p_\mathrm{A} = \begin{cases} 1{,}050 - (v_\mathrm{B} + v_\mathrm{C}) & \text{if } v_\mathrm{B} + v_\mathrm{C} < 1{,}050 \\ 0 & \text{otherwise} \end{cases} \tag{17.17}$$

この結果，A さんは，真の評価を報告することが弱支配戦略になる。B さん，C さんも同様であるから，各主体の負担は，

$$p_\mathrm{A} = 350, \ p_\mathrm{B} = 150, \ p_\mathrm{C} = 50 \tag{17.18}$$

になる。なお，負担総額は，橋の建設費に足りていない。

VCG メカニズムは，すべての主体にとって真の評価を報告することが弱支配戦略となり，しかもサミュエルソン条件を満たす。ピボタル・メカニズムであれば，更に，次のような特徴をもつ。

例 17.16 の A さんの負担 p_A の決まり方を見ると，他の主体の評価総額が費用を上回れば，A さんへの負担はゼロ円になっている。これは，A さんの評価が加わろうがいまいが，橋の建設の是非に無関係であるとき，負担がゼロ円になるという性質である。これに対し，$v_\mathrm{A} + v_\mathrm{B} + v_\mathrm{C} \geq 1{,}050$ かつ $v_\mathrm{B} + v_\mathrm{C} < 1{,}050$ のとき，A さんの評価 v_A が加わることで橋の建設が決まる。このように，A さんが建設是非の**ピボット** (pivot) になるとき，A さんに正の負担が強いられる。ピボタル・メカニズムでは，ピボットとなる主体のみが正の負担を被るわけである。

第 2 に，ピボタル・メカニズムであれば，すべての主体について，負担は非負となる (すべての $i = 1, \ldots, m$ に対し $p_i \geq 0$)。これは，次が成り立つからである。

$$W_{-i}(\hat{y}(t_{-i}), t_{-i}) \geq W_{-i}(y, t_{-i}) \quad (\forall y) \tag{17.19}$$

第 3 に，ピボタル・メカニズムは，個人合理性を満たす。ここでの**個人合**

理性，すなわち，参加条件は，(17.12) 式の余剰が非負であることになるが，

$$u^i(x_i, y^*(t)) - u^i(\omega_i, 0) = v(y^*(t), t_i) + x_i - \omega_i = v(y^*(t), t_i) - p_i \qquad (17.20a)$$
$$= W(y^*(t), t) - W_{-i}(\hat{y}(t_{-i}), t_{-i}) \qquad (17.20b)$$
$$\geqq W(y^*(t), t) - W(\hat{y}(t_{-i}), t) \geqq 0 \qquad (17.20c)$$

となって，個人合理性を満たす。

しかしながら，例 17.16 でも見たように，ピボタル・メカニズムの場合，主体の負担総額が公共財の生産費用より少ない。すなわち，

$$\sum_{i=1}^{m} p_i < C(y^*(t)) \qquad (17.21)$$

となる。これは，**均衡予算** (balanced budget) を満たさないことを意味する。このことは，(17.10) 式より，資源配分の実行可能性 (17.9) を満たさないことと同値である。ファクト 17.14 (p. 360) より，資源配分はパレート効率ではないのである [10]。更には，主体の実行可能性である**個人実行可能性** (ここでは，すべての主体 i について $x_i \geqq 0$) を満たすように，公共財の負担額が決まっているわけではない。

準線形効用関数，しかも譲渡可能効用に制限することで，ギバード・サタースウェイト定理における定義域の非限定性を緩めても，パレート効率性に誘因両立性，更には，主体と資源配分の実行可能性や個人合理性をも満たしながら支配戦略遂行するのは容易ではなく，今後の発展を期待したい [11]。

17.4.3　GL メカニズム (♣)

公共財の供給問題では，均衡予算であれば資源配分の実行可能性を満たす。均衡予算とサミュエルソン条件を満たし，しかもナッシュ遂行可能なメカニズムを一般均衡分析の枠組みでデザインすることに成功した研究として，グローヴスとレドヤード (J. Ledyard) の研究がある (Groves and Ledyard, 1977)。

---

[10]　［発展］サミュエルソン条件は，資源配分がパレート効率になるための必要条件であるが，十分条件ではないことに注意しよう。一般に，1 階条件は，最適化の必要条件であるが十分条件ではない。

[11]　［発展］VCG メカニズムがパレート効率性，誘因両立性，主体と資源配分の実行可能性，個人合理性を満たしながら支配戦略遂行可能か否かについての詳細は，ハーヴィッツのサーベイ論文 (Hurwicz, 1986) を参照すると良いであろう。

ここでは，私的財と公共財の 2 商品に対し譲渡可能効用を想定して，準線形
効用関数 (17.8) の場合でのハーヴィッツ (Hurwicz, 1986) による例証を使っ
て彼らのメカニズムを見ることにしよう。

A さん，B さん，C さんの 3 主体がいるとしよう。主体のメッセージの組
$s = (s_A, s_B, s_C)$ に対し，各主体の負担は，

$$p_A(s) = s_A^2 + 2s_B s_C \tag{17.22a}$$
$$p_B(s) = s_B^2 + 2s_A s_C \tag{17.22b}$$
$$p_C(s) = s_C^2 + 2s_A s_B \tag{17.22c}$$

また，公共財の生産水準は，

$$(s_A + s_B + s_C)^2 = C(y) \tag{17.23}$$

を満たす y であるとする。メッセージの組 $s = (s_A, s_B, s_C)$ に対し，条件 (17.23)
を満たす y を $\overline{y}(s)$ で示すことにしよう。このようにして定義されるメカニ
ズム (S, g) を**グローヴス・レドヤード (GL) メカニズム** (Groves-Ledyard
mechanism) と呼ぶ。

GL メカニズムは，定義によって，均衡予算を満たす。したがって，資源配
分の実行可能性を満たす。主体のタイプの組が $t = (t_A, t_B, t_C)$ のとき，各主体
i ($i = A, B, C$) の余剰は，

$$u^i(x_i, \overline{y}(s)) - u^i(\omega_i, 0) = v(\overline{y}(s), t_i) - p_i(s) \tag{17.24}$$

となるので，余剰最大化となるメッセージ s_i では，1 階条件

$$v_y(\overline{y}(s), t_i)\frac{\partial \overline{y}}{\partial s_i} - 2s_i = 0 \tag{17.25}$$

が成り立つ。条件 (17.23) より，各主体 i ($i = A, B, C$) に対して，

$$\frac{\partial \overline{y}}{\partial s_i} = \frac{2(s_A + s_B + s_C)}{C'(\overline{y}(s))} \tag{17.26}$$

が成り立つ。よって，1 階条件 (17.25) 式は，次のように書き直せる。

$$v_y(\overline{y}(s), t_i) - \frac{s_i}{s_A + s_B + s_C}C'(\overline{y}(s)) = 0 \tag{17.27}$$

各主体 i ($i = A, B, C$) について，最適反応となる s_i ではこの条件が成り立つ
ので，ナッシュ均衡でのメッセージの組では，サミュエルソン条件 (17.11) 式

が成り立つ。すなわち，GL メカニズムは，サミュエルソン条件をナッシュ遂行するのである。

しかしながら，経済問題に対するメカニズムの遂行可能性については，個人合理性，資源配分や主体の実行可能性をつねに検査しなければならないことに注意しよう。GL メカニズムは，均衡予算 (したがって，資源配分の実行可能性) とパレート効率性を満たすものの，個人実行可能性 (すべての主体 i について $x_i \geqq 0$) を満たすとは限らない。パレート効率性，均衡予算のみならず主体の実行可能性をも満たしながらナッシュ遂行するのは容易ではなく，今後，更なる発展を期待したいところである [12]。

17.4.4 ワルラス均衡の遂行不可能性

公共財の最適供給と負担問題については，もう少しのところで遂行可能なメカニズムばかりであった。今度は，すべての商品を私的財と想定し，純粋交換経済を対象に，メカニズム・デザインのそもそものモティベーションとなった社会主義経済計算論争 (学史注 1，p. 317) への答えを探ることにしよう。

図 17.2 (次頁) は，各消費者の初期付与が点 ω，すなわち，$\omega_A = (9, 1)$，$\omega_B = (1, 9)$，真の選好が無差別曲線 U_i^* ($i = A, B$) で表される 2 消費者 (消費者 A，B)，2 商品 (商品 1，2) の純粋交換経済のエッジワース・ボックスを示している。真の選好の下でのワルラス均衡での資源配分は，点 x^* になる。

さて，市場に任せずに人為的に資源配分を決める場合を想像しよう。例えば，消費者が各々の属性 (選好) を計画当局に報告し，計画当局が報告された選好からワルラス均衡を計算し，資源配分を決めるような計画経済の場合である。分析対象は，社会的選択関数が各環境に対しワルラス均衡での資源配分を与えるときの直接メカニズムである。一般に，消費者の選好順序の組で

[12) [発展] 80 年代初頭までの公共財供給関連の研究については，ハーヴィッツのサーベイ (Hurwicz, 1986)，リンダール均衡のナッシュ遂行を含めた簡潔な入門として Hurwicz (1985) がある。戦略形ゲームではなく展開形ゲームを誘導するメカニズムを考え，その上で部分ゲーム完全かつ非被支配のナッシュ均衡を考察することでパレート効率性，個人合理性，実行可能性，均衡予算のすべてを満たすメカニズムのデザインを試みるジャクソンとムーランの研究 (Jackson and Moulin, 1992) もある。また，ベイジアン遂行の可能性についての研究もある。例えば，Hellwig (2003) は，最善 (パレート効率性) ではなく次善であれば個人合理性，実行可能性を満たすメカニズムがデザイン可能であり，主体間の交渉に基づくのであれば主体数が増加すれば，最善に近づくことを示している。

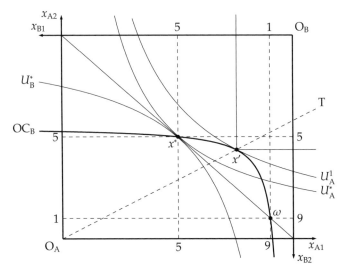

図 17.2　ワルラス対応の遂行不可能性
(♣) 真の効用関数が $U_i = x_{i1}x_{i2}$ ($i =$ A, B) のケース

ある各環境 $e = (\succsim_A, \succsim_B)$ に対し，$F(e)$ が環境 e でのワルラス均衡での資源配分の全体であるとき，F を**ワルラス対応**と呼ぶ。我々の関心は，ワルラス対応が耐戦略的か否かにある。

　消費者 B が真の選好を表明しているとしよう。このとき，消費者 A は，消費者 B のオファー曲線 OC_B 上で，自らの効用が最大となる点 x' を計画当局が選ぶような選好を報告するインセンティブをもつ。例えば，破線 $O_A T$ が所得消費曲線となる L 字形の無差別曲線 (レオンチェフ型効用関数) であると計画当局に虚偽報告すれば，ワルラス均衡での資源配分は点 x' になるから，計画当局は点 x' を選ぶ。消費者 A は，このような虚偽報告によって，無差別曲線 U_A^* 上の消費から無差別曲線 U_A^1 上の消費へと改善できるのである。したがって，ワルラス対応は，耐戦略性を満たさない。

命題 17.17 2 消費者 2 商品の純粋交換経済において，ワルラス対応は，耐戦略性を満たさない。

　純粋交換経済における遂行可能性については，更に，次の定理が成り立つ (Hurwicz, 1972)。

定理 17.18 (ハーヴィッツ) 2 消費者 2 商品の純粋交換経済において，次の条件を同時に満たす社会的選択関数は存在しない。

(P) パレート効率性；(IR) 個人合理性；(S) 耐戦略性

2 消費者の純粋交換経済において，パレート効率性と個人合理性を満たす資源配分の全体は，コアに等しい。コアは，提携形成による再交渉のインセンティブがない資源配分の全体であった。ハーヴィッツの定理は，それをメカニズムの設計目標にすると，耐戦略性を満たさないことを意味している。

付言すれば，純粋交換経済において，独裁性がパレート効率性と誘因両立的な支配戦略遂行のための必要条件であることも知られている (Dasgupta *et al.,* 1979)。

計画経済においてワルラス対応を設計目標にすれば，主体は虚偽報告を行う。虚偽報告をした主体を調査し，発見したら罰することもできるが，市場に任せればそのような罰則も取り締まりもそもそも不要である。計画経済は，政府当局による取り締まりが不必要に強くなる運命にあると言えるのかもしれない。

練習問題

問題 17.1 空欄を埋めなさい。

(1) すべての主体がより選好する他の帰結が存在しないとき，その帰結は (ア) である。

(2) 自らの選好順序の表明を変更することで，自らがより選好する帰結に変えられるとき，その主体は社会的 (ア) 関数を (イ) であるという。すべての環境においてすべての主体が (イ) でないとき，社会的 (ア) 関数は (ウ) であるという。すべての環境において，真の報告をすることが互いに (エ) 反応であるとき，すなわち，真の報告の組が (オ) 均衡になるとき，社会的 (ア) 関数は (ウ) になる。

(3) 定義域の (ア) 性，(イ) 性，非 (ウ) 性，耐 (エ) 性を満たす社会的 (オ) 関数が存在しないという命題を (カ) 定理という。

問題 17.2 例 17.5 の社会的選択関数の各例が耐戦略性を満たすことを示しな

さい。

問題 17.3 2 主体, 3 帰結, 選好順序を強選好順序に制限して, ギバード・サタースウェイト定理 (定理 17.6, p. 353) を証明しなさい。

[ヒント] アローの定理の証明のように, 社会的選択関数を 6×6 の表で表す。

問題 17.4 例 17.8 の社会的選択関数 F をナッシュ遂行するメカニズム (S, g) が存在しないことを示しなさい。

[ヒント] もし社会的選択関数 F をナッシュ遂行するメカニズム (S, g) が存在すれば, 次の (I) と (II) が成り立つメッセージの組 (s_A^*, s_B^*) と (s_A^{**}, s_B^{**}) が存在する。ところが, (I) が成り立てば, (II) は成り立たない。

    (I) $e = (abc, bca)$ のとき, (s_A^*, s_B^*) はナッシュ均衡, かつ, $g(s_A^*, s_B^*) = a$;

    (II) $e = (acb, bac)$ のとき, (s_A^{**}, s_B^{**}) はナッシュ均衡, かつ, $g(s_A^{**}, s_B^{**}) = b$

問題 17.5 例 17.10 (p. 357) の (I) と (II) が成り立つことを示しなさい。

問題 17.6 以下を示しなさい。

(1) 例 17.4 (p. 352) のボルダ方式がマスキン単調性を満たさないこと

(2) 例 17.5 の社会的選択関数の各例がマスキン単調性を満たすこと

問題 17.7 帰結空間を $Z = \{a, b, c\}$, 各主体 i ($i = A, B$) の環境空間 E_i を論理的に可能な強選好順序の全体 (cf. 例 17.1, p. 350) としよう。

(1) 環境 $e = (acb, cab)$ において, (a) パレート効率な帰結のすべてを示し, (b) その中から一つの帰結をとり (本設問文中では, それを z^0 で表す) 下位集合 $L(z^0, acb)$, $L(z^0, cab)$ を示し, (c) 各主体 i ($i = A, B$) に対し, (17.3) 式の $F(e)$ を z^0 に置き換えた上で, 条件 (17.3) 式を満たす他の環境 $e' = (>_A', >_B')$ を探し, (d) z^0 が e' においてパレート効率か否か, 示しなさい。

(2) (♣) 一般に, ファクト 17.12 が成り立つことを証明しなさい。

    [ヒント] (17.3) 式の $F(e)$ を z に置き換えた上で, z, e, そして e' が条件 (17.3) 式を満たすと想定して, $z \notin F(e')$ であれば $z \notin F(e)$ になることを示す。Cf. 用語注 9, p. 357。

問題 17.8：クラーク・メカニズム—すべての主体の負担額がゼロ円の例 3 軒の住宅 (A さん宅, B さん宅, C さん宅) から主要道路までは道が狭く, 舗装もされていない。道路の整備に 600 万円の費用がかかる。A さんは道路の整

備によって 20 年間の現在価値合計で 300 万円, B さんは 370 万円, C さん
は 400 万円の恩恵を受ける。各主体 i (i = A, B, C) が表明する評価額 v_i 万円
に対し, クラーク・メカニズムを使って各主体の負担を決めるとしよう。(1)
各主体の負担金額を v_i (i = A, B, C) の式で表しなさい。(2) 真の評価額を表
明することが弱支配戦略になることを示しなさい。(3) 均衡での各主体の負担
額がゼロ円になることを示しなさい。(4) クラーク・メカニズムを使えば, 道
路整備を行えるのであろうか。議論しなさい。

**問題 17.9：オークションにおけるピボタル・メカニズム = ヴィクリ・オー
クション (♣)** 売手がある商品を 1 単位, m 人の買手が参加するオークショ
ンにかけようとしている。主体 0 を売手, 主体 1 から主体 m を買手としよ
う。各主体 i (i = 0, 1, 2, ..., m) の初期付与量を ω_i とすれば, 初期資源配分は
$\omega = (\omega_0, \omega_1, \omega_2, \ldots, \omega_m) = (1, 0, 0, \ldots, 0)$ になる。各主体 i (i = 0, 1, 2, ..., m)
の消費量を x_i, タイプを t_i としたとき, 主体 i の余剰は,

$$U(x_i, t_i) = v(x_i, t_i) - v(\omega_i, t_i) + p_i(\omega_i - x_i) \tag{17.28}$$

になる。ここで, $v(x_i, t_i) - v(\omega_i, t_i)$ は主体 i のタイプが t_i, 消費量が x_i のと
きの限界効用を表す。また, p_i は, 主体 i が取引量 $\omega_i - x_i$ で受け取る, あ
るいは, 支払う, 単位当たり金額である。なお, 以下では, t_0 を所与とし,
$v(\omega_0, t_0) = c$ で一定とする。また, すべての主体 i = 0, 1, 2, ..., m について,
いかなるタイプ t_i でも $v(0, t_i) = 0$ と正規化する。

(1) 資源配分 $x = (x_0, x_1, x_2, \ldots, x_m)$ の実行可能条件を示しなさい。

(2) (a) 全体での均衡予算と, (b) 買手 i ($i \neq 0$) を除いた均衡予算が, 次の各々
で表されることを説明しなさい。

$$p_0 x_0 + \sum_{i=1}^{m} p_i x_i = p_0 \omega_0 \tag{17.29a}$$

$$p_0 x_0 + \sum_{\substack{j \neq i \\ j \neq 0}} p_j x_j = p_0 \omega_0 \tag{17.29b}$$

(3) タイプの組を $t = (t_0, t_1, t_2 \ldots, t_m)$ で示そう。ピボタル・メカニズムを応

用すると，資源配分は，次の $x^*(t)$ になり [13]，

$$x^*(t) \in \arg\max_x \sum_{i=0}^{m} U(x_i, t_i) \tag{17.30}$$

各買手 $i\ (i \neq 0)$ の支払い価格は，(17.16) 式より，次の p_i になることを説明しなさい。

$$p_i = -\sum_{j \neq i} U(x_j^*(t), t_j) + \max_x \sum_{j \neq i} U(x_j, t_j) \quad (i \neq 0) \tag{17.31}$$

(4) 各買手 $i\ (i \neq 0)$ の入札価格を 1 単位当たり v_i 円で示そう。このとき，ピボタル・メカニズムでは，

    (a) 最高値を入札した買手に商品が手渡される資源配分になること，

    (b) $m = 3$ であれば買手 1 の支払い金額が次になることを示しなさい。

$$p_1 = \begin{cases} \max\{v_2, v_3\} & \text{if } x_1^*(t) = 1 \\ 0 & \text{if } x_1^*(t) = 0 \end{cases} \tag{17.32}$$

    (c) この結果，ピボタル・メカニズムがヴィクリ・オークション (第 2 価格封印入札) に等しいことを説明しなさい。

(5) ヴィクリ・オークションでは，(a) 個人合理性，(b) 資源配分の実行可能性，(c) 個人実行可能性，(d) パレート効率性，(e) 耐戦略性が成り立つか否か，調べなさい。また，(f) 公共財にピボタル・メカニズムを適用した場合との差異を整理し，比較検討しなさい。

問題 17.10 (♣♣) 表明原理 (定理 17.2) を証明しなさい。

---

[13] ［数学注］関数 $y = f(x)$ があったとき，$\arg\max_x f(x)$ とは，$f(x)$ を最大にする x の全体，すなわち，$\max_x f(x) = f(s)$ を満たす s の全体を表す。

文 献 一 覧

AKERLOF, G. A. (1970). The market for "lemons": Quality uncertainty and the market mechanism. *Quarterly Journal of Economics*, **84** (3), 488–500.

ARROW, K. J. (1963). *Social Choice and Individual Values*. New Haven: Yale University Press, 2nd edn., (ケネス・アロー著, 長名寛明訳『社会的選択と個人的評価』日本経済新聞社, 1977).

— and DEBREU, G. (1954). Existence of an equilibrium for a competitive economy. *Econometrica*, **22** (3), 265–290.

AUMANN, R. J. (1964). Markets with a continuum of traders. *Econometrica*, **32** (1–2), 39–50.

— (1966). Existence of competitive equilibria in markets with a continuum of traders. *Econometrica*, **34** (1), 1–17.

BARBERÀ, S. (2001). An introduction to strategy-proof social choice functions. *Social Choice and Welfare*, **18** (4), 619–653.

CHATTERJEE, K. and SAMUELSON, L. (1987). Bargaining with two-sided incomplete information: An infinite horizon model with alternating offers. *Review of Economic Studies*, **54** (2), 175–192.

CLARKE, E. H. (1971). Multipart pricing of public goods. *Public Choice*, **11** (1), 17–33.

COASE, R. H. (1937). The nature of the firm. *Economica*, **4** (16), 386–405.

— (1960). The problem of social cost. *Journal of Law and Economics*, **3**, 1–44.

COURNOT, A. A. (1971). *Researches into the Mathematical Principles of the Theory of Wealth*. New York: Augustus M. Kelley Publishers, translated edn., (クールノー著, 中山伊知郎訳『富の理論の数学的原理に関する研究』日本経済評論社, 1982).

CRAMTON, P. C. (1984). Bargaining with incomplete information: An infinite-horizon model with two-sided uncertainty. *Review of Economic Studies*, **51** (4), 579–593.

DAHLMAN, C. J. (1979). The problem of externality. *Journal of Law & Economics*, **22** (1), 141–162.

DASGUPTA, P., HAMMOND, P. and MASKIN, E. (1979). The implementation of social choice rules: Some general results on incentive compatibility. *Review of Economic Studies*, **46** (2), 185–216.

DEBREU, G. (1959). *Theory of Value*. New York: Wiley.

— and SCARF, H. (1963). A limit theorem on the core of an economy. *International Economic Review*, **4** (3), 235–246.

DIXIT, A. K. and STIGLITZ, J. E. (1977). Monopolistic competition and optimum product diversity. *American Economic Review*, **67** (3), 297–308.

EDGEWORTH, F. Y. (2003). Mathematical Psychics. In P. Newman (ed.), *F. Y. Edgeworth: Mathematical Psychics and Further Papers on Political Economy*, London: Oxford University Press, pp. 1–150.

GIBBARD, A. (1973). Manipulation of voting schemes: A general result. *Econometrica*, **41** (4), 587–601.

GROVES, T. (1973). Incentives in teams. *Econometrica*, **41** (4), 617–631.

— and LEDYARD, J. (1977). Optimal allocation of public goods: A solution to the 'free rider' problem. *Econometrica*, **45** (4), 783–809.

HARSANYI, J. C. (1967). Games with incomplete information played by "Bayesian" players, I-III. Part I. The basic model. *Management Science*, **14** (3), 159–182.

— (1968a). Games with incomplete information played by "Bayesian" players, I-III. Part II. Bayesian equilibrium points. *Management Science*, **14** (5), 320–334.

— (1968b). Games with incomplete information played by "Bayesian" players, I-III. Part III. The basic probability distribution of the game. *Management Science*, **14** (7), 486–502.

HART, O. D. (1985a). Monopolistic competition in the spirit of Chamberlin: A general model. *Review of Economic Studies*, **52** (4), 529–546.

— (1985b). Monopolistic competition in the spirit of Chamberlin: Special results. *Economic Journal*, **95** (380), 889–908.

HAYEK, F. A. (1945). The use of knowledge in society. *American Economic Review*, **35** (4), 519–530.

— (1994). *The Road to Serfdom*. Chicago: University of Chicago Press, fiftieth anniversary edn., first edition published in 1944 (フリードリヒ・A. ハイエク著, 一谷藤一郎, 一谷映理子訳（改版）『隷従への道—全体主義と自由』東京創元社, 1992).

HELLWIG, M. F. (2003). Public-good provision with many participants. *Review of Economic Studies*, **70** (3), 589–614.

HICKS, J. R. (1937). Mr. Keynes and the "Classics"; a suggested interpretation. *Econometrica*, **5** (2), 147–159.

— (1946). *Value and Capital*. Oxford: Clarendon Press, 2nd edn., (J. R. ヒックス著, 安井琢磨, 熊谷尚夫訳『価値と資本』（上・下）岩波書店, 1995).

HOTELLING, H. (1929). Stability in competition. *Economic Journal*, **39** (153), 41–57.

HURWICZ, L. (1960). Optimality and informational efficiency in resource allocation processes. In K. J. Arrow, S. Karlin and P. Suppes (eds.), *Mathematical Models in the Social Sciences*, Stanford: Stanford University Press, pp. 27–46.

— (1972). On informationally decentralized systems. In C. B. McGuire and R. Radner (eds.), *Decision and Organization: A Volume in Honor of Jacob Marschak*, Amsterdam: North-Holland, pp. 297–336.

— (1973). The design of mechanisms for resource allocation. *American Economic Review*, **63** (2), 1–30.

— (1985). A perspective. In L. Hurwicz, D. Schmeidler and H. Sonnenschein (eds.), *Social Goals and Social Organization: Essasys in memory of Elisha Pazner*, Cambridge: Cambridge University Press, pp. 1–16.

— (1986). Incentive aspects of decentralization. In K. J. Arrow and M. D. Intriligator (eds.), *Handbook of Mathematical Economics*, vol. III, Amsterdam: North-Holland, pp. 1441–1482.

— and REITER, S. (2006). *Designing Economic Mechanisms*. New York: Cambridge University Press.

JACKSON, M. and MOULIN, H. (1992). Implementing a public project and distributing its cost. *Journal of Economic Theory*, **57** (1), 125–140.

KEYNES, J. M. (1936). *The General Theory of Employment, Interest, and Money*. London: Macmillan, (J. M. ケインズ著, 塩野谷祐一訳『雇用・利子および貨幣の一般理論』東洋経済新報社, 1995).

KREPS, D. M. and SCHEINKMAN, J. A. (1983). Quantity precommitment and Bertrand competition yield Cournot outcomes. *Bell Journal of Economics*, **14** (2), 326–337.

MARSHALL, A. (1920). *Principles of Economics*. London: Macmillan, eighth edn., (アルフレッド・マーシャル著, 馬場啓之助訳『マーシャル経済学原理』東洋経済新報社, 2000).

MAS-COLELL, A., WHINSTON, M. D. and GREEN, J. R. (1995). *Microeconomic Theory*. New York: Oxford University Press.

MASKIN, E. S. (1985). The theory of implementation in Nash equilibrium: A survey. In L. Hurwicz, D. Schmeidler and H. Sonnenschein (eds.), *Social Goals and Social Organization: Essasys in memory of Elisha Pazner*, Cambridge: Cambridge University Press, pp. 173–203.

— (1999). Nash equilibrium and welfare optimality. *Review of Economic Studies*, **66** (1), 23–38.

— and SJÖSTRÖM, T. (2002). Implementation theory. In K. J. Arrow, A. K. Sen and K. Suzumura (eds.), *Handbook of Social Choice and Welfare*, vol. I, 5, Amsterdam: North-Holland, pp. 237–288.

McNULTY, P. J. (1967). A note on the history of perfect competition. *Journal of Political Economy*, **75** (4), 395–399.

MOORE, J. (1992). Implementation, contracts, and renegotiation in environments with complete information. In J.-J. Laffont (ed.), *Advances in Economic Theory Sixth World Congress*, vol. I, Cambridge: Cambridge University Press, pp. 182–282.

MULLER, E. and SATTERTHWAITE, M. A. (1977). The equivalence of strong positive association and strategy-proofness. *Journal of Economic Theory*, **14** (2), 412–418.

MYERSON, R. B. (1979). Incentive compatibility and the bargaining problem. *Econometrica*, **47** (1), 61–73.

— (1981). Optimal auction design. *Mathematics of Operations Research*, **6** (1), 58–73.

— (1997). *Game Theory: Analysis of Conflict*. Cambridge, MA: Harvard University Press.

NASH, J. F. (1950). Equilibrium points in n–person games. *Proceedings of the National Academy of Sciences of the United States of America*, **36** (1), 48–49.

OSBORNE, M. J. and RUBINSTEIN, A. (1994). *A Course in Game Theory*. Cambridge, MA: MIT Press.

RUBINSTEIN, A. (1982). Perfect equilibrium in a bargaining model. *Econometrica*, **50** (1), 97–109.

SALOP, S. C. (1979). Monopolistic competition with outside goods. *Bell Journal of Economics*, **10** (1), 97–109.

SATTERTHWAITE, M. A. (1975). Strategy-proofness and Arrow's conditions: Existence and correspondence theorems for voting procedures and social welfare functions. *Journal of Economic Theory*, **10** (2), 187–217.

SELTEN, B. R. (1975). Reexamination of the perfectness concept for equilibrium points in extensive games. *International Journal of Game Theory*, **4** (1), 25–55.

SEN, A. (1970). *Collective Choice and Social Welfare*. Amsterdam: North-Holland, (アマルティア・セン著, 志田基与師監訳『集合的選択と社会的厚生』勁草書房, 2000 年).

— (1986). Social choice theory. In K. J. Arrow and M. D. Intriligator (eds.), *Handbook of Mathematical Economics*, vol. III, Amsterdam: North-Holland, pp. 1073–1181.

— (1995). Rationality and social choice. *American Economic Review*, **85** (1), 1–24.

SERRANO, R. (2004). The theory of implementation of social choice rules. *SIAM Review*, **46** (3), 377–414.

SMITH, A. (1994). *An Inquiry into the Nature and Causes of the Wealth of Nations*. New York: Modern Library, edited, with an introduction, notes, marginal summary, and enlarged index by Edwin Cannan, 5th edition originally published in 1789; first edition in 1776 (アダム・スミス著, 山岡洋一訳『国富論』（上・下）日本経済新聞社, 2007).

SØRENSEN, P. N. (2007). Simple utility functions with Giffen demand. *Economic Theory*, **31** (2), 367–370.

SPENCE, M. (1973). Job market signaling. *Quarterly Journal of Economics*, **87** (3), 355–374.

— (2002). Signaling in retrospect and the informational structure of markets. In T. Frängsmyr (ed.), *Les Prix Nobel. The Nobel Prizes 2001*, Stockholm: Nobel Foundation, pp. 407–444.

STIGLER, G. J. (1957). Perfect competition, historically contemplated. *Journal of Political Economy*, **65** (1), 1–17.

VARIAN, H. R. (1992). *Microeconomic Analysis*. New York: Norton, 3rd edn.

VICKREY, W. (1961). Counterspeculation, auctions, and competitive sealed tenders. *Journal of Finance*, **16** (1), 8–37.

VON NEUMANN, J. and MORGENSTERN, O. (1944). *Theory of Games and Economic Behavior*. Princeton: Princeton University Press.

WATSON, J. (1998). Alternating-offer bargaining with two-sided incomplete information. *Review of Economic Studies*, **65** (3), 573–594.

数 学 索 引

[*] は本文中に，[用] は用語注に，その他は数学注に掲載

用 語 索 引

著者紹介

奥山 利幸 （おくやま としゆき）

1962 年生まれ．法政大学経済学部卒業．同大学大学院経済学専攻博士課程満期修了，ワシントン大学 (University of Washington) 大学院博士課程修了，Ph.D（経済学）．
現在，法政大学経済学部教授．

主要著作：
"Taxes, Housing, and Capital Accumulation in a Two-Sector Growing Economy," (with S. J. Tumovsky), *Journal of Public Economics*, **53**(2), 1994, pp. 245–67.

※ 本書は，2009 年 6 月に白桃書房より刊行されたものを増補改訂した新版です．

ミクロ経済学 〈新装改訂版〉

2022 年 2 月 20 日　　第 1 版　第 1 刷　印刷
2022 年 3 月 10 日　　第 1 版　第 1 刷　発行

著　　者　　　奥 山 利 幸
発 行 者　　　発 田 和 子
発 行 所　　株式会社　学術図書出版社

〒113-0033　　東京都文京区本郷 5 丁目 4 の 6
TEL 03-3811-0889　振替 00110-4-28454
印刷　三美印刷（株）

定価はカバーに表示してあります．